U0361943

涉外企业管理

（第六版）

杨灿英 主 编

孙 蕊 杨 越 副主编

南开大学出版社

天 津

图书在版编目(CIP)数据

涉外企业管理 / 杨灿英主编. —6 版. —天津：
南开大学出版社，2021.1
ISBN 978-7-310-06050-4

Ⅰ. ①涉… Ⅱ. ①杨… Ⅲ. ①外资企业－企业管理－
中国－高等学校－教材 Ⅳ. ①F279.244.3

中国版本图书馆 CIP 数据核字(2021)第 002505 号

涉外企业管理(第六版)
SHEWAI QIYE GUANLI (DI-LIU BAN)

———————————————————————

南开大学出版社出版发行
出版人：陈　敬
地址：天津市南开区卫津路 94 号　　邮政编码：300071
营销部电话：(022)23508339　营销部传真：(022)23508542
http://www.nkup.com.cn

———————————————————————

北京明恒达印务有限公司印刷　全国各地新华书店经销
2021 年 1 月第 6 版　　2021 年 1 月第 1 次印刷
260×185 毫米　16 开本　21.25 印张　2 插页　437 千字
定价：59.00 元

———————————————————————

如遇图书印装质量问题,请与本社营销部联系调换,电话：(022)23508339

目　　录

第六版前言

《涉外企业管理》于 1992 年初版（杨灿英编著、初保泰顾问），1998 年再版，2003 年第三版，2008 年第四版，2012 年第五版，先后 18 次印刷，累计印数 14 万 5 千册。如今 2021 年本书问世，已是第六版了。

中国改革开放走过四十余年，历经四个阶段，即探索阶段（1978—1991 年）、扩大阶段（1992—2000 年）、全方位开放新阶段（2001 年入世—2011 年）、新时代更高层次开放型世界经济新方位阶段（2012 年中共十八大以来）。在新时代新方位下，改革开放形成新发展格局，即：以国内大循环为主体、国内国际双循环相互促进。

在新方位阶段，自 2020 年 1 月 1 日起实施新法《中华人民共和国外商投资法》及其《实施条例》，确立了中国新型外商投资法律制度的基本框架，对外商投资的准入、促进、保护、管理等作出了统一规定，是中国外商投资领域新的基础性法律，为推动更高水平对外开放提供了有力的法治保障，并确保不断完善市场化、法治化、国际化的营商环境，持续推进更高水平对外开放。需要说明的是，根据"上位法优于下位法，新法优于旧法"的原则，新法实施前依照"外资三法"设立的外商投资企业（以下称原有外商投资企业），在新法施行后五年内（2020—2025 年）可以继续保留原企业组织形式、组织机构及其活动准则等。还要说明的是，自新法施行后，原有外商投资企业的组织形式、组织机构及其活动准则等，依据《公司法》《合伙企业法》等法律规定调整后，原合营、合作各方在合同中约定的股权或者权益转让办法、收益分配办法、剩余财产分配办法等，可以继续按照约定办理。

在这个新的起点上，中国以更加积极的姿态走向世界，适应经济全球化发展的时代潮流，准确把握更高层次开放型世界经济的基本内涵：既包括开放范围扩大、领域拓宽、层次加深，也包括开放方式创新、布局优化、质量提升；尤其实施共建"一带一路"倡议以来，坚持引进来与走出去更好地结合，拓展国民经济发展空间，都是习近平新时代中国特色社会主义经济思想和基本方略的重要内容，都是为新时代中国和平崛起及构建人类命运共同体提供新的强大动力。

创新就要与时俱进。伴随中国对外开放形势的新发展，引进来与走出去出现新特点，中国涉外企业增长很快，有关这方面的经济管理理论与实务，为日益增多的读者所关注，为教学所需要。为此，我们以《涉外企业管理（第五版）》为基础，结合密切跟踪变化中的新情况，并听取一些职能部门和师生的修改意见与建议，从理论到实践，对《涉外企业管理》一书进行了全面修订，图文并茂，编著了本书第六版。

本书是一本有关国际经济与贸易、国际商务、国际企业管理、工商管理等专业和有关研究班、培训班及招商选资团的教育教学用书。在教学过程中，我们建议根据不同的对象，在各章节内容的取舍上，可以有所区别和不同，一般读者，则可按需选读。我们相信，它有利于读者深入了解、具体掌握国际投资及利用外资的基础知识和不同所有制改革的相关问题，坚持"引进来"和"走出去"相结合的原则，加快推进更高层次开放型世界经济发展新征程，提高利用外资的质量和水平，厘清对外开放理论和实践创新，确立开放发展新理念，构建开放型经济新体制，促进涉外企业持续、快速、健康发展，都是有益的。

借本书第六版出版之际，谨向支持本书编写、出版的专家、学者、编辑、实务工作者、师生和读者朋友们，致以衷心的感谢！同样，也希望本书能得到诸位更多的支持和帮助。限于水平和时间，本书有不足甚至错误之处，恳请批评指正，以待补订。

杨灿英

2018 年 4 月 20 日于（津）南开学者公寓修订

2018 年 9 月 11 日于（津）南开学者公寓修正

2020 年 3 月 15 日于（沪）浦东盛世年华完稿

2020 年 8 月 17 日于（沪）浦东盛世年华改定

2021 年 1 月 12 日于（沪）浦东盛世年华确认

第一章 外向型经济概述（绪论）

第一节 外向型经济的含义

外向型经济的理论渊源，主要是国际分工理论、比较利益理论和开放型经济理论。这些理论的共性是，经济的发展，只有依靠国际范围内的资源优化配置和发挥本国（或地区）经济的比较优势才是可行的。与此同时，该理论认为，只有经济的外向型发展才是生产力持续发展的动力。因此，我们应当首先对外向型经济的含义做一分析。

一 外向型经济定性分析

所谓外向型经济，即面向国际市场的经济运行机制，又称双向型经济。从静态看，它是一种经济模式，参与国际分工，与世界经济发生密切联系，是一种开放型经济。从动态看，它是一种经济发展方式，把对外经济贸易作为导向型的行业，通过对外经济贸易活动引导和带动整个国民经济的发展。

也可以说，外向型经济的运行机制，是一个开放经济系统，是可逆的双向循环，既有输出也有输入。否则，只进不出，则会降低国内的资金运用效率和技术创新能力；只出不进，也会因缺乏借鉴人类创造的一切文明成果，导致出而乏力，直至被挤出国际市场。因此，只有"有出有进，出进结合"的外向型经济才能实现动态平衡，也才能提高资源配置效率。

二 外向型经济定量分析

外向型经济定量分析，其量化指标主要有三大类：开放率、对进出口限制程度和外债偿还能力。

（一）开放率

1. 开放率的含义

开放率又称对外开放度，是指一定时期内一国（或地区）商品与劳务的进出口总额与国民生产总值（GNP）的比率。它反映一个国家（或地区）参与国际分工和国际经济技术合作的程度，是衡量外向型经济的重要指标之一。用公式表示为：

开放率 = 商品与劳务的进出口总额 ÷ 国民生产总值 × 100%

一般而言，按照国际经济学的一般标准来裁定，开放率11%及以上为外向型经济类型。

2. 中国对外开放四类先导区

（1）经济特区（1980年起建立）。

（2）沿海开放城市（1984年起建立）。

（3）经济技术开发区（1984年起在沿海开放城市建立）。

（4）海关特殊监管区域（1990年起建立第一个保税区）。

（二）对进出口限制程度

它又称贸易投资壁垒，主要包括关税壁垒和非关税壁垒。

1. 关税壁垒

一般情况下，对进出口采取较高的关税，则开放度小；反之，则开放度大。

2. 非关税壁垒

非关税壁垒形式多样，且更为隐蔽。一个国家（或地区）非关税壁垒高，则开放度小；反之，则开放度大。根据WTO成员贸易壁垒调查的实践，非关税壁垒形式主要表现为：进口禁令、进口许可、技术性贸易壁垒、动植物卫生检验检疫措施等。

（三）外债偿还能力

这类指标虽然并不直接反映开放度的大小，但它间接反映已确定的开放度是否合理。按照国际金融界的评判标准，分析一个国家（或地区）是否有安全的偿债能力，通常看下述5项指标：

1. 短期负债率≤25%

是指短期外债余额与当年全部外债余额之比。用公式表示为：短期负债率 = 短期外债余额 ÷ 当年全部外债余额 ≤ 25%（25%为警戒线）。如果低于25%，则表明外债结构合理，反之，则预示着危险。

2. 负债率≤20%

是指全部外债余额与当年国内生产总值（GDP）之比。用公式表示为：负债率 = 全部外债余额 ÷ 当年国内生产总值 ≤ 20%（20%为警戒线）。如果低于20%，则表明外债结构合理，反之，则预示着危险。

3. 偿债率≤25%

是指当年中长期外债还本付息额与当年经常项目外汇收入额之比。用公式表示为：偿债率 = 当年中长期外债还本付息额 ÷ 当年经常项目外汇收入额[①] ≤ 25%（25%

---

① 经常项目外汇，是指国际收支中经常发生的交易项目，包括贸易收支、劳务收支、单方面外汇转移等。资本项目外汇，是指国际收支中因资本输出和输入而产生的资产与负债的增减项目资本，包括直接投资、各类贷款、证券投资等项目。资本项目外汇是因资本项目发生收付的外汇。

为警戒线）。如果低于 25%，则表明外债结构合理，反之，则预示着危险。

4. 债务率≤100%

是指当年全部外债余额与当年经常项目外汇收入额之比。用公式表示为：债务率 = 当年全部外债余额÷当年经常项目外汇收入额≤100%（100%为警戒线）。如果低于 100%，则表明外债结构合理，反之，则预示着危险。

5. 外汇储备充足率≥100%

是指该国（或地区）外汇储备额与短期外债余额之比。用公式表示为：外汇储备充足率 = 外汇储备÷短期外债余额≥100%（100%为警戒线）。如果大于 100%，则表明外债结构合理，反之，则预示着危险。外汇储备是一个国家货币当局持有的、可以随时使用的可兑换货币资产。

总之，在量化研究一个国家（或地区）的外向型经济发展程度时，要运用开放率、对进出口限制程度、外债偿还能力三大指标进行综合分析，避免单一化和片面性。

三 外向型经济新版图要览

自 1978 年算起，中国外向型经济发展可以概括为三个阶段：探索和扩大开放阶段、东西南北中全方位开放新阶段、新时代更高层次开放型世界经济新方位阶段，分述如下。

（一）探索和扩大开放阶段（1978—2000 年）

1978 年 12 月中共十一届三中全会，作出了把党和国家的工作重点转移到现代化建设上来，以及实行改革开放的战略决策。同时，也孕育了新时期从理论到实践的伟大创造，从此开始了建设中国特色社会主义的新探索。自 1979 年春天，东部率先，1980 年 8 月设立了 4 个经济特区；1984 年 4 月把 14 个沿海港口城市列为对外开放城市；1985 年 1 月把 3 个三角洲（长江三角洲，珠江三角洲，闽南厦、漳、泉三角洲）辟为沿海经济开放区；1988 年 3 月又把山东半岛和辽东半岛划为沿海开放区，同年 4 月决定海南建省办经济特区；1990 年决定开发开放上海浦东新区；1992 年春天拉开市场经济体制改革的大幕；1999 年提出"西部大开发"跨世纪的战略部署。从而，在 20 世纪末中国初步形成"全方位、多层次、宽领域"对全世界开放的格局。

（二）东西南北中全方位开放新阶段（2001—2011 年）

进入 21 世纪第一个十年，2001 年 12 月 11 日中国入世标志着对外开放进入新阶段；2003 年决定实施振兴东北地区等老工业基地战略；2006 年提出中部地区崛起战略，同年 5 月国务院正式批准天津滨海新区为全国综合配套改革试验区，成为中国经济新的增长极；2007年7月中央明确提出要实施自由贸易区战略①。

（三）新时代更高层次开放新世界经济新方位阶段（2012年以来）

迈入21世纪第二个十年，2012年11月8日中共十八大召开，标志着中国进入改革开放新时代，在更高层次、更宽领域，以更大力度推进新方位高水平开放，彰显中国主动引领和对标经济全球化健康发展的制度体系及重大举措。分述如下。

1. 综合保税区建设（2012年）

2012年11月推进海关特殊监管区建设，整合保税区、出口加工区、保税物流园区、跨境工业园区、保税港区、综合保税区，统称为综合保税区（管理原则：一线放开、二线管住、区内自由、入港入区退税）。

根据相关法律，中国海关特殊监管区，实行特殊的贸易管制、税收、营运等政策，是中国对外开放的排头兵，正逐步成为地区资源集约化程度最高、单位面积产出最多、对地区开放型经济贡献最大的特殊经济功能区。国务院先后批准8种类型特殊监管区，2012年11月国务院将海关特殊监管区整合，统称"综合保税区"。

2. 自由贸易试验区建设（2013—2020年）

2013年8月国务院正式批准设立中国（上海）自由贸易试验区（FTZ）②，开启FTZ 1.0时代；2014年12月人大常委会授权国务院在中国（广东、天津、福建）设立自贸试验区，FTZ进入2.0时代；2016年8月中共中央、国务院决定，在辽宁、浙江、河南、湖北、重庆、四川、陕西设立7个新的自贸试验区，FTZ进入3.0时代；2018年4月中共中央、国务院决定，在海南全岛建设自贸试验区，FTZ进入4.0时代，2019年8月国务院印发《中国（山东）、（江苏）、（广西）、（河北）、（云南）、（黑龙江）自由贸易试验区总体方案》，FTZ进入5.0时代；2020年8月《国务院关于印发北京、湖南、安徽自由贸易试验区总体方案及浙江自由贸易试验区扩展区域方案的通知》，FTZ进入6.0时代。从上，自2013至2020年国务院正式批准设立了21个自贸试验区。一个从沿海到中部再到西部的自贸试验区战略，形成"1＋3＋7＋1＋6＋3"新格局。

国务院《通知》指出："支持自贸试验区深化改革创新，贯彻新发展理念，鼓励

---

① 自由贸易区（FTA），是指多个主权以上国家或地区依据双边或多边协议设立，相互开放市场，实现贸易和投资自由化。它是WTO最惠国待遇的一种例外，是比多边贸易体制更高水平的开放。如中国与东盟、巴基斯坦、智利、新西兰等国的《货物贸易协议》和《自由贸易协定》等。FTA区内成员之间贸易开放、零关税，同时又保留各自独立的对外贸易政策。截至2015年，向WTO备案的FTA已达600多份，平均每个WTO成员签署13份FTA。亚太地区更经历了FTA的高速增长，据亚洲开发银行数据，1995—2015年亚太地区的FTA数量增长了6倍以上，从31份增加到215份（数据转引自《国际商报》2018年5月2日第4版）。

② 自由贸易试验区（FTZ），又称自由贸易园区，是指单个主权国家或地区，依据国内立法在一个关税区内的小范围区域设立。其核心政策是海关保税、免税为主，辅以所得税税费优惠等投资政策。而FTA与FTZ的共同点，都是为降低国际贸易成本、促进对外贸易、国际投资、国际商务的发展而设立。

地方大胆试、大胆闯、自主改，进一步发挥自贸试验区全面深化改革和扩大开放试验田作用。"（引自《国务院关于支持自由贸易试验区深化改革创新若干措施的通知》，2018 年 11 月 23 日发布）

3. "一带一路"建设（2013 年）

2013 年 10 月习近平提出建设"新丝绸之路经济带"和"21 世纪海上丝绸之路"的战略构想，2015 年 3 月李克强总理《政府工作报告》强调要把"一带一路"（英文：The Belt and Road，缩写 B&R）建设与区域开发开放结合起来，体现新体制、新格局、新优势，为新常态经济提供多元增长动力。中国推进"一带一路"建设，开启构建人类命运共同体，陆上依托国际大通道，以沿线中心城市为支撑，共同打造国际经济合作走廊；海上以重点港口为节点，共同建设通畅、安全、高效的运输大通道。为此，中国提出"六廊六路多国多港"①的建设框架思路，致力实现五通：政策沟通、设施联通、贸易畅通、资金融通、民心相通。

中国版经济全球化的特点是：朝着开放、包容、普惠、平衡、共赢的方向发展，积极构建共商、共建、共享的全球经济治理新模式。在 2017 年全国商务工作会议上，中国明确了经贸强国建设时间表：到 2020 年，中国的全球经济治理体系和治理能力将进一步增强，提出更多中国主张、中国方案、中国倡议；到 2035 年前，中国成为全球经济治理的重要引领者。"形象地说，这'一带一路'，就是要再为我们这只大鹏插上两只翅膀，建设好了，大鹏就可以飞得更高更远"（语出自习近平 2013 年 12 月 10 日《在中央经济工作会议上的讲话》）。

4. 京津冀协同发展（2014 年）

2014 年 2 月 26 日，习近平在京津冀协同发展工作座谈会上的讲话指出，京津冀协同发展意义重大，认识要上升到国家战略层面。京津冀协同发展，核心是京津冀三地作为一个整体协同发展，其战略地位十分重要。目前三地总人口超过 1 亿人，地缘相接、人缘相亲，地域一体、文化一脉，历史渊源深厚、交往半径相宜，完全能够相互融合、协同发展。

京津冀协同发展，面向未来打造新型首都经济圈，有序疏导北京非首都功能、解决北京"大城市病"为基本出发点，着力构建现代化交通网络系统，推进产业升级转移，打造中国经济发展新的支撑带。实现京津冀协同发展，是优势互补、促进环渤海经济区发展、带动北方腹地发展的需要，是一个重大国家战略。

---

① 六廊六路多国多港："六廊"是指六大国际经济合作走廊，包括新亚欧大陆桥、中蒙俄、中国—中亚—西亚、中国—中南半岛、中巴、孟中印缅。"六路"是指六大路网，推动铁路、公路、水路、空路、管路、信息高速路互联互通。"多国"是指若干支点国家。在中亚、东南亚、南亚、西亚、欧洲、非洲等地区培育一批共建"一带一路"的支点国家。"多港"是指若干海上支点港口，围绕 21 世纪海上丝绸之路建设，通过多种方式，推动一批区位优势突出、支撑作用明显的重要港口建设。

5. 长江经济带发展（2014 年）

2014 年 9 月，国务院印发《关于依托黄金水道推动长江经济带发展的指导意见》，部署将长江经济带建设成为"四带"，即具有全球影响力的内河经济带、东中西互动合作的协调发展带、沿海沿江沿边全面推进的对内对外开放带、生态文明建设的先行示范带。同时，《意见》对提升长江黄金水道功能、建设综合立体交通走廊、创新驱动促进产业转型升级、全面推进新型城镇化等方面进行了部署。按照规划，长江经济带覆盖上海、江苏、浙江、安徽、江西、湖北、湖南、重庆、四川、云南、贵州 11 省市，面积约 205 万平方公里，人口和生产总值均超过全国 40%。

2018 年 4 月 26 日，习近平在深入推动长江经济带发展座谈会上强调，坚持共抓大保护，不搞大开发，以长江经济带发展推动经济高质量发展（转引自《国际商报》2018 年 4 月 27 日）。

6. 粤港澳大湾区建设（2017 年）

2017 年 3 月李克强总理《政府工作报告》首次提出设立粤港澳大湾区（广州、深圳、香港、澳门四个核心城市并进、三地共赢），与纽约湾区、旧金山湾区、东京湾区比肩，打造世界经济版图新亮点。

粤港澳大湾区由广东的广州、深圳、珠海、佛山、惠州、东莞、中山、江门、肇庆 9 市和香港、澳门两个特别行政区构成，面积 5.6 万平方公里，人口 6672 万人，是中国改革开放的前沿和经济增长的重要引擎，国家高度重视和支持，出台了《国务院关于深化泛珠三角区域合作的指导意见》。粤港澳大湾区以不到全国 0.6% 的土地和不到 5% 的人口，创造了全国约 13% 的经济总量（超过 1.4 万亿美元），对外贸易总额超过 1.8 万亿美元，并拥有世界上最大的海港群和空港群，已成为全球第十三大经济体。粤港澳大湾区涉及两种制度、三个关税区、三地实现人流、物流、资金流、信息流互联互通。

需要说明的是，大湾区经济的内涵，是指以庞大的经济体量、宜人的环境、包容的文化、高效的资源配置能力带动周边经济发展，更强调对外连接、抢占全球产业链的制高点。

7. 河北雄安新区建设（2017—2018 年）

2017 年 4 月，中共中央、国务院决定设立河北雄安新区，这是继深圳特区、上海浦东新区之后，又一具全国意义的新区，是"千年大计，国家大事"，打造扩大开放新高地和对外合作新平台。2018 年 4 月 20 日，中共中央、国务院批复同意《河北雄安新区规划纲要》，次日，规划纲要全文发布。纲要提出要创造"雄安质量"，成为推动高质量发展的全国样板、建设现代化经济体系的新引擎。

与此同时，纲要提出"两步走"建设目标：到 2035 年，"雄安质量"引领全国高质量发展作用明显，将成为现代化经济体系的新引擎；到 21 世纪中叶，将成为新时代高质量发展的全国样板，努力建设人类发展史上的典范，展示出"雄安模式"的精髓。

不仅如此，纲要还提出雄安新区发展的四大定位：绿色生态宜居新城区、创新驱动发展引领区、协调发展示范区和开放发展先行区，强调要把开放作为高质量发展的必由之路。作为内陆区域，雄安新区在改革开放方面会有更多探索。

规划纲要指出，雄安新区将积极融入"一带一路"建设，形成与国际投资贸易通行规则相衔接的制度创新体系，并且将支持以雄安新区为核心设立中国（河北）自由贸易试验区，建设中外政府间合作项目（园区）和综合保税区，发挥对全国全面深化改革扩大开放的引领示范作用。

8. 海南自贸区和自贸港建设（2018 年）

2018 年 4 月，恰中国改革开放 40 周年（1978—2018 年），以及海南建省 30 周年（1988—2018 年），中共中央、国务院决定支持海南全岛同时建设自贸试验区和中国特色自贸港。至此，海南正式成为中国第 12 个自贸试验区，也是继上海、浙江之后第 3 个正式建设自贸港的省市。海南自贸区和自贸港建设有着清晰的时间表：2020 年自贸区建设取得重要进展；2025 年自贸港制度初步建立；2035 年自贸港的制度体系和运作模式更加成熟。

不仅如此，海南还有四大新定位：全面深化改革开放试验区、国家生态文明试验区、国际旅游消费中心和国家重大战略服务保障区。

需要说明的是，全球的自贸区和自贸港建设并没有固定模式，甚至连名称都不一样。海南推动自贸区和自贸港建设相结合，构建更符合中国国情的自贸港，逐步实现投资和贸易高度自由化，真正做到"一线放开、二线管住"，人员、货物、资金往来更加自由便利，在税收、基础设施和产业配套等方面提供特殊的政策安排，提升辐射能力。

9. 黄河流域生态保护区和高质量发展（2019 年）

2019 年 9 月 18 日，习近平在河南郑州主持召开黄河流域生态保护和高质量发展座谈会时，明确指出，黄河流域生态保护和高质量发展，同京津冀协同发展、长江经济带发展、粤港澳大湾区建设、长三角一体化发展一样，是重大国家战略。如何推动这一重大国家战略？习近平在座谈会上讲了五大举措：加强生态环境保护，保障黄河长治久安，推动水资源节约集约利用，推动黄河流域高质量发展，保护、传承、弘扬黄河文化（引自"央广时政新闻眼"2019 年 9 月 20 日）。

综上所述，2012 年以来，更高层次开放型世界经济新方位，是新时代国家繁荣发展的必由之路。为此，一要形成对外开放新体制，完善开放战略布局、形成对外开放新体制、发展外向型经济版图新亮点和外向型产业集群；二要建立更加有效的区域协调发展新机制，推动国家重大区域战略融合发展。"以'一带一路'建设、京津冀协同发展、长江经济带发展、粤港澳大湾区建设等大战略为引领，以西部、东北、中部、东部四大板块为基础，促进区域间相互融通补充。"（引自 2018 年 11 月 18 日《中共中央　国务院关于建立更加有效的区域协调发展新机制的意见》）。值得注意的是，按照高质量发展要求，立足发挥各地区比较优势和缩小区域发展差距，围绕区域协调发展的目标是：努力实现基本公共服务均等化、基础设施通达程度比较均衡、人民基本生活保障水平大体相当。为此，要求做到："深化改革开放，坚决破除地区之间利益藩篱，加快形成统筹有力、竞争有序、绿色协调、共享共赢的区域协调发展新机制，促进协调发展。"（引自 2018 年 11 月 18 日《中共中央　国务院关于建立更加有效的区域协调发展新机制的意见》）。

小结：放眼中国外向型经济发展新版图的三个阶段（即探索和扩大开放、东西南北中全方位开放、新时代更高层次开放型世界经济新方位），不忘初心、牢记使命，围绕"两个一百年"铸就中国梦，人民将会接二连三获得阶段性的发展成果是：2020 年，全面建成小康社会；2035 年，基本实现现代化；21 世纪中叶，全面建成社会主义现代化强国。

第二节　外向型经济的类型

外向型经济的类型（或形式）是多样化的，可以划分为以下三种主要类型。

一　出口导向型

出口导向型，又称出口替代型，是指一个国家（或地区）以出口为导向，通过发展出口业拉动经济增长的一种经济类型，也是一个国家（或地区）为促进其经济发展所采取的一种经济措施。其形式有两种：一是发展国内进口替代的工业部门；二是产品自给有余或在自给的过程之中发展出口替代型，即建立以国外市场为主的专业化出口生产基地（专业工厂、专业车间或专业产品）。实行三个转变：（1）由出口原料性初级产品向出口制成品转变；（2）由出口粗加工制成品向出口精加工制成品转变；（3）由劳动密集型出口产品向资本、技术和知识密集型出口产品转变。实行三个转变的实质在于：经济增长方式从粗放型向集约型转变。这种外向型经济，实际上是一种出口导向和进口替代并存的发展战略，但其出口值在国民生产总值中占有重要的比重。此种外向型经济类型，主要适用于发展中国家。

二　资本—贸易型

资本—贸易型，是指一个国家（或地区）以生产资本输出结合商品输出为导向，通过生产资本输出带动商品输出，从而拉动经济增长的一种经济类型，也是一个国家（或地区）为促进其经济发展所采取的一种经济措施。这种外向型经济，国外生产总值在国民生产总值中占有重要的比重。此种外向型经济，主要适用于发达国家。

应当指出的是，马克思列宁主义关于资本主义国家对外贸易和投资的理论，揭示了资本主义的本质。今天，虽然资本主义国家对中国仍然进行商品和资本输出，但中国是政治独立的主权国家，实行社会主义市场经济，因此，如今发达国家对中国的商品输出，已经成为平等贸易；资本输出，已经成为更适应现代化国际竞争需要的外商投资。这是因为，现代国际竞争的焦点，已由国际贸易领域转向国际投资领域，过去是国际贸易推动国际投资的发展，而现在是国际投资带动国际贸易发展。

还要说明的是，经济全球化是一个现实，这个现实可以表述为：贸易世界化和投资国际化。它表现为：世界贸易飞快地增长，国际投资大幅度地流动。任何一个国家（或地区）都离不开世界贸易和国际投资。

与此同时，区域经济集团化也是一个现实。目前，世界上有各类区域性经济集团，参加的国家（或地区）达140多个。其中突出的有：1992年8月北美自由贸易区正式建立（2019年11月30日签署美、墨、加三国新贸易协议）；1993年1月欧共体统一大市场建成；1994年11月亚太经合组织通过了《共同决心宣言》，宣布不迟于2020年在亚太地区实现自由、开放的贸易和投资目标。其中，中国东盟"10+1"于2011年1月1日实现了零关税。中日韩自贸区建设在提速。2005年4月由新西兰、新加坡、智利、文莱四国发起TPP（《跨太平洋战略经济伙伴关系协定》），2008年美国加入TPP成为主导（不含中国），2017年美国特朗普总统宣布退出TPP，2018年3月8日不包括美国在内的CPTPP（《全面与进步跨太平洋战略经济伙伴关系协定》）正式签署，且韩国、英国等已对CPTPP表现出兴趣，未来都有可能加入，这反映出，即使没有美国参与，基于规则的多边主义和经济全球化趋势仍然不可逆转。2011年东盟10国发起RCEP（《区域全面经济伙伴关系协定》），邀请中国、日本、韩国、澳大利亚、新西兰、印度参加，旨在建立亚太统一市场（不含美国）。2012年美欧发起TTIP（《跨大西洋贸易和投资伙伴关系协定》）。2014年中方倡议FTAAP（"亚太自由贸易区"，包括美国）。此外，中国、新加坡、印度尼西亚、马来西亚、泰国等经济体，现正通过打造全球供给链来实现经济整合，这给世界经济带来新的希望。

与此相应，货币一体化（国际货币基金组织、世界银行）与货币集团化并存（亚开行、亚投行、金砖银行、丝路基金等）。

经济全球化和区域经济集团化并举，其发展之快是世界瞩目的事实。对此，理论界还来不及对它们进行全面、系统的总结和分析，但它们肯定是既符合现有的国际贸易效益理论和投资资源配置理论，又符合区域经济分工协作及规模效益理论。

总而言之，这种经济全球化和区域经济集团化的事实，是符合经济发展规律的。它也是资本—贸易型外向型经济的新发展。

三　完全外向型

完全外向型，是指一个国家（或地区）的特区、自由港、出口加工区等区域实行特殊的经济政策，以此拉动经济增长的一种经济类型，也是一个国家（或地区）为促进其经济发展所采取的一种经济措施。这种外向型经济，基本上没有贸易保护主义，国际货币自由兑换，资金自由进出，黄金自由买卖。这种贸易、外汇、金融完全国际化的外向型经济即为完全外向型。中国香港特别行政区就是这种完全外向型经济的区域。

第三节　外向型经济的目标

中国发展外向型经济的目标：比照发达国家，优化产业结构。

一　产业结构的含义

所谓产业结构，又称国民经济部门分类或产业分类，是经济结构的核心，是指产业部门分类形成的各部门之间质的经济联系和量的比例关系，并把从事各种产业活动的部门划分为三类。

在现代经济学中，新西兰的费雪（A. G. B. Fischer）于 1935 年在分析产业结构时，第一次明确使用了第一产业、第二产业和第三产业的概念。20 世纪 50 年代，英国的科林·克拉克（Colin G. Clark）把三次产业理论从深度和广度上向前推进了一步，对三次产业的内涵作了详细而明确的界定。继而，世界各国均沿用了此种分类法，故称克拉克大分类法。1971 年，联合国颁布了"联合国标准产业分类法"，与克拉克大分类法相同。各国在引用这种分类法的同时，又结合本国情况进行了修正。近年来，中国在使用这一概念时，赋予其特定的内涵是：

第一产业：农业（含林业、牧业、渔业等）；

第二产业：工业（含制造业、采掘业、建筑业、自来水、电力、蒸气、热水、煤气等）；

第三产业：除上述一、二产业以外的其他各业。它可以分为流通部门与服务部门两大部分，统称为服务业。

二　中美两国产业结构比较

中美两国产业结构迥然不同。这种不同可从如下几个方面的比较中加以说明。

（一）产业人口结构

按照劳动力在三次产业结构中的分布来划分：2016 年，中国的第一产业占 27%，第二产业占 29%，第三产业占 44%；而美国的第一产业占 1%，第二产业占 8%，第三产业占 91%。中国 13 亿人口，18 亿亩耕地，而美国 3 亿人口，28 亿亩耕地。在美国，平均每个家庭农场 2358 亩地，配比 1.5 个劳动力。由此可见美国农业劳动生产率之高，农业现代化程度之高。美国农业现代化，是现代资本主义大农业的典型，表现为"三化"：生产工具机械化（含半自动化、全自动化）、生物技术科学化、组织管理社会化。

（二）产业产值结构

按照国民生产总值在三次产业结构中的分布来划分：2016 年，中国的第一产业占 8%，第二产业占 40%，第三产业占 52%；而美国的第一产业占 1%，第二产业占 19%，第三产业占 80%。

（三）产业结构优化程度及其成因

美国产业结构的优化（一元化结构），是生产力发展的结果、经济发展的需要，是社会经济发展规律所决定的，也是各国经济发展的普遍趋势；而不是传统意义上所说的资本主义制度的产物和资本主义寄生性、腐朽性的表现，也不是个别发达国家所特有的。因此，应当比照发达国家，优化中国的产业结构。所谓优化，就是引领中国产业结构朝着高级化、一元化、现代化的方向发展，在国际产业链、价值链的阶梯上持续向中高端攀升。

三　中国加快发展第三产业的目标和重点

中共十四届五中全会指出，要正确处理第一、二、三产业的关系，"大力加强第一产业，调整提高第二产业，积极发展第三产业"。中国加快发展第三产业的目标和重点是：

（一）发展第三产业的目标

目标是建立三大体系，即逐步建立起适合中国国情的社会主义统一市场体系、城乡社会化综合服务体系和社会保障体系。目前，全国 31 个省、区、市建立起农村最低生活保障制度，两千多万农村贫困人口纳入保障范围（2020 年全部脱贫）。统计表明，中国第三产业每增长 1%，就业人口就增长 140 万。

（二）发展第三产业的重点

（1）为生产和生活服务的行业。主要是商业、物流业、对外贸易业、金融业、保险业、旅游业、房地产业、仓储业、居民服务业、饮食业、文化卫生事业等。这些行业的优势在于，投资少、周期短、收效快、效益好、就业容量大、与经济发展和人民生活关系密切。例如：沐浴业，是综合服务新业态，是劳动密集型服务行业，与同等面积的酒店相比，用工量是酒店的 3 倍。

（2）与科技进步相关的行业。主要是咨询业（含科技、法律、会计、审计等）、信息业和各类技术服务业等。

（3）农村的第三产业。主要是为农业产前、产中、产后服务的行业，为提高农民素质和生活质量服务的行业。

（4）对国民经济发展具有全局性、先导性影响的基础性行业。主要是交通运输业、邮电通信业、科学研究事业、教育事业和公用事业等。

总之，第三产业是经济增长的重要推动力。现代市场经济发展表明：第三产业发展越快，对经济增长的支撑、辐射和带动作用就越强。第三产业在国民经济中连接着生产和消费，起着促进一、二产业共同发展的重要作用。可以预见，外资进入中国的格局将发生重大变化，服务业利用外资的比重将会逐年增加，从而迅速提升中国服务业的水平。

四　外向型产业结构的特点

为适应外向型经济的发展，应有相应的外向型产业结构，它具有以下三个特点：

（一）对国际市场需求变化具有较强的适应性

外向型经济因其主要面向国际市场，产品要适应国际市场的需求，产业结构要具有较强的转换和调整能力。对主导产业的选择，应依据动态的比较优势，扩大进出口，带动本国经济的发展。

（二）生产要素的配置具有国际化特点

由于生产要素（土地、资本、人力、技术、信息等）在国际间的双向流动，国内企业国际化，国际企业国内化，决定了外向型产业结构的空间布局，其生产要素的配置不受国内条件的限制。

（三）与发达的第三产业相联系

由于生产、资本、市场的全球化，国际经济和产业信息变化很快，因此要求与发达的第三产业（尤其是交通运输、邮电通信、国际经贸、金融保险等）保持紧密联系。

第四节　外向型经济的路径

发展外向型经济的路径是参与国际经济循环。

一　国际经济循环的含义

所谓国际经济循环，是指一个国家（或地区）面向世界，参与国际经济合作和竞争，充分利用国内外两种资源、两个市场，发展开放型经济，运用国际分工、国际交换和本国经济的比较优势，提高竞争能力，更好地与国际经济互接互补，有效推进中国"新四化"。

二　国际经济循环的内容要点

（一）国际经济循环归根结底要以国内循环为基础

国际经济循环需要国内多种多样的投入。目前，中国国内市场的发育还不够健全，能源、交通、通信等基础设施相对薄弱，这会给发展外向型经济带来某种不利因素。参与国际交换和竞争，虽然十分重要，但中国参与的速度和规模将受国内经济循环的制约。因此，只有协调好国内产业之间的比例，加强各项基础设施的配套建设，改善投资环境，才能促进外向型经济的发展和国际经济循环，也才能更有力地参与国际竞争。

（二）国内循环与国外循环相互交汇

这个交汇点就是中国的"四沿四地"。交汇内容主要有六个方面（如图1-1所示及图下说明）。

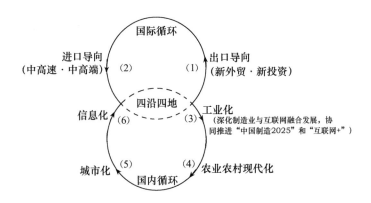

图1-1　国内国际双循环示意图

说明：

四沿四地："四沿"是指沿海、沿江、沿边、沿交通干线；"四地"是指"一带一路"、京津冀一体化（含河北雄安新区）、长江经济带、粤港澳大湾区。

1. 出口导向：新外贸、新投资

新外贸，是指外贸3.0。外贸1.0是指传统线下贸易，外贸2.0是指外贸电商线上供求信息平台。而外贸3.0是指新式外贸电商平台（线上＋大数据应用），营造全球贸易大生态，是流量贸易（企业不上网等于让市场）。因为信息对称，供需不错位，互联网精准连接，中间环节省略了，"经商"一词有了新的含义。

新外贸出口导向，主要表现为非价格竞争的重要性比价格竞争更重要，出口靠核心竞争力，即从出口产品到出口智慧；"微笑曲线"向两头延伸，一头是研发（自主知识产权），一头是品牌（效益和未来）。此外，非价格竞争中的广告业，从传统广告到互联网广告，从依靠媒介的力量去影响别人（媒介为王），转变为依靠互联网技术实现按区域、按收入、按时段精准投放（技术为王）。

新投资，是指投资者"走出去"，包括直接投资和间接投资。直接投资即投资者输出生产资本（如工厂外迁、并购现有外国企业、保留利润额再投资等）；间接投资又称证券投资，即投资者在国际债券市场发行和购买中长期债券，在股票市场买卖外国企业的股票等。

新投资导向，主要表现在三个方面：一是改革对外投资体制。除了敏感行业，2014年将对外投资由过去的审批制改为备案制。二是加快双边和多边投资协定、贸易协定的谈判。至2017年3月，中国已与22个国家和地区签署了44个自贸协定，使对外投资的便利水平大幅提高。三是加大公共服务力度。编制了国别投资指南，通过驻外使领馆经商处为企业提供咨询服务，利用展会等多种形式为企业"走出去"创造条件和机会。同时，商务部相关业务部门，将会及时与企业沟通，帮助企业解决"走出去"遇到的难题，为企业"走出去"营造更好的环境。此外，加快"一带一路"建设，东牵亚太经济圈，西接欧洲经济圈，穿越非洲、连接亚欧，不仅促进中国与世界互联互通，也推动中国的对外投资与合作。

2. 进口导向：保持中高速增长、迈向中高端水平

在进口导向中，通过境外市场转换机制，吸收境内市场所需要的外资、技术、人才等全要素。美国不仅是全球引进外资、技术最多的国家，而且也是引进人才最多、受益最大的国家，其经验和做法值得借鉴，旨在助力中国实现"双目标"：经济保持中高速增长、产业链迈向中高端水平。

新进口导向，"中国制造2025"和"德国工业4.0"，内外资相关政策一视同仁（2019年3月底前实现内外资准入标准一致），鼓励新旧动能接续转换，培育新产业、改造旧产业，稳增长、调结构，向产业链高端发展，更多地投向高端制造、智能制造，推进中国经济转型升级，实现"中国制造2025"的确定目标。

3. 工业化

工业化，既是历史性概念（纵向看），也是世界性概念（横向看）。工业化的含

义是指：农业经济走向工业经济，农业社会走向工业社会，农业文明走向工业文明。相关评估认为，中国东部地区工业化综合指数超过 90。此外，工业化的类比指标还有：工业 1.0 即机械化伴随动力化（典型产品是火车）；工业 2.0 即自动化伴随标准化（典型产品是汽车）；工业 3.0 即"互联网＋"伴随"中国制造 2025"（典型产品是手机）。总起来看，中国制造业整体尚处于由工业 2.0 向工业 3.0 过渡的阶段。

需要说明的是，中国工业互联网体系正在形成。工业、互联网、信息通信等行业企业，正在共同探索工业互联网领域的应用模式，推动形成智能化生产、网络化协同、个性化定制、服务化延伸。各行业逐步形成一批带动性强的龙头企业，中兴、华为、中国电信、航天科工、海尔、三一重工等现正探索搭建工业互联网平台和智能工厂。然而，实现中国的智能制造将是一个循序渐进的过程，需要逐步实现生产制造自动化、流程管理数字化、企业信息网络化、智能制造云端化。

4. 农业农村现代化

在工业化初始阶段，农业支持工业，为工业提供积累；当工业化达到相当程度，工业反哺农业，城市支持乡村，发展乡镇经济，重点是县域经济、建设小城镇，使农业人口游离出来，离土不离乡、进厂不进城，有效实现农业人口工业化。对此，天津市静海区大邱庄镇有成功的经验，江苏省华西村是成功的典范。

美国农业现代化的经验值得借鉴。美国农业是现代资本主义大农业的典型，其特征可以概括为三句话：一是生产工具机械化、半自动化、全自动化；二是生物技术科学化；三是组织管理社会化。农业绿色、有机、无公害。

中国农业现代化道路的依据是："加快转变农业发展方式，发展多种形式的适度规模经营，发挥其在现代农业建设中的引领作用。着力构建现代农业产业体系、生产体系、经营体系，提高农业质量效益和竞争力，推动粮经饲统筹、农林牧渔结合、种养加一体、一二三产业融合发展，走产出高效、产品安全、资源节约、环境友好的农业现代化道路。"[①]

当前中国农业的主要矛盾，突出表现为阶段性供过于求和供给不足并存，矛盾的主要方面在供给侧。而农业供给侧结构要推进三大调整，即：调优产品结构、突出"优"字，调好生产方式、突出"绿"字，调顺产业体系、突出"新"字。当下要在坚持农村土地集体所有的前提下，促使承包权和经营权分离，形成所有权、承包权、经营权三权分置、经营权流转的格局。"三权分置"顺应了发展适度规模经营的时代要求，探索"三权分置"的多种实践形式，为中国特色新型农业现代化开辟了新路径。中共十九大报告提出的实施乡村振兴战略总要求 20 个字是：产业兴旺、

---

① 《中共中央关于制定国民经济和社会发展第十三个五年规划的建议》，转引自《中国经济新方位》，国家行政学院出版社 2017 年版，第 119 页。

生态宜居、乡风文明、治理有效、生活富裕。

5. 城市化

城市化，是指人口、地域、产业结构和生活方式由农村型转化为城镇型。城市化率，又称城镇化率，是城市化的度量指标，一般采用人口统计学指标，即城镇人口占总人口（含农业与非农业）的比重。

美国 1970 年城市化率达到 70%，基本实现城市化，用时超过 120 年。2019 年中国城镇化率为 60%，而发达国家平均约 80%，中国还有很大空间。中国城镇化进程，是农村人口不断向城镇转移、第二三产业不断向城镇聚集的过程，也是城镇数量增加、规模扩大的历史过程。据预测，到 2030 年中国城镇化率达 71%，新增 2 亿城镇人口的 60% 将集中在长三角、粤港澳、京津冀等城市群。

中国现正扎实推进新型城镇化：一是深化户籍制度改革，加快居住证制度全覆盖；二是支持中小城市和特色小城镇发展，推动具备条件的县和特大镇有序设市，发挥城市群辐射带动作用；三是促进"多规合一"，提升城市规划设计水平；四是推进建筑业改革发展，提高工程质量；五是统筹城市地上地下建设，有效治理交通拥堵等"城市病"，使城市既有"面子"，更有"里子"；六是建设智慧城市，"城市让生活更美好"，比如城乡一体光网城市、移动互联无线城市、数据信息安全城市（大数据、云计算、物联网等成熟地运用到生活中）。总之，城市化不仅仅是中国经济发展的驱动力，而且是生产率上升、保障和改善民生的驱动力。中国有望构建一个全新的城市格局，从割裂的变为都市圈，再形成都市群，最后打造城市网络。

还要指出的是，城镇化是伴随工业化和农业农村现代化发展的必然趋势，必须顺应这一潮流。而新型城镇化是促进中国经济社会健康、稳定、可持续发展的根本途径，是消除中国城乡社会经济"二元结构"的根本出路。

6. 信息化

信息化，是指培养、发展以计算机为主的智能化工具为代表的新生产力，并使之造福于民生和社会的历史过程。智能化工具，又称信息化的生产工具，包括信息获取、信息传递、信息处理等。信息化是现代科技进步和生产生活方式演进的大趋势，没有信息技术，就没有工业化、农业农村现代化和城镇化；而工业化、农业农村现代化和城镇化又是信息化发展的前提条件。

实施信息化的类比指标主要有：一是工业 3.0，2006 年产生"云计算"概念，微软定义为"云端""软件服务"，是一种能力的提供；二是工业 4.0，2013 年德国提出"两大主题"（智能工厂、智能生产）；三是 5G 时代全球商用，万物互联、大生态系统，即：人和人、人和物、物和物的信息交流靠数据、靠规则，虚拟现实、全影视频、通信速度超快（如一部超高画质电影可以 1 秒之内下载完成），呈现大道至简、大网无网状态，并推动新一轮技术革命。2020 年预计至少会有 500 亿个感应器和物联网相联，而物联网是推动打造"零边际成本社会"的核心。由此导致生产和销售的边际成本近乎零，大大降低市场力量的约束。也由此产生中国经济结构进化论、优化论。

中国现正加快第五代移动通信等技术研发和转化，做大做强产业集群（参见2017 年李克强总理《政府工作报告》）。这说明 5G 技术，已经上升到了国策，成为国家意志的体现，正努力把这个尖端技术实用化。5G 自 2016 年启动标准研究，2018 年标准完成，2020 年左右确定商用时间。3G 是多媒体通信为特征（短信 + 互联网），4G 是通信进入无线宽带时代（短信、互联网 + 视频），3G、4G 干的多是"人事"（连接人），不是质变；而 5G 干的多是"非人事"（连接物），才是质变。

当下，中国把握信息技术变革趋势，实施网络强国战略，加快建设数字中国，推动信息技术与经济社会发展深度融合的举措如下：一是构建泛在高效的信息网络，形成万物互联、人机交互、天地一体的网络空间；二是发展现代互联网产业体系，实施"互联网 +"行动计划；三是实施国家大数据战略，助力产业转型升级和社会治理创新；四是强化信息安全保障，统筹网络安全和信息化发展，提高网络治理能力，保障国家信息安全。

总之，中国参与国际经济循环，推进新四化，同西方发达国家有很大不同。西方发达国家工业化、城镇化、农业农村现代化、信息化是一个"串联式"的顺序发展，发展到目前水平用了 200 多年时间。而中国后来居上，把失去的 200 年找回来，决定了发展新四化必然是一个"并联式"的叠加发展过程（参见习近平 2013 年 9 月30 日《在十八届中央政治局第九次集体学习时的讲话》）。

（三）参与国际经济循环的直接目的

直接目的是学会"三个两"：一是利用两种资源（国内资源和国外资源）；二是开拓两个市场（国内市场和国外市场）；三是学会两套本领（国内经济建设和发展对外经济关系）。通过"三个两"，引领中国经济转型。

第五节　外向型经济的组织形式

涉外企业是外向型经济的重要组织形式和载体。本书所要阐述的涉外企业包括："三来一补"企业、外商投资企业、对外劳务合作企业和中国海外企业。对此，本书均列入专章、专节阐述，重点是对外商投资企业的阐述。

鉴于外商在华投资形式有新的发展和变化，故本章特辟一节，将常见的其他形式的涉外企业在本书绪论中作简要介绍，包括：外商投资股份制、合作开发、BOT 投资、涉外租赁、并购等。

一　外商投资股份制

外商投资股份制又称外商投资股份有限公司，是指依法设立的，全部资本由等额股份构成，股东以其所认购的股份对公司承担责任，公司以其全部资产对公司的债务承担责任，中外股东共同持有公司股份，外商股东持有的股份占公司注册资本的25％以上的企业法人。它是公司制企业的一种类型，也是近年来中国直接利用外资的一种新型企业形式。

外商投资股份制的发起人一般为5人以上，其中，中方股东不得少于3人。在设立方式上分为两种：发起设立和募集设立。发起设立是指由发起人认购公司应发行的全部股份而设立公司。募集设立是指由发起人认购公司应发行股份的一部分，其余部分向社会公开募集而设立的公司。

外商投资股份制的主要特征列表归纳说明（如表1-1所示）。

表1-1　　　　　　　　　　　外商投资股份制的主要特征

比较	外商投资股份制	外商投资非股份制	内资股份制
1. 投资主体	有外商股东	有外商股东	无外商股东
2. 投资性质	认股投资（证券投资）	作价出资（非证券投资）	认股投资（证券投资）
3. 股份形式	股票	股单（出资证明）	股票
4. 组织形式	股份有限公司（股东大会、董事会、监事会）	有限责任公司（董事会制）	股份有限公司（股东大会、董事会、监事会）
5. 经营期限	均不约定期限	可约定、可不约定期限	均不约定期限

由于股份公司实行规范化经营，其经营方式遵循国际惯例，所以有利于中国现代企业制度的建立，也使中外投资者的投资更有法律保障，有利于吸引外商直接投资。对于外商投资非股份制、国有企业、集体企业，以及按《公司法》规定设立的没有涉外因素的股份有限公司等非外商投资股份制的企业（公司），可以申请转变为外商投资股份有限公司。

二　合作开发

合作开发，是指资源国利用国外投资，共同开发本国资源的一种经济合作形式，适用于大型自然资源（如石油、天然气、矿石等）。其特点是：高投入、高风险、高回报、东道国管理严。中国在石油资源开采领域中的对外合作都采用这种方式。

中国海洋石油总公司（"中海油"）、中国石油天然气集团公司（"中石油"）、中国石油化工集团公司（"中石化"），是具有法人资格的国家公司，享有在对外合作区进行石油勘探、开发、生产和销售的专营权。中外合作开采石油的政府主管部门是国土资源部。国家商务部是石油合同的审批机构。

合作开发带有明显的阶段性，一般分为三个阶段：（1）外商独资。在地球物理勘探阶段，外商独家投资、独家勘探、独家承担风险；（2）中外合作。开发阶段，外国合作者开始取得报酬；（3）中外合资（中外股比中方占51%及以上）。生产阶段，双方根据股权比例分享利润，回收投资和费用。例如，中美合资蓬莱19-3油田，合资经营期限十年（2001—2011年），中美股权比例为51%：49%，美方股东为美国康菲石油公司，中方为中海油。该油田于2011年6月在B、C平台附近的4.6平方公里区域内漏油不止，其污染浓度超过了中国政策制定的海产养殖和人体接触安全标准的最大上限。中国国家海洋局对"康菲"依法追究了责任，并吸取教训，加大监管力度。

三 BOT 投资

BOT是英文Build Operate Transfer的缩写，即建设、经营、移交，又称外商投资特许权项目，是通过政府为投资者提供特许权协议，准许投资方开发建设某一项目，项目建成后在一定期限内独自经营获得利润，协议期满后将项目无偿移交政府。BOT自1984年在土耳其首次出现以来，已为世界上越来越多的国家所采用，它是目前国际上流行的项目融资方式，主要用于公路、铁路、桥梁、发电站、隧道和机场等基础设施项目。

利用BOT投资的意义：（1）有利于弥补基础设施建设资金的不足，减轻政府公共投资的压力；（2）有利于政府转嫁项目风险，促进产业结构的优化；（3）有利于吸收先进的设计、施工和管理技术。

BOT不同于传统的"三资企业"投资，其主体的一方为东道国政府主管部门，另一方为外国私人投资者。它是一种囊括了涉外工程承包、跨国技术转让、项目融资等多种因素的国际投资。

典型的BOT投资结构示意图如图1-2所示。

四 涉外租赁

涉外租赁，是指外商出租人与中方承租人之间订立的租赁合同，在一定期限内将商品交给承租人使用，并收取租金的投资方式，也是中方直接利用外资的一种贸易方式。

涉外租赁的主要特征：一是租赁最多的是动产租赁；二是兼有商品信贷和资金信贷的双重性，类似于商品使用价值和价值的二重性；三是租赁期内设备的使用权与所有权相分离，承租人用营运收入购买设备的使用权，代替了自筹资金购买设备的所有权。

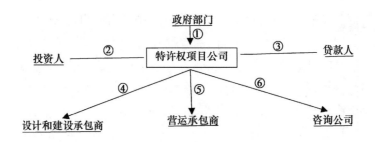

图 1 - 2 BOT 结构示意图

涉外租赁的形式，按租赁性质区分为以下三种：

（1）融资租赁（Finance Lease），又称金融租赁。是指一种由三方当事人和两个合同构成的特殊交易方式，即由出租人根据承租人提出的条件，与供货商订立的购买合同，买进承租人所需要的设备，并与承租人订立租赁合同，给予承租人设备使用权，并据此收取租金，以回收购货货款、利息和其他费用。出租人和承租人位于不同国家的融资租赁交易，称为国际融资租赁（或国际金融租赁）。融资租赁示意图画图说明如图 1 - 3 所示。

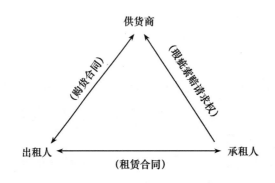

图 1 - 3 融资租赁示意图

融资租赁业，作为集融资与融物、贸易与投资于一体的现代交易方式，是仅次于银行业的第二大资金供应渠道（不能吸收存款），以融资为目的，融资与融物相结合。其主要特征：一是整个交易过程由"三方当事人"和"两个合同"构成；二是禁止当事人中途解约（尤其是禁止承租人解约）；三是出租人不承担租赁物的瑕疵担保责任，但承租人可从出租人处取得向供货商的索赔请求权；四是由承租人承担租赁物本身的灭失、毁损和因租赁物引起的他人人身伤亡或财产损害的责任；五是融资租赁的资金成本较高，因为出租人购买设备的成本、费用等均摊入租金；六是租赁期内承租人加快资金融通，加大还款能力，租赁期届满时，租赁物的所有权自动转归承租方。这是以融资为目的（明天的钱，今天用）、融资与融物合二为一的租赁形式（"租鸡生蛋，卖蛋还租，赚得母鸡"）。融资租赁业是仅次于银行业的第二大资金供应渠道。

（2）减税优惠租赁，又称借贷式租赁。是指先由出租方自筹一部分资金，其余所需资金通过向银行借款解决，然后用筹集到的资金购买设备出租。此种租赁会得到减税的优惠。

（3）综合租赁。是指将租赁与其他贸易方式结合起来的一种租赁方式。例如，承租人与补偿贸易方式相结合，以产品或加工费偿还租金，而不以现汇支付，节省了现汇周转。

五　并购

（一）并购的含义

并购，又称收购或兼并引资国的企业。是指通过购买某一企业的股权，参与该企业经营，按股权比例分享企业利润，并对企业经营方针行使表决权的投资方式。商品和服务的国际流动形成了世界市场，而国际资本流动形成了世界生产，从而使生产方式进入新的发展阶段。

（二）并购的依据

并购的依据有两个：一是中国《国民经济和社会发展第十个五年计划纲要》明确提出："积极探索采用收购、兼并……多种方式，促进利用外资和国有企业产权制度改革。"这是"十五"计划纲要的新政策、新思路。随着全球经济一体化的进展，国际资本的流动方式发生了巨大变化，跨国并购（收购和兼并）趋向取代"绿地投资"（Greenfield Investment），成为国际资本流动的重要形式。20世纪90年代以来，中国允许外商投资收购和兼并国有企业、集体企业及其他性质企业的全部或部分股权，以加速企业的"嫁接"改造。二是2010年国务院发布了进一步鼓励利用外资工作20条措施，其中，措施之一就是：为促进利用外资方式多样化，鼓励外商以参股、并购等方式参与国内企业改组改造和兼并重组。

目前，国内两个领域成为外商并购的重点：一是过去政策上限制或禁止外资进入的服务领域；二是过去关税和非关税壁垒程度较高的领域。

（三）并购的积极作用

跨国公司参与国企改革，其积极作用表现为"七个有助于"：（1）有助于为国企改革创造有利的融资条件；（2）有助于保留原来濒于破产企业职工的就业机会，并通过"波浪效应"增加再就业机会；（3）有助于以并购方式引进外资，导入国际经济通行的规则、惯例，从外部促进中国市场的发育和市场机制的生成；（4）有助于中国经济结构的调整、升级和优化，促使资金、技术密集型产业支柱的形成；（5）有助于以先进方法培训中国管理人员、技术人员和熟练工人，开发中国高素质的人力资源；（6）有助于提升中国企业的管理水平；（7）有助于创新利用外资方式，有效利用境外资本市场，鼓励具备条件的境外机构参股国内证券公司和基金管理公司，逐步扩大合格境外机构投资者（QFII）规模。

总之，鼓励外资以并购方式参与国企改革，是推动国企改革的一个非常重要的方式，也是中国适应国际资本流动的新趋势，积极调整利用外资方式的一个战略性转变。世界直接投资的约80%是以跨国并购形式实现的。目前，流入中国的直接投资中虽然仅约5%采用了并购形式（其他多数是新建项目投资），但随着中国利用外资政策法规的陆续出台，中国也会逐步跟上世界跨国并购的发展趋势，并将进一步展示出中国吸引外资的巨大潜力。

（四）并购的具体做法

跨国公司在华投资并购的具体做法可以概括为六种：（1）直接购买股权，主要针对小企业；（2）现有外企增资扩股，提高占股比例；（3）先设立一个外资企业，然后直接收购资产，这样可以规避政府的审批；（4）两个已设立外资企业之间的合并；（5）外资企业与内资企业之间的合并；（6）通过证券市场收购。例如，自2003年以来，以松下电器、惠普、日立、伊莱克斯、LG、东芝等为代表的新一批外资家电巨头，以并购、增资扩产、建立研发中心等方式向中国市场进发。松下电器已在中国并购了48家企业，这些企业几乎分散在中国各地。2007年2月，沃尔玛斥资2.64亿美元收购了好又多35%的股权，同时以向其他股东提供3.76亿美元贷款的代价换取了另外30%的投票权，沃尔玛全面掌控好又多的经营，被称为当前中国零售业的最大收购案。

（五）外商在华投资并购审核制度

中国商务部《实施外国投资者并购境内企业安全审查制度的规定》（以下简称《规定》），于2011年9月1日正式实施。该《规定》明确了外商并购境内企业的具体程序及所要提交的文件，并增添了反规避等方面的具体内容。

该《规定》的出台，目的是鼓励，而不是限制。通过规范并购程序，提升透明度和可预见性；与此同时，也符合国际惯例。如在美国也有商务、外交、安全等多部门成立的外资安全审查委员会，在"中石油"并购优尼科、"华为"收购美国三叶公司，以及"联想"并购IBM的过程中，都曾受到过此类安全审查。

（六）外商投资并购审核程序及注意事项

（1）审核程序（分为两步）

一是提出建议。向商务部提出进行并购安全审查的建议。二是审查范围。商务部从交易的实质内容、实际影响来判断并购交易是否属于并购安全审查的范围。

（2）注意事项

一是反规避。即外国投资者不得以任何方式实质规避并购安全审查，包括代持、信托、多层次再投资、租赁、贷款、协议控制、境外交易等方式。弄清楚并购背后的控股方非常关键，这显示了反规避措施的加强。二是"三道门槛"。并购境内企业审查的"三道门槛"须相互配合，即：一看是否符合外商投资产业指导目录；二看是否违犯公平自由竞争与反垄断法；三看是否符合并购安全审查制度的规定。

第二章 "三来一补"企业

第一节 什么是"三来一补"

所谓"三来一补",是指来料加工、来样加工、来件装配和补偿贸易四种外商直接投资形式的总称。它是国际上通行的利用外资形式,也是中国开展对外贸易的重要组成部分。"三来一补"企业,是指中国从事"三来一补"经营活动的、具有法人资格的经济实体或经济组织。在"三来"企业中,外商称为定作方,中方称为承揽方,双方通过签订合同来确定相互权利义务关系,开展加工装配业务。"三来一补"的规范化称谓表示如下:

$$
\text{"三来一补"}
\begin{cases}
\text{三来}
\begin{cases}
\text{来料加工} \\
\text{来样加工} \\
\text{来件装配}
\end{cases} = \text{加工装配} \\
\\
\text{一补:补偿贸易}
\begin{cases}
\text{直接补偿} = \text{产品返销} = \text{返销} = \text{工业补偿} \\
\text{间接补偿} = \text{产品换购} = \text{换购}
\end{cases}
\end{cases}
$$

一 来料加工

所谓来料加工,是指外商提供原材料、辅料和包装材料,中方企业按照规定条件(如图纸标准和工艺要求)进行加工,成品交给外商,中方收取工缴费。具体方式有以下几种:

(1)外商提供全部或部分原材料、辅料和包装材料,成品交给外商,中方只收加工费。

(2)外商"来料"和中方加工后的"成品"分别作价,根据"各作各价"合同,中方只收差价。

(3)外商除提供"来料"以外,还提供加工所需的技术、设备、设施,其价款从中方工缴费中清偿。

(4)中方外贸部门同外商签订合同,承揽来料加工业务,然后组织加工企业生产。

外贸部门同加工企业之间按购销业务关系办理（也适用于来样加工和来件装配）。

二　来样加工

所谓来样加工，是指外商提供产品的样式、规格、商标、花色和质量标准等，中方企业按照规定条件，用自己的原材料加工生产，成品交给外商，中方收取加工费和所供原材料的价款。

如果外商提供了加工所需的工具、设备和技术，其价款则从中方工缴费中清偿。

三　来件装配

所谓来件装配，是指外商提供元器件、零部件和装配用的工具设备，中方企业按外商要求的质量、规格、款式，进行加工装配，成品交给外商，中方收取工缴费或装配费。

外商的"来件"又分两种形式：（1）全分解零件，即外商将零件以散装的形式运来，中方企业先将散零件组装成部件，再将部件组装成成品；（2）半分解零件，即外商将部件以散装形式运来，由中方企业把部件组装成成品。

上述"三来"业务，统称加工装配。中方承揽加工装配的企业，有国有企业、集体企业、私营企业和个体企业。从事的行业有机械工业、电子工业（以来件装配为主）、轻纺工业和农牧渔养殖业（以来料加工、来样加工、来料种养为主）等。

四　补偿贸易

所谓补偿贸易，是指中国以信贷方式引进外资、技术、设备和原材料，然后以产品分期偿还价款的一种投资形式。具体方式有：

（一）按产品补偿方式来划分

（1）直接补偿

用引进的技术和物料直接生产的产品叫直接产品，用直接产品偿还的叫直接补偿，又叫产品返销（简称返销）。此种方式一般适用于设备和技术贸易，国外也有人称之为"工业补偿"。

（2）间接补偿

偿还外商的产品，不是用引进的技术和物料直接生产出来的产品，而是双方均能接受的、等值的其他产品，故又称等价商品补偿，也叫商品换购（简称换购）。

（二）按产品补偿所占的比例来划分

（1）全额补偿

合同价款（包括贷款本息），百分之百用产品偿还。

（2）部分补偿

合同价款用部分产品、部分现汇来偿还。"部分现汇"一般是指用一定百分比的现金支付定金（通常在15%以内）。

（三）按补偿贸易的行为主体来划分

（1）双边补偿

补偿贸易的参加者，仅有中外双方，中方向外商补偿。

（2）多边补偿

补偿贸易的参加者是多国多方，即提供技术设备的一方不一定就是借贷者，也未必是产品返销的接受者，它可以是三角补偿或四边补偿。这种方式的补偿贸易比较复杂。其特点是由第三国代替首次进口的中国一方承担或提供补偿产品的义务。这种情况一般发生在对外签有支付清算协定的国家。例如，中国与伊朗签有支付协定，进行记账贸易，并经常处于顺差状态，但伊朗没有合适的产品可供中国进口；与此同时，中国需要进口意大利的设备和技术，但苦于外汇短缺，想利用补偿贸易方式进口。经中国同意大利谈判以后，知道意大利需要伊朗可供出口的产品，伊朗也愿意向意大利出口，于是，中国便利用支付协定所赋予的购买第三国产品的权利，用伊朗的产品换意大利的设备和技术。这种贸易就是多边补偿，也叫转手补偿。

（四）综合补偿贸易

所谓综合补偿，是指把上述各种单一简单的补偿贸易进行灵活组合。例如，直接的部分的三角补偿，就是既包括直接用产品补偿，又包括部分现汇补偿（15%定金），还包括三国三方参加的广泛的多边合作补偿。由于综合补偿贸易对参加的各方都有利，故已成为当代国际流行的补偿贸易形式。

总起来看，对一个企业来说，"三来一补"业务，实际上往往是有所侧重而又互相渗透、融为一体的。

五 "三来一补"的特点

由于"三来一补"既具有对外经济合作的性质，又具有一般贸易的某些属性，综合起来看，"三来一补"可归纳为如下几个特点：

（一）吸收外商"实物"投资

外商提供的设备、原材料、辅料、零部件、元器件等，均应视作直接投资。中方利用外商提供的"实物"外资，加工生产，收取工缴费；或以直接产品，或用间接产品，或以工缴费，来清偿外商预先垫付的"实物"资金。

（二）中方一般无须流动资金

在外商提供"实物"投资的条件下，中方只需提供厂房或加工场所、劳动力和一些简易设备，无须筹措流动资金，就可以开展生产和业务活动，合作方式简便易行。

（三）供产销一体化，中方承担风险较小

"三三来一补"中的料、样、件、技术设备和销售市场在国外，即"两头在外"，生产或加工装配环节在国内，供产销是一个统一体。中方既不担心"供"，也不担心"销"，而且结算和支付方式对中方有利。

（四）提供劳务出口

"三来一补"大都是劳动密集型产品，占用劳动力甚多，一般来说，投入的活劳动越多，出口创汇就越多，完全是不出国门的劳务出口。

由上可见，"三来一补"是将利用外资、技术引进、劳务合作、商品贸易结合在一起的总称，是既包括对外经济合作，又包括一般对外贸易的供产销综合体。目前，中国的"三来一补"正向深入发展，前景十分广阔。

第二节 "三来一补"企业的发展、转型和转移

"三来一补"企业是改革开放的产物。自从珠海香洲毛纺厂于 1978 年 8 月签订第一份毛纺织品"来料加工"协议以来，中国"三来一补"企业取得长足发展，直到现在大量"三来一补"企业转型为外商投资企业，大量"三来一补"工厂重新注册为外资企业（即外商独资企业），大量"三来一补"项目由东向西梯度转移。其发展过程主要经历了如下四个阶段。

一 起步阶段（1978—1987 年）

该阶段企业总体规模较小，内资企业开展的来料加工占主导地位，以简单加工和劳动密集型加工为主，加工地域相对集中在广东省、福建省。这里说的"来料加工"，是指进口料件由外商提供，既不必付汇进口，也不必用加工费偿还，而是将加工制成品交由外商销售，加工经营企业收取加工费的加工贸易活动。该阶段的加工装配主要是"贴牌加工"（OEM），是指按原单位（品牌单位）委托合同进行产品开发和制造，用原单位商标销售或经营的合作营运方式。OEM 在中国家电等行业得到了广泛应用。

二 快速发展阶段（1988—1995 年）

该阶段进料加工和外商投资企业迅速发展，规模迅速扩大，并占据主导地位。这里说的"进料加工"，是指进口料件由经营企业付汇进口，加工制成品由经营企业外销出口的加工贸易活动。该阶段产业结构从劳动密集型向资本密集型和技术密集型过渡，加工地域向东南沿海及内地快速扩散（时称"漫山放羊"），加工贸易进出口额开始占据中国外贸半壁江山。

三 稳步发展阶段（1996—2006 年）

随着越来越多的大型跨国公司来华，加工贸易向高新技术产品方向升级取得积极进展，机电产品取代了传统大宗出口商品（如服装、玩具、鞋类、箱包等），占主导地位。

自 1996 年以来，中国加工贸易占比一直保持在 55% 左右，特别是 1998 年、1999年一度高达 56.9%。2006 年加工贸易占中国外贸比重为 52.7%；同时，加工贸易顺差高达 1888.8 亿美元，是中国贸易顺差的主要来源，也是中国对外贸易的主要方式，对中国出口的贡献率达到了 60% 以上。多年来加工贸易累计创造就业岗位 3000 余万个，约占中国第二产业就业人数的 20%，而相关配套产业就业人数约达 5000 万—6000 万人。因此，源于"三来一补"，成长为加工贸易的经营企业，其历史功绩无可匹敌，功不可没。

四 转型升级与梯度转移发展阶段（2007 年至今）

（一）转型与转移的背景

1. 宏观调控解决困局的需要

中央宏观调控明确要求：继续发展加工贸易，不失时机地引导加工贸易转型升级和梯度转移。

长期以来，中国加工贸易基本为贴牌生产（OEM），后来有了委托设计生产（ODM），继而自主品牌营销（OBM）（如惠州的 TCL，深圳的华为、中兴、康佳，顺德的美的、格兰仕、科龙电器，珠海的格力等）。但总体来看，问题较多：（1）技术含量和增加值较低；（2）土地、能源、资源占用和消耗大；（3）环境污染较重；（4）最关键的是，加工贸易的某些发展趋势，似乎要将中国固定在国际分工产业链低端；（5）还有，通过加工贸易方式猛然增加的贸易出口份额和顺差，已使中国产品更直接地暴露在国际贸易摩擦之中。

2. 经济规律驱使

经济规律表明，一般而言，加工制造业转移周期为 20 年。目前，东部加工贸易的边际利润已经从 5 年前的 18% 下降为 10% 左右，很自然地推动加工贸易向周边"扇状转移"。说到底，加工贸易的经营模式，是成本导向的"游牧型经济"，企业"逐水草而居"，旨在追逐低廉的生产成本。这无论是从国际产业转移的大趋势看，还是从中国区域经济协调发展的角度看，加工贸易梯度转移都是十分必要的。

（二）转型与转移的四大方略

国家确定了加工贸易转型升级与梯度转移的四大方略。分列如下：

方略之一：梯度转移 3 年工作总体目标（2007—2010 年）

2007 年 11 月，商务部与国家开发银行共同发布了《关于支持中西部地区承接加工贸易梯度转移工作的意见》，明确了 3 年工作的总体目标：至 2010 年培育中西部加工贸易重点承接地 50 个，使用政策性银行贷款总规模 300 亿元人民币，使中西部加工贸易年进出口额占中国加工贸易总额比例提高到 5%。

方略之二：梯度转移重点承接地发展的指导意见

2011 年 12 月 16 日，商务部、人力资源社会保障部、海关总署联合发布了《关于促进加工贸易梯度转移重点承接地发展的指导意见》，由两部一署共同认定和培育加工贸易梯度转移重点承接地。

方略之三：加工贸易向"优进优出"转型

（1）定调：2015 年 11 月 9 日，中央深改小组第 18 次会议审议通过了《关于促进加工贸易创新发展的若干意见》，为中国加工贸易的创新发展定了调，即：发挥企业主体作用，加强产业链分工合作，深化加工贸易体制机制改革，促进沿海地区优化转型，逐步变"大进大出"为"优进优出"，推动贸易大国向贸易强国转变的总体方向。而沿海地区暂时出现一些加工企业的经营困难，但局部和整体的关系要理顺，不能牺牲国家整体的经济贸易战略。

（2）多举措促加工贸易创新发展：2016 年 5 月 5 日，国务院出台了《关于促进外贸回稳向好的若干意见》，再次突出对加工贸易的支持，综合运用财政、土地、金融等政策，支持加工贸易向中西部地区转移。说到底，加工贸易创新发展的核心问题，就是加工贸易本身的提升。在加工贸易向中西部转移的过程中，可以将低端的制造环节转出去，而把高端设计研发环节留下来，推进制造业转型升级。政府部门抓政策落实，加强协调合作，着力提升中西部承接转移能力。

方略之四：政府做"减"法，加工贸易减负前行

自 2016 年 9 月 1 日起，加工贸易业务审批取消（商务部、海关总署 2016 年第 45 号公告）。在全国范围内取消加工贸易业务审批、建立健全事中事后监管机制等简政放权举措，可以降低加工贸易企业的制度成本和税收成本，便于企业开拓国内市场，有利于提振加工贸易。未来，系统性促进加工贸易创新发展，还需要加快推出更多综合性举措。

特别说明：一是在加工贸易企业设立和变更方面，企业只需凭商务主管部门或海关特殊监管区域管委会、出具有效期内的《加工贸易企业经营状况和生产能力证明》，而不再验核相关许可证件，就可以去海关办理手续；二是在出口转内销方面，海关将依法征收税款和缓税利息。

（三）梯度转移三项差异性促进政策

加工贸易梯度转移，是指优化加工贸易区域布局。即：东部地区要"承外启内"，中部地区要"承东启西"，西部地区要开放促开发，扩大与周边国家的合作。也就是

说，加工贸易梯度转移，要采取差异性促进政策：（1）鼓励东部地区"腾笼换鸟"，提升开放型经济发展水平，加快从全球加工装配基地，向研发、先进制造基地转变，并率先推进服务业开放和国际服务贸易先行先试，吸引国际服务业要素聚集。（2）扩大内陆开放，以中心城市和城市群为依托，以开放区为平台，发挥资源和劳动力比较优势，积极承接国际产业和东部产业转移，形成若干国际加工制造基地和外向型产业集群。（3）加快沿边开放，发挥地缘优势，加快重点口岸、边境城市和边境经济合作区、跨境经济合作区的建设，发展面向周边国家的特色外向型产业基地。实施上述三项差异性促进政策，将加快东、中、西地区的产业引导、合作及工业现代化进程，也将改变东部地区对外贸易占中国外贸总规模90%以上的局面。

（四）转型升级"微笑曲线"向两头延伸

加工贸易转型升级，是指加工贸易向产业链的高端发展。即：加工贸易"微笑曲线"，向前延伸到研发、设计、采购，向后延伸到市场销售、售后服务，实现供应链、产业链、价值链有机连接。简言之，"微笑曲线"的两端分别是研发和品牌，代表高附加值；中间最低点是制造，代表低附加值。

（五）转型升级成效范例

实践说明，"技术谋变"成转型升级中心词，且转型成效显著。截至2011年底，世界500强已有480家落户中国，共设立了12.6万家加工贸易企业，分布在102个海关特殊监管区域，包括：25个保税物流中心，720个保税仓库，118个出口监管仓库。这个"世界加工厂"，解决了4000万人直接就业，占中国第二产业就业人数的20%。

与此同时，加工贸易加快"西进"：如全球第二大个人电脑品牌——宏碁，于2010年12月落户重庆，加上原有全球最大个人品牌电脑惠普体系的产业集群，重庆迅速形成"2+6+200"，即：2个品牌商、6个代工企业、200家配套厂商的笔记本电脑产业集群。再如，全球最大的电子产业专业制造商——富士康科技集团，于2010年10月在成都投资的第一个生产性项目正式宣布投产，投资总额达21亿美元，成为四川对外开放史上的一件大事。还有，2011年在第十二届中国西部国际博览会上，富士康与长虹集团签署了投资总额5亿美元的"绵阳智慧手机协定"，使得富士康入川的意义已不只项目本身的引进，更重要的还有投资战略的延伸，以及带来的观念改变与国际化视野。

第三节　"三来一补"企业经营活动注意要点

在"三来一补"企业的经营活动中，把一些值得特别注意的问题辟为一节，说明如下。

一　补偿贸易项目的局限性

补偿项目的有利之处，已如前述。但这种方式也有其局限性，主要是：

（1）寻找合作伙伴较为困难。因为许多外商不愿意接受返销出口产品（质量上的问题较多），或是某些外商也缺少返销出口产品的销售渠道。

（2）进口机器设备的价款一般偏高。因为补偿项目更易受市场行情、利率风险、汇率风险、预期利润等因素的影响。

二　"三来一补""八项注意"

"三来一补"应注意的问题，归纳起来，主要有八项〔重点是（1）、（3）、（7）、（8）〕：

（1）"三来一补"产品的规格、质量等验收标准，必须在合同中具体明确，并封存标本，以免今后交接货时发生纠纷。

（2）必须在合同中规定必要的原材料消耗。

（3）使用的外商商标、专用名称等发生涉外侵权纠纷，应事先说明由外商负责。

（4）实行配额的产品，应事先说明由委托加工的外商负责解决其配额。

（5）来料进口的结算及付款，应掌握进口的付款必须在出口货款到达之后。

（6）进口来料、来件，如所有权属外商，应由外商自行保险；若委托中方保险，应事先明确保险范围，并将保险费计入加工成本，由外商支付。

（7）来料加工，应以到岸价计算；加工后产品出口，应以离岸价计算。

（8）"三来一补"加工产品，应注意不要冲击国产货源市场。如稀土，不宜用来贸易补偿。

三　涉外商标保护的"两个认识误区"及修正

商标权，是知识产权的重要组成部分。加工贸易企业，尤其是委托设计生产和自主品牌营销，涉外商标如果使用不当，势必产生法律纠纷，甚至导致丧失产品销售市场。因此，在其使用和保护的过程中，要注意避免发生如下误区。

误区一：中国大陆加工的产品，所贴商标在大陆获得登记注册，在涉外市场国家（地区）就应该受保护。修正：应该在涉外市场国家（地区）超前申请注册该商标（通行注册在先原则）。唯此，才能获得涉外市场保护权。中国商标海外被抢注的教训有：王致和、同仁堂、狗不理、五粮液等。

误区二：主商标在中、外区域都进行了注册，而子商标不太重要，不必注册。修正：应该将子商标跟随主商标一同注册，一同享受涉外市场的保护。主商标＋子商标＝联合商标。联合商标，是指在同一种或类似商品上注册若干近似商标，旨在扩大商标的保护范围（如"娃哈哈"+"哈哈娃""哈娃哈""娃哈娃"等）。而防御商标，是指在不同类别商品或服务上注册若干相同商标，即防御性注册，旨在扩大商品和服务的保护范围（如"海尔"一标多品）。

四 加工贸易"四个都要"

无论是一般贸易，还是加工贸易，均须践行下列"四个都要"。

（1）都要继续发挥劳动力资源优势；

（2）都要减少能源资源消耗；

（3）都要向产业链中高端延伸；

（4）都要提高质量、档次和附加值。

上述"四个都要"的主旨是，中国外贸发展要转方式、调结构、促平衡。

第三章 外商投资企业概述

第一节 什么是外商投资企业

所谓外商投资企业，是指在中国境内举办的中外合资经营企业、中外合作经营企业和外资企业，总称外商投资企业，简称三资企业或外企。它是中国吸收外商直接投资最主要的方式。外商投资企业取得中国法人资格的四个必备条件：一是依照中国法律成立；二是有必要的财产或经费；三是有企业的名称、组织机构和场所；四是能够独立承担民事责任。

一 中外合资经营企业

所谓中外合资经营企业（Joint Venture），即股权式合营企业（E-quity Joint Venture）。它是依据中国法律在中国境内取得了中国法人地位的、由中外合资者共同投资、共同经营、共负盈亏、共担风险的有限责任公司。其主要特征如下：

（1）中国的法人，即在中国登记注册的企业。经济法人享有盈利的权利，承担纳税的义务。

（2）共同投资，即合资各方以现金、实物、工业产权（专利权、商标权等）、专有技术、场地使用权等作价出资，并计算股权。

（3）共同经营，即合资各方共同组成本企业最高权力机构——董事会。企业实行董事会领导下的总经理负责制。

（4）共负盈亏，共担风险。即合资各方，按股权比例分担合资企业的盈亏和风险。

（5）有限责任，即中外合资经营企业的组织形式为有限责任公司。有限责任指的是企业的债务责任以其资产总额为限，股东的债务责任以其出资额为限，股东之间相互不负连带责任。它属于纯资合团体性质（资合公司），而非以人的信誉为基础的无限公司（人合公司）。

二 中外合作经营企业

所谓中外合作经营企业（Co-OperaTion Venture），即契约式合营企业（ContracTual

Joint Venture)。契约，即合同，中国港、台地区又称"合约"。它是依据中国法律，由中外双方在中国境内建立的，以合同为基础的经济联合体或经济实体，又称合作生产（Coproduction Venture），或非股权式合营企业（Non-equity Joint Venture）。其主要特征如下：

（1）中外双方的合作条件、责任、权利、义务和风险，均由合同加以规定。

（2）投资方式灵活多样，不一定用货币计算股权比例。通常由中方提供土地、自然资源、劳动力和劳动服务或房屋、设施等，由外商提供资金、技术和设备等。

（3）组织形式自由，可以是具有法人地位的经济实体，也可以是不具有法人地位的松散的经济联合体。

（4）经营管理自由，可以建立董事会，也可以建立联合管委会；可以以一方为主管理，也可以委托第三方管理。

（5）收益分配，净利润按合同的约定进行分配。

（6）合同期满，外商在合同期限内先行回收投资的，企业的固定资产无偿归中方所有，不再同外商进行清算。

（7）企业的法律形式，实行有限责任制，中外双方的债务责任，仅以出资额为限。

三 外资企业

所谓外资企业（Foreign-Owned Enterprises），它是依据中国法律在中国境内建立的、全部资本由外国投资者投资的企业。外资企业是国际投资的一种传统形式，也是国际投资的一种常用的有效形式。其主要特征如下：

（1）资本所有权人必须是外国人，包括相同国籍和不同国籍的外国人。

（2）企业资本的构成，必须全部是外资，包括中国台、港、澳和海外华侨回国独自投资所办的企业，以及外商在中国境内以银行贷款投资所建立的企业（以外商自身的资信所获得的资本贷款为限）。

（3）企业的法律地位，不是外国的企业和外国的法人，而是中国的企业和中国的法人，必须接受中国法律管辖，同时受中国法律保护。

（4）企业的组织形式为有限责任公司，经批准也可以为其他责任形式。

（5）外商独家经营管理，权力独揽，自负盈亏，自担风险。

四 外商投资企业称谓的规范化

需要指出的是，外商投资企业的称谓应予规范化。在中国某些媒体的报道中，时有这样的错误发生，即把"外商投资企业"简称为"外资企业"，似乎外商投资企业等于外资企业。这是不妥的。它不仅造成基本概念、基本理论的误导，将混合所有制企业与单一资本主义所有制企业相混淆，而且也造成外商投资企业称谓逻辑的混乱。

溯及既往，有据可查。"外商投资企业"这一概念，最早出现于 1986 年 10 月 11 日发布的《国务院关于鼓励外商投资的规定》中，该规定第 2 条称："国家鼓励外国的公司、企业和其他经济组织或者个人（以下简称外国投资者），在中国境内举办中外合资经营企业、中外合作经营企业和外资企业（以下简称外商投资企业）。"根据这一规定和随后的有关法律法规及规章中的规定，可以明确看出，"外商投资企业"已经成为一个经济和法律的概念，它包括三种企业类型。而"外资企业"只不过是三种企业类型之一，因此，不可以将"外商投资企业"简称为"外资企业"。

另据考证，1998 年国家工商行政管理局、国家统计局联合发布了《关于划分企业登记注册类型的规定》。该规定明确规定"外商投资企业"包括四种企业类型，即中外合资经营企业、中外合作经营企业、外资企业和外商投资股份有限公司。该规定与 12 年前颁布的《国务院关于鼓励外商投资的规定》相比，将"外商投资企业"的内涵与外延均扩大了。"内涵"扩大，是指"外商投资企业"的组织形式由过去只是有限责任公司，扩大到现在可以是股份有限公司；"外延"扩大，是指"外商投资企业"的概念由过去包括三种企业类型，扩大到现在包括四种企业类型。这些变化，是形势发展、与时俱进的结果。很显然，从《关于划分企业登记注册类型的规定》中可以看出，"外资企业"只是"外商投资企业"的类型之一，而不能涵盖全部外商投资企业类型。

还要指出的是，中国"外商投资股份有限公司"自 1997 年开始设立至今，占外商在华投资企业总数的比例很小，且发展速度缓慢。因此，"外商投资企业"这一概念，主要是指中外合资经营企业、中外合作经营企业、外资企业三种企业类型，故称"三资企业"，或简称"外企"。但不可以将"外商投资企业"简称为"外资企业"。其规范化称谓表示如下：

$$
\text{外商投资企业}
\begin{cases}
\text{中外合营}
\begin{cases}
\text{股权式：中外合资经营企业} \\
\text{契约式：中外合作经营企业}
\end{cases} \\
\text{外商独营：外资企业}
\end{cases}
$$

＝"三资企业"＝外企≠外资企业

第二节　发展外商投资企业的理论基础

自 1980 年 4 月 10 日第一家中外合资经营企业批准（001 号）建立以来，中国从 1 开始，发展成为全世界吸收外资最多的国家之一，1993 年以来连年居发展中国家首位。近年来，对华投资的企业来自世界近 200 个国家和地区，世界 500 强企业中有 480 多家在华有投资。投资领域在扩大，投资形式也有了新的变化。外商直接投资在中国国民经济中的比重越来越大，已经成为国民经济新的增长点。实践证明，利用外商直接投资为中国经济发展提供新的动能和活力，在中国现代化建设的过程中起着重要的积极作用。

这些积极作用，可以概括为六个方面："一是有利于弥补国内建设资金的不足；二是有利于引进先进技术，促进产业升级；三是有利于吸收先进的企业经营管理经验；四是有利于创造更多的就业机会和增加国家的财政收入；五是有利于促进对外贸易和对外经济合作的发展；六是有利于社会主义市场经济体制的建立和完善。"[①]

新时代，随着中国经济的持续中高速发展，国内储蓄显著增加甚至出现过剩，生产技术和管理水平明显提高，外汇储备量更是长期位居全球第一。从 2015 年开始，中国对外直接投资额超过引进外资额而成为资本净输出国，这种状况导致利用外资传统理论已不能完全解释新时代和新形势下中国的利用外资活动，传统理论已不再完全适合指导未来引进外商投资的实践。这说明，利用外资理论需要创新。

本节将中国利用外资的传统理论和创新理论简述如下：

一 利用外资的传统理论

（一）"双缺口模型理论"[②]

1966 年，美国学者钱纳里（Chenery）和斯特劳特（Strout）提出了著名的"双缺口模型"，旨在说明发展中国家利用外资来弥补国内资金缺口的必要性。中国是发展中国家，现正处于社会主义初级阶段，从发展生产力的需要出发，将长期存在着发展中国家共有的问题，即资本不足。也就是说，存在着"双缺口"：一是投资与储蓄之间的缺口（储蓄缺口），二是进口与出口之间的缺口（外汇缺口）。由于投资、储蓄、进口、出口这些因素都是独立变动的，因此，这两个缺口之间往往不能自动平衡。为了不减缓经济发展速度，只能在缺口之外寻找财源，填补缺口，使其达到平衡，这就是利用外资。

（二）"邓小平理论"

利用外资也是邓小平理论的重要组成部分，是对外开放基本国策的重要内容，是建设中国特色社会主义市场经济的实践之一。邓小平指出："对外开放具有重要意义，任何一个国家要发展，孤立起来，闭关自守是不可能的，不加强国际交往，不引进发达国家的先进经验、先进科学技术和资金，是不可能的。"[③] 他又指出："不开放不改革没有出路，国家现代化建设没有希望。"[④]

---

① 转引自李岚清主编《中国利用外资基础知识》，中共中央党校出版社、中国对外经济贸易出版社 1995 年版，第 1 页。

② 转引自杨灿英、哲伟编著《外商直接投资理论与实务》，南开大学出版社 2000 年版，第 29 页。

③ 《邓小平文选》第三卷，人民出版社 1993 年版，第 117 页。

④ 同上书，第 219 页。

（三）"公有制实现理论"

利用外资还是公有制实现形式之一。例如，中国正在运作的几十万家外商投资企业的资产总额中，多半为国有和集体成分。这种混合所有制下的公有制实现形式，是用公有资产调动了更多的外国资本，实现了公有经济成分的资产重组和结构调整，提高了资产的运行效益，并在多种所有制经济共同发展中实现了公有资产的保值增值。

二 利用外资的创新理论

中国一些学者提出新时代利用外资的若干新理论[①]，旨在说明中国新时代为什么仍然需要利用外资。现经梳理、整合及再创作，其主要论点如下：

（一）引进优质生产要素论

价值规律是市场经济的基本规律，它的本质要求就是以最小的生产要素投入（费用）取得最大的产出（效益）。生产要素，包括土地、资本、劳动力、技术、管理五要素。优质生产要素，是指现代经济中具有可持续发展能力的要素配置，主要包括跨国公司技术创新优势和外资集聚能力。

优质外资注重提高全要素生产率，推动质量变革、效率变革、动力变革，外资与引智、引技、引进新业态、新模式相结合，发挥外资的技术溢出效应。与此相应，优质外资引入物联网、大数据、云计算、人工智能等新兴领域，参与中国制造 2025 等国家战略，在建设数字强国、网络强国、智慧社会中发挥作用，释放最大产出。

（二）参与全球价值链论

全球价值链是经济全球化发展到高级阶段的概念和产物。它已经成为国际多边经济组织和区域合作体使用频繁的词汇，成为发展中国家作为经济起飞的理论抓手。二百年来，英国杰出经济学家李嘉图（David Ricaro，1772－1823）的比较优势理论一直指导和支配着国际贸易，一国完成的产品通过交换，到另一国去消费。随着科学技术进步和生产率的提高，跨国公司开始在全球布局生产，其内部的国际贸易占到了全球贸易的 60% 以上。当一个产品的价值由若干个国家的具体劳动所形成，这时分析产品价值在国别间的分配和链接，研究公共政策与获取价值的关系，就形成了全球价值链论。

从发展经济学的观点出发，参与全球价值链是促进发展的利器，至少有三个好处：（1）企业不再需要建立针对产品所有生产环节的完整生产能力，可以利用比较优势嵌入特定的生产环节或生产任务，使企业更快地融入全球经济中。（2）融入全球价值链可以创造更多的就业机会。如中国装配的苹果手机、菲律宾和印度的呼叫

---

① 参见《国际商报》2017 年 12 月 29 日第 A8 版、2018 年 1 月 19 日第 5 版。

中心业务、越南的耐克鞋生产、墨西哥的汽车与汽车零部件生产等，都创造了大量的就业机会。（3）通过技术转移和外溢，全球价值链还为发展中国家提供了本地学习机会。

现在，中国产业在全球价值链中的地位总体上处在中低端，科技对经济增长的贡献率还不高，与发达国家相差二三十个百分点，源头创新不足。因此，中国经济高速增长阶段转向高质量发展阶段，这标志着中国利用外资进入一个高水平、高质量、全面开放的新时期。在新时期里，"产业第一、企业家老大"，一方面，中国吸收外资密集"出招"，打造更优营商环境；另一方面，中国面临着提升全球产业链、价值链的参与度和参与层次的新机遇，通过嵌入产品生产过程中的某环节，无疑能对中国出口多元化和迅速升级做出贡献。

（三）相互投资并存论

如今，世界经济已经演变为全球市场与全球工厂并存的时代。资本本性要求，立足利润、放眼全球，只要投资环境与营商环境优良，资本就会不请自来，反之则相反。目前，相互投资并存活动正逐渐成为国与国之间的一种常规性的经济活动。伴随相互投资并存活动的增加，使得国际投资活动和跨国公司这种企业形式越来越常态化、一体化。

中国改革开放初期，"三来一补"加工贸易占出口总额三分之二，到如今仅有三分之一左右，大量的劳动密集型产业，无论是外企还是民企，均向周边地区转移，而高端消费品依然主要在发达国家生产。中国正在经历转型升级过程：由高速增长转向高质量发展，用创新驱动来弥补转移的产业。过去5年（2013—2017），中国企业境外投资比引进外资增长1500亿美元，因为中国明白，在全球价值链中只有更加开放，才能跨过中等收入陷阱。中国提出"一带一路"倡议及跨经济合作区、海外经贸合作园区等概念，这本身既是提高中国自身整合能力和治理能力的重要措施，也是共同构建人类命运共同体的全球治理平台。

第三节　中国外商投资企业发展特征

一　中国外商投资企业发展阶段

至今，中国外商投资企业的发展基本上可以分为五大阶段，现列表归纳说明如表3-1所示。

表3-1　　　　　　　**中国外商投资企业发展的五大阶段（1979年至今）**

	起步阶段 （1979—1986）	开拓发展阶段 （1987—1991）	高速发展阶段 （1992—1999）	入世发展新阶段 （2000—2014）	高质量发展新方位* （2015—　）
年均项目数 （个）	977	6841	37342	31220	30041.33
年均实际利用 外资（亿美元）	8.2	33.5	353.2	779.8	1296.46

注：*该阶段统计数据截至2017年年底。

表3-1反映了中国外商投资企业发展的综合状况。下面将分阶段评述外商投资企业发展的主要背景，核心是变化中的投资环境，焦点是投资软环境。良好的投资环境，特别是投资软环境，是一个国家社会进步的重要标志和经济发展的重要保证，也是国际竞争力的重要体现。投资软环境的主要内容包括：稳定透明的政策环境、统一开放的市场环境和规范高效的行政环境。

（一）起步阶段（1979—1986年）

1978年中共十一届三中全会被喻为"社会主义时期的遵义会议"，此次全会实现了伟大的历史转折，把党的工作重心转移到经济建设上来，确定了改革开放的基本方针。改革开放方针的确立，是中国改革开放进程中的第一次历史性突破，为中国参与经济全球化奠定了思想理论基础，并从此拉开了外商在华直接投资的序幕。在该阶段，由于中国水、路、电信等基础设施还比较落后，有关利用外资的立法还很不完善，人们的思想观念尚未完全转变，办事效率比较低，外商对于在华投资还有很多顾虑。因此，该阶段外商基本上持试探的态度，在华投资较少，徘徊不前，且起落不稳。

统计显示，在起步阶段的8年时间里，年均成立外商投资企业977家，年均实际利用外资金额8.2亿美元。

（二）开拓发展阶段（1987—1991年）

进入80年代中期以后，中国在加快基础设施建设的同时，也加快了有关外商在华直接投资的立法，相继颁布了一些法律、法规和规章。特别是1986年4月六届人大四次会议通过了《外资企业法》，1986年10月11日中国国务院制定并颁布了《鼓励外商投资的规定》，1988年4月七届人大一次会议通过了《中外合作经营企业法》，并对1982年宪法作了第一次修订：肯定了私营经济的地位，允许土地使用权依法转让。这些重要法律法规的出台，如同航海中闪烁的灯塔与航标，改善了中国的投资环境，增强了外商的投资信心，从而导致外商在华直接投资的开拓性发展。

统计显示，在开拓发展阶段的5年时间里，年均成立外商投资企业6841家，年均实际利用外资金额 33.5 亿美元。该阶段的上述两项指标，均比第一阶段有了显著增长。

顺便指出的是，1979 年至 1991 年期间，中国利用外资以间接外资为主，使用外国政府、银行和国际金融组织贷款占吸收外资的 65% 左右，外商直接投资占 33% 左右。1991 年当年，中国对外借款 68.9 亿美元，外商直接投资只有 43.7 亿美元。这一时期，中国关税水平较高（1991 年为 40% 以上），进出口配额许可证管理商品范围较广（1991 年进口许可证商品金额约占 39%），为扩大开放和吸收外商直接投资，中国实行了来料和进料加工等特殊海关监管下的加工贸易政策。

（三）高速发展阶段（1992—1999 年）

进入 90 年代以后，特别是 1992 年早春 2 月邓小平南方谈话后，扫清了改革开放的理论障碍和思想障碍。同年，中共十四大提出了加快改革开放的方针和政策，确立了经济体制改革的目标是：国家实行社会主义市场经济——这是中国改革开放进程中的第二次历史性突破，为中国参与经济全球化提供了体制基础。1993 年八届人大一次会议对 1982 年宪法作了第二次修订：明确规定"国家实行社会主义市场经济"。这使得中国新的经济体制取得了法律地位，得到了宪法保障。

与此同时，中国加快了对外开放的步伐，在沿海开放的基础上，1992 年相继实施沿江（开放重庆等 6 个沿江港口城市）、沿边（开放满洲里等 14 个陆地边境城市）、沿交通干线及内陆省会全面开放战略，并实施灵活的鼓励外商投资的区域经济政策。至此，在全国基本形成了对全世界开放的格局，为大力发展与世界各国（或地区）的经贸合作，特别是为吸收外商直接投资的高速发展奠定了坚实基础。

1997 年，中共十五大强调对外开放是一项长期的基本国策，要大力发展开放型经济。1999 年九届人大二次会议对 1982 年宪法作了第三次修订：把邓小平理论的指导思想地位、依法治国这一治理国家的基本方略、社会主义初级阶段的基本经济制度和分配制度，均写入宪法，提升到宪法的高度，向世界表明了中国改革开放的郑重态度。

在这种良好投资环境的吸引下，外商在华直接投资呈跨越式发展，尤其是 1992 年新成立的外商投资企业为 48764 家，等于前 13 年成立外商投资企业家数的总和。1993 年新成立的外商投资企业为 83437 家，是中国改革开放以来新建外商投资企业数量最多的一年。正是从这一年开始，中国吸引外商直接投资金额连年在发展中国家名列榜首，并居世界第二位。

统计显示，在高速发展阶段的 8 年时间里，年均成立外商投资企业37342家，年均实际利用外资金额 353.2 亿美元。这两项指标，均比第二阶段有了飞跃性增长。

（四）入世发展新阶段（2000—2014 年）

至 21 世纪前夜，1999 年 11 月和 2000 年 5 月，中美和中欧先后签署关于中国加入世界贸易组织的双边协议，中国申请加入世界贸易组织的谈判，终于迈过了最高的门槛，扫除了最大的障碍。经过长达 15 年艰难而曲折的历程，中国在 2001 年 12 月 11 日成为世界贸易组织第 143 个成员。

加入世贸组织，成为中国全面参与经济全球化的新起点，是中国改革开放进程中的第三次历史性突破，标志着中国对外开放进入了一个新阶段。

在新的阶段里，中国开放型经济要实现三个转变：（1）由有限范围和有限领域内的开放，转变为全方位开放；（2）由以试点为特征的政策性开放，转变为法律框架下的可预见性开放，即按承诺的时间表开放；（3）由单方面为主的自我开放（"引进来"），转变为中国与世界贸易组织成员之间双向开放（"走出去"）。[1]

在新的阶段里，中国利用外资要实现三个转变：（1）从过去以吸引资金为主，向更注重引进先进技术、现代化管理和优秀人才转变；（2）从过去只注重引进加工工业，向建立高新技术产业转变；（3）从过去只注重工业方面利用外资，向服务贸易领域转变。[2]

加入世界贸易组织兑现承诺，中国下大功夫改善投资软环境，如 2000 年和 2001 年相继修订了外商投资企业三部主体大法，2002 年出台了新的《指导外商投资方向规定》，2004 年十届人大二次会议对 1982 年宪法作了第四次修订：把"三个代表"重要思想、保护公民的私有财产权和继承权、国家建立健全同经济发展水平相适应的社会保障制度、国家尊重和保障人权，均写入宪法，提升到宪法的高度。中国投资政策的日趋自由化和透明化，投资保护与投资促进措施的不断完善，全国开展的规范市场经济秩序、打击假冒伪劣的活动，更好地保护中外投资者的知识产权，进一步提升政府的办事效率等，都是中国对于外商投资家们的魅力所在。2003 年，中国接受外商直接投资 535 亿美元，首次成为全球接受直接投资最多的国家。

在入世发展新阶段，外资的质量和水平均有较大提升。外商，特别是欧美、日本和韩国的跨国公司，他们在对华投资规模大、产业新、领域广的基础上，开始呈现出新的战略调整，表现为如下两个方面：

一是投资领域发生重大变化。他们在继续投资制造业，使中国成为"世界工厂"的同时，对已有的项目进行整合，将各大生产线、各大产品线、各个事业部门进行排队，舍弃没有优势的部分，控股有优势的部分，且用其全球通行的管理模式对中国公司进行管理。目前，日用化工和家电行业的跨国公司基本完成了这种整合，汽车业跨国公司的整合正在进行之中。跨国公司这种资源整合，将使其投资目标战略化，投资结构产业化，投资产品系列化，投资趋向配套化，并注重投资研究与开发以及生产服

①　吴仪：《在第四届中国投资贸易洽谈会上的讲话》，《经济日报》2000 年 9 月 28 日。
②　吴仪：《在中国外商投资企业协会第四次会员代表大会上的讲话》，《经济日报》2001 年 7 月 7 日。

务业，包括金融、分销、电信等领域。

二是投资方式发生新的变化。他们在继续设立"三资企业"这一外商直接投资最主要方式的同时，正在起用新的投资方式（如外商投资股份制企业），并探索通过兼并和收购来进入中国（如美国艾莫生公司收购华威公司下属的电器企业便是其中一例）。值得注意的是，并购在全球跨国投资中占67%左右，而在中国年均550亿美元左右的投资里，只占5%至6%，95%左右还是绿地投资，这种局面正在改变之中。

统计显示，在入世发展新阶段的15年里，年均成立外商投资企业31220家，年均实际利用外资金额779.8亿美元。这两项指标，均比第三个阶段有了大幅度增长。

（五）高质量发展新方位（2015年至今）

从2015年开始，中国对外直接投资额超过引进外资额，成为资本净输出国。中国外汇储备量更是长期位居全球第一。这种状况导致中国利用外资旨在弥补资金和外汇"双缺口"的动因似乎消失了，引资到了高质量发展阶段。然而，中国引资并非从鼓励转向不鼓励，而是从重数量转向重质量，从"招商引资"转向"招商选资"。

中共十八大（2012年）提出："提高利用外资综合优势和总体效益，推动引资、引技、引智有机结合。"中共十九大（2017年）首度提出习近平新时代中国特色社会主义思想，作出"我国经济发展进入了新时代"的重大判断，要求改革开放要加大力度，在经济体制改革上的步子再快一些。在新的时代条件和实践要求下，构建开放型经济新体制，发展更高层次、更高质量的开放型世界经济，推动形成全面开放新格局。

在新时代，外资对中国经济发展如何发挥新作用？通过引进外资，可以从以下四个层面推动中国供给侧结构性改革：（1）企业层面，外资可着力解决素质结构、产品结构、所有制结构三类企业结构尚不适应需求结构的变化问题；（2）产业层面，优化外资产业结构，可提升引进外资的质量和层次，有利于化解过剩产能，提升中国在全球产业链、价值链纵向分工体系中的地位；（3）区域层面，调整外资区域布局，可化解资源配置东、中、西区域不平衡、不协调的结构性矛盾，提升生产要素空间上的配置效率，拓展经济发展空间；（4）优质生产要素层面，主要是引进跨国公司技术创新优势和优质外资集聚能力，且引资、引技、引智有机结合，是加快提升中国全要素生产率、转变经济增长方式、建设创新型国家的必然选择。而粗放增长已经难以为继，中共十八大之后，中国下决心告别"唯GDP主义"，这是一次决定性的自我超越。

在利用外资高质量发展阶段，把脉中国经济发展、创新法治建设、优化营商环境十分必要。中国近期两件大事彰显引领示范效应（1）中国正式撤销深圳经济特区管理线。2018年1月15日，中国国务院发布《国务院关于同意撤销深圳经济特区管理线的批复》。批复提到，为促进深圳经济特区一体化发展，结合特区建设发展面临的新形势、新使命、新任务，同意撤销深圳经济特区管理线（也被称为"二线关"）。这样做，既有利于"二线关"沿线的空间发展，把土地有效地统一利用起来，也有利于粤港澳大湾区提速发展，强化与港澳的有效互动。（2）中国第五次修宪。2018 年 1 月 18 日至 19 日，中共十九届二中全会通过修宪建议，包括把习近平新时代中国特色社会主义思想写入宪法，以及为即将成立的国家监察委员会提供合法性。关于修宪的建议交由全国人大 2018 年 3 月会议审议通过。2018 年将是中国对 1982 年宪法公布实施以来，继 1988 年、1993 年、1999 年、2004 年修宪之后的第五次修宪。

2018 年 3 月全国人大十三届一次会议通过了第五次修宪，新增加的入宪内容要点有：（1）"科学发展观"；（2）"习近平新时代中国特色社会主义思想"；（3）"健全社会主义法治"（旧法是"健全社会主义法制"）；（4）"贯彻新发展理念"；（5）"坚持和平发展道路，坚持互利共赢开放战略"；（6）5 个文明协调发展（5 个文明是指物质、政治、精神、社会、生态）；（7）"推动构建人类命运共同体"；（8）"中国共产党领导是中国特色社会主义最本质的特征"；（9）"国家工作人员就职时公开进行宪法宣誓"；（10）全国人代会选举或罢免国家监察委员会主任；等等。

数据显示，在高质量发展新方位阶段的前三年里，年均成立外商投资企业 30041.33 家，年均实际利用外资金额 1296.46 亿美元。仅 2017 年，中国新设立外商投资企业同比增长 27.8%；实际使用外资同比增长 7.9%，全年利用外资规模创历史新高。与此同时，外资的产业结构持续优化；高技术产业实际吸收外资同比增长 61.7%（占比达 28.6%），高技术制造业实际使用外资同比增长 11.3%，高技术服务业实际使用外资同比增长 93.2%。成绩单表明，外商对华投资很有信心。

二　中国外商投资企业发展评析

（一）外商投资企业发展特征

中国外商投资企业的发展，其特征可以归结为一点，即：经历了五个阶段（见表 3-1）和三次外商投资高潮期（见表 3-2）。

表 3-2　　　　　　　　　**中国外商投资企业发展的三次高潮**

	第一次高潮 （1984 年出现）		第二次高潮 （1988 年出现）		第三次高潮 （1992 年出现）	
	1984 年	比 1983 年增长	1988 年	比 1987 年增长	1992 年	比 1991 年增长
项目数（个）	1856	295%	5945	166%	48764	276%
协议利用外资金额（亿美元）	26.51	53%	52.97	43%	581.24	385%
实际利用外资金额（亿美元）	12.58	98%	31.94	38%	110.07	152%

中国外商投资企业发展的三次高潮，其原因分析如下：

1. 第一次外商投资高潮（1984 年出现）

从表 3 - 2 可见，1984 年批准外商投资企业数比 1983 年增长约 3 倍。这是在中国外商投资企业起步阶段中出现的高潮期。其原因是：（1）国民经济因改革开放，连续 5 年（1979—1983 年）出现两位数高增长，市场需求旺盛；（2）中国外贸出口连续 5 年以超过国民经济增长的速度增长，连年顺差，国际支付能力增强；（3）1983 年召开了中国第一次利用外资工作会议，总结了对外开放以来利用外资的初步经验，统一认识，进一步放宽了利用外资的政策。

2. 第二次外商投资高潮（1988 年出现）

从表 3 - 2 可见，1988 年批准外商投资企业数比 1987 年增长约 2 倍。这是在中国外商投资企业开拓发展阶段中出现的高潮期。其原因是：（1）国家坚持改革开放政策不变，并进一步扩大开放，鼓励外商投资；（2）治理整顿国民经济，控制了物价，市场出现繁荣；（3）鼓励外商投资企业出口，开放外汇调剂市场，方便了外商投资企业经营和利润汇出。

3. 第三次外商投资高潮（1992 年出现）

从表 3 - 2 可见，1992 年批准外商投资企业数比 1991 年增长约 3 倍，比改革开放以来（1979—1991 年）13 年批准外商投资企业家数的总和还要多。1993 年新增外商投资企业 8 万多家，是历史最高水平。这是在中国外商投资企业高速发展阶段中出现的高潮期。其原因是：（1）以 1992 年邓小平南方谈话为标志，对外开放进入到了扩大阶段。这一时期中国确立了社会主义市场经济体制的改革目标，外贸体制改革、外汇管理体制改革等均取得了重大进展。外商投资大规模进入，对外贸易持续增长，"走出去"战略开始实施，对外开放由沿海扩大到内地，浦东开发取得了成功，商业零售、银行、保险、证券、电信等开始对外开放；（2）国民经济稳定增长，"八五"期间仍呈两位数增长，市场繁荣，外汇储备增加较快，国际支付状况明显好转；（3）中国政局稳定，和平与发展是世界的主流，90 年代西方国家产业结构继续调整，其一般性产业大量向外转移，为中国吸引外商投资提供了机遇。

（二）外商投资企业发展的重大背景

重大背景是指，中国改革开放进程中的四次历史性突破和五次修宪（见表 3 - 3、表 3 - 4）。

表 3-3　　　　　　　　　　　中国改革开放四次历史性突破简表

时间	内容要点	意义
1978 年	改革开放方针的确立	为中国参与经济全球化奠定了思想理论基础，并以此拉开外商在华直接投资的序幕
1992 年	邓小平南方谈话及 2013 年修宪	扫清改革开放理论障碍和思想障碍；同年中共十四大确立经济体制改革目标是国家实行社会主义市场经济并入宪，为中国参与经济全球化提供了体制基础
2001 年	加入世界贸易组织	标志中国对外开放进入一个新阶段
2017—2018 年	2017 年中共十九大报告、中央经济工作会议及 2018 年修宪	（1）作出了重大判断：中国经济已由高速增长阶段转向高质量发展阶段；（2）明确了习近平新时代中国特色社会主义经济思想；（3）习近平新时代中国特色社会主义思想入宪。这是推动中国经济发展实践的理论结晶，是中国特色社会主义政治经济学的最新成果，是当前和今后一个历史时期经济发展的指导思想

表 3-4　　　　　　　　　　　中国五次修宪简表

时间	届别	入宪内容要点
1988 年 4 月	七届人大一次会议通过	参阅本书第三章第三节"中国外商投资企业发展阶段"中的相关论述
1993 年 3 月	八届人大一次会议通过	
1999 年 3 月	九届人大二次会议通过	
2004 年 3 月	十届人大二次会议通过	
2018 年 3 月	十一届人大一次会议通过	

（三）外商投资企业发展中的突出问题

在发展外商投资企业的实践中，中国积累了一些有益经验，也出现了一些不可忽视的问题，较突出的是：

（1）外商投资结构不尽合理，一些行业、产品存在低水平的重复建设和过度竞争。

（2）部分外商投资企业违法违约，一些合资企业的中方权益受损，国有资产流失，劳资纠纷时有发生。

（3）实际投入外资的技术含量不高，高新技术和关键技术比较缺乏。

（4）部分地区引进外资偏于重数量、轻质量，重争办、轻管理，重硬件投入、轻软件建设，等等。

（四）中国利用外资的方针

中国对外开放是一项长期的基本国策，强调利用外资的方针是积极、合理、有效。积极，就是进一步解放思想，进一步拓宽视野，认真改善利用外资环境，保持外资的稳定增长；合理，就是按照国民经济发展的总体要求引导外资投向，优化利用外资结构，扬长避短，趋利避害；有效，就是提高利用外资的质量和效益，进一步增强中国的综合国力和国际竞争力。"积极"是前提，"合理"是关键，"有效"是目的。

总而言之，在习近平新时代中国特色社会主义经济思想指引下，中国构建开放型经济新体制，打造全面开放新格局，建立现代化市场体系，发展更高层次、更高质量的开放型世界经济，继续坚定不移地吸收外商直接投资，重优化结构、重质量、重效益，开创新时代积极合理有效利用外资的新局面。由此可以预言，中国外商投资企业的发展，必将高潮迭起，保持兴旺势头，从而有利于促进国民经济持续快速健康发展和社会全面进步。

第四节 外商投资企业投资方式比较

外商投资企业的投资方式，有相同点，也有不同点。归纳起来，主要有以下几方面。

一 投资方式的相同点

（1）法律地位：都是中国的法人或经济组织，都是在中国境内建立的企业，均为中国的居民企业。

（2）组织形式：都实行有限责任制。经批准也可以转为其他责任形式。

（3）对中国的意义：都是利用外商直接投资的主要方式。

二 投资方式的不同点

外商投资企业投资方式的不同点列表归纳说明如表 3-5 所示。

表 3-5　　　　　　　　外商投资企业投资方式比较（1978—2019 年）

比较项目 ＼ 比较企业	中外合资经营企业	中外合作经营企业	外资企业
法律依据	《中外合资经营企业法》	《中外合作经营企业法》	《外资企业法》
经营性质	股权式	契约式	股权式
法律形式	法人型（经济实体）	①法人型（经济实体）或②合伙型（经济联合体）	法人型（经济实体）
企业最高权力机构	董事会	①董事会 或②联合管理委员会	董事会或其他形式的经营管理机构
管理方式	董事会管理制	①董事会管理制 或②联合管理制 或③委托管理制	外商独自管理

续表

比较项目＼比较企业	中外合资经营企业	中外合作经营企业	外资企业
投资形式	①投资资产作价出资 ②用货币计算股权比例	①合同中约定投资或合作条件 ②不一定用货币计算股权比例	①财产或现金出资 ②用货币计算股权比例
净利润分配	按合营各方注册资本的比例进行分配	按合同的约定进行分配收益或者产品	按章程的规定进行分配
投资回收	各方不得在合营期限内抽走股金，只能从净利润中回收，或在合同期满清理资产时回收	外方可在合营期内，从营业收入、或一定比例的毛利润、或折旧费、或产品分成中，先行回收	不得在经营期内抽走股金，只能从净利润中回收
结业清算	清偿债务后的剩余资产按股权比例分配	外国合作者在合作期限内先行回收投资的，企业全部固定资产归中方所有	清偿债务后的剩余资产归外方所有
合同期限*	以从事的行业来规定，一般是：重工业20年；轻工业10—15年；旅游、服务行业5—10年；种植、畜牧、房地产业30—50年；特批行业可以在50年以上。目前，允许在国家鼓励投资的行业所设立的合资企业，可以不规定合营期限；对合作企业未作限制；对外资企业也没有规定经营期限。		

　*　2001年7月22日修订的《中外合资经营企业法实施条例》第89条规定："合营企业的合营期限，按照《中外合资经营企业合营期限暂行规定》执行。"该《暂行规定》指的是1990年9月外经贸部发布的《中外合资经营企业合营期限暂行规定》，对经营期限作出了具体规定，其要点是：举办合营企业，属于下列行业或者情况的，合营合同应当约定合营期限：一是服务性行业的，如饭店、公寓、写字楼、娱乐、饮食、出租汽车、彩扩洗像、维修、咨询等；二是从事土地开发及经营房地产的；三是从事资源勘察开发的；四是国家规定限制投资项目的；五是国家其他法规规定需要约定合营期限的。以上规定自2020年1月1日废止。

第五节　外商投资企业经济效果评价

　　首先，了解企业投资活动的一般过程。现以一般工业企业经济活动为例，图解如图3-1所示。

　　评价外商投资企业的经济效果，是一项复杂的系统工作。下面拟从几项主要经济指标，对企业的经济效果作出评价。

一　评价经济效果的核心是利润

　　这是由外商投资企业的性质所决定的。国际资本投资不像赠款，它不是援助性质，完全从利润出发。也就是说，资本立足利润，放眼全球。它若无利可图，就不会来华投资兴办企业，中国利用外资，也将落空。因此，利润是一切国际资本投资的直接动机。

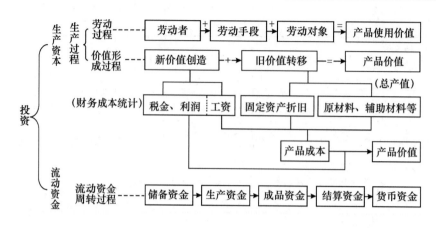

图 3-1 工业企业经济活动示意图

以获取利润为动机的外商，对于来华投资，最关心的是赚钱，赚得越多越好。但他还有一个利润下限，就是既高于在本国投资的利润率，又不低于国际平均利润率。如若低于这个利润下限，他是不会来华投资的。作为东道国的中方，当然要维护国家和企业本身的利益。中外双方的磋商、讨价还价，焦点就在于既保证外商的利润下限而又不能允许其获取暴利（国际上一般指高出平均利润率很高的利润，有的国家把它定为50%，有的定为30%，通常认为，如果把银行的存款利率作为水平线，高出水平线4倍以上的，可视为暴利）。这就是说，一切非暴利的利润，都可以认为是合理利润。在中国，由于历史的原因和现行的管理体制等因素，行业之间、地区之间并不存在一个平均利润率，国家只对外商投资企业应负担的各种支出（如所得税、增值税、海关税、三项基金等）作了统一规定。这样，可能出现以下现象：利润率相差悬殊的不同企业与外商合营后，一方面按国家统一规定，负担各种支出；另一方面又要保证外商的利润下限。其结果是，在支出一切开支后，原来利润高的企业仍能获得较高的利润，而原来利润低的企业就所剩无几，甚至发生亏损。如果原来利润低的企业确是国家所必需的重要企业，那就只有降低合同条件，该让的，让得有理、有利、有节，保证外商获得合理利润。

这种情况告诉我们：评价企业的经济效果，不能把一方分得利润的多少作为唯一标准，而应将双方分得的利润加总，计算企业的大账，用"大利润"指标来权衡利弊，判断优劣。对中方获利较小，要具体问题具体分析，不应以自己的"小账"而否定整个企业的效益。该让的不让，宁可谈不成，这是不符合国家的长远和根本利益的。当然，在外商取得合理利润的前提下，能争的，也要争；该争的不争，降格以求，尽管中方能获得较高利润，也同样是不足取的。

二 反映企业经济效果的基本指标

所谓企业经济效果，即企业经济效益，又分为绝对经济效益和相对经济效益。绝对经济效益用减法来计算，即"产出－投入"；相对经济效益用除法来计算，即"产出÷投入×100%"。

一般而言，反映企业经济效果的基本指标有三项，分述如下：

1. 投资利润率

$$投资利润率 = \frac{年净利润}{投资总额} \times 100\%$$

年净利润与投资总额之比，即投资利润率。它是产出与投入之比的具体表述。投资总额＝基本建设资金＋流动资金。投资利润率是企业投资效果的确切反映。在投资总额一定的情况下，利润率越高，企业的经济效果就越好；反之，则相反。

$$企业平均投资利润率 = \frac{经营期的投资利润率总和}{经营年限} \times 100\%$$

2. 投资回收期

$$投资回收期（年） = \frac{投资总额}{年净利润 + 年折旧}$$

投资回收期（年），又称投资补偿期（年），是将投入企业的资金总额，除以企业开业后的年均净收益，即得到补偿最初投资总额所需的时间（年）。投资回收期越短，说明企业经济效果越好；反之，则相反。

所谓标准投资回收期，是指投资回收期小于或等于一个可以接受的时期。倘能如此，这个项目的经济效果就是比较好的；反之，其经济效果则不好，应重新予以考虑。标准投资回收期究竟确定多少为合适？目前中国尚无明确规定。从国外来看，日本一般为3年，美国为4年，俄罗斯为5年。中国近30年的统计，平均为10年。中外合资经营企业标准投资回收期的确定，服装、食品项目可定为0.2—2年；纺织、制糖、造纸项目可定为3—4年；机械、化工项目可定为5—7年；农机、化肥项目可定为7—10年；冶金、钢铁项目可定为10—15年。

3. 投资收益率

$$投资收益率 = \frac{年净利润 + 年折旧}{投资总额} \times 100\%$$

年收益额与投资总额之比，即投资收益率。在投资总额一定的情况下，投资收益率越高，说明投资收益越大，企业经济效果越好；反之，则相反。

$$企业平均投资收益率 = \frac{经营期投资收益率总和}{经营年限} \times 100\%$$

第四章　外商投资企业经济法律法规

首先，了解法治在推进国家治理体系和治理能力现代化中的地位。现以四元格局公民社会为例，图解如图 4 – 1 所示：

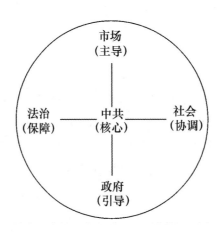

图 4 – 1　社会治理精细化，营造全民共建共治共享社会治理格局

在传统上，法律被分为两类：公法和私法。公法包括宪法、行政法、刑法、诉讼法等；私法主要是指民商法（ = 民法①+商法②），是调整平等民事主体之间的财产关系和人身关系的法律，有效保障公民的私权利。区分公法和私法的意义是：在公法领域，法律无授权不可为，最大限度地限制公权力滥用；在私法领域，法律不禁止即可为，最大限度地保障个人权利自由。

市场经济，可以说是法治经济。2018 年 3 月中国人大十三届一次会议通过了对 1982 年宪法的第 5 次修订，其中将旧法"健全社会主义法制"，修改为"健全社会主义法治"。"法治"是指法律高于一切（"治"是动词），而"法制"是指法律制度的简称（"制"是名词）。所谓法治经济，是指为经济活动服务的、直接或间接调整各种经济关系的法律规范的总称。

---

① 民法，中国目前主要有民法通则、物权法、合同法、侵权责任法、婚姻法等。
② 商法，中国目前主要有公司法、证券法、保险法、海商法、票据法等。

中国实行社会主义市场经济，建设社会主义法治国家。早在 2011 年 3 月十一届全国人大四次会议宣布：中国已建立起了具有中国特色的社会主义法律体系，这是中国法制建设的一件大事，从此，中国社会主义建设将真正做到有法可依。2018 年 3 月十三届全国人大一次会议高票表决通过《中华人民共和国宪法修正案》，为中华民族伟大复兴提供了根本法治保障。本章学习的重点是有关涉外经济法中的外商投资企业经济法律法规。

第一节 外商投资企业经济法律法规的重要性

一 法律法规的内涵

什么是法律法规？所谓法律，是指最高国家权力机关所制定的规范性文件。它包括两种：一是基本法律；二是基本法律以外的其他法律。

基本法律是由全国人民代表大会制定和修改的有关法律。如《中外合资经营企业法》《中外合作经营企业法》《外资企业法》《行政处罚法》等。

基本法律以外的其他法律，又称一般法律、非基本法律，是由全国人民代表大会常务委员会制定和修改的基本法律以外的其他法律。如《未成年人保护法》《国家赔偿法》《治安管理处罚法》等。

所谓法规，包括两类：一是行政法规；二是地方法规。

行政法规是由国务院规定、颁布的规范性文件。其具体名称又分为三种：一是条例（细则）；二是规定；三是办法。"条例"是国务院对某一方面工作的比较全面、系统规定的法规（如《中外合资经营企业法实施条例》等）。"规定"是由国务院对某一方面的工作作部分规定的法规（如《对外经济开放地区环境管理暂行规定》等）。"办法"是国务院对某项工作做比较具体规定的法规（如《医疗事故处理办法》等）。

地方法规是由有关地方国家权力机关，在不同宪法、法律、行政法规相抵触的前提下所制定的规范性文件。其名称又分为两种：一是地方性法规；二是自治条例、单行条例。"地方性法规"是由省、自治区、直辖市人大及常委会制定和颁布的规范性文件（如《上海市鼓励外商投资浦东新区的若干规定》等）。"自治条例"和"单行条例"是民族自治地方的人民代表大会，依照当地民族的政治、经济和文化特点所制定的规范性文件。

综上所述，法律法规的内涵关系画图说明如图 4－1 所示。

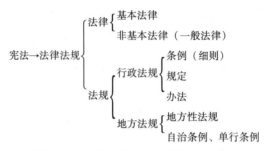

图 4 - 1　法律、法规的内涵关系示意图

改革开放 40 多年来，除宪法及其 5 个修正案外，目前已形成以宪法为统帅，法律为主干，同时包括行政法规、地方法规等多个层次的法律规范。

外商投资企业经济法律法规，属于涉外经济法的范畴。所谓涉外经济法，是指调整各种对外经济关系，并用法律形式固定下来的对外经济活动准则。广义地说，涉外经济法也是国际经济法的组成部分。

值得指出的是，在中国开放型经济蓬勃发展的新形势下，亟须加强涉外经济法律专业技能和知识的学习，培育一支涉外专业法律队伍。当前，中国面临外资、外贸、外经涉外法律层面的种种忧患，如外资领域中的企业非正常撤离、假外资、利润转移等；外贸领域中的海外坏账风险增大、贸易保护主义愈演愈烈等；国家监管层面也面临着境外投资洗钱、套汇等违法犯罪行为的甄别难题。总之，涉外经济法律服务人才缺口巨大，主要表现为：中国律师业发展水平不高；人才和语言障碍也是困扰。解决办法是，主要依靠外经贸主管部门、司法部门、教育部门，按照涉外经济法律类别，建立起长期、有效的培训体系和机制。

二　外商投资企业经济法律法规的重要性

其重要性主要表现在以下三个方面：

（一）统一对外活动

涉外经济关系比国内经济关系更复杂，因为一方主体是外方，要和不同国家（或地区）的财团、公司、商人发生经济往来，如果没有一个统一的准则，经济就会被搞乱，国家会蒙受损失。因此，必须通过制定、颁布涉外经济法律法规来统一对外活动，使中外各方行为主体都有章可循，协调一致。

（二）建立软环境的需要

与建立基础设施的硬环境相比，中国制定、颁布一系列涉外经济法律法规，明确外商的权利和义务，确认外商的合法权益受法律保护，使投资者在中国进行经济活动有法可依，这是外商最关心的软环境，等于给了外商一颗定心丸，使他们来华投资放心了。

（三）同外商发展友好合作关系的需要

这是因为法律法规比较固定，是由权力机关依照法定程序制定、修改和颁布的，有利于中外行为主体有一个可以长期遵循的共同准则；法律法规又是公开的，透明度最高，大家心明眼亮，都必须遵守。总起来看，只有建立在法律法规基础上的合作关系才是可靠的，因而才能同外商保持和发展长期的友好合作关系。

第二节　外商投资企业经济法律法规的立法依据

其立法依据包括：宪法、外商投资企业主体法、基本国策和国际惯例。

一　宪法

中国现行宪法是继 1954 年新中国第一部宪法之后，1982 年制定的。宪法是国家的根本法，即"法律的法律"，它规定国家的根本制度、根本任务与行为的基本准则，是治国安邦的总章程，是党和人民意志的集中体现，具有最高法律效力。每年"12 月 4 日"为宪法日，弘扬宪法精神，建设法治中国。

中国宪法中有多处提到涉外经济问题，包括："序言"最后部分，宪法第 18 条、第 32 条等。中国在宪法中作出吸引外国投资、保护外国投资者合法权益的规定，表明中国对涉外经济关系的重视，体现了中国对发展国际经济合作的郑重态度。因此，我们要坚定不移地走中国特色社会主义法治道路，自觉维护宪法权威、保证宪法实施，为新时代推进全国依法治国、建设法治国家而努力奋斗。

二　外商投资企业主体法

外商投资企业主体法，又称外商投资企业基本大法（简称"外资三法"），包括：《中外合资经营企业法》《中外合作经营企业法》《外资企业法》。

在外商投资企业主体法律的基础上，中国还制定了与之相应的实施条例或实施细则。之后，又陆续制定了与外商投资企业有关的若干专项立法。这便构成了以外商投资企业主体法律为基础的外商投资企业法律体系。

自 2016 年 10 月 1 日起，施行新修改的"外资三法"。2017 年 7 月 17 日习近平在中央财经领导小组会议上再次强调，要加快统一内外资法律法规，制定新的外资基础性法律。2019 年 3 月 15 日十三届全国人大二次会议通过《中华人民共和国外商投资法》，自 2020 年 1 月 1 日起施行，成为外商投资领域里的基础性法律；2019 年 12 月 12 日国务院第 74 次常务会议通过《外商投资法实施条例》，自 2020 年 1 月 1 日起实施。"外资三法"合并为统一的《外商投资法》，可以说是中国外商投资管理体制的一次革命，将呈现三大变化：一是引入"实际控制"的标准，进一步明确什么是外商投资；二是废除逐案审批制度，确立"有限许可加全面报告"的备案制度，以适应准入前国民待遇＋负面清单管理模式；三是首次将外商投资国家安全审查制度纳入国家法律。

三　基本国策

对外开放政策是中国的基本国策之一。法律是政策的体现，它把政策条文化、固定化和具体化了。对外开放政策，是总结新中国建国以来的实践和世界各国的经验而制定的，它不是权宜之计，而是长期的基本国策和加快社会主义现代化建设的战略措施。

邓小平指出："对内经济搞活，对外经济开放，这不是短期的政策，是个长期的政策，最少五十年到七十年不会变。"[①] 他又说："如果开放政策在下一世纪前五十年不变，那么到了后五十年，我们同国际上的经济交往更加频繁，更加相互依赖，更不可分，开放政策就更不会变了。"[②] 因此，对外开放政策，自然成为制定外商投资企业经济法律法规的政策依据。

四　国际惯例

所谓国际惯例，是指国际经济交往中约定俗成的习惯和先例。这些惯例，虽然不一定写入国际公约或协定，但它被大多数国家承认和遵守。这是涉外经济法律法规的一个立法特点。

国际惯例举例：（1）外商投资建立合营企业，一般需要 6 个月相互了解，并同时进行可行性研究论证；（2）外商与东道国兴办中小型合营企业，谈判时间一般在 3 个月之内；（3）东道国对合营企业审批期限，一般不超过 3 个月；（4）合营企业，属于东道国的法人，必须遵守东道国的法律；（5）东道国通常在"硬环境"和"软环境"两个方面，对合营企业给予基本的保证；（6）合营企业的资本股权，外商通常占49%，东道国企业一般占50%以上；（7）合营企业的董事长，一般由多数股权一方出任；（8）合营企业与当地企业比较，有更多的自主权和政策性优惠；（9）合营企业股东之间的争议和仲裁，允许在任何仲裁机构解决，对于违约行为，如果 3 个月内无法解决，可由东道国加入的国际仲裁机构进行国际仲裁，等等。

与此同时，对于一些国际组织、国际条约，一方面中国要积极参加，作为成员国发挥影响；另一方面还要积极研究它、了解它，以便"洋为中用"或"洋为中戒"。

---

① 《邓小平文选》第三卷，人民出版社 1993 年版，第 79 页。
② 同上书，第 103 页。

第三节　外商投资企业经济法律法规所体现的原则

所体现的原则包括五项：独立自主、自力更生；维护国家主权，遵守中国法律；平等互利；尊重国际条约和国际惯例；保护外国投资者合法权益。分述如下：

一　独立自主、自力更生

中国开展涉外经济活动的根本目的是发展经济、增强国力。而积极参与国际经济活动，扩大对外开放，取天下之长为我所用，正是提高中国自力更生能力的有效途径。

邓小平指出："中国的事情要按照中国的情况来办，要依靠自己的力量来办。独立自主、自力更生，无论过去、现在和将来，都是我们的立足点。"[①] 这就是说，我们要把立足点放在依靠自己力量的基础上。当然，独立自主不等于闭关自守，自力更生也不是盲目排外，而是要把开放型经济提高到一个新的更高水平。

由此可以看出，独立自主、自力更生，是中国对外开放乃至扩大对外开放中必须坚持的一个重要原则。中国的涉外经济立法，理所当然应当体现这一原则。

二　维护国家主权，遵守中国法律

所谓主权，是指一个国家在自己的领土内，按照自己的意志自行决定对内和对外事务的最高权力。国家管辖权不容侵犯的原则，是现代国际关系中，各国都遵循的一项基本准则。

反映到涉外经济往来中，中国的企业、经济组织同外国的企业、经济组织、个人进行经济活动，都必须遵守中国的法律，服从中国政府管辖，不允许侵犯中国的主权，不得损害中国的经济利益。例如，在涉外经济活动中，不得商订违背国家法律的条款，不得把国家的法律作为投资者重新谈判的条件，违反中国的公共道德、社会风尚的行为也是不允许的。当然，外商来华依法举办有利于中国国计民生的事情，中国政府会给予优惠待遇和法律保护。

三　平等互利

所谓平等互利，是指政治上平等，争议问题民主协商，经济上都有利可图。这是中国在涉外经济关系中，一贯奉行的基本原则。

中国在利用外资的同时，外资也利用了中国。邓小平指出："人家来做生意，就是

---

① 《邓小平文选》第三卷，人民出版社 1993 年版，第 3 页。

要赚钱，我们应该使得他们比到别的地方投资得利多，这样才有竞争力。"① 说到底，涉外经济交往最终要落实到使各方行为主体，都获得比较满意的利润上。所谓给外商以"满意的利润"，标准应该是，既高于银行存款利息率，也高于其在母国投资的利润率，还要"比到别的地方投资得利多"，但又不至于达到暴利的程度。

四 尊重国际条约和国际惯例

所谓国际条约，是指两个或两个以上的国家在政治、经济、文化等关系方面，规定相互间权利和义务的各种文件的总称。如常见的"和约""公约""协定""议定书"等，都属于条约的范畴。

尊重国际条约和国际惯例，这是国际公认的原则，也是国际法的主要渊源之一。中国的涉外经济立法，吸收了这一原则，并服从于这一原则。因此，我们不但要熟悉国内法，还要熟悉国际条约和国际惯例，并在涉外经济活动中加以正确运用。例如，条约不仅应受到尊重，而且条约优先适用。所谓条约优先适用，是指中国缔结或者参加的国际条约，如与中国现行法律不一致或发生冲突时，应优先适用有关条约，而不适用中国有关法律。这就是条约优先适用原则。但是，这一原则不适用于中国对条约声明保留的条款。

五 保护外国投资者的合法权益

这是国际惯例，也是外商最关心的问题。中国在涉外经济立法中，充分体现了这一原则。其主要内容是：（1）保证外商来华投资所必要的民事权利；（2）保护外商的资本所有权；（3）允许外商纳税后的利润能自由汇出；（4）允许外商在华企业中止、终止时，将清算后的剩余资产汇出国外；（5）国家因公共事业征用外商资产时，保证给予合理的补偿金；等。

第四节 WTO 规则下利用 FDI 的基本原则

为适应中国加入 WTO（世界贸易组织）的新形势，更好地利用 FDI（外商直接投资），必须直面 WTO 有关贸易和投资的基本原则。主要包括六项：一是非歧视原则（此项最为重要）；二是开放市场原则；三是公平竞争原则；四是透明度原则；五是政策统一性原则；六是解决争端的磋商调解原则。分述如下：

---

① 《邓小平文选》第二卷，人民出版社 2001 年版，第 199 页。

一　非歧视原则（Non-DiscrIminaTion）

非歧视原则是 WTO 各项协定、协议之中最为重要的原则。它是由最惠国待遇原则和国民待遇原则构成的，其指导思想是保证国际贸易、国际投资中的"市场竞争机会均等"。实施这一原则，有利于为各类企业经营提供平等竞争机会。

（一）最惠国待遇（Most-Favoured-nation Treatment）

最惠国待遇又称无歧视待遇，是指缔约国双方相互给予的不低于现时或将来给予任何第三国的优惠、特权或豁免待遇。这种待遇的条文称为"最惠国条款"。它的适用范围十分广泛，其中主要的是进出口商品的关税待遇。但现已扩大到国际经济交往的其他领域中，如国际投资开办企业、领海航行、知识产权、政府采购等方面。

（二）国民待遇（National treatment）

国民待遇又称平等待遇或国内标准主义，是指外国人同本国国民在享受权利和承担义务方面，有平等地位，即在法律上外国人与本国国民享受平等待遇和保护，承担平等义务和责任。国民待遇，实质上是待遇平等原则，不允许对外国人有所差别和歧视，但它并不意味着在各个具体问题上都与本国国民画等号，都"对等"。这就是所谓"平等"而"不对等"。

还要指出的是，WTO 的国民待遇原则，要求不歧视，但并不反对为鼓励吸收外资而给予某些优惠待遇。中国为了更多更好地吸收外资，主动给予外商投资企业一定的优惠待遇，并不违反 WTO 国民待遇原则。

国民待遇不适宜的范围是：沿海航行、领海捕鱼、购买土地等。在某些商业活动中，各国立法都是内外有别的，如国防、武器、通信事业及某些关键企业等，禁止或限制外国人投资，这是国际惯例，也为国际法公认。因此，对国民待遇标准，不能作绝对的理解。

二　开放市场原则

开放市场原则又称市场准入原则，是指世贸组织成员关税减让与约束原则，以及禁止使用除关税以外的保护措施原则，旨在保证各成员的货物和服务有充分的市场准入机会。在 WTO 体制下，各成员对保证减少贸易壁垒与不增加贸易壁垒是同等重要的，因为这种保证可以创造一个稳定的、可预见的贸易和投资环境，有利于推进贸易和投资自由化。

总之，实施开放市场原则，提高市场准入程度，扩大对外开放领域，虽然给中国带来了压力，也给政府的监管工作带来新的课题，但这有利于推进贸易和投资自由化，并在这种"自由化"的进程中，趋利避害，有利于中国进入国际市场，实施"走出去"战略，扩大生产要素的国际配置空间。

三 公平竞争原则

公平竞争原则是指一种基于开放、统一、公开、公正和以市场为导向的竞争体系。它主要是针对出口贸易而规定的非扭曲性竞争规则，重点是公平贸易原则。所谓公平贸易原则，是指 WTO 成员不得采取不公平的贸易竞争手段，尤其不能采取出口倾销和出口补贴的方式在其他成员市场销售产品或提供服务。

中国入世后，依据中国对外承诺，必须做到四点：（1）为各类市场主体创造统一、公开、公平、公正的竞争环境；（2）完善反倾销、反补贴和保障措施立法，加强反倾销应诉工作，维护正常的外贸秩序，合理保护国内产业和市场；（3）依法保护外商投资企业的知识产权；（4）打破行业垄断和行政封锁，铲除地方保护主义，消除各种歧视性措施和差别待遇。

总之，实施公平竞争原则，创造公平竞争的市场环境，是整顿和规范市场经济秩序的重要目标，它必将有利于增强外商在华投资的信心和吸引力。

四 透明度原则

透明度原则是指世贸组织成员，保证涉外经济政策的公开性，承诺只执行已经公布的和其他 WTO 成员、个人、企业容易获得的法律、法规与措施，并指定官方刊物①，专门用于公布这些法律、法规与措施。

总之，实施透明度原则，为外资进入中国提供全面的政策、法规和信息服务，有利于创造稳定的、可预见的经济环境，从而有利于扩大吸引外商来华投资。

五 政策统一性原则

政策统一性原则也称全国贸易政策统一原则，是指世贸组织成员在本国（土）范围内，应以统一、公平与合理的方式实施有关贸易、知识产权保护等方面的法律、法规、行政规章、司法判决与政策措施，保证中央和地方政府及其各部门以及非政府机构制定的规定或标准，都能一致遵守世贸组织的各项规定。

另外，还要努力建立起与 WTO 规则相符合的法治化经济运行机制和相应的法律保障体制，消除政出多门、有法不依、执法不严、违法不究的现象，确保涉外经济政策的全国统一。

总之，实施政策统一性原则，不仅是步调一致、统一涉外经济活动的需要，而且

---

① 《国际商报》是中国政府在入世议定书中对外承诺刊登进出口管理信息的唯一大众媒体，也是商务部政务公开的指定发布媒体，承担着宣传商务事业、推动商务发展的重要任务，其地位和作用是目前国内任何一家媒体都无法替代的。

也是同外商发展持续、稳定、友好合作关系的需要。

六　解决争端的磋商调解原则

磋商调解原则，又称 WTO 争端解决机制，是指世贸组织成员之间发生矛盾和争端时，采取协商解决的办法，并规定了解决争端的程序。WTO 争端解决程序基本上分为如下四个阶段：

（一）磋商

是指两个或两个以上 WTO 成员，为使相互间的争议问题得到解决或达成谅解，而进行国际交涉的一种方式。协商一致，有利于执行所达成的协议。该阶段是争端解决的必经程序。

（二）调解（斡旋、调停）

该阶段不是必经程序，只有在磋商不成的情况下才可以进行。争端的任何一方、在任何时候均可请求调解，该程序可在任何时候开始，也可在任何时候终止。如果争端各方一致同意，在下一个程序进行时，仍可继续进行调解。

（三）专家小组（审理）

该阶段是在各当事方磋商不成、调解无效的情况下，应起诉当事方的请求，才进入专家小组程序阶段。该阶段是整个争端解决程序中最为复杂的阶段，是最为重要的阶段，也是必经程序。

（四）上诉

该阶段不是必经程序，只有在当事一方对审理决定不服而提出上诉的情况下，才能开始这一程序。

总之，WTO 争端解决机制对中国的意义可以概括为三个方面：（1）为中国争取公平的贸易待遇、反对各种针对中国的歧视性做法提供了武器；（2）要求中国政府涉外经济管理行为必须规范，对政府行政执法行为构成了约束；（3）适应 WTO 争端解决机制，中国涉外经济管理规范化和法治化，有利于保障外商合法权益，增强外商来华投资的信心。

第五节　外商投资企业解决争议的方式

外商投资企业解决争议的方式，一般来说有四种：一是协商（又称和解）；二是调解（含行政调解、仲裁调解、法院调解）；三是仲裁（又称公断）；四是诉讼（又称经济司法或经济审判）。

一 协商

协商又称和解，是指经济合同发生纠纷，由当事各方主动协商，互谅互让，达成解决纠纷的协议，求得友好解决。这是最好的解决方式。

二 调解

调解又分为行政调解和仲裁机构（或人民法院）调解。

（一）行政调解

行政调解是指经济合同发生纠纷后，负责合同管理工作的工商行政管理部门或业务主管部门，对争议双方进行说服教育，在双方互谅互让的基础上，自愿达成解决争议的协议。

（二）仲裁机构（或人民法院）调解

它是指仲裁机构（或人民法院）行使国家仲裁权（或审判权）的一种方式，在仲裁员（或法官）的主持下，当事人双方对争议的权益和法律关系，通过平等协商，互谅互让，达成协议，从而终结仲裁（或审判）活动。

仲裁调解或法院调解，与协商和行政调解不同。它是代表国家行使仲裁权（或审判权）的一种具体表现；它制作的调解书与裁决书（或判决书）具有同等的法律效力。而协商和行政调解不具有这样的效力，其调解协议既不是行政命令，也不是裁决书（或判决书），不具有法律上的强制力、约束力，故不能作为申请强制执行的依据。

三 仲裁

仲裁又称公断，是指经济合同发生纠纷后，由仲裁机构依法对争议事项居中作出裁决的活动。它往往是在当事人自行协商不成、调解无效的情况下，由仲裁机构根据当事人的申请，作出具有法律约束力裁决的一种活动。它是解决经济合同纠纷的一项重要的法律制度。

外商投资企业争议仲裁，属于涉外经济仲裁的范畴。所谓涉外经济仲裁，是指涉外经济纠纷发生后，根据争议双方自愿达成的仲裁协议，将纠纷提交其共同选定的仲裁机构和各自选定的仲裁员，进行依法审理，并由该仲裁机构作出裁决的活动。

（一）仲裁的突出特点

1. 特定的适用对象

仲裁适用于平等主体的公民、法人和其他经济组织之间发生的合同纠纷，以及其他财产权益纠纷。具体讲，包括：经济合同、技术合同、房地产市场交易、知识产权、产品质量责任、建筑安装工程、运输、金融、保险、期货、证券、海事等方面发生的争议。它不适用于婚姻、收养、监护、抚养、继承纠纷，也不适用于依法应当由行政机关处理的行政争议。

2. 无级别管辖和地域管辖

仲裁有别于人民法院所实行的级别管辖和地域管辖。

3. 自愿性

这种自愿性表现为：（1）双方自愿达成仲裁协议，这是当事人采用仲裁方式解决纠纷的前提条件。同时，有了仲裁协议，也就排除了人民法院的管辖权。（2）双方自愿选定一家仲裁机构。（3）当事人各自挑选一名仲裁员。（4）自行决定提交仲裁争议事项。

4. 保密性

仲裁的保密性在于：（1）仲裁程序有利于保密。即仲裁以实行不公开审理为原则，只有当事人约定公开时才公开，这有利于保护当事人的信誉和商业秘密。（2）仲裁裁决有利于保密。即应当事人要求，仲裁裁决可不写明事实和理由。（3）仲裁事项有利于保密。即仲裁只就申请的事项作出裁决，其他事项可不涉及。

5. 独立性

仲裁依法独立进行，与行政机关没有隶属关系，不受行政机关、社会团体和个人的干涉。同时，仲裁员是兼职的，对减少行政干预也是有利的。还有，仲裁协会（监督）、仲裁委员会（受理）、仲裁庭（审理）三者之间是相互独立的，也有利于据实合法、公平合理地解决纠纷。

6. 快捷性

仲裁实行一裁终局的制度。也就是说，裁决作出后，当事人就同一纠纷再申请仲裁或者向人民法院起诉的，仲裁委员会或者人民法院不予受理。这有别于人民法院两审终审的制度。同时，仲裁的立案、组庭、审理程序简便灵活，办案迅速，排除起诉、上诉的诉讼程序。还有，仲裁时限较短，自仲裁庭组庭之日起，最迟四个月结案，可使当事人免受久拖不决之苦。此外，由于仲裁具有快捷性的特点，其案件处理费（主要是仲裁办案的实际支出）一般也比较少。因为仲裁庭一般不做实地调查取证，裁决案件主要靠双方当事人书面举证、开庭质证，这就大大减少当事人用于办案的支出。

7. 权威性

仲裁裁决具有权威性。这种权威性是由法律赋予的。《中华人民共和国仲裁法》（1995年9月1日起施行）第62条规定："当事人应当履行裁决。一方当事人不履行的，另一方当事人可以依照民事诉讼法的有关规定向人民法院申请执行。受申请的人民法院应当执行。"对于涉外仲裁，也可直接在国外执行。1987年4月22日，《联合国承认及执行外国仲裁裁决公约》（1958年纽约公约）对中国生效。该公约规定，缔约国应相互承认并执行对方国家所作出的仲裁裁决，同时不得提出在实质上比承认和执行本国仲裁裁决更苛刻的条件或收取更多的费用。

总起来看，仲裁既不同于人民调解组织的调解，也不同于司法审判。它是介于两者之间的解决争议的一种方式。也就是说，它既有民间解决争议的长处，把解决当事人私权利的权力赋予当事人，由当事人自主地作出选择；又具有司法审判的优点，解决当事人私权利有国家公权力（司法机关）的支持和协助。

（二）仲裁和诉讼的原则区别

仲裁和诉讼的原则区别列表归纳说明如表4－1所示。

表4－1　　　　　　　　　　　仲裁和诉讼的原则区别

比较项目	仲　裁	诉　讼
1. 受理机构	仲裁委员会（民间机构，无级别管辖和地域管辖）	人民法院（国家审判机关，有级别管辖和地域管辖）
2. 程序性质	自愿性（当事人共同商定仲裁机构，各自选择仲裁员）	强制性（当事人不可选择人民法院，不可选择法官）
3. 公开程度	不公开审理	公开审理
4. 审理制度	一裁终局制，审期较短，成本较低	两审终审制，审期较长，成本较高

四　诉讼

这里指的是涉外经济诉讼。外商投资企业争议诉讼，属于涉外经济诉讼的范畴。它是指涉外经济合同发生纠纷后，由人民法院依法对争议事项作出判决的活动。它是我国司法制度的一个重要组成部分，适用于涉外民事诉讼程序规范。这种经济司法，又称经济审判。

（一）涉外经济诉讼的一般原则

中国《民事诉讼法》规定了涉外民事诉讼的一般原则，它同时也是涉外经济诉讼的一般原则。这些原则从不同侧面体现了主权原则，具体包括三项：一是法律适用的原则；二是语言、文字的使用原则；三是委托律师代理诉讼的原则。

1. 法律适用的原则

（1）适用国内法的原则。依据国际私法原理，在涉外民事诉讼程序方面，应适用法院所在地法。外商投资企业属于中国法人，接受中国法律管辖和保护，其争议在中国法院起诉，理应适用中国法律，而不适用外国法律。

（2）适用国际条约的原则。这是国际公认的原则。进一步说，国际条约不仅适用，而且还要优先适用。因此，中国《民事诉讼法》规定，中华人民共和国缔结或者参加的国际条约同该法有不同规定的，适用该国际条约的规定，但中华人民共和国声明保留的条款除外。

2. 语言、文字的使用原则

中国《民事诉讼法》规定，人民法院审理涉外民事案件，应当使用中华人民共和国通用的语言、文字。当事人要求提供翻译的，可以提供，费用由当事人负担。这样做，既体现了国家的主权和民族的尊严，也是国际惯例。同时，也有利于保障诉讼活动的顺利进行。

3. 委托律师代理诉讼的原则

这是现代诉讼活动中通常的做法，也是当事人的一项重要权利。世界各个主权国家，均不允许外国律师在本国执业，不允许其代理诉讼，旨在维护本国司法制度的独立性和完整性。如果外国当事人需要委托律师代理诉讼，则只能委托法院所在国的律师。

中国《民事诉讼法》所确立的委托律师代理诉讼的一般原则是：外国人、无国籍人、外国企业和组织在人民法院起诉、应诉，需要委托律师代理诉讼的，必须委托中华人民共和国律师。

在中国，外国律师不得在境内执业，不得以律师名义接受委托代理诉讼，不得以律师的身份出庭进行诉讼活动。若外国当事人同时委托了中国律师和外国律师，则该外国律师只能作为中国律师的助手来协助工作，而不能单独出庭进行诉讼活动。

（二）涉外经济诉讼的管辖

中国《民事诉讼法》对涉外经济诉讼管辖作了明确的规定，其内容要点列表归纳说明如表 4－2 所示。

表 4－2　　　　　　　　　　　**涉外经济诉讼管辖的内容要点**

分　类	内　容　要　点
（一）级别管辖	1. 基层人民法院管辖：非重大的第一审涉外案件 2. 中级人民法院管辖：第一审重大涉外案件
（二）地域管辖	1. 一般地域管辖：通常适用"原告就被告"原则，即一般应由被告住所地的人民法院管辖 2. 特殊地域管辖：对中国境内没有住所的被告，由"五地"法院管辖： 　（1）若合同在中国领域内签订或履行，则由合同签订地或履行地人民法院管辖 　（2）若诉讼标的物在中国领域内，则由诉讼标的物所在地人民法院管辖 　（3）若被告在中国领域内有可供扣押的财产，则由可供扣押财产所在地人民法院管辖 　（4）若被告在中国领域内设有代表机构，则由被告代表机构所在地人民法院管辖 　（5）若侵权行为发生在中国领域内，则由侵权行为地人民法院管辖
（三）专属管辖	1. 强制性管辖：排除了地域管辖的适用，也排除了协议管辖的适用，包括三种情况： 　（1）因不动产纠纷提起的诉讼，由不动产所在地人民法院管辖 　（2）因港口作业中发生纠纷提起的诉讼，由港口所在地人民法院管辖 　（3）第一审涉外的海事和海商案件，由中国专门的海事法院管辖 2. 独占性管辖：因在中国履行中外合资（合作）经营企业合同、中外合作勘探开发自然资源合同发生纠纷提起的诉讼，由人民法院管辖

续表

分　类	内　容　要　点
（四）协议管辖	与专属管辖相反，协议管辖更强调当事人选择管辖其纠纷案件的法院的自由意志。只要当事人双方意思表示一致，就可以选择与争议有实际联系的地点的法院管辖。但必须注意下列三点： 1. 当事人选择管辖的法院，必须以书面形式加以确定 2. 所选择的法院，必须是与其纠纷有实际联系的地点的法院 3. 选择人民法院管辖的，不得违反中国法律关于级别管辖和专属管辖的规定
（五）承认管辖	《民事诉讼法》还特别规定，涉外民事诉讼的被告，对人民法院管辖不提出异议，并应诉答辩的，视为承认该人民法院为有管辖权的法院

第五章 外商投资企业谈判

第一节 招商引资与谈判对象

一 招商引资

（一）招商渠道与方式

中外双方初次接触是非常重要的，也是双方都关心的问题，概括地说，接触的渠道与方式分为三条渠道（官方、民间和其他招商渠道），以及多种招商方式。

1. 官方渠道与方式

是指通过政府及有关主管部门组织的各种投资洽谈会或经济技术交流活动，达到招商目的。其方式包括下列四种：

（1）国内举办进出口商品交易会（含专业性、地方性的小型交易会、博览会、投洽会），与来华洽谈贸易的外商同时洽谈投资。现列举规模浩大、知名度较高的招商舞台，如一是"中国西部第一展"——中国西部国际博览会（成都"西博会"），由中国15个国家部委和西部12个省（区、市）及新疆生产建设兵团共同主办；二是中国—亚欧博览会（新疆"乌洽会"）；三是中国吉林—东北亚投资贸易博览会（吉林"东北亚博览会"）；四是中国国际投资贸易洽谈会（福建厦门"投洽会"）；五是中国—俄罗斯博览会（2014年由"哈洽会"升格为国家级博展会）；六是中国—南博会（南亚、东南亚暨昆交会），在"一带一路"沿线涉及21个国家，除基础设施外，渔业、旅游、茶叶等领域均大有可为。以上说明中国广阔的市场、富集的资源和开发开放的巨大商机，通过多个招商引资平台，得到了投资者更多认可。

（2）国外参加国际经贸洽谈会。在某一国家（或地区）举办投资贸易洽谈会或商品展销会，进行招商活动，使外国投资者直接了解所要投资区域的经济与社会环境，并直接与有关人士洽谈。

（3）中国各级领导人出国访问，直接与投资者接触洽谈。

（4）中国驻外大使馆的经商处，也有义务促进各国有信誉的客商来华投资。

2. 民间渠道与方式

与官方相对应的，还有民间渠道。其方式主要包括下列三种：

（1）通过海外华侨、华人或港澳同胞的关系，吸引他们直接投资，或由他们介绍国外投资者来华投资。据统计，旅居海外的华侨华人约 4800 万。又称，华人占全球 70 亿人口的 1/5，手拉手可绕地球 8 圈。海外华人资金雄厚，被喻为继犹太人、阿拉伯人之后"第三大钱包"。

（2）通过中介人或中介人机构牵线搭桥，促进国外投资者来华投资。如被誉为招商直通车的"中国商会联合会"在招商方面具有 3 个功能：一是拥有投资企业数据库，包括会员企业的投资领域、规模、需求等翔实信息，针对性强，成功率高；二是给经济开发区以客观评估，提升开发区的吸引力，更容易吸引企业到开发区投资；三是作为各商会之间的枢纽平台，为兄弟商会和国外商会的企业提供投资信息，让投资企业和开发区有针对性地资源高效对接，从而降低商会和招商局的时间成本和经济成本。

（3）通过各级贸易促进委员会、外商投资企业协会、侨商投资企业协会、行业协会、与外国（地区）的同乡会或联谊会等，加强国内企业与外界的联系，促进国外投资者来华投资。中国贸促会的宗旨是："促进引进外资、促进引进技术、促进贸易成交、促进经济技术合作。"外企协会，则可以为外商投资者咨询各地的投资环境和投资意向。

3. 其他招商渠道与方式

除上述官方和民间渠道之外，另有一些其他性质的招商渠道。其方式包括下列两种：

（1）从"三来一补"项目开始，然后升级为外商投资企业。

（2）文化搭台，经济唱戏。文化为经济服务，经济依托文化发展。多年来，许多地方利用本地区的文化（如乡俗文化、饮食文化、名人文化、特产文化、旅游文化等），举办多样化节庆经济、消费经济、眼球经济，以此吸引外商，促进投资和经贸发展。利用文化搭台，搞活经济，扩大开放，招商引资，只要引导得当，组织有力，就会收到良好的效果。如牡丹花节、啤酒节、小枣节、蟋蟀节、灯节等。

（二）招商引资中存在的突出问题

突出问题是无序竞争，其弊端和潜在危害较大。目前，招商引资以地方政府为主体，区域之间、省市之间乃至区县之间的竞争不断加剧。为了实现招商引资目标，到了不计成本搞招商的地步。如实行全民招商，碰到一个招一个，谈成一个算一个，"捡到篮子都是菜"，对承诺没有底线，招商不计代价。这种招商模式违背了市场经济规律，脱离了区域资源优势与企业发展的客观实际。

还有，在投资环境的营造上，有的地方曾归纳为存在 5 种不良现象：一是招商引资中的"虎头蛇尾"；二是项目落实中的"关门打狗"；三是优惠政策上的"朝令夕改"；四是服务保障上的"前恭后倨"；五是项目成功后的"群蚁附膻"。

（三）提高招商引资质量和效益的新举措

以提高招商引资质量和效益为中心，大力改革投资促进工作的七项新举措分述如下：

（1）机构

要投入适当的人力和财力，抓紧建立和完善依托政府、面向市场、商业化运营的专业招商机构。

（2）方式

要采取有针对性的行业招商、小分队招商和网络招商等方式。例如锁定目标企业，组成小分队上门招商，变"守株待兔"招商为主动"敲门招商"。又如建立引资信息网，对外发布、收集招商项目和信息，实行"一网式招商""一网式服务"。

（3）手段

要以整体投资环境的改善和提高综合服务水平，作为招商引资的主要手段。

（4）示范

要重视办好现有的外商投资企业，发挥示范效应，"以商招商"。例如通过为现有外商投资企业提供优良投资环境和优质服务，使客商自愿增资扩股或引荐更多的客商来华投资。

（5）实效

提高招商引资质量，注重实效。而不搞形式主义和形象工程，不压引资指标，不虚报数量，不搞固定回报承诺和恶性竞争。为此，2003 年 2 月 25 日中央建立"全国外商投资促进中心"（即现在"商务部投资促进事务局"），旨在加强对各地投资促进工作的指导和协调。

（6）明确政府四项职能

一是调节经济；二是监管市场；三是加强和创新社会管理；四是服务公共。说到底，政府的本质是服务，关键是效率，目的在效益。服务型政府以公众为本、以公共利益为目的，通过提供公共产品和服务，提高公众的生活质量，增进社会共同利益。从实践看，招商引资是企业行为，政府主要是为企业做好相关政策调节、社会环境等公共服务，旨在可持续改善投资环境，引导产业结构优化。

（7）他山之石的经验借鉴

美国等发达国家招商引资的做法一般是：商会等机构具体组织实施，政府与商会、与企业之间的关系很清楚，不会错位，不会越俎代庖。美国政府对投资商、投资商对企业，主要不是看投资额多少，而是看缴纳的税收多少，吸纳的劳动力多少。这是值得借鉴的。

值得指出的是，招商引资不能只盯"亿元项目"。无论项目大小，只要符合地方实际、对群众就业有利、对低收者收入增长有利、对地方的长远发展有利，就是好项目。

二 谈判对象

本节所说谈判对象，指的是境外投资者。作为境外投资者应具备的基本条件（包括三项）：一是凭证，即必须持有某一国（或地区）政府登记注册、取得法人地位的正式凭证；二是资金，即必须具有进行投资项目所需资金（或以其资信能够获得必需的资金）的可靠依据，有能力按期缴清投资；三是诚信，即有投资诚信，而诚信是条亘古不变的原则。以上三项用两个字概括就是：资信。

中国对外开放以来，大批外商来华洽谈投资，这些外商大致可以分为四种类型：

（一）大公司客商

这类客商，资本雄厚，技术水平较高，产品是名牌。这类公司来华谈判，开始总是试探性的，但来谈人员齐全、精干。谈判特点是提问题多，不轻易让步，技术转让的条件比较苛刻，但对中国具体地区的投资环境并不十分了解。所以与他们打交道，必须在谈判前做好充分准备。

（二）子公司客商

这类客商，虽然有母子公司的关系，但有的子公司资本薄弱，而它们又往往打着母公司的旗号谈大投资。对此，应该要求其出示母公司的授权书。

（三）皮包客商

即没有注册资本的贸易行、商行、洋行等，仅有营业执照，却不能提供法人资格、注册资本及法定地址等公证、文件者。这类客商往往只是招揽生意，转卖合同，旨在收取佣金或从中渔利。对这类客商可以利用，但与之直接合营，则不必深谈。

（四）一身多任客商

少数客商在某公司任职，利用本人在公司的身份，搞多种经营活动，旨在谋取高额佣金。此类情况在设备购置谈判中经常碰到，可以利用，但应谨防受骗。如果与之洽谈投资，则没有必要。

值得注意的是，极少数客商实为骗子，他们搞假名片、假地址，甚至一个人有几个不同业务范围公司的个人名片。这种人实际是无业游民，对此必须提高警惕。

应当指出，信誉较好客商的行为表现特点是：初次见面，客商能够主动出示证明文件，证明其注册资本、法定地址、董事会成员名单副本及本人职务。

第二节 谈判前的准备及谈判中应注意的问题

外商投资项目谈判不同于商品贸易谈判，其主要特点：一是纵向看，谈判周期长，过程复杂；二是横向看，谈判涉及面广；三是结果看，谈判结果影响深远，关系重大。

因此，应当做好谈判前的充分准备。

一　外商投资项目谈判前的准备

准备的内容要点是：

（一）指导思想要明确

也就是说，谈判者不仅要了解中国的改革开放政策，而且要掌握各个不同时期的具体规定。

（二）组织一个高效率的谈判班子

谈判班子的成员要精干，要吸收工程技术、企业管理、财会、法律等方面的专业人员参加。主谈人是谈判的组织者和领导者，尤其应当选择好，以使谈判进行得既生动活泼，又卓有成效。与此同时，还要准备几套谈判方案。

（三）要熟悉谈判对象

熟悉的内容包括三个方面：一是宏观上，熟悉不同国家（地区）外商的谈判风格和习惯，做好全面的知识准备；二是中观上，熟悉对方企业的经营环境、经营性质、技术特点、财力状况；三是微观上，熟悉来谈人员的背景、性格、爱好及饮食习惯，均应做必要的摸底，以便在接待中更能有的放矢。例如，一般而言，美国人吃牡蛎不吃蜗牛，法国人吃蜗牛不吃蝗虫，秘鲁人吃蝗虫不吃鱼，犹太人吃鱼不吃猪，印度人吃猪不吃牛，俄罗斯人吃牛不吃蛇……

二　外商投资项目谈判中应注意的问题

为使项目谈判成功，以及其后顺利发展，除了双方要有明确的总体目标和诚信之外，也还包含着谈判者的智慧和谈判技巧。谈判中应注意如下十一点：

（一）穿着

应以整洁、大方、得体的衣服为主，表现出一个人的个性和对客商的尊重。

（二）礼仪

礼仪，是指人与人之间在交往中所体现出来的互相尊重，并按约定俗成的方法付诸实施的不成文的规定。中国素有"礼仪之邦"的盛誉，应该对外商以礼相待，这会有助于建立互相尊重、友好合作的新型关系，缓解或避免某些不必要的情感对立，有利于谈判成功。比如，迎来送往礼仪、进出房间礼仪、餐桌就座礼仪等。再如，二人并行右为尊（"无出其右"），三人并行中间为尊，三人纵行头领为尊；上楼进屋尊者和女士先行，下楼出屋尊者最后行；1号尊者从轿车右后门入座，顺序是先脚、后头、背入式；厅内待客右坐为尊，等等。

（三）音调

谈判时，身居斗室，说话不宜大声，声调应略为低沉，侃侃而谈、态度平静，但语气坚定。这有助于获得对方好感，认为你是一个稳重而自信的人。同时，说话时不要过于自我标榜，否则人家会觉得你修养不高。

（四）就餐

第一次见面，不宜请对方到高级豪华餐厅就餐，否则容易引起误会，认为你急于讨好，且不会理财。同时，应注意对方在饮食方面的禁忌和嗜好。通常认为，中国人用"嘴"吃（营养与好吃之间选择好吃），法国人用"脑"吃（饮食换算热量，算好了才吃），日本人用"眼"吃（饮食看颜色，且少而精）。此外，餐桌就座排序说明如图 5 - 1 所示。

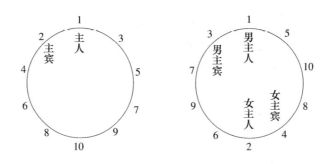

图 5 - 1　餐桌就座排序示意图

（五）翻译

理想的翻译是既精通语言，又精通专业。也可以配备两套翻译，一套是生活翻译，一套是专业翻译。同时要注意利用翻译进行谈判，这样做，能够有从容思考的时间。还要警惕对方的翻译，因为对方虽然配有翻译，但有可能装出不懂汉语的样子，从而在席间从中方人员商谈中"摸底"。

（六）语言

说话要注意修辞，注意方式方法。例如，不要太好争论，态度温和，言辞灵活，善于吸收对方的观点，向中线靠拢。用图表示，即：竖坐标为双方追求的目标，横坐标为双方各自的观点（左、右），谈判目标达成共识的结合点既不是"左"，也不是"右"，更不会是"中"，而是左右之间相向而行的 ab 某个节点。点点连接，正是所谓谈判目标的"钟形曲线"。这也同时诠释了"包容即大道"的道理。"钟形曲线"如图5 -2 所示。

总之，语言的运用要掌握时机，富于涵养，处变不惊。高明的谈判者，要有进有退，能伸能屈，并不是任何情况下都采用进攻策略。因为，"硬上弓，易谈崩"，任何谈判桌上的威胁，都只会带来压力，并迫使对方进入应激状态，进而导致谈崩。即使占理，也要"理直气和"，忍耐是人生的必修课。

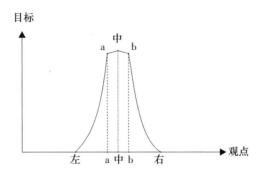

图 5-2 谈判目标的钟形曲线

（七）货比三家

重大项目，可选择几家客商谈判，这样做既有利于掌握国外信息，也可以提升谈判地位。这个筹码运用得当，会收到意外效果。

（八）谈判记录

谈判要有记录，最好人人都记录。谈判即将结束时，主谈人要收住话题加以对照总结，对谈话涉及的关键问题和要点，必须复述一遍或多遍，以使对方确认。经双方认可的事项，及时整理成文字，一轮会谈结束时由双方签字。因为白纸黑字，比口头君子协议更可靠、更准确。

（九）起草文本

在意向书、合同、章程等基本文件的谈判中，争取以中方起草的文本为谈判基础。这样做，不仅语言习惯符合中国法律法规的规范，而且也较易于达到双方（尤其是中方）所期望的目标。

（十）信任和友谊

在谈判过程中，友谊是桥、信任是根且无可替代，所以要建立信任和友谊。为此，注意三点：（1）谈判人员要有连续性，不宜老换人，总是生面孔；（2）要照老朋友的关系发展，如请到家中做客，馈赠工艺品之类；（3）场外谈判占有重要地位，要借助这一桥梁，沟通意见，了解要求，研究可行办法。

（十一）"成功谈判"的含义

所谓成功谈判，是双方都赢，没有输家，即双胜双赢。亏本的项目谁都不会干。因此，谈判中既不能吃亏，也不能只顾自己多赚，"互惠互利、公开合理"才是成功谈判的秘诀。这恰如两个娃娃分吃一个苹果的故事，怎么分吃？双方都满意的办法是自行协商，让一个先切、另一个先挑，从而都认为自己握有一半主导权，都满意。这也同时诠释了"熙来攘往"的道理。

三　中外双方谈判目标的差异与结合点

围绕谈判目标，中外双方谈什么？如何从"对立"到"统一"、寻找到最佳结合点，是本节要解决的中心问题。现将这些谈判目标的差异与结合点，列表归纳说明如表 5 - 1 所示。

表 5 - 1　　　　　　　　　中外双方谈判目标的差异与结合点

目　标	差　异		结　合　点
	外　方	中　方	
投资动机	资本收益率	社会、经济效益	二者兼顾
市场导向	国内市场	国外市场	按市场需求划分比例
资本金筹措	在中国贷款或由中方担保	要求外方自行承担	各自分担责任，自行解决
新技术投入	一般、专项、静态技术、高作价	最新、系列、动态技术、低作价	较新、多项、作价合理
经营管理权	控制	学习、共管、反控制	按资分配董事名额，董事长和总经理轮流担任

第六章 外商投资企业可行性研究

第一节 可行性研究概述

所谓可行性研究，是指拟建项目上马之前，对其技术上的先进性、经济上的合理性，以及建设条件的可能性，进行调查研究和科学论证。

一 可行性研究的意义

可行性研究的意义，可以概括为以下五个方面：

（一）有利于为投资者提供科学的依据

20世纪20年代初，美国开发田纳西河流域首次运用了可行性研究方法。经过几十年的实践，已逐步形成了一套系统和科学的研究方法体系。通过可行性研究，可以从定性与定量两种角度回答诸如项目为何上马、能否承受各项要素的变化等问题，从而有利于借助某些综合性指标作出如何实施项目方案的最终决策。这些工作如果单靠个人的经验、智慧和直感是远远不够的，必须组织专门力量（包括市场分析专家、技术开发专家、工程设计专家、经济评价和财务分析专家等），对投资决策的每一个环节进行详细考察和论证，才能克服决策中的经验化、主观化和片面化等不合理现象。

（二）有利于执行国家产业政策与投资方向

如果单纯为了吸引外资而不对项目的可行性作充分论证，就难免上马一些国家限制的行业和产品，从而冲击中国国内企业的生产，造成产品的饱和状态；在销售市场有限的条件下，又容易造成产品大量积压，影响资金正常周转和经济效益的提高；宏观上则会导致长线产品更长的恶果，国民经济也会因此而失衡。这就要求主管审批（或备案）外商投资企业立项的部门，必须从大局出发，恪守国家产业政策，严格把关，让那些符合国家产业政策的项目成立。因此，企业要编制合乎投资方向的可行性报告，为项目审批（或备案）机构提供依据。

（三）有利于积极、合理、有效地利用外资

多年来，在华投资的外商投资企业与日俱增。但中国所吸引的外资，尚不尽如人意。目前，外商对一些投资少、见效快的中小型项目感兴趣，较集中于加工行业、非

生产性领域和劳动密集型行业，而技术和资金密集型行业与投资回收期较长的项目则进展缓慢。有鉴于此，如何积极、合理、有效地利用外资，就应当成为外商投资企业管理的核心问题。其中，项目上马之前的可行性研究又是前提条件。如果对外资的投向、规模、资金到位情况、市场前景等缺乏调查研究，则必然会加大日后经营的风险性，从而不可避免地导致利用外资的低效益，甚至负效益。

（四）有利于国家税收的稳步增长

外商投资企业应成为国家税收的重要来源之一。如果外商投资企业经济效益较好，盈利能力和资金周转能力较强，就可以为国家税收做一些贡献；反之，在账面亏损严重、资金周转受阻的情况下，上缴税收便是一纸空文。据调查，中国外商投资企业实际亏损面曾达1/3之多。不难推断，前期可行性论证中未能对这些亏损作出充分客观评估是其原因之一。

更为严重的是，有不少国内企业企图利用国家对外商投资企业在税收方面的优惠政策，搞形式上的合资或"公章"合资，借此逃避所得税和其他税收。如果这类合资企业能在可行性研究环节就予以否定，则上述不合理现象是可以杜绝的。

（五）有利于企业筹措资金、登记注册等后续工作的开展

外商投资企业项目在兴建过程中往往需要大量资金，可行性研究应当对筹措资金的时间、金额、方式、还款能力、资金成本等相关问题作出估计与客观评价，为企业提供资金筹措的具体方案。同时，成立外商投资企业还必然涉及许多商议和申请事宜，如申请贷款、选择厂址、申领营业执照、验资，以及海关注册、税务登记、银行开户等，可行性研究在此过程中的作用是不可替代的，它是联结企业与各有关部门的桥梁和纽带。

综上所述，可行性研究是创建外商投资企业所必不可少的环节。中国在过去实行计划经济的情况下，由于项目投资属于国家拨款，投产后所需物料供应和各种设施也都由国家负责解决，企业无须过多考虑，所以在项目设计时很少进行科学研究与评价。由此导致"项目上马之日，企业亏损之时"的恶果。而今企业被推向市场，承担各种经营风险，在利用外资时，理应强调项目可行性研究与论证，认真分析项目的市场竞争能力，及各种生产要素的供应情况等决定性条件，使外商投资企业符合国家产业政策，并在技术上、经济上、建设条件上都可行。

二　可行性研究的内容

与一般项目的可行性研究相类似，外商投资企业可行性研究大致包括如下八个方面：

（一）背景分析

背景分析主要说明创建外商投资企业的必要性和可能条件，如资源条件、销售情况、建设条件、设备先进程度、经济效益、对国民经济和全社会的积极影响等。外商投资企业特别研究的是中外双方合作的目的、外方投入的技术和设备的先进性、产品的外销能力等专门问题。

（二）市场研究

市场研究即通过对外商投资企业所提供产品或劳务的国内外市场供需状况、价格水平、销售渠道，以及同类产品竞争情况的分析，确定市场对该产品或劳务的需求量、发展趋势、销售收入和进入国际市场的前景，在此基础上，结合企业生产能力确定生产规模和产品生产方案。

（三）建设环境分析

建设环境分析包括建厂的地理位置、气象、水文、地质等自然条件，所需资源的储量、品位和开采利用的保证程度，交通运输、水电动力、通信条件、公用设施、文化生活等社会经济环境，劳动力供应状况，等等，据此进行厂址选择。

（四）工程设计

工程设计考察产品工艺、建筑设计和各种辅助性生产设施的可能性，对采用何种设备、何种工艺与技术、需要购买哪种专利、全厂总体布局、土建结构和工程量等进行估算。若需引进某项设备或工艺技术，则应说明其国别来源、引进价格和先进程度。

（五）企业机构设置、组织与管理和劳动定员的确定

这包括企业管理机构设置、管理体制、生产和施工的组织管理、劳动定员配备方案、人员培训计划，等等。

（六）资金与成本测算

这包括投资总额、固定资金与流动资金的相对比例、各种资金的来源、资金筹措方式和资金成本；投产后单位产品耗费的原材料、燃料和动力、工资及工资附加费；按车间、企业管理部门和销售部门分别测算的各项费用支出水平（如办公费、差旅费、折旧费、保险费等）；根据直接材料、直接人工和车间管理性支出计算制造成本；从制造成本中分离出属于现金性支出的经营成本。另外，为便于分析，各项耗费还需分为固定成本与变动成本两大类。与产品生产或销售的数量成正比例增长的支出项目，称为变动成本；反之，费用支出金额与产销数量无关的项目，则称为固定成本。

（七）财务评价与国民经济评价

采用静态分析与动态分析相结合的方法，对企业效益进行综合评价。其中，财务评价着重从企业自身角度考查所带来的直接经济效益，测算指标包括盈利性指标、偿债能力指标、投资报酬、投资回收期等；国民经济评价则是从政府或全社会的立场出发，分析利用外资带来的社会、经济、文化、政治等方面的影响，某些场合下，还应考虑对生态环境、自然资源、技术进步、国家政策法令、法律、军事、外交、国家安全、民族利益以至整个人类的影响后果。

（八）实施进程

确定从勘察设计、设备制造（或购置）、工程施工、安装调试、试运行直至正式投产的时间安排，设计工艺流程，并用线条图或网络图来表示，便于尽可能地节约正式生产前的准备时间，确保企业各项工作按时、按质和按量完成。

上面几项内容是进行生产性外商投资企业可行性研究所不可缺少的，但实务中不同的可行性研究应当各有侧重，不必全部作为研究重点。例如，如果某合资企业是在原有老企业基础上的改造与嫁接，则其研究论证的重点就可能并非厂址如何选择，而应放在市场调研、新技术和新工艺的应用、管理体制建立等方面。因此，企业应根据每个项目的特殊性进行具体分析，确定可行性研究的重点内容。

三　可行性研究的方法

外商投资企业可行性研究的方法很多，这里重点介绍四种：调查研究方法、预测分析方法、经济评价方法和智囊技术方法。

（一）调查研究方法

组建外商投资企业要靠中外各方通力协作，所以项目可行性研究的第一步就是要对中、外双方的背景作充分调查，了解各自的合作目的、经济实力、资信程度，以及经营前景等基本情况。唯此，才能保证项目建成后具有雄厚的资金后盾和技术支持。同时，组建外商投资企业也不可能像研制某种新产品那样进行实验室检测，一旦决定上马就必然意味着人、财、物的大量投入，因此，需要事先调查同类企业或产品现有的各项消耗指标、市场饱和程度、潜在市场的开发前景、竞争情况和盈利能力等诸多方面，做到心中有数，决策有据，使方案建立在可靠的信息基础之上。调查研究是可行性研究过程中获取第一手材料的最有效手段。常用的方法有：

（1）问卷调查

即选择有代表性的调查对象，设计针对性较强的调查项目和内容，向调查对象征询书面意见。专家建议往往就是通过问卷调查方法获取的。此外，对消费者、社会公众进行调查时，一般也采用此法。

（2）现场调查，即实地调查

这是外商投资企业调查研究经常采用的一种方法，包括出国考察外商背景，了解其资信实力和经营状况，学习先进的管理经验；到国内其他企业考察利用外资的效果和工艺流程；实地考察厂址方案，等等。通过现场调查，可获得较具体和深入的材料，不过现场调查一般耗资较多，因而应切实抓住机会，提高工作效率。

（3）抽样调查

随机选择统计样本进行调查，并据此进行统计推理与分析，以获得项目的全貌材料。这种方法在时间较紧、精力有限、财力又不足的情况下可广泛应用，但只有在样本随机性和统计推理正确性同时得以保证时才是可行的。

（4）典型调查

如果发现某个问题比较突出，那么就通过典型调查，对该问题予以核实论证。例如，某拟上马合资项目的市场前景与材料供应均看好，只有劳动力供应不乐观，此时，可行性研究应着重调查的是拟建项目的该地区是否具备劳动者人数、受教育程度、技术培训设施等方面的条件，从而决定可否在该地区上马该项目。

如果典型问题选择得当，切中要害，那么，运用典型调查方法，对节约调查耗费、减少调查研究工作量是有好处的。同时，把握好关键问题之后，可行性研究工作的方向就可得以保证。

（二）预测分析方法

预测是人们利用现代科学技术手段，结合以往经验，对事物的未来或未知状况作出预先推断的行为。其基本步骤包括：明确预测对象，进一步确定预测主题和目标；收集信息资料；建立预测模型；输出预测结果。组建外商投资企业需要考虑众多未知因素，因而要收集诸如外商投资项目资源、技术、经济效益以及社会发展等方面的信息资料，区分哪些为约束条件，哪些是决策者意志所能左右的，在此基础上，借助数学模型或结构模型，勾画出项目运行的可能状态和变化规律，并据此来判断项目的可行性。

预测的方法很多，据统计，国外已提出的预测方法已达200余种，其中在实际中运用较广的有十几种。这些方法概括起来有两大类，即定性预测和定量预测。对政治变化、政策变化等难以进行定量处理的因素，或者所需信息花费代价太大时，多采用定性预测方法，主要依靠人的经验、智慧和直觉进行推断，如头脑风暴法、类推法、先行指标法、关联法、主观概率法等；对可以量化的因素（如盈亏点、价格水平、消耗指标等），则应借助数学或统计处理手段进行定量处理，可运用公式、函数、图形、网络等方式，如回归分析法、直方图法、时间序列预测法等。

通常情况下，定性方法和定量方法往往是彼此关联、相互补充的。必要时，需同时采用几种方法进行预测，以便相互印证，提高预测的准确度。

（三）经济评价方法

经济评价方法，分为财务评价和国民经济评价两种。其中，财务评价，是在国家现行财务、会计、金融和税收等条件下，测定外商投资项目的盈利能力、资金周转能力、偿债能力和外汇平衡能力等财务可行性指标，仅考虑项目本身的直接经济效益。它需要编制资金筹措表、损益表、利润分配表、财务平衡表、现金流量表、外汇平衡表等报表，使用的财务指标包括净现值、内部收益率、资金周转率、产值资金率、销售利润率、投资回收期、保本销售额（量）、安全边际率等。而国民经济评价，是从国家宏观经济的高度考察项目对整个国民经济的净效益，包括直接效益（如创汇、上缴税收等）和间接效益（如加快技术进步、产品的竞争力、提高国际地位、增加就业机会等）。其主要报表有现金流量表（区分为全部投资和国内投资）、外汇流量表，同时通过影子价格、经济内部收益率等指标进行评价。

现阶段，中国只对一部分规模巨大且对国民经济影响较大的外商投资项目，同时进行财务评价和国民经济评价，一般项目只进行财务评价。财务评价应当注意的事项有：

（1）静态分析与动态分析相结合

与静态分析相比，动态分析最大的特点是要考虑货币的时间价值和资金成本，将不同时期的资金流入和流出换算成同一时点的价值，据以计算项目带来的收益，判断方案是否可行。动态分析可以使决策者树立起资金成本观念和投资时效观念。

（2）定性分析与定量分析相结合

在进行经济可行性分析特别是财务可行性分析的过程中，需要收集和测算诸如销售量、销售价格、原材料单耗量、单耗人工，以及其他各项费用消耗水平等数量指标，在此基础上，对项目的经济效益予以估算。这种定量分析的好处是有说服力，并且能够利用数学模型，借助某些先进的数据处理手段，体现其较强的科学性。但同时，一个复杂的项目有相当多的因素是不能量化的，无法进行数量比较，如文化素质、协作精神、产品发展方向等，而它们又恰恰是可行性研究不可缺少的方面，这就要求将定量分析与定性分析结合起来，对项目可行性作出较全面和完整的评价结论。

（3）确定性分析与概率性分析相结合

由于资料来源和数据处理手段的局限性，目前可行性分析往往以确定性分析为主。例如，在考虑项目投产后带来的销售收入时，是假定在确定的销售数量和价格基础上计算出来的，至于出现这种销售数量或价格水平的可能性，则并未作充分考虑。事实上，在现阶段市场经济的环境中，必要的风险因素应当成为决策的约束条件。有鉴于此，可行性研究一般都要求在定性分析的基础之上，再进行敏感度测算，以分析某项因素发生变化时，对项目最终效益的影响，使决策留有余地，增强对环境变化的适应能力。

关于财务评价的具体方法，将在本章第三节进行专门介绍。

（四）智囊技术方法

智囊技术方法是指通过专家论证，对可行性方案作出评价的一种方法。常用的具体方法有三种：

（1）希望列举法（正面表列）

对拟定的设计方案列出希望点，然后逐个论证其可行性。这种方法有利于开拓思路，激发人们的想象力和创造力；不足之处是容易忽略问题的不利方面，出现盲目乐观的倾向。

（2）缺点列举法（负面表列）

是指将某方案的缺点和不利因素一一罗列，据此寻求改进的途径。这种方法有利于找出问题的症结所在，启发人们解决问题的智力，但它是一种被动式思维。如果能将上述两种方法结合起来，则效果更佳。

（3）对比列举法（正负面表列）

是指同一设计方案，组织不同的研究小组进行相互辩论，从正反两个角度予以论证，以便充分暴露矛盾，使问题进一步明朗化。由于对比列举法能够从多种角度加以分析，所以提出的实施方案具有较高的可行性。

第二节 可行性研究的程序与步骤

可行性研究一般由专门机构承担，如各类咨询公司、科研单位、设计部门等。个别情况下由决策机构组织进行，或由几家单位协作完成。但无论如何，可行性研究的一般程序和基本步骤是大致相同的。

一 可行性研究的一般程序

（一）提交委托书

由委托单位向可行性研究部门提出书面委托文件，说明项目的名称、内容、要求、进度安排和完成期限等。

（二）成立研究小组

承接可行性研究的部门或单位，按委托书要求组建研究小组，选定小组负责人，组织自然科学、社会科学、工程技术、市场、法律、贸易、财会、管理、政策研究等方面的专家，为开展可行性研究工作提供人员和机构等方面的支持。

（三）编制研究计划

在对项目的背景和投资动机进行周密调查的基础上，研究小组编制正式研究计划，包括研究的目标、工作内容、工作方式、分工情况、进度安排和经费预算等。

（四）正式调查

收集有关资料、数据和信息，召集有关人士进行座谈、讨论，必要时还需进行现场考察和实地调查。

（五）方案选优

在调查研究的基础上进行预测和系统分析，将分工研究的各个方面再次组合起来，设计出可供选择的方案，并对方案进行经济评价，从而推荐出最佳方案。

（六）编制可行性研究报告

可行性研究报告是整个可行性研究工作的最终成果，主要包括：总论；投资规模和市场前景；建厂条件和厂址选择；原材料、燃料和其他设施的供应情况；企业组织、劳动定员和人员培训情况；项目实施进度；投资估算和资金筹措；经济效益指标测算；项目可行的结论说明。

以上各项程序完成后，经委托单位验收合格，可行性研究工作便宣告结束。

二 可行性研究的基本步骤

按照详细程度的不同，可行性研究可分为四个步骤，依次是：机会研究、初步可行性研究、详细可行性研究和评价研究。其性质、目标和基本要求如图6-1所示。

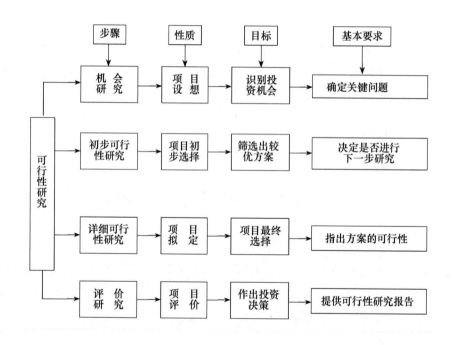

图6-1 可行性研究基本步骤示意图

（一）机会研究

机会研究，也称投资机会鉴定，即寻求投资机会和鉴别投资方向。其主要任务是提出投资方向，同时找到有待研究和调查的关键问题，以便为初步可行性研究提供依据。

机会研究是最粗线条的研究，主要依靠以往工作中所积累的同类项目的投资额和各项消耗指标进行估计与分析。其研究时间一般不超过2—3个月，所需费用为投资总额的0.1%—1%，各项指标估计的精确度控制在±30%即可。

如果机会研究能引起投资者的兴趣，则可转入初步可行性研究。

（二）初步可行性研究

又称预可行性研究。在详细可行性研究之前，对在机会研究中认为是可行的项目则进行初步可行性研究，作出初步评价。

从内容上看，初步可行性研究与详细可行性研究是基本一致的，区别在于二者的详细程度有所不同。通常情况下，初步可行性研究应对以下内容做粗略分析：（1）市场前景和企业生产能力；（2）各项人、财、物的供应条件；（3）技术、设备和工艺路线；（4）投资、费用、成本和利润；（5）对环境、社会、政治等方面的影响。

初步可行性研究大约需半年左右，所需费用一般为投资总额的1%左右，投资估算的精确度可控制在 ±20%。其主要任务是筛选方案，并为展开详细可行性研究做准备。

（三）详细可行性研究

这是正式投资前最重要的一个环节，是可行性研究工作的实质和核心所在。它需要对项目进行深入细致的技术经济论证，提供有关社会、政治、经济、环保、技术等方面的详尽材料，并作出全面、完整的经济评价，从而选择投资少、进度快、效益好的最优方案，据以编写项目的可行性研究报告（正式出台的详细可行报告，可以删除"详细"二字）。

详细可行性研究所涉及的工作量大，耗时长，花费多，一般需8—12个月才能完成，费用支出约占投资总额的1%—3%，要求各种指标估算的精确度在 ±10%以内。

（四）评价研究

评价研究是指根据上述各个步骤的研究，对项目进行评定，并提出正式报告，作出项目是否可行的结论。

对编制好的可行性研究报告，也要进行评价和论证，通过之后方能报请有关部门审批，从而结束项目的整个规划过程，转入建设阶段。

有关可行性研究报告的编写问题，可参阅本章第五节的专门介绍。

第三节　可行性研究的财务分析

财务分析是可行性研究的重要组成部分，是决定项目能否成立的关键条件。由于可行性研究的财务分析需要运用一些专门的方法和评价指标，涉及国家有关法规的特殊要求，故单列一节予以介绍。

可行性研究财务分析的主要内容，列表归纳说明如表6－1所示。

表6-1 可行性研究财务分析的主要内容

指标	基本财务指标（估算）	盈利能力评价指标（计算）
内涵	投资总额、资金筹措、产品销售数量与价格、成本与费用、利润测算、偿债能力及外汇平衡能力等	1. 静态指标：投资利润率、投资回收期、资金利税率、资本金利润率、投入产出率（资金产值率）、投资创汇率等 2. 动态指标：净现值、内含报酬率、投资回收期、盈亏平衡点、敏感度等

从表6-1可见，可行性研究的基本财务指标包括七项：投资总额、资金筹措、产品销售数量与价格、成本与费用、利润测算、偿债能力和外汇平衡能力等。而可行性研究的盈利能力评价指标包括：静态指标和动态指标。

一 基本财务指标分析

（一）投资总额估算

投资总额包括固定资产、无形资产、投资前资本支出（又称开办费）、不可预见支出、流动资金。投资总额估算的基本方法包括编制概算法、单位产量投资指标法、生产规模指数法、工程系数法、比例测算法等。前四种方法一般适用于基本建设投资金额的估算，第五种方法则适用于流动资金金额的估算。分述如下：

（1）编制概算法

采用这一方法计算投资总额，用公式表示则是：投资总额 = 建筑工程费 + 设备及工量器具购置费 + 安装及主要材料费 + 其他费用（如管理费、办公用品费、外事费、资料译制费等）+ 不可预见费（≈投资总额的5%—10%）。编制概算法的优点是：方法简单，且精确度较高。因此，它在实际估算中被广泛采用。

（2）单位产量投资指标法

单位产量投资指标法，又称单位生产能力估算法。采用这一方法计算投资额，用公式表示则是：投资总额 = 单位生产能力所需投资额 × 拟建项目生产能力。由于采用这一方法估算的精确度较差，所以，在评估过程中一般做粗略投资分析时使用。

（3）生产规模指数法

生产规模指数法，又称0.6指数法。它是根据投资总额与企业规模大小的关系，而进行估算的一种方法。计算公式是：拟建项目投资总额 = 已知类似项目投资总额 × （拟建项目生产能力 ÷ 已知类似项目生产能力）$^{0.6}$。

（4）工程系数法

工程系数法，又称分项投资比例系数法。采用这一方法估算投资总额时，通常是先估算所需设备总值，然后根据一定系数推算其余投资项目的金额，加总后即为投资总额。采用这一方法的关键在于系数的正确选择，因此，所选系数应随企业具体条件、经营规模等的变化而相应改变。

（5）比例测算法

前四种方法一般用于基本建设投资金额（称投资额）的估算，比例测算法则用于流动资金金额的估算。流动资金的多少，通常根据其所占固定资产或经营费用、产品产值等的比例进行估算，故称比例测算法（如火力发电工程的流动资金约为固定资产原值的3.5%；化学工业工程的相应比例则为30%左右）。在实际测算时，可参照项目所属行业的经验指标进行。

（二）资金筹措估算

外商投资项目所需资金来源于两条渠道：一是投资者的自有资金，二是企业通过借贷而筹集的资金，即借贷资金。

（三）产品销售数量与价格估算

销售产品的数量和价格，是由企业外部的市场所决定的，同时，销售数量又是确定生产数量和进一步测算各项费用消耗的依据。所以，考察项目的盈利水平，应从销售数量与价格的预测分析开始。这里的核心是市场，即市场需求程度、潜在销量、竞争状况、消费者接受程度、产品寿命周期、进出口政策的变化等。

（四）成本与费用估算

1. 成本与费用的内涵

列表归纳说明如表6-2所示。

表6-2 成本与费用的内涵

类别	成　本	费　用
内涵	（1）制造成本：①直接材料；②直接人工；③制造费用（即车间管理性支出） （2）生产成本（即企业生产活动中的现金支出）＝总成本－折旧费－摊销费－利息支出	（1）销售费用：销售过程中发生的运输、储存、装卸、途中保险及广告宣传费等 （2）管理费用：企业行政管理性开支（办公费、差旅费、工会经费、董事会费、无形资产摊销、管理人员工资、附加费等） （3）财务费用：借贷资金的利息支出及汇兑损益等
	为分析方便起见，成本与费用项目应区分为变动成本与固定成本：* （1）变动成本（即成本总额与产品产量成正比例变化的项目）：①直接材料；②直接人工；③制造费用 （2）固定成本（即成本总额与产品产量多少无关的项目）：①折旧费；②保险费；③摊销费等	

* 有些成本是混合成本，但可以用适当方法分解为变动成本和固定成本。

2. 成本与费用估算中较典型的科目

这类科目包括：材料与能源成本、折旧与摊销、人工成本、其他费用。

（1）材料与能源成本

材料费＝全年材料耗用量×材料单价

燃料及动力费＝全年燃料及动力耗用量×单位价格

（2）折旧

①折旧。所谓折旧，指的是固定资产（机器、设备、厂房等）在使用过程中，因损耗而转移到产品中的那部分价值的一种补偿方式。这种按固定资产损耗程度进行补偿的办法称为折旧。逐年按损耗程度提取的那部分金额，称为折旧基金，或称折旧费。折旧费 =（固定资产原值 - 残值）÷平均使用年限。固定资产使用年限，即固定资产的有效寿命时间，也是计提折旧的年限。固定资产残值是指固定资产报废或清算时所能获得的净收益。净产值率可按固定资产原值的 3%—5% 确定。计提折旧最常用的方法是年限平均法，其计算公式为：

年折旧率 =（1 - 净产值率）÷规定折旧年限

年折旧额 = 固定资产原值×年折旧率

②人工成本。估算人工成本的计算公式为：

人工成本 = 各类人员年平均工资额×企业设计定员人数

公式中的"各类人员"，是指一般生产工人、销售人员、管理人员、外籍人员等。

③其他费用。除上述三项费用之外的项目，如办公费、差旅费、财产保险费等。其估算方法是，根据有关收费标准乘以用量而得，或由外商投资企业依据本身生产能力和经营规模作出适当测算。

（五）利润测算

利润测算的基本公式为：

销售利润 = 销售收入 - 销售成本 - 销售费用 - 销售税金及附加

营业利润 = 销售利润 - 管理费用 - 财务费用

利润总额 = 营业利润 + 营业外收入 + 投资净收益 - 营业外支出

净利润 = 利润总额 - 所得税

（六）偿债能力分析

1. 还款来源

（1）偿还国内借款的来源，主要是未分配利润、储备基金、企业发展基金、折旧费等。

（2）偿还国外借款的来源，主要是产品外销收入。

2. 还款金额

还款金额需逐年计算，其计算公式为：

本年利息额 =（年初借款 + 本年借款）×年利率

年末应还款额 = 年初借款 + 本年借款 + 本年利息

3. 偿债能力分析

分析偿债能力的常用指标，是贷款偿还期，即还清全部贷款所需时间。贷款偿还期越短，说明项目的盈利能力越强，同时，较短的贷款偿还期，意味着项目还贷受不确定因素影响的时间较短，因而其经营安全程度较高。

（七）外汇平衡能力分析

1. 外汇支出项目

主要包括：进口设备、原料、零部件，引进技术，支付外籍员工工资和福利，支付外汇红利，归还外汇投资，偿还外汇贷款本息等。

2. 外汇收入项目

主要包括：外汇投资、外汇借款、产品外销收入、对外提供技术服务等。

3. 外汇平衡能力分析

外汇平衡能力需逐年计算，其计算公式为：上年度外汇结余 + 本年度外汇收入 － 本年度外汇支出，如果得数等于零为平衡，大于零为平衡有余，小于零为不能平衡。对外汇不能平衡的项目，应具体分析不能平衡的原因，并相应制定有利于外汇平衡的措施。

二　盈利能力评价指标分析

为了对项目盈利能力作出客观评价，有利于项目选优，可行性研究的财务分析，还提供静态分析和动态分析两类盈利能力指标。现分述如下：

（一）主要静态指标

$$投资利润率 = \frac{年净利润①}{投资总额} \times 100\%$$

$$投资回收期（年） = \frac{投资总额}{年净利润 + 年折旧}$$

$$资金利税率 = \frac{年净利润 + 流转税 + 所得税}{投资总额} \times 100\%$$

$$资本金利润率 = \frac{年净利润}{注册资本} \times 100\%$$

$$投入产出率（资金产值率） = \frac{年产值}{自有资金} \times 100\%$$

$$投资创汇率（含节汇） =$$
$$\frac{出口产品外汇收入 + 进口替代产品节约外汇 － 进口物料外汇支出}{外汇投资额} \times 100\%$$

（二）主要动态指标

1. 净现值

所谓净现值，是指在投资项目测算期内，把项目每年的净现金流量，按设定的折

---

① 年净利润指的是正常生产年度的净利润。

现率折现到项目开始的时间上的所有现值之和。它是反映项目测算期内获利能力的动态指标。其计算公式为：净现值＝拟建项目的净现金流量折现额－项目投资的折现额。其中，净现金流量＝现金流入－现金流出。折现是指根据货币时间价值原理，将不同时点上的项目净现金流量，用一个贴现率（折现率）折算为相当于最初投资时点上的价值。根据净现值判断项目是否可行的方法是：净现值≥0时，说明收入大于投资，项目可行；否则，净现值＜0时，项目不可行。

2. 内含报酬率

内含报酬率又称内部收益率，是指满足项目净现值等于零的折现率（贴现率）。或者说，它是使项目寿命期各年的总收益现值与总成本现值相等的那个折现率（贴现率）。它是反映项目获利能力、选择资金成本水平的常用指标。该项指标示意图如图6－2所示。

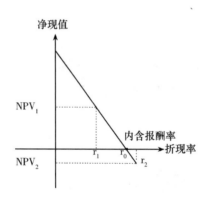

图6－2　内含报酬率示意图

图6－2说明，折现率越高，则项目的净现值越小；如果折现率高出内含报酬率，则项目由可行（净现值＞0）变为不可行（净现值＜0）。因此，人们往往将折现率视为资金成本，项目可行与否，就取决于资金成本的高低了。这就是说，内含报酬率实际上揭示出项目所能够承受的最高资金成本，也揭示了项目所具有的最高获利能力。只能在内含报酬率大于资金成本的情况下，项目才是可行的。对同一项目的不同方案来说，则应选择内含报酬率最大的。

内含报酬率的计算方法，即确定净现值为零的折现率，通常用逐步测试法（又称试差法）。它是通过不断地试算净现值求得的。我们知道，选择较大的折现率，项目的净现值就较小，甚至会出现负数。由此得出结论：在得出正负两个接近于零的净现值时所选定的折现率之间，即高折现率和低折现率之间，一定存在着一个使项目的净现值为零的折现率。此折现率就是内含报酬率。

3. 动态投资回收期

其计算公式为：

$$动态投资回收期（年）＝\frac{投资总额净现值}{年净利润净现值＋年折旧净现值}$$

4. 盈亏平衡点分析

用公式表示为：

$$盈亏平衡点产销量＝\frac{年固定成本总额}{产品销售单价－产品单位变动成本}$$

$$盈亏平衡点销售额＝盈亏平衡点产销量×产品销售单价$$

5. 敏感度分析

主要分析某些不确定因素的变动引起经济效益指标变动的幅度。其具体步骤为：

（1）找出敏感性因素。

（2）确定具有敏感性的经济效益指标。

（3）测算各因素变动对经济效益指标的影响程度。例如，考虑销售单价分别提高10%、降低10%时，对利润总额、投资利润率、净现值等项指标的影响，从而得出销售单价因素是否敏感的结论。

第四节　可行性研究报告的编写

关于可行性研究的基本内容，本章第二节中已作了简要介绍，此处仅就编制可行性研究报告的具体要求进行说明。

一　可行性研究报告应有较强的逻辑性

可行性研究报告，是对整个可行性研究工作成果的高度概括与总结，编写时既要言简意赅，又应符合一定的逻辑。尽管目前中国还没有对可行性研究报告的格式进行统一规定，但实践中已逐步形成了一套较系统和完整的报告格式。大致的顺序为：项目背景说明→项目设想→市场条件→建厂的地理位置、资源、各种设施和人员供应等条件→技术条件→财务效果→综合评价→结论。其中项目背景包括合营的中外双方情况、拟上项目的前景估计，是进一步开展可行性研究的原因和动机所在，需要开门见山地陈述；项目设想主要为今后项目实施提出初步规划（包括合营方式、出资比例及相关要求，项目在市场、技术、工程布局、资源供应等方面的要求），它是进行正式可行性研究的依据，也是项目审批之后具体实施的参照标准。同时，国家对实施该项目的外商投资企业进行必要管理时（如验资、年检登记、产品出口创汇评定等），往往还要对照可行性研究报告的设计方案；市场、技术、工程建设和资源条件的分析、财务效果的测算以及综合评价是基于项目设想作出的详细说明，是可行性研究工作的实质性内容，应在可行性研究报告中予以充分肯定。最后的结论显然是根据前面的研究结果得出来的，是可行性研究报告的结尾部分。

二 编写可行性报告的人员要具备知识结构上的互补性

可行性研究涉及的内容很广，既有工程技术问题，又有财务评价和经济分析问题，故工程师、会计师、经济师是必需的。由于可行性研究报告是项目实施的文本依据，所以要求具有实践上的可操作性。

要做到以上几点，单靠某个人某一方面（或几方面）的专长是不够的，必须由承担可行性研究的设计单位或工程咨询公司出面，组织包括技术、工程设计、推销、财务分析等方面专家形成的研究小组，从问题的每个角度予以充分论证。要有一定的理论研究力量，从技术可行性论证、财务指标测算，到项目全面评价的整个过程中，力求做到科学、客观和准确；同时也要聘请富有设计经验、推销经验的实践人员，对项目作出切合实际的评价。可以说，人员结构的合理化是实现可行性研究报告内容全面性和有用性的最基本前提。

三 可行性报告在内容上应力求完整

可行性研究报告要回答的问题是：市场、技术、建设条件、经济效益和社会影响等五个方面。也就是说，项目可行与否，只有在综合评价上述五个方面的基础上，才能得出最终结论。如果可行性研究报告不能从上述各角度全面论证，势必导致决策的片面性，最终造成项目失误。

在很多情况下，可行性研究报告还应将有关附件列示齐全，作为评价方案可行性的依据。这些附件主要包括：合营双方的注册登记和银行资信证明；出口许可证和出口配额审核；国家归口主管部门对限制引进技术和设备的审查；外汇管理部门对企业外汇来源与运用的审核；有关部门对原料、动力、燃料、配套设施的落实情况和供应可能；项目资源储量报告；厂址选择及当地政府审查意见；设备报价咨询情况；环境保护部门对环境治理方案的审核；主管部门对可行性报告的预审报告等。

四 可行性报告应重点突出，结论明确

内容全面与重点突出是相比较而言的。就项目可行性研究报告来说，一方面，应将研究中涉及的市场、技术、工程、财务和社会环境等每个方面无一遗漏地考虑进去，做到全面性；另一方面，由于任何项目都具有区别于其他项目的特殊性，决定了可行性研究报告应在全面分析的基础上有所侧重。例如，利用外资搞国有企业的嫁接改造

时，应将评估重点放在新上技术的先进性、市场前景和财务效果等方面，而对项目地质、水文、气候等条件则考虑较少，甚至不予考虑；合资兴建化工产品项目的评估重点，是环境治理考察和市场前景分析，而非劳动力供应情况或场地、供应条件的论证。

外商投资项目区别于一般项目的特性，应全部体现在可行性研究报告之中。主要包括：（1）资金到位情况。无论是自有资金，还是借贷资金，都有国内来源和国外来源两条渠道。资金能否到位，直接影响项目的可行性。（2）报价资料。对进口的设备、原料或其他资产，应对照国内同业标准或国际行业惯例进行比较，取得价格水平的可靠资料。（3）出资方式的选择。外商投资企业出资的方式，既可以是货币形式，也可以用设备、原料、厂房等作价投资，还可以投入专利、商标、工业产权等无形资产。可行性研究报告应提供其资产作价标准。（4）股利分配政策。企业合营是否注重长远发展利益，可从股利政策上体现出来，如果每年利润都分光吃净，则意味着该企业的经营目标是短期利益，而具有长远发展意识的企业一般都要有一部分留存利润。另外，由于外方投资者也必然要参与分红，且以外汇支付，所以，股利政策还影响着企业的外汇平衡能力。（5）引进技术先进程度的说明。许多外商投资企业项目所需要的生产和加工技术，都从国外引进。因此，可行性研究报告应特别对技术的先进性给予说明。

特别指出的是，不可以把编制可行性研究报告当作"可批性研究报告"（即以批准为目标），让"结论"建立在主观臆断和猜测上。果如斯，上马这样的项目，等同于把大楼建在沙滩上。

第七章 外商投资企业设立

第一节 外商投资新导向

所谓外商投资新导向，是指中国首次以行政法规形式对外公布外商在华投资的产业领域。该法规是 1995 年由国务院三部委（国家计委、国家经贸委、外经贸部）联合发布，时称《指导外商投资方向暂行规定》。此后将"暂行"去掉，成为《指导外商投资方向规定》（简称《规定》）。该《规定》附随一件《外商投资产业指导目录》（简称《指导目录》），详细分列了外商投资产业细目。恰改革开放 40 周年的 2018 年，外商投资新导向是指由国务院两部委（发改委、商务部）联合发布外商在华投资的产业领域，时称三个"负面清单制度"。

一 外商投资项目非负面清单制度（1995 年始）

外商投资新导向，将外商投资项目分为鼓励、限制、禁止和允许四类。新导向下历次《指导目录》中的项目分类变化列表归纳说明如表 7 - 1 所示。

表 7 - 1　　《外商投资产业指导目录》项目分类变化比较（1995—2017 年）

序号	公布时间	项目分类（项）			
		鼓励类	限制类	禁止类	允许类
第一次	1995 年 6 月 20 日	172	113	30	—
第二次	1997 年 12 月 31 日	186	112	30	—
第三次	2002 年 2 月 21 日	262	75	34	—
第四次	2004 年 11 月 30 日	256	77	34	—
第五次	2007 年 10 月 31 日	351	87	40	—
第六次	2011 年 12 月 24 日	354	80	39	—
第七次	2015 年 4 月 10 日	349	35	36	—
第八次	2017 年 6 月 28 日	348	35	28	—

二　外商投资项目负面清单制度（2018 年始）

2018 年，国家发改委、商务部先后联合发布了三个"负面清单"：一是中国自由贸易试验区外商投资负面清单（45 条，2018 年 7 月 30 日施行）；二是非自由贸易试验区外商投资负面清单（48 条，2018 年 7 月 28 日施行）；三是非禁即入，中国全面实施市场准入负面清单制度，负面清单以外的行业、领域、业务等，外商投资等各类市场主体皆可依法平等进入（两大类共 151 个事项、581 条具体管理措施，2018 年 12 月 25 日发布）。

三　非负面清单制度下的外商投资项目分类原则

（一）鼓励类外商投资项目

列为鼓励类外商投资项目的，有以下六类：

（1）属于农业新技术、农业综合开发和能源、交通、重要原材料工业的；

（2）属于高新技术、先进适用技术，能够改进产品性能、提高企业技术经济效益或者生产国内生产能力不足的新设备、新材料的；

（3）适应市场需求，能够提高产品档次、开拓新兴市场或者增加产品国际竞争能力的；

（4）属于新技术、新设备，能够节约能源和原材料、综合利用资源和再生资源以及防治环境污染的；

（5）能够发挥中西部地区的人力和资源优势，并符合国家产业政策的；

（6）法律、行政法规规定的其他情形。

（二）限制类外商投资项目

列为限制类外商投资项目的，有以下五类：

（1）技术水平落后的；

（2）不利于节约资源和改善生态环境的；

（3）从事国家规定实行保护性开采的特定矿种勘探、开采；

（4）属于国家逐步开放的产业的；

（5）法律、行政法规规定的其他情形。

此类项目，必须约定企业经营期限。同时，涉及配额、许可证的，须先向外经贸主管部门申请配额、许可证。

（三）禁止类外商投资项目

列为禁止类外商投资项目的，有以下六类：

（1）危害国家安全或者损害社会公共利益的；

（2）对环境造成污染损害，破坏自然资源或者损害人体健康的；

（3）占用大量耕地，不利于保护、开发土地资源的；

（4）危害军事设施安全和使用效能的；

（5）运用我国特有工艺或者技术生产产品的；

（6）法律、行政法规规定的其他情形。

此类项目，任何外商投资主体均不得举办。

（四）允许类外商投资项目

所谓允许类外商投资项目，是指不属于鼓励类、限制类和禁止类的外商投资项目。这类项目未列入《指导目录》，多数属于竞争性行业，均允许外商参与投资，按照社会主义市场经济的原则，实行优胜劣汰。

四　对外商投资项目实行分类的必要性

将外商在华投资项目实行分类的必要性，表现在两个方面：

实行项目分类，突出产业优惠和地区协调发展，避免招商引资的盲目性和无序发展，使外商投资方向与中国国民经济和社会发展规划相适应。

实行项目分类，并适时修订《指导目录》，是指导外商投资项目各环节适用相关政策的依据。

五　中国三个经济地带的划分

现将中国三个经济地带的基本经济特征和行政区划，分述如下：

（一）东部地区

基本经济特征是，经济发达、人口密度高、自然资源并不丰富。其行政区划包括12个省、直辖市、自治区：北京市、上海市、天津市、辽宁省、河北省、山东省、江苏省、浙江省、福建省、广东省、广西壮族自治区、海南省。

（二）中部地区

基本经济特征是，自然资源丰富、经济发展潜力大，但开发利用不够。其行政区划包括9个省、自治区：黑龙江省、吉林省、内蒙古自治区、山西省、河南省、安徽省、江西省、湖南省、湖北省。

（三）西部地区

基本经济特征是，自然资源丰富、地广人稀，但经济相对落后。其行政区划包括10个省、直辖市、自治区：云南省、贵州省、四川省、陕西省、甘肃省、宁夏回族自治区、西藏自治区、青海省、新疆维吾尔自治区、重庆市。

需要说明的是，在适用西部大开发的政策待遇上，除上述西部地区10个省、直辖市、自治区之外，还包括东部地区的广西壮族自治区、中部地区的内蒙古自治区。

第二节　基本文件

外商投资企业基本文件指的是：协议、合同与章程。外资企业可以不订立合同。基本文件的诞生次序为：协议在前，合同居中，章程最后。其中，以合同最为重要，是企业的"宪法"，是商业秘密，协议与章程均须服务于合同。如果投资各方同意，也可以在"意向书"之后直接商签合同与章程，不订立协议。合作企业可以不订立合作企业协议。

协议、合同、章程三项基本文件经审批或备案后生效，修改时亦然。审批或备案登记管理机构对企业协议、合同、章程的执行负有监督检查的责任。

一　合营企业协议

（一）合营企业协议的含义

所谓合营企业协议，是指投资各方对设立企业的某些要点和原则达成一致意见而订立的文件。它一般是制定合同的先行条件，但有时也可作为合同的同义词。协议所达成的一致意见是原则性的，它只勾画出企业的轮廓，为企业定下一个基调。

（二）合营企业协议的主要内容

合营企业协议包括下列主要内容：

（1）企业的名称、性质、经营范围；

（2）投资总额和各方出资比例；

（3）生产和销售的大体安排，如内外销比例；

（4）管理机构的设置原则及名额分配；

（5）技术和外资的引进及其补偿措施；

（6）利润的分配办法等。

一般来说，由于合营企业协议只是原则性的，很难据此衡量各方的经济责任，所以它并没有法律效力。违反合营企业协议实际上是一个企业的信誉问题，它要承担道义上的责任，通常要比经济责任和法律责任更重大。

二　合营企业合同

（一）合营企业合同的含义

所谓合营企业合同，是指投资各方为设立企业就相互权利、义务关系达成一致意见而订立的文件。它是签字各方的法律行为，须各方真实意思表示一致。合同是企业三项基本文件中最重要的文件，是各方的法律行为，也是有关机构对企业进行备案、监督、仲裁的依据。在世界各国的经济法律中，有关合同的法律是其主要的组成部分。

（二）合营企业合同的特点

合营企业合同有下列四个特点：（1）主体资格合法：合同当事人具有法定的主体资格（既有民事权利能力，也有民事行为能力）；（2）当事人真实意思表示一致的文件；（3）内容合法：合营企业合同的内容完整又具体，且符合合同生效地中国的法律规定，否则无效；（4）批准或备案成立：经批准或备案成立的合同是法律行为，有法律效力，可付诸实施，对签署各方均有约束力。

此外，合同的附件，又称专项合同，与主合同具有同等效力。合营企业合同的订立、效力、解释、执行及其争议的解决，均应当适用中国的法律。

（三）合营企业合同的主要内容

合营企业合同属于涉外经济合同，远比一般贸易性质的合同复杂，其主要内容是：

（1）各方当事人的名称、注册国家、法定地址和法定代表人的姓名、职务、国籍；

（2）企业名称、法定地址、宗旨、经营范围和规模；

（3）企业的投资总额、注册资本，以及各方的出资额、出资比例、出资方式、出资的缴付期限、出资额欠缴、股权转让的规定；

（4）各方利润分配和亏损分担的比例；

（5）企业董事会的组成、董事名额的分配以及总经理、副总经理及其他高级管理人员的职责、权限和聘用办法；

（6）采用的主要生产设备、生产技术及其来源；

（7）原材料购买和产品销售方式；

（8）财务、会计、审计的处理原则；

（9）有关劳动管理、工资、福利、劳动保险等事项的规定；

（10）企业经营期限、解散及清算程序；

（11）违反合同的责任；

（12）解决各方之间争议的方式和程序；

（13）合同文本采用的文字和合同生效的条件。

三 合营企业章程

（一）合营企业章程的含义

所谓合营企业章程，是指按照合营企业合同规定的原则，经合营各方一致同意，规定合营企业的宗旨、组织原则和经营管理方法等事项的文件。

章程的性质，是属于法人内部的组织法以及其他重要事项的规则，是成员间的共同行为准则而非契约。协议、合同是各方共同制定的内部文件，是章程的母体，而章程是以企业名义制定的，它对公众负责，是需要对外界公开的文件。

（二）合营企业章程的主要内容

合营企业章程包括下列主要内容：

（1）企业名称及法定地址；

（2）企业的宗旨、经营范围和经营期限；

（3）各方的名称、注册国家、法定地址和法定代表人的姓名、职务、国籍；

（4）企业的投资总额，注册资本，各方的出资额、出资比例、股权转让的规定，利润分配亏损分担的比例；

（5）董事会的组成、职权和议事规则，董事的任期，董事长、副董事长的职责；

（6）管理机构的设置，办事规则，总经理、副总经理及其他高级管理人员的职责和任免办法；

（7）财务、会计、审计制度的原则；

（8）解散和清算；

（9）章程修改的程序。

四　外资企业章程

（一）外资企业章程的含义

所谓外资企业章程，是指按照"外资三法"中《外资企业法》规定的原则，规定外资企业的宗旨、组织原则和经营管理方法等事项的文件。

（二）外贸企业章程的主要内容

外资企业章程包括下列主要内容：

（1）名称及住所；

（2）宗旨、经营范围；

（3）投资总额、注册资本、出资期限；

（4）组织形式；

（5）内部组织机构及其职权和议事规则，法定代表人以及总经理、总工程师、总会计师等人员的职责、权限；

（6）财务、会计及审计的原则和制度；

（7）劳动管理；

（8）经营期限、终止及清算；

（9）章程的修改程序。

外资企业的章程经审批机构备案后生效，修改时亦然。

需要说明的是，外资企业的组织形式一般为有限责任公司，经批准也可以为其他责任形式。凡是外商申请设立有限责任公司形式的外资企业，按国务院规定的备案权限备案；凡是外商申请设立其他形式的外资企业，由企业所在地的省、直辖市、自治区、计划单列市或经济特区人民政府审核提出意见后报商务部审批。

还要说明的是，外资企业的分立、合并或者由于其他原因导致资本发生重大变动，须经审批机关备案，并应当聘请中国的注册会计师验证和出具验资报告；经审批机关备案后，向工商行政管理机关办理变更登记手续。

五　签订中外合作经营企业合同应注意的问题

中外合作经营企业是契约式企业。合作企业无论是法人型的（既有合同，也有章程），还是非法人型的（只有合同），均须签订合同文件。合同是合作各方合作行为的法律依据，具有法律效力。鉴于合作企业的这种特殊性，在签订合作企业合同时，应当注意下列两个方面的问题：

（一）非法人型合作企业，未订明经营亏损分担的条款，或虽然订明了，但显属不合理的

从实践看，这类合同主要有三种情况：

（1）合同中根本没有订立经营亏损分担条款，风险条款未落实。

（2）合同规定，出现经营亏损时，按双方利润分成比例承担。这样规定不合理。因为合作企业允许外商从利润中预提一个百分比作为投资本息先行回收，余额再由中外双方按约定比例分成。如果按利润分成比例承担亏损，则外商的预提利润部分未计算在内，此部分风险责任就转嫁到中方身上了。合理条款应该是：外商对预提还本付息部分应承担相应的责任。

有些合同这样规定也是不合理的：外商在合作企业前半期按大比例分成(70∶30)，后半期按小比例分成（30∶70）。这样，风险责任主要落在中方身上了。因为经营风险多在企业经营后期发生，而合同条款中，外商刚好在经营后期利润分成小。合理条款应该是：各方根据在整个合作经营期间的实得利润承担风险。

（3）合同笼统规定中方无须承担经营亏损责任，但在具体条款中却看不到用什么来保障，也看不到外方承担责任的措施。如对于企业发生债务、产品不能外销、外汇不能平衡等问题，究竟谁来承担？如何承担？有何担保？这样，企业发生亏损时，最终承担责任的还是中方。

（二）中方承担风险大，而分得权益小的合同条款

从实践看，主要有三种情况：

（1）合同规定外方以贷款作投资（不是以先进技术和先进设备作投资），并以企业财产作贷款抵押担保，中方以土地、厂房和部分现金作投资。这样的合同，其风险责任主要在中方身上，中方理应分得过半权益。

（2）合同规定，外方以贷款作投资，要求先行回收投资的方式是在营业收入中还本付息。这实际上是由中外双方承担债务和利息（计入成本），意味着国家已免除他们先行回收投资这部分的税款，因此，外方的权益最高不能过半。

（3）合同规定，外方以自有设备做投资，要求先行回收投资的方式是加速折旧。这实际上是由合作企业买下设备，延期付款。同时，用固定资产（设备）加速折旧偿还投资本金（折旧费计入经营成本），意味着国家已免除他们这一部分的税款。因此，中外双方权益分配不能相差过多，外方略高于中方比较适宜。

第三节　申请和审批、备案管理

设立外商投资企业的申请和审批、备案管理分为两个时期：一是"外资三法"施行时期；二是《外商投资法》新法施行时期。分述如下：

一　"外资三法"施行时期的投资管理制度

设立外商投资企业，"外资三法"及其配套行政法规确定的管理制度，归纳如下：

（一）中外合资（合作）经营企业的设立

举办中外合资（合作）经营企业的申请和审批、备案管理，一般分为五个阶段，即：初步立项，正式立项，颁发审查备案证书，领取营业执照，申办海关、税务、银行相关手续。

1. 初步立项（项目申请）

所谓项目，一般是指工程项目，又叫基本建设项目，是指投资主体对一项工程的固定资产投资（包括基础工程、机器设备和厂房等）。国家以投资额的多寡把项目分为大、中、小三种：新增固定资产总值在 1000 万元人民币以上的为大项目；1000 万元以下、300 万元以上的为中项目；300 万元以下的为小项目。

项目申请书包括下列主要内容：

（1）中外各方的名称和住所、法定代表人的姓名和住所。

（2）各方的资信证明文件。外国合作者是自然人的，应当提供有关其身份、履历和资信情况的有效证明文件。

（3）企业的董事长、副董事长、董事人选名单。

（4）各方签署的意向书或协议书。

初步立项的目的，是要求审批机构以审查备案项目申请书的方式来确认该项目。

2. 正式立项

项目申请书经审批机构审查备案后，合营各方还将深入调查研究和洽谈，进一步编制可行性研究报告，并签署合营企业协议、合同和章程，上报企业审查备案机构，申请正式立项。正式立项时，一般要分作两步：

（1）报送企业的可行性研究报告

可行性研究是投资各方认定投资的依据，也是审批机构备案与否的依据。报告的形式分为两种：一是投资各方共同编制的报告；二是投资各方自己编制的报告。前者是共同测算的大账，后者是各自测算的小账，二者相辅相成。

一般来说，可行性研究的内容分为两部分：技术上的可行性研究和经济上的可行性研究。两部分综合起来，包括下列主要内容：

首先，市场调查。这是第一要素。其中包含投资产品在当前和未来市场上的供求量、销售价格及其变化趋势。企业家大都采用从流通到生产的倒运转计算法（市场销售量→销售价格→生产成本核算：投资、采取的工艺、原材料、工资、管理费等），来计算企业的利润量。因为利润只有在产品销售以后，才能得以实现。

其次，技术分析。生产技术的先进程度，是企业获得利润多少的关键要素。其中包括采用何种技术进行生产，该技术的产品在市场上的竞争能力（价格竞争和非价格竞争），该技术转让的竞争能力，能维持竞争力的年限，以及该技术对环保带来的影响。

最后，经营管理研究。在对市场、技术问题进行分析之后，经营管理的优势就成为企业成败的重要因素。其中包括财务可行性（投资回收率预测），劳动力来源及其工资开支，行政管理费开支，劳资关系，劳保福利，原材料来源、价格及运输条件，燃料、动力、水、气供应及其价格，税收负担（包括可摊入成本的营业税、海关税、房地产税、车船牌照税等），银行贷款利率，币值在还贷款期内可能升降的幅度。

以上三个方面的分析，集中到一点，就是投资利润率和投资利润量。因为外商投资企业均以营利为目的。如果用调查得来的数据进行认真仔细的运算后，发现企业盈利不多，甚至亏损，那么这类企业就不可能诞生；即使诞生了，也是短命的。

（2）报送企业的合同与章程

当企业的可行性研究报告备案后，接着就要报送企业的合同与章程。该合同一经备案，即产生法律效力，对合同签署各方均具有约束力。

本阶段的目的是正式立项，也就是说，要求审批机构备案设立企业的可行性研究报告、合同与章程。

3. 颁发审查备案证书

4. 领取营业执照

5. 申办海关注册、税务登记、银行开户相关手续

至此，五阶段申请程序完整无缺。

（二）外资企业的设立

设立外资企业（外商独资）的申请和审批、备案管理，主要分为三个阶段，概述如下：

1. 提交报告书（咨询书）

外商在提出设立外资企业的申请前，应当就下列事项向拟设立外资企业所在地的县级或者县级以上的地方政府提交报告。报告内容包括：

（1）设立外资企业的宗旨；

（2）经营范围、规模；

（3）生产产品；

（4）使用的技术设备；

（5）用地面积及要求；

（6）需要用水、电、煤、煤气或者其他能源的条件及数量，对公共设施的要求等。

地方政府在收到上述报告之日起，30天内以书面形式答复外国投资者。

需要说明的是，这里所说的"报告"，不是立项报告，有关政府的书面形式答复也不是立项审批，而是拟设立外资企业所需要的条件，如土地、水、电、气、通信等是否具备，有关政府的书面形式答复，是对外国投资者提出的条件能否满足的答复。

2. 提交申请书

外商设立外资企业，应当通过拟设立外资企业所在地的县级或者县级以上地方人民政府，向审批机关提出申请备案。申请书应当包括下列内容（必须用中文书写）：

（1）外国投资者的姓名或者名称、住所、注册地和法定代表人的姓名、国籍、职务；

（2）拟设立外资企业的名称、住所；

（3）经营范围、产品品种和生产规模；

（4）拟设立外资企业的投资总额、注册资本、资金来源、出资方式和期限；

（5）拟设立外资企业的组织形式和机构、法定代表人；

（6）采用的主要生产设备及其新旧程度、生产技术、工艺水平及其来源；

（7）产品的销售方向、地区和销售渠道、方式；

（8）外汇资金的收支安排；

（9）有关机构设置和人员编制、职工的招用、培训、工资、福利、保险、劳动保护等事项的安排；

（10）可能造成环境污染的程度和解决措施；

（11）场地选择和用地面积；

（12）基本建设和生产经营所需资金、能源、原材料及其解决办法；

（13）项目实施的进度计划；

（14）拟设立外资企业的经营期限。

需要说明的是，外资企业的注册资本要与其经营规模相适应，注册资本与投资总额的比例应参照国家工商行政管理局《关于中外合资经营企业注册资本与投资总额比例的暂行规定》执行。

3. 提交其他文件

外商在提交拟设立外资企业申请书的同时，还应报送下列文件：

（1）可行性研究报告；

（2）外资企业章程；

（3）外资企业法定代表人（或者董事会人选）名单；

（4）外国投资者的法律证明文件和资信证明文件；

（5）拟设立外资企业所在地的县级或者县级以上地方人民政府的书面答复；

（6）需要进口的物资清单；

（7）其他需要报送的文件。

上述第（2）项文件必须用中文书写，第（1）、（3）、（4）项文件可以用外文书写，但应当附中文译文。

两个或者两个以上外国投资者共同申请设立外资企业，应当将其签订的合同副本报送审批机关备案。

需要说明的是，"外国投资者的法律证明文件和资信证明文件"，主要是指外国投资者所在国家或地区的法人登记注册证明文件，董事会组成人员名单，法定代表人资格证明文件，最近3年的资产负债表；若外国投资者是以自然人的名义投资，应提供其国籍、身份、履历及财产状况等材料。审批机关认为有必要时，可要求外国投资者对上述证明文件及材料在所在国家或地区进行公证。

综上所述，对设立外资企业的申请和审批、备案管理比较简单，在项目报告书经审查备案机关书面答复同意后，即可报送正式申请书（表）、投资计划书概要、公司章程等有关文件。经备案后，凭备案证书办理登记注册手续。

二 《外商投资法》施行时期的投资管理制度

2020年1月1日新法《外商投资法》及其《实施条例》施行。而"外资三法"及其实施细则、中外合资经营企业合营期限暂行规定同时废止，这些法律、行政法规确定的对外商投资企业设立等实行审批、备案管理的制度不再实行。

（一）新法做出的重大改革

《外商投资法》及其《实施条例》施行时，会落实外商投资法确定的准入前国民待遇加负面清单管理制度，这是对外商投资管理制度所作的重大改革，进一步简化了外商投资企业设立程序，为外商投资营造更便利的环境。

（二）新旧法律衔接的过渡期安排

新法施行前依据"外资三法"设立的外商投资企业（以下称原有外商投资企业），在新法施行后，其《实施条例》明确了有五年的平稳过渡期安排，即2020—2025年可以继续保留原企业组织形式、组织机构及其活动准则等。

与此同时，自2025年1月1日起，原有外商投资企业的组织形式、组织机构及其活动准则等，将依据《公司法》《合伙企业法》等法律规定进行调整。

（三）新法施行前原企业合同约定的存续处理

新法施行前原合营、合作各方在合同中约定的股权或者权益转让办法、收益分配办法、剩余财产分配办法等，可以继续按照原合同的约定办理。

（四）新法保障外商投资准入负面清单的规定

对外商投资施行准入前国民待遇加负面清单管理制度，是新法确定的一项重要制度。据此，现将这一重要制度中的外商投资管理规定概述如下：

1. 负面清单规定禁止投资和限制投资的领域

对禁止投资的领域，外国投资者不得投资。对限制投资的领域，外国投资者应当符合负面清单规定的条件，"条件"是指负面清单规定的股权要求、高级管理人员国籍要求等限制性准入特别管理措施。对不符合负面清单规定的，不予办理许可、投资项目核准、备案、企业登记注册等相关事项。

2. 内资与外资一致的条件和程序

外国投资者依法取得许可的行业、领域进行投资的，有关主管部门应当按照与内资一致的条件和程序，审核外国投资者的许可申请、申请材料、审核环节、审核时限等，不得设置歧视要求。

与此同时，应当通过多种方式，优化审批服务，加强信息共享，避免外商投资企业多次重复报送投资信息，提高审批效率。对符合相关条件和要求的许可事项，可以按照有关规定采取告知承诺的方式办理。

3. 外商投资企业的登记注册

外商投资企业的登记注册，由国务院市场监管部门或其授权的地方政府市场监管部门办理登记注册。其注册资本可以用人民币表示，也可以用可自由兑换货币表示。

4. 国家建立外商投资安全审查制度

对影响或者可能影响国家安全的外商投资进行安全审查。

综上所述，对外商投资准入负面清单规定的落实，应在现有制度框架内，由有关主管部门依法严格监督把关，并强化事中事后监管，形成全过程的监管合力，努力做到：既把负面清单内领域管住管好，又符合准入前国民待遇加负面清单管理制度的精神和"放管服"改革要求，不新设行政许可。

第四节　自贸试验区（FTZ）外商投资管理

一　中国自贸试验区（FTZ）形成"1+3+7+1+6+3"格局

至2020年8月中国自贸试验区发展经历了六个时代，即1.0时代，2013年8月国家批准设立中国（上海）自由贸易试验区，2019年8月上海自贸试验区临港新片区总体方案发布，先行启动区域面积为119.5平方公里，要将新片区打造成为更具国际市场影响力和竞争力的特殊经济功能区；2.0时代，2015年5月国家决定设立广东自贸试验区、天津自贸试验区、福建自贸试验区；3.0时代，2016年8月国家决定设立7个新的自贸试验区，包括辽宁省、浙江省、河南省、湖南省、重庆市、四川省、陕西省，至2017年4月1日，7个新设自贸试验区正式挂牌；4.0时代，2018年4月国家决定在海南全岛建设自贸试验区；5.0时代，2019年8月国家决定新设立六个自贸试验区，包括中国（山东）、（江苏）、（广西）、（河北）、（云南）、（黑龙江）；6.0时代，2020年8月国务院批准设立3个新自贸试验区（北京、湖南、安徽），以及浙江自贸试验区扩展区域方案。一个从沿海到中部再到西部的自贸试验区战略格局形成。

上述3.0时代，2016年设立的7个自贸试验区，7个省市结合自身特点，在自贸试验区探索特色试点任务。比如，辽宁省方案重点深化国资、国企改革；浙江省方案的一项重要内容是通过建设国际海事服务基地、国际油品储运基地来推动对外贸易发展；河南省方案重点打造国际交通物流通道，降低运输费用；湖北省方案重点推动创新驱动发展、促进中部地区与长江经济带战略对接及有关产业升级；重庆市方案重点推进"一带一路"和长江经济带联动发展；四川省方案重点推动内陆与沿海沿江沿边协同开发，同时结合创新要素；陕西省方案重点创新现代农业交流合作机制，扩大与"一带一路"沿线国家的合作。新设自贸区主要依托发展基础较好的国家级地区、园区设立，每个都包含3个片区、面积在120平方公里以内。

上述5.0时代，2019年8月设立的六省区自贸试验区，其显著特点有三个：一是在充分借鉴现有自贸试验区的基础上，围绕投资、贸易、金融、事中事后监管等方面提出各有特色的具有系统集成性的改革试点任务。二是突出引领高质量发展。三是突出进一步扩大改革开放。比如，山东FTZ发展海洋经济；江苏FTZ促进集成电路、人工智能、生物医药、纳米技术应用等产业创新发展；广西FTZ构建国际陆海贸易新通道；黑龙江FTZ扩大对俄罗斯合作；河北FTZ探索建立数字化贸易监管模式，支持生物医药和生命健康产业开放发展；云南FTZ连接南亚、东南亚大通道，创新沿边跨境经济合作模式和科技领域国际合作力度。

由于这些自贸试验区各具特色、差异化发展，国家在试点内容上将进行立体化探索、对比试验、互补试验，旨在能够在更广领域、更大范围形成可复制、可推广的经验，在全国推广。而终极目标是为了更好地服务于"一带一路"建设、京津冀协同发展、长江经济带发展三大战略，以及西部大开发、振兴东北老工业基地、中部崛起、粤港澳大湾区等区域战略，归根结底是为了实现人民对美好生活的向往而奋斗。

二　投资贸易便利化，准入前国民待遇、"先照后证"登记制

自贸试验区在企业设立、取得、扩大等阶段，给予境外投资者及其投资不低于本国投资者及其投资的待遇，即为"准入前国民待遇"，这是与整个世界接轨的力证，有效解决了原来办证难、办证烦的问题。

比如，在上海自贸试验区注册一家外企的流程分为 6 个步骤：一是名称核准；二是负面清单比对，即由申请人进入自贸试验区门户网站"投资办事直通车""负面清单"栏目进行比对，确定填报和提交的备案或审批材料类型；三是互联网"一表申报"；四是"一口受理"窗口提交材料，即在当日转送各职能部门；五是各部门审核（备案），利用政务外网的公网平台进行同步审核或备案；六是统一发证窗口领证，即各类证照或结果文书，申请人可在"一口受理"窗口一次领取。

另外，在自贸试验区内试行"先照后证"登记制度，即除了企业登记前置许可事项外，企业可以先领营业执照，从事一般生产经营活动，创新事中事后监管方式。而自贸试验区内亦放宽注册资本登记条件，取消某些最低注册资本额的限制。

三　法治环境规范化，负面清单制

自上海自贸试验区伊始，力求以法治引领改革、规范创新。中国第一张针对外商投资的负责清单，就来自上海自贸试验区。在负面清单之内，严格实行标准化审批、备案，减少自由裁量，办事阳光、杜绝灰色的"抽屉协议"。

负面清单制，即明确列出禁止和限制的国（境）外投资范围。清单之外，按照内外资一致的原则，投资项目核准制（工作程序）和企业合同章程审批制（法律程序）改为备案制，松绑自贸区法规吸引外资，由此拓宽了企业的发展途径、扩大了企业的准入门槛、外商投资领域越来越大，负面清单管理模式带动了整个自贸试验区的国际化发展。

自贸试验区，是制度创新的高地，是依靠自身的发展带来更多的优惠政策，而不是单靠优惠政策来发展。同时，它是全国自贸试验区乃至经济技术开发区、特区的可复制、可推广的标杆。在自贸试验区的平台上，永远没有"NO"的回应。自贸试验区用简政放权、优质的服务来带动更多的境外企业走进中国、更多的中国企业走向世界。

四　货币兑换自由化，监管高效便捷化

（一）货币兑换自由化

自贸试验区允许一个集团境内成员企业的账户组成境内资金池，境外成员企业的账户组成境外资金池，境内外资金池之间可以有序地归集调拨资金，当天提出需要当天完成扫款，真正实现了境内外资金的双向流通，这样的统筹规划使得人民币资本项目可兑换得到实现，进一步扩大了人民币跨境使用，推动了人民币和资本"走出去"的步伐。

（二）监管高效便捷化

自贸试验区的信用信息平台，至 2017 年共归集了近 1000 万条信息，可查询上海市 138 万法人、2480 万自然人的信息。通过信息共享开放，有效推动了社会共治。这些信息共享和服务平台已经建成并上线运行，与 76 个监管和服务部门建立了数据互联，实现了各管理部门监管信息的归集应用和共享，促进了跨部门联合管理，使得管理更加高效。

第八章 外商投资企业资本股权

第一节 什么是资本股权

一 资本股权的含义

所谓资本股权，指的是出资比例。投资者的出资比例，表示其占有的股份，而占有股份的多少，表示拥有股权的大小。

中国对合资（合作）企业的资本股权有明确的规定：在合资（合作）企业注册资本中，外国合营者的出资比例一般没有上限限制，而下限一般不低于25%。各方出资的具体比例，根据不同情况，通过协商在合同中加以确定。出资到位后，发给出资人"出资证明书"。

所谓出资证明书，又称股单，是指合资（合作）企业开具的一种证明投资各方出资数额的凭证。这种凭证在投资各方缴付各自认缴的出资额、经中国注册会计师验证、并出具验资报告后，发给投资各方。

出资证明书须载明下列事项：合营企业名称，合营企业成立的年、月、日，合营者名称（或姓名）及其出资额，出资的年、月、日，发给出资证明书的年、月、日。

二 资本股权的分类

外商投资企业资本股权分为三类：中方控股、中方相对控股和外方控股。

（一）中方控股

所谓中方控股，是指中方投资者在外商投资项目中的投资比例之和为51%及以上。这类项目只存在于鼓励类和限制类的外商投资产业指导目录中。

（二）中方相对控股

所谓中方相对控股，是指中方投资者在外商投资项目中的投资比例之和大于任何一方外国投资者的投资比例。这类项目只存在于外商投资产业鼓励类项目之中。

（三）外方控股

所谓外方控股，是指外商投资者在外商投资项目中的投资比例之和为51%及以上。这类项目在外商投资产业指导目录中并未列明。也就是说，在鼓励、限制和允许外商来华投资的产业领域，除了列明"中方控股"和"中方相对控股"之外的，均允许外方控股。

其实，在外商能够投资的产业领域中，绝大部分产业项目是允许外方控股的。即使有的产业项目现在不允许，但与中国加入世贸组织的承诺相关，在可预见的几年时间里，也是可以由外方控股的。

第二节　出资方式

中国对投资者的出资方式有明确的规定，即必须是投资者自己所有的现金和自己所有且不设立任何担保物权的实物、工业产权、专有技术、场地使用权等。

一　现金

外国投资者出资，若以人民币或其他外币计价（通常以美元作为统一币制），则必须按缴款当日中国人民银行公布的外汇中间牌价折算成人民币或套算成约定的外币，确定后不因之后的汇率改变而改变。中国投资者出资的人民币现金需要折算成外币的，其折算办法亦然。

需要特别说明的是，跨境人民币直接投资（人民币 FDI），2011 年 6 月 21 日央行正式明确了试点办法。这意味着人民币回流内地将有章可循，是人民币国际化的重大进展。所谓人民币 FDI，是指外国投资者以境外合法获得的人民币，依法在华直接投资的活动。境外合法人民币包括两种来源：（1）跨境贸易人民币结算、境外发行人民币债券或股票等方式取得的人民币；（2）外商从境内的外企获取并汇出境外的人民币利润，以及转股、减资、清算、先行回收投资所得的人民币。

二　实物

外国投资者以机器、设备或者其他物料作价出资，这些实物必须是：（1）为合营企业生产所必不可少者；（2）作价不高于同类机器设备当时的国际市场正常价格者。

投资者以厂房及其他建筑物等作价出资，应结合其使用情况和现值情况，由投资各方按照公平合理的原则协商确定，或者聘请投资各方同意的第三方评定。

投资者若以原材料作价出资，该项出资只能作为流动资金使用。在实践中，有的将原材料作价后，以贷款的方式提供给合营企业，这不失为一种好办法。

三　工业产权

所谓工业产权，是指根据法律，对发明专利、实用新型、外观设计、商标等所取得的所有权，并依法得到保护。但这种保护具有严格的地域性和时间性。工业产权是一种独占权，他人不得侵犯。如果有人使用，必须取得所有权人的同意，并付给一定数额的报酬。例如，专利技术的报酬计算，按照国际惯例，一般认为，国际技术价格相当于应用该项技术而增值的利润的 20%—30% 比较适宜。当然，这种报酬的多少，最终要由双方当事人协商来确定。

需要说明的是，工业产权是知识产权最为重要的组成部分，其地位及内涵如下图所示。

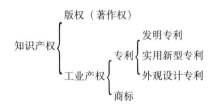

投资者以工业产权作价出资，必须符合下列条件：

第一，作为外国合营者出资的工业产权，必须符合下列条件之一：（1）能显著改进现有产品的性能、质量，提高生产效率的；（2）能显著节约原材料、燃料、动力的。

第二，作为外资企业外国投资者出资的工业产权，应当为外国投资者所有；而不再要求能生产中国急需的新产品或者出口适销产品。

对作价出资的工业产权，应当备有详细资料，包括所有权证书的复制件，有效状况及其技术性能、实用价值、作价的计算根据和标准等。该资料作为拟设立外资企业申请书的附件一并报送审批机关；作为拟设立合资（合作）企业，还需包括与中国合营者签订的作价协议，作为合营合同的附件一并报送审批机关。

工业产权出资作价的原则是：与国际上通常的作价原则相一致，外资企业作价金额不得超过其注册资本的20%；合资（合作）企业作价金额一般不超过投资者投资的20%，特殊情况的也可以提高其比例。

还需注意的是，高新技术成果出资入股有了规定：1997年，国家科委和国家工商局制定并印发了《关于以高新技术成果出资入股若干问题的规定》，规定以高新技术成果出资入股，作价总金额可以超过公司注册资本的20%，但不得超过35%。出资入股的高新技术成果，应当符合下列条件：（1）属于国家科委颁布的高新技术范围；（2）为公司主营产品的核心技术；（3）技术成果的出资者对该项技术合法享有出资入股的处分权利，保证公司对该项技术的财产权可以对抗任何第三人；（4）已经通过国家科委或省级科技管理部门的认定。同时规定，出资入股的高新技术成果，需经工商行政管理机关登记注册的评估机构评估作价。

此外，为加强知识产权保护力度，商务部于 2018 年 6 月公布：在加强知识产权管理方面，修订专利法，大幅度提高知识产权的侵权法定赔偿上限，增加威慑力，使侵权人受到严厉处罚，得不偿失。

四 专有技术

所谓专有技术，又称技术诀窍、技术秘密，或称非专利技术。它是一种可以转让和传授的不为公众所知道、并未取得专利权的技术知识。它与专利技术的不同点是：（1）其独占性不是依法存在；（2）无法定有效期限；（3）无地域性特点；（4）内容保密。例如，可口可乐原始糖浆、正大饲料、王朝酒冷发酵粉、祖传秘方中草药等诸多配方，均为专有技术。

对专有技术作价出资的要求及其出资作价的原则，与工业产权相同。

五 场地使用权

中国的土地属于国家所有，包括全民所有制和集体所有制。城市土地属于国家所有，农村和城市郊区的土地除由法律规定属于国家所有外，均属集体所有。中外投资者都不能拥有土地的所有权。过去，中方投资者与外方搞合营，多是以土地使用费作为出资。其中，土地使用费的计算公式为：

土地使用费（金额）＝面积（M^2）×单价（年·m^2 使用费）×使用期（年）

土地使用费标准的高低，须考虑土地作为国家资产而每年不断增值的因素，由地方政府自行确定。中方合营者以土地使用费作为投资的，在合营合同期限内不得调整场地使用费标准。

随着土地使用权管理方式的转变和完善，现在，中外投资者已越来越多地通过土地使用权出让、转让的方式取得土地使用权，并以土地使用权作价的方式出资。

所谓土地使用权，是指依法对土地加以开发、利用并受益的权利。土地使用权出让，是指国家将国有土地使用权在一定期限内让与土地使用者，由土地使用者向国家缴纳土地使用权出让金的行为。土地使用权转让，是指土地使用者将土地使用权再转移的行为。一般而言，土地使用权转让即房地产转让。

（一）转变土地使用权管理方式的必要性

对设立外商投资企业，由以土地使用费作为出资转变为以土地使用权作为出资，并允许外商投资开发经营成片土地。其必要性表现为：

（1）土地既是国家资源，又是国家财富。土地有偿、有限期、有流动地使用，并通过签订土地使用合同来明确土地所有者与土地使用者双方的权利和义务，是外商投资企业用地的特点。

（2）地租、地价是合理配置土地资源、充分发挥土地效益的重要经济杠杆。

（3）开放地产市场是完善社会主义市场体系的重要环节。所谓地产市场，亦称土地市场，是指以土地使用权出让、转让、出租、抵押、终止为主要内容的交易市场，又分为一级市场和二级市场。一级市场即土地使用权出让市场，二级市场即土地使用权转让、出租、抵押等交易市场。政府垄断一级市场，放开搞活二级市场，使土地市场运行为整个市场经济服务。

（二）外商投资企业取得国有土地使用权的主要方式

1. 行政划拨

应与企业所在地的市（县）级土地管理部门签订土地使用合同，领取土地使用证。企业向政府一次性缴纳土地开发费，并每年缴纳土地使用费，或每年只缴纳土地使用费（开发费和使用费合并计收）。对国家应予鼓励类项目用地，可以采取这种方式取得土地使用权。随着土地使用权制度改革的深化，行政划拨的土地日益减少。

2. 有偿出让

即国家将土地使用权在一定期限内让渡给企业，由企业一次性支付土地使用权出让金（签订出让合同后 60 日内支付全部出让金）。出让方式以招标、拍卖、挂牌为主，以协议为辅。无论采用哪种方式取得土地使用权，均应与土地管理部门签订出让合同，在付清全部出让金后，领取土地使用证。以这种方式取得的土地使用权可以转让、出租和抵押。自改革开放以来，1987 年 9 月 8 日中国深圳首次出现土地使用权拍卖会。

需要注意的是，成片土地使用权出让，由于土地面积大、出让期限长，不仅关系国有土地资产处置，而且波及经济社会等一系列问题，因此采用这种方式出让时应慎重行事。

3. 土地使用权作价入股或作为合作条件

是指中方企业将其拥有的土地使用权作为合营条件，与外商兴办合资或合作企业。这种方式取得的土地使用权，其土地使用费由中方投资者缴纳，并必须办理用地手续。所用土地为行政划拨的，应补办土地使用权出让手续，补缴出让金。

4. 租赁场地

即企业直接向土地使用权人租赁场地，并依据租赁合同缴纳租金。出租者可以是国有、城市集体，也可是乡镇企业和集体经济组织。供出租的土地应是以出让方式取得的。如果供出租的土地是以划拨方式取得的，必须补办出让手续，补缴出让金。采用租赁方式取得的土地使用权，使用年限 = 出让土地年限 − 已使用年限。

无论以何种方式取得土地使用权，土地费用（含土地出让金、土地使用费、土地开发费等）均须上缴财政。

（三）外商投资企业取得集体土地使用权的方式

1. 集体土地不必国有化后再出让

即集体所有的土地不再由国家征用转为国有土地后，再出让给三资企业；集体土地与国有土地同等入市，同价同权。无论是公益性用地还是商业性用地，征地价格由市场决定，政府维护交易规则与过程的公平及土地收入的调节。特别指出的是，2019年8月26日第十三届全国人大常委会第十二次会议决定：对《中华人民共和国土地管理法》作出修改，自2020年1月1日起施行。本法第85条修改为："外商投资企业使用土地的，适用本法；法律另有规定的，从其规定。"总之，修改土地管理法，各级政府应当坚持土地公有制性质不改变、耕地红线不突破、农民利益不受损，确保法律制度正确、有效实施。

2. 集体土地使用权作价入股或作为合作条件

是指农村集体经济组织或乡镇企业将其拥有的土地使用权作为合营条件，与外商兴办合资或合作企业。这种项目须经县级人民政府批准，其用地审批可参照乡镇企业用地办法办理。这种项目用地的集体土地所有权不变，集体土地的股份不得转让。

（四）土地管理规定和项目用地审批权限

1. 土地管理规定的主要特点

（1）土地管理的目标是用途管制，即从保障建设项目用地为主，转变为以保护耕地、节约土地资源为主。

（2）建设项目用地的利用方式，从粗放利用型，转变为集约经营型。

（3）建设项目用地的审批方法，从各级限额审批制，转变为农地改建设用地、征地，由中央及省级两级审批制。

（4）土地管理的执法行为，由当地政府自我约束机制，转变为由自我约束和上级、社会各界监督的双重机制。

（5）土地管理的基本制度，依据新《土地管理法》，坚持执行土地用途管制、耕地"占一补一"、永久基本农田保护等基本制度。通过采用耕地预测预警和动态监测手段，确保各地区实现耕地总量动态平衡。

2. 项目用地审批权限的规定

（1）耕地等农用地转变为建设项目用地的，要经中央批准。也就是说，凡投资项目涉及农用地转变为建设用地的，无论多大面积，无论是否需征用，都要有中央批准手续。

（2）投资涉及要从农民集体征用土地的，要经中央或省级批准。具体规定列表归纳说明如表8－1所示。

表8-1 项目用地审批权限规定

政府 土地性质	省 级	中 央
永久基本农田	无权	有权
耕 地	≤500 亩	>500 亩
其他土地	≤1000 亩	>1000 亩

注：1. 占用大面积土地的投资项目和线状工程项目用地的，要经中央批准。公路、铁路等线状工程项目用地由中央批准。参与为实施城市规划而统一开发土地由中央批准。

　　2. 省级以下的各级地方政府，无批准农地转用或征用各类土地的权力，只有在获准转用或征用的土地上集约利用，合理安排各种项目的权力。

（五）土地使用权出让期限的规定

出让土地使用权的最高期限规定为：

（1）商业、旅游、娱乐用地40年；

（2）工业、教育、科技、文化、卫生、体育、综合或其他用地50年；

（3）居住用地70年。

总起来看，在中外合资（合作）经营企业各方的出资方式中，各方出资的构成，最终还要通过各方谈判协商来确定。

第三节 国有资产评估

改革开放以来，在中国的已建和拟建外商投资企业中，拥有数量可观的国有资产。如何加强对这部分国有资产的管理，是一个十分紧迫的问题。而管理的最重要内容，就是要对国有资产进行评估及确认，并着手建立外商投资企业国有资产报告制度和考核评价制度。

所谓国有资产评估，即国有资产评价。是指国有资产评估机构依据国家的法规政策，遵循一定的原则和程序，采用科学的方法，对国有资产的数量、质量及利用状况进行评价。中国的资产评估，已经逐步走上了制度化、规范化的轨道。

一 国有资产的含义

所谓国有资产，就是国有财产。它由三部分组成：（1）企业的经营性国有财产；（2）行政单位所占用的国有财产（如政府机构、军队及文化、教育、卫生、科研、新闻、法律、社会福利等）；（3）自然资源性资产等。

据统计，目前我国国有企业资产占全社会企业资产总额的65%以上，来自国有经济的财政收入占全部财政收入的 70% 左右。这些财政收入，是满足中国各族人民物质文化生活需要的重要保证，也是保证国家机器正常运转和巩固国防的重要条件。

二　国有资产评估的意义

两方面的意义如下：

（一）评估能够避免国有资产流失，有利于国有资产保值和增值

由于中国新旧经济体制的转换，国有资产管理机构尚不健全，管理部门的权力、责任尚不到位，致使国有资产流失较为严重。

国有企业以存量资产与外商合资（合作）之中，国有资产流失形式的主要表现是：中方资产不评估（尤其是无形资产），或低评估，或不按评估值入股，让外商任意侵占中方资产。在国家国有资产管理部门查处的案件中，竟有将上亿元国有资产以数百万元转让的案件。为此，在企业产权变动时进行评估就显得尤为重要。资产评估与清产核资、产权登记等工作一起，构成国有资产管理的基础工作。中国的资产评估工作从 1987 年开始进行试点，1991 年在全国全面铺开。

（二）资产评估也是国际惯例

资产评估的做法，在国际上已有百年历史，产权变动前的资产评估就是与国际接轨的一个举措。实践证明，在兴办中外合资（合作）经营企业时，企业产权变动前对国有资产进行合理的评估，其合理增值部分包含了对企业发展潜力的正确估价，外商也由此看到了企业发展前景，对此是乐观其成的。

总之，对国有资产评估的目的，是为了适应产权制度变革，正确体现国有资产价值量，保护国有资产所有者、经营者和使用者的合法权益。

三　国有资产评估的原则

对国有资产评估应遵循下列三项原则：

（一）真实性原则

进行资产评估，必须实事求是，从实际出发，不得弄虚作假，以确保资产评估价值的可靠、真实。

（二）科学性原则

进行资产评估，必须掌握足够的可以作为依据的资料，采取适当的方法，运用正确的参数，有理、有据地进行科学的系统的分析，从而对其价值作出合乎逻辑的判断。为此，要求评估机构及人员，应当具备足够的评估所需的专业知识和工作经验，以保证评估结论的正确、可靠。

（三）可行性原则

要求评估的结果要合理，根据不同的目的，合理评定资产的价值，为委托者服务。

四　国有资产评估的程序

应遵循下列四项程序：

（一）申请立项

由拟设立合资（合作）经营企业的单位，向国有资产管理部门提交资产评估立项报告。申报的内容主要有：（1）资产评估的特定目的；（2）被评估资产的范围和种类；（3）被评估资产的资料（财产目录和资产负债表等有关会计报表资料）。国有资产管理部门在收到资产评估立项申请书之日起 10 天内，作出是否准予资产评估立项的决定，并及时通知申请单位。申请单位在收到准予立项通知书后，可以委托资产评估机构评估资产。

目前持有国有资产评估证书的从事资产评估的机构有：资产评估公司、会计师事务所、审计师事务所、财务咨询公司等。委托方和受托方应签订资产评估委托书。委托书的内容主要有：双方名称、委托内容（包括被评估资产的范围和种类、评估基准日、评估时间等）、双方责任和义务以及违约处理条款等。

（二）资产清查

资产评估机构接受评估委托，在对委托单位的资产、债权、债务进行全面清查的基础上，核实资产账面与实际是否相符，经营成果是否真实，据此作出鉴定。对有形资产清查盘点，应由申报单位、清查负责人、盘点人、见证人、制表人等联署签字盖章。

（三）评定估算，签署评估报告书

即对资产的价值进行具体的评定和计算，得出资产评估的结果，并向委托单位提出资产评估结果报告书。中国自 1998 年起，全面实行注册资产评估师签字制度，即资产评估报告须由注册资产评估师签字，并对所签署的评估报告承担法律责任。

资产评估结果报告书应明确下列五项内容：（1）资产评估的原因，评估工作的依据，以及作价的原则方法；（2）资产评估的时间、地点及被评估资产的范围；（3）资产评估的结果及评估后的企业资产负债情况；（4）其他需要说明的问题；（5）附件。附件的内容主要包括：各类资产评估明细表（主要有资产名称、规格、数量、购进时间、原值、净值、重置完全价格、新旧程度、重置折余价值等）、资产评估后的资产增减值情况说明。

委托单位收到资产评估报告书后，报国有资产管理部门确认评估结果。

（四）验证确认

这是评估工作的最后阶段，是国有资产管理部门对资产评估报告书进行检验，据以作出认定。评估报告书经过确认以后，具有法律效力。国有资产管理部门应当自收到评估报告书之日起 45 日内下达确认通知书。确认通知书或裁定通知书的有效期为

3—6 个月，中外双方当事人应在有效期内签订合营企业合同。否则，还可延期 3 个月，逾期仍未签订合营企业合同的，应重新评估。

五 国有资产评估的方法

国有资产评估，要根据资产原值、净值、新旧程度、重置成本、获利能力等因素和适当的评估方法来评价。其方法主要有四种：

（一）重置成本法

这是一种重要的方法，要注意经济参数的选用。此法是根据被评估资产在全新情况下的重置成本，减去按重置成本计算的已使用年限的累积折旧额，考虑资产功能变化、成新率等因素，评定重估价值。其计算公式是：

$$被评估资产价值 = （重置价格 + 购置费用 + 安装费 - 残值）\div 折旧年限$$
$$\times 尚可使用年限 + 残值 \pm 调整因素$$

（二）收益预测法

按被评估资产合理的预期获利能力和适当的折现率（即社会平均资金利润率，一般以银行利率替代），计算出资产的现值，以此确定重估价值。此法可以真实反映企业资产的资本化价格，是更符合市场理性的估价方法（相当于计算银行存折余款数额的原理：已知利息收益 ÷ 利率 = 存折余款数额），也是国际上通行的方法。但目前企业营运受非正常因素影响较大，对预期损益的预测往往具有失真性，因而运用此法具有一定的局限性，其计算公式是：

$$被评估资产的基准价值 = 资产预期收益 \div 社会平均资金利润率$$

（三）现行市价法

参照市场上相同或类似资产的交易价格，确定重估价值。此法的特点是适用范围较广，操作过程简便。但由于其评价的因素不像重置成本法那样全面，因而它只能是重置成本法的必要补充。

（四）清算价格法

按企业破产时，该资产可变现的价值来确定重估价值。清算价格可用市场比较法与历史成本的相关资料来确定，通常低于现行市场价格。

值得注意的是，上述四种评估方法不是孤立的、割裂的，在评定一项国有资产时，这些方法应综合运用、客观评价。

需要说明的是，除上述固定资产评估方法之外，对其他形式资产的评估，应注意下列问题：

1. 流动资产的评估

对流动资产中的原材料、在制品、协作件、库存商品、低值易耗品等进行评估时，可根据该资产的现行市场价格、计划指导价格，考虑购置费用、产品完工程度、损耗等因素，评定重估价值。

2. 有价证券的评估

对有价证券的评估，可参照市场价格评定重估价值，无市场价格的可考虑票面价值、预期收益等因素，评定重估价值。

3. 其他无形资产的评估

对其他无形资产的评估，应区别不同情况予以评定。

（1）对外购的无形资产，则根据购入成本及该项资产具有的获利能力来评定。

（2）对自创或者自身拥有的无形资产，则根据其形成时所需的实际成本及该项资产具有的获利能力来评定。

（3）对自创或者自身拥有的未单独计算成本的无形资产，则根据该项资产具有的获利能力来评定。例如，天津市一家企业与外商谈判拟兴办合资经营企业，经华厦会计师事务所资产评估部评定，认为中方企业积几十年投入人力、财力、物力建起的遍布全国的产品销售网络，在合资后仍将继续使用（特许经营），这笔无形资产被评定为200多万元，并计算到中方股本金之内。由于评估论证客观公正，外商并无异议。

应当指出，中国对无形资产的管理比较薄弱。无形资产因为"无形"，其价值较难确定，评估无形资产往往涉及科技、法律、经济方面的知识，因此，组建专业化的评估队伍和机构已相当迫切。

第四节 外商投资财产鉴定

改革开放初期，外商来华投资多数以现金为主，现汇投资比例高达80%左右。近些年来，外商投资转变为以实物资产作价投资为主。外商大量用实物作价投资，采取低价高报、以旧顶新、以次充好等手段，非法谋利。这一触目惊心的现象再也不能继续下去了。解决的办法是：对外商投资财产普遍进行鉴定。为此，国家商检局、财政部于1994年发布了《外商投资财产鉴定管理办法》；1998年海关与商检联手，"报关"与"报验"同时进行，加强和扩大鉴定覆盖面，保障了合资（合作）双方的正当权益。

一 鉴定的必要性

（一）资产评估鉴定是国际惯例

在国际投资活动中，评估鉴定是很正常的事，是惯例。它是保证投资顺利进行的前提条件——货真价实。

（二）鉴定有利于中方挽回和避免经济损失

也就是说，通过对外商投资财产进行价值和质量鉴定，不仅为合营中方挽回直接经济损失（挤干掺水资本），同时，还避免了投资额虚假而使外商长期盈利的间接损失（泡沫股权）。

（三）鉴定是企业后续工作的依据

鉴定在前，验资在后。鉴定既是验资的有效依据，也是中外双方发生纠纷后，确定和调整双方利益的法律依据。

需要说明的是，从 1999 年 10 月 1 日起，各地出入境检验检疫机构，对外商独资企业进口设备不再进行强制性的价值鉴定，不再收取价值鉴定费用。

二　鉴定的适用范围

鉴定适用于外商（包括港、澳、台地区等境外公司、企业、其他经济组织或个人）在中国境内兴办的外商投资企业及补偿贸易方式中外商投入的财产，或受外商投资企业委托在境外购进的财产。

三　鉴定的内容

内容包括以下几点：

（1）外商投资财产的品种、质量、数量。外商投入财产包括：品名、型号、质量、数量、规格、商标、新旧程度、出厂日期、制造国别、制造厂家等进行鉴定。

（2）价值鉴定，对外商投资财产的现时价值进行鉴定。

（3）损失鉴定，对外商投资财产因为自然灾害、意外事故引起损失的原因、程度，以及损失清理费用和残余价值进行鉴定。

四　鉴定应当注意的事项

应当注意的是，外商投资财产鉴定工作须遵循"四性"原则（即真实性、公正性、科学性、可行性），依照国际上通行的和国家规定的方法与标准进行。否则，伪造、变造商检局和其他鉴定机构单证的，或鉴定人员玩忽职守、徇私舞弊造成鉴定结果失实或弄虚作假的，或鉴定人员向第三方提供有关情况和资料（法律另有规定者除外），将视情节轻重，依照国家《商检法实施条例》等有关规定予以惩处。

五　鉴定方法

外商投资财产鉴定，须根据财产的现实状况、新旧程度、性能指标、技术参数，以及重置成本和获利能力等，采用以下方法进行鉴定：

1. 现场勘查方法

2. 技术检测方法

3. 价值鉴定方法

包括以下几种：

（1）市场法，应当参照相同或类似资产的现行市场价格，鉴定出财产的价值。此法类似于对国有资产评估中的"现行市价法"。

（2）成本法，应当根据被鉴定财产在全新情况下的重置成本、减去按重置成本计算的累计折旧额，考虑其生产能力的变化、成新率等因素，确定其重估价值。或者根据被鉴定财产的现实状况和使用年限，考虑其功能变化等因素，重新确定其成新率，得出其重估价值。其计算公式与重置成本法的计算公式相同。此法即重置成本法。

（3）收益法，应当根据被鉴定财产的合理的预期获利能力和适当的折现率，计算出被鉴定财产的现值。其计算公式与收益预测法的计算公式相同。此法即收益预测法。

第五节　注册资本与投资总额

一　注册资本与投资总额的含义

（一）注册资本

所谓注册资本，即企业进行工商登记后的资本。用公式表示：

注册资本 = 投资各方出资之和

应当注意的是：（1）注册资本额，既不包括合营企业向银行的借款，也不包括以合营企业名义取得的租赁设备或其他财产；（2）任何投资者，不得以合营企业的财产和权益，或者合营他方的财产和权益为其出资担保；（3）注册资本在企业经营期内原则上不得减少，它是企业对债权人所负经济责任的基础和限度；（4）虚报注册资本罪，是中国《刑法》修订后增加的新罪名（第158条）。使用伪造的银行进账单和虚假的验资证明，取得公司登记，数额巨大、后果严重或者有其他严重情节的，处3年以下有期徒刑或者拘役，并处或者单处虚报注册资本金额1%以上5%以下罚金。

在企业合同中，有关注册资本的条款，应写明下列五项内容：（1）注册资本数额；（2）表示资本金额的币制（人民币或约定的外币）；（3）资本缴付日期，约定分期缴付时，应写明每期应缴数额；（4）不能用企业开业后分得的利润作为注册资本认缴；（5）各自认缴注册资本的利息不得由企业支付。

（二）投资总额

所谓投资总额，即企业的注册资本和企业的借款之和。用公式表示：

投资总额 = 注册资本 + 企业借款

投资总额的构成，分为有形资产和无形资产两部分，细分为六种成分：（1）股东认缴的股金和企业借款（企业经营所需的现金，不可能完全靠现金股本，尚需借入部分资金）；（2）厂房和其他建筑设施；（3）机械设备和其他物料；（4）工业产权；（5）

专有技术；（6）场地使用权。

从上可见，企业投资总额的价值形态，表现为基本建设资金和生产流动资金的总和。用公式表示就是：

投资总额 = 基本建设资金 + 生产流动资金

二 注册资本与投资总额的比例

注册资本与投资总额之间，既有联系，又有区别，用一个综合公式表示就是：注册资本总额 ≤ 投资总额。如果注册资本总额小于投资总额，则以企业的名义向银行借款投资，这种银行借款便构成了投资总额的一部分。

鉴于有些企业注册资本过小而借贷资本过大，与生产经营的规模不相适应，也不足以承担债务责任，1987 年 3 月中国国家工商行政管理局，对合资经营企业的注册资本与投资总额二者比例实行了控制。这种控制是按企业投资规模进行分类掌握的（也适用于中外合作经营企业和外资企业）：

（1）投资总额在 300 万美元以下（含 300 万美元）的企业，其注册资本至少应占投资总额的 7/10。

（2）投资总额在 300 万美元以上至 1000 万美元（含 1000 万美元）的企业，其注册资本至少应占投资总额的 1/2，其中投资总额在 420 万美元以下的，注册资本不得低于 210 万美元。

（3）投资总额在 1000 万美元以上至 3000 万美元（含 3000 万美元）的企业，其注册资本至少应占投资总额的 2/5，其中投资总额在 1250 万美元以下的，注册资本不得低于 500 万美元。

（4）投资总额在 3000 万美元以上的企业，其注册资本至少应占投资总额的 1/3，其中投资总额在 3600 万美元以下的，注册资本不得低于 1200 万美元。

（5）企业增加投资额，其追加的注册资本与增加的投资额的比例，按上述规定执行。如遇特殊情况，不能执行上述规定，由商务部会同国家工商行政管理局批准。

现将注册资本须占投资总额比例的规定列表归纳说明如表 8 - 2 所示。

表 8 - 2 注册资本须占投资总额的比例

投资总额（美元）	注册资本
300 万以下（含 300 万）	≥70%
300 万—1000 万（含 1000 万） 其中：420 万以下	≥50% ≥210 万

续表

投资总额（美元）	注册资本
1000 万—3000 万（含 3000 万） 其中：1250 万以下	≥40% ≥500 万
3000 万以上 其中：3600 万以下	≥1/3 ≥1200 万

三　缴清注册资本的时限

中国对中外合资经营企业出资各方的出资期限，作了如下规定（也适用于中外合作经营企业）：

合同规定一次缴清出资的，合营各方应当从营业执照签发之日起，6 个月内缴清；

合同规定分期缴付出资的，合营各方第一期出资，不得低于各自认缴出资额的 15%，并且应当在营业执照签发之日起 3 个月内缴清。

现将注册资本缴清时限的具体规定列表归纳说明如表 8 - 3 所示。

表 8 - 3　　　　　　　　　　缴清注册资本的时限

注册资本（美元）	缴清时限（年）
50 万以下（含 50 万）	≤1
50 万—100 万（含 100 万）	≤1.5
100 万—300 万（含 300 万）	≤2
300 万—1000 万（含 1000 万）	≤3
1000 万以上	特批

注册资本应在合同、章程规定的期限内缴清，但缴清的最长期限不得高于上表所列时限。

对未按规定的期限缴清出资的，工商局将下达"限期出资通知书"予以催缴。该通知书的内容和格式如下：

限期出资通知书

×工商（　　）限字第　号

××有限公司：

经查，你公司（合营各方）未按合同、章程规定期限缴付注册资本。限你公司

（合营各方）自接到本通知之日起壹个月内缴付注册资本，并将验资报告书报送我局，逾期不办，我局将按国家有关规定予以处理。

特此通知

××市××区工商行政管理局

（外企登记管理专用章）

年　月　日

四　不按期出资的处罚

对违反合同规定，不按期出资的中外合营企业的处罚规定是：

第一，合营各方未能在规定的期限内缴付出资的，视同合营企业自动解散，合营企业批准证书自动失效。合营企业应当向工商行政管理机关办理注销登记手续，缴销营业执照；不办理注销登记手续和缴销营业执照的，由工商行政管理机关吊销其营业执照，并予以公告。

第二，合营各方缴付第一期出资后，超过合同规定的其他任何一期出资期限三个月，仍未出资或出资不足时，工商行政管理机关应当会同原审批机关发出通知，要求各方在一个月内缴清出资。

对未按通知规定的期限缴清出资的，原审批机关有权撤销对该合营企业的批准证书。批准证书撤销后，合营企业应当向工商行政管理机关办理注销登记手续，缴销营业执照，并清理债权债务；不办理注销登记手续和缴销营业执照的，工商行政管理机关有权吊销其营业执照，并予以公告。

第三，合营一方未按照合同的规定如期缴付或者缴清其出资的，即构成违约。守约方应当催告违约方在一个月内缴付或者缴清出资。逾期仍未缴付或缴清的，视同违约方放弃在合营合同中的一切权利，自动退出合营企业。守约方应当在逾期后一个月内，向原审批机关申请批准解散合营企业，或者申请批准另找合营者承担违约方在合营合同中的权利和义务。守约方可以依法要求违约方赔偿因未缴清出资造成的经济损失。

守约方未按上述有关规定向原审批机关申请批准解散合营企业，或者申请批准另找合营者的，审批机关有权撤销该合营企业的批准证书。批准证书撤销后，合营企业应当向工商行政管理机关办理注销登记手续，缴销营业执照；不办理注销手续和缴销营业执照的，工商行政管理机关有权吊销其营业执照，并予以公告。

五　变更登记项目与再合营

(一) 变更登记项目

变更登记项目时应提交的文件、证件

中国《企业法人登记管理条例》规定，外商投资企业改变登记注册事项，应在备案机关，申请办理变更登记，并提交：(1) 董事长签署的变更登记申请书；(2) 董事会决议；(3) 原备案机关的备案文件。

如果变更登记注册事项较多，可列表写明需要变更的项目，现归纳说明如表8 -4所示。

表8 -4　　　　　　　　　　　　变更登记项目表

项　　目	原登记	变更登记	备　　注
①名称	—	—	
②住所	—	—	附住所使用证明
③注册资本	—	—	附改变原合同的补充协议
④经营范围	—	—	
⑤董事长	—	—	附委派证明和被委派人身份证明
	—	—	
⑥经营期限	—	—	
⑦企业类别	—	—	附修改合同、章程的补充协议
⑧增减分支或办事机构	—	—	
	—	—	
⑨股权转让	—	—	附转让合同和修改原合同、章程的补充协议，以及受让方的开业证明和资信证明

审批或备案意见：　　年　月　日

上表所列"注册资本"，中国对注册资本变更的法律规定是：合营企业在合营期内不得减少注册资本；因投资总额和生产经营规模等发生变化，确需减少的，须经备案。

上表所列"股权转让"，中国对股权转让的法律规定是：合营一方向第三方转让其全部或者部分股权的，须遵循五项要求：(1) 须经合营他方同意；(2) 合营他方有优先购买权；(3) 向第三方转让股权的条件，不得比向合营他方转让的条件更为优惠；(4) 须报备案机构备案；(5) 须向登记管理机构办理变更备案登记手续。违反上述规定的，其转让无效。

（二）再合营

所谓再合营，是指外国投资者从中国境内分得的净利润，用于在中国境内直接再投资兴办其他合营企业的行为（外商股权比例一般不低于25%）。这种再投资举办的合营企业称为再合营企业。其直接目的是，通过再合营，发展国内横向联合或建立原材料和配套件的生产基地。中国对外国投资者的再投资行为，在政策上予以鼓励，可申请退还已缴纳的部分所得税。

六　假中外合资经营企业

在中国外商投资企业中，假中外合资经营企业不容忽视。从实践来看，兴办假中外合资经营企业的方式有三种：（1）返投资（约占30%），即国内企业同国外企业或中国的驻外机构签订"君子协定"，将国内资金汇往国外，再以外商的名义返还国内。（2）空心化（约占40%），即外商先投资登记注册，经验资后再抽走投资。继而采取同样的方式，或当地、或异地周而复始地用同一笔资金兴办若干家这样的企业。（3）洋白条（约占30%），即外资到位率低或不到位，其开户银行的账户长期挂空。

导致假中外合资经营企业泛滥的主要原因，一是多头管理，外商有机可乘；二是一些地方好大喜功，重争办，盲目追求招商引资数量；三是有的地方越权制定优惠政策，刺激了假中外合资经营企业的滋生。

对此，应当加强管理，严格按照外商投资企业法律、法规和有关规章办事，堵塞漏洞，杜绝假外商投资企业的滋生。

第六节　验　资

所谓验资，是指对企业投资各方认缴的出资额进行验证并出具证明。

一　验资的必要性

依据中国法律规定，必须对企业投资各方认缴的出资额进行验证并出具证明。其必要性表现为以下三个方面：

（一）验资报告是投资主体出资的合法依据

只有通过验资，才能确定投资各方出资额、出资比例及注册资本总额。就是说，凡已批准设立的外商投资企业，按合同规定实收资本后，必须委托注册会计师进行验证，并出具验资报告书。非经注册会计师验证的出资文件，不得作为出资的合法依据。

（二）验资报告也是国际惯例

只有注册会计师，才能对外商投资企业的出资和会计报表出具法定有效的验资报告书。委托注册会计师验资，既是中国法律规定，也是国际惯例。

（三）验资活动能够促进企业按时、足额投入资本，保证企业正常营运

企业注册资本应在合同、章程规定的期限内缴清，缴清与否的唯一依据是看验资报告是否给予认定。对未按规定的期限缴清出资的，工商局将下达限期出资通知书予以催缴，从而有利于企业按时、足额缴清出资，保证企业正常营运。

二　验资的内容

验资的内容包括四项：

（一）验证货币出资

包括银行开立的外币和人民币的存款户名、开户银行、币种、数量、日期，以及存款凭证号码等。

（二）验证实物出资

首先办妥商检鉴定证明，然后按清单对照实物盘点核对。

（三）验证无形资产

与有形资产不同的是，无形资产具有无形性、唯一性和多次有效性等特性。它包括工业产权和专有技术。对无形资产验证，应提交有关资料，包括专利证书或者商标注册证书的复制件、有效状况及其技术特性、实用价值、作价的计算根据、与中国合营者签订的作价协议等有关文件。

（四）验证场地使用权出资

包括四点：（1）核实土地使用证；（2）丈量土地使用面积；（3）核对土地使用权作价依据；（4）与合同中的相关条款进行核对，比较有无差异。

三　验资的方法

验资的方法有四种：

（1）查询法，采用调查、询问的方法对出资进行核对。

（2）审阅法，审查出资凭证和账目，对资产进行核对。

（3）分析法，通过各种资料，对出资进行定量或定性分析。

（4）盘点法，对资产进行盘点清查，逐一核对实物清单，确定有无差异。

四　验资工作完成期限和报告期限

（一）验资工作完成期限

外商投资企业验资工作在收到投资者的出资或提供合作条件后60天内完成。验资完毕，须出具验资证明，即验资报告。该报告由会计师事务所及注册会计师盖章、签名，并负法律责任。验资报告失实的，应重新验资。

（二）验资报告的报告期限

企业在验资工作后 10 天内，应将验资报告送主管财政机关。

第九章　外商投资企业组织机构

第一节　西方管理理论与管理体制的发展

中国举办外商投资企业，不仅引进了西方的资金和技术，而且引进了西方企业管理理论和管理方法中合乎科学的方面。为了更好地借鉴西方企业管理经验，我们首先应当了解西方企业管理理论和管理体制的发展与演变。

从管理史的角度来考察，管理理论起源于企业管理，企业管理则起源于人类的共同劳动。随着社会生产力的发展，共同劳动的规模不断扩大且趋向复杂，对管理的要求也越来越高。

西方企业管理理论与管理体制的发展，大体上分为三个阶段，现列表归纳说明如表 9 − 1 所示。

表 9 − 1　　　　　　　　　　西方管理理论与管理体制的发展

代表人物 ＼ 内　容	起止年代	管理理论	管理体制
费雷德里克·泰勒（Frederick W. Taylor, 1856—1915）	19 世纪末—20 世纪 30 年代	科学管理学说（古典学派）	集权式
艾尔弗雷德·斯隆（Alfred P. Slon, 1875—1966）	20 世纪 30 年代—二战结束	人际关系学说（行为科学）	分权式
赫伯特·西蒙（Herbert A. Simon, 1916—2001）	二战后	现代管理学说（经济组织决策管理理论）	集权与分权相结合

一　第一阶段

本阶段是以泰勒为代表的科学管理学说，又称古典管理理论，它产生于 19 世纪末 20 世纪初期。泰勒被后人称为"科学管理之父"。这个称号被刻在他的墓碑上。泰勒的科学管理包括："标准作业方法""标准作业时间""标准工作量"等"血汗工资制"。通过动作研究、作业所需劳动时间研究、计件工作量研究等方法，控制生产进度，谋求劳动者与机器发挥最高效率。泰勒及其以后的管理理论，都属于控制管理理论。在此之前的企业管理思想、理论、见解，人们称之为"传统管理"。

20 世纪初期，西方国家工业进步较快，经济发达，亟待解决企业中普遍存在的因管理不善而造成劳动生产率低下等问题，美国工程师泰勒首创的科学管理理论便应运而生。这在管理史上是一个划时代的转变。它是最有代表性的血汗工资制度。其基本做法和内容是：从企业中挑选最强壮、技术最高的工人，用特殊的时钟（以秒和几分之一秒为单位），记录完成每道工序、每项动作的时间，并拍成电影，然后研究"标准操作方法"，以此为据规定劳动定额，实行"分级工资制度"。

列宁指出，企业采用泰勒制后，在同样 9 至 10 小时的工作中，可从工人身上压榨出比原先多 2 倍的劳动，榨取雇佣奴隶每一点神经和筋肉的能力。所以，列宁称之为"榨取血汗的'科学'制度"。列宁还指出，泰勒制有两个方面，"一方面是资产阶级剥削的最巧妙的残酷手段，另一方面是一系列的最丰富的科学成就，即按科学来分析人在劳动中的机械动作，省去多余的笨拙的动作，制定最精确的工作方法，实行最完善的计算和监督制等等"。[①]

与泰勒古典学派相适应的管理体制是集权式管理。集权式管理体制下的企业组织机构设置形式，通常是单线制管理，又称首长直接负责制。

二 第二阶段

本阶段是以斯隆为代表的人际关系学说，又称行为科学。斯隆在美国通用汽车公司中度过了 45 个年头，其中的 23 年（1923—1946 年）是该公司的总经理，其后，直到 1956 年，是该公司的董事长，对通用汽车公司的发展影响很大。

该学说产生于 20 世纪 30 年代，是继古典学派管理理论之后，破除了以往侧重于"物"，而轻视"人"的因素的观点，强调企业管理理论务必重视人与人之间的关系，研究职工在生产中形成的相互关系，职工的社会需要、动机、内驱动力和情绪等，从而形成了"社会人""人际关系"的学说。人际关系学说对人的行为研究，做过大量的案例调查和实验，提高了对人的行为的认识，研究人的行为的因果关系及其规律性，继而超出研究人的日常生活行为和本能性的反射，深入到组织行为的研究，形成了新兴的组织行为学。它对设置企业组织机构、制定组织决策及实施管理措施，都有一定的理论价值。

与斯隆行为科学相适应的管理体制是分权式管理。分权式管理体制下的企业组织机构设置形式，通常是事业部制管理，又称部门化结构，是规模较大的公司或工厂所普遍采用的一种组织机构形式。其特点是集中决策，分散经营。这有利于发展专业化

---

① 《列宁选集》第三卷，人民出版社 1972 年版，第 511 页。

生产与经营，有利于最高管理层摆脱日常行政事务，搞好宏观决策，也有利于加强各事业部领导者的事业心和企业的应变能力。

三　第三阶段

本阶段是以西蒙为代表的现代管理学说，又称经济组织决策管理理论。西蒙是美国卡内基—梅隆大学教授，著名的管理学家、计算机科学家和心理学家，决策理论学派的主要代表人物，1978 年诺贝尔经济学奖获得者。

该学说产生于第二次世界大战后。战后是管理研究的繁荣时期。战前，世界全部有关管理研究的书有 5000—6000 册，而 1950 年之后，几乎每年出版的这类书都是它的 4—5 倍。专门从事管理研究的人越来越多，逐步形成了一系列管理理论流派，使企业界陷入"管理理论丛林"之中。当然，最具代表性的还是西蒙创立的现代管理学说。它在二战后出现，以决策研究为中心内容，不但考虑了以人的因素为核心的"行为科学"成果，还综合、吸收新的科学技术成就，把系统分析、运筹学、电子计算机科学应用到企业经营管理，使千头万绪的管理问题归于条理化，提高了科学管理的绩效。

西方对决策理论的研究，原来只局限于常规决策与非常规决策的方法上。常规决策即"程序化决策"，由低层管理人员作出；非常规决策即"非程序化决策"，则由高层管理人员作出。至于有关检验决策正确与否的方法，还没有人认真研究。因此，减少决策的失误率，提高决策的准确性，就成了当代决策理论的著名管理学家 H. A. 西蒙教授决策理论中更加重要的研究课题。与此同时，由于企业面临内外环境的频繁变化，在决策过程中的不确定因素更多，再加上决策由个人为主的决策转向集体决策发展的新趋向，使管理学者认识到，对如何判断决策正误的问题，更需加深研究。当代美国风行"责任团"来判断组织决策的方法，即将决策参与者的力量凝聚起来，连成一体，就有关决策意见进行交流，加速信息传递。这种做法，不只对企业行之有效，也引起宏观管理的重视和运用。

与西蒙决策理论相适应的管理体制，是集权与分权相结合式管理。这种管理体制下的企业组织机构设置形式，通常是矩阵制管理，又称规划—目标结构，或规划—矩阵结构。其特点是企业各部门可以充分协调，集思广益，增强适应性。这更适用于研究、制造等创新性质的工作，以及巨型化、混合化、国际化企业的生产与经营。

综上所述，我们了解外国企业管理理论和管理体制的发展，旨在"洋为中用"和"洋为中戒"，而不是盲目搬用。我们应当本着"以我为主，博采众长，融化提炼，自成一家"的宗旨，立足国情，有选择地借鉴别国的经验，创造我们自己的具有中国特色的社会主义管理理论体系及其相应的管理体制。

第二节　经营管理机构的设置

一　企业经营管理的重要性

所谓经营管理，是指企业在生产经营活动中所需要的执行、组织、指挥和调节等各项活动的总称。经营主外，管理主内。管理要为经营服务，如果方向错了，前进就是倒退。管理的真谛在"理"不在"管"，且管理只对绩效负责，只需分配好权力、责任、利益三样东西（等边三角形），即可把管理做好。经营管理的重要性可以概括为如下两个方面：

（一）经营管理的好坏，是企业成败的关键

现代工业生产，向人们揭示出一个客观经济规律：企业成败的关键，最终取决于经营管理。

据加拿大官方调查资料表明，失败的中小企业中有80%是缺乏经营管理能力所致；日本每年倒闭的中小企业超过万家，也大多是经营管理不善造成的。不少有成就的企业家认为，企业的成功，三分靠物质技术，七分靠经营管理。因此，经营管理的好坏，对企业的生存和发展至关重要。

（二）经营管理也是一种投资环境

人所共知，中外合资（合作）经营企业是由两个或两个以上不同国家（或地区）的投资者，共同兴办的企业。其主要特点是共同投资，共同经营，共负盈亏，共担风险。因此，投资各方都要求搞好经营管理，使企业取得最好的经济效益，在激烈的市场竞争中立于不败之地。

搞好企业管理，不仅有利于企业的发展，而且有利于进一步吸引外资和引进先进技术，进一步扩大对外开放。因此，企业经营管理也是一种投资环境。

二　企业组织机构与活动

投资各方出资兴办企业，其组织机构一般是：由董事会聘请总经理主管经营；总经理遵循董事会的决议、方针，拟订实现企业目标的具体实施方案，直接指示厂长；厂长根据总经理的命令，制订具体的生产计划，命令科长、主任执行，如图9-1所示。

企业不论大小，就其内部而言，主要包括三种活动：企业宗旨和经营方针的制定、经营管理、作业。如图9-2所示。

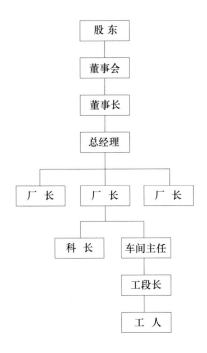

图 9-1 企业组织机构示意图

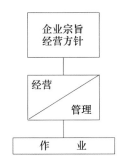

图 9-2 企业内部活动示意图

三 企业经营管理机构的形式

企业经营管理机构的形式，概括为下列五种：

（一）单线制

单线制又称直接制，是沿用工业发展初期的一种结构最简单的组织形式。其特点是不设专门的职能机构（至多配有个别的职能人员），指挥和管理职能集中由经理或厂长执行，责权分明，决策迅速。此形式只适用于规模较小的企业或应用于现场作业管理，如图 9-3 所示。

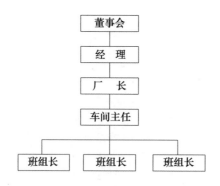

图 9 - 3 单线制企业管理机构示意图

（二）多线制

多线制又称职能制，是采用按职能实行专业分工的管理办法，受领导人的委托，在其职能机构的业务范围内，有权下达命令和指示，以代替单线制的全能管理。其特点是可减少领导人对专业指挥的困难，但对下级形成多头领导，容易造成管理混乱，协调困难。在实践中，一般的企业不采用这种形式，如图 9 - 4 所示。

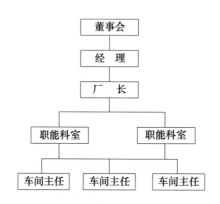

图 9 - 4 多线制企业管理机构示意图

（三）直线职能（参谋）制

直线职能（参谋）制，又称生产区域制，是把各级领导人增设的职能部门，只作为领导人的参谋和助手，对下级直线部门提供建议或业务指导，不能向下级直接下达命令和指示，一切指挥权仍由各级领导人掌握，并亲自下达命令或指示。其优点是，既能弥补领导人专业知识的不足，又能避免多线制下的多头领导。其缺点是，横向联系差，经营决策较慢。在实践中，中国绝大多数企业（特别是中小型企业）采用这一形式，如图 9 - 5 所示。

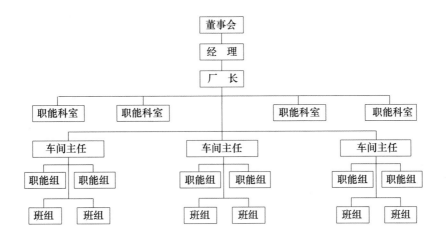

图 9 - 5　直线职能制企业管理机构示意图

（四）事业部制

事业部制，又称部门化结构，是 1924 年以来国外规模大的公司或工厂普遍采用的一种组织机构形式。其特点是集中决策、分散经营。即在大公司或大厂矿企业的最高管理层下，设两类事业部：一类叫职能事业部（如人事、财务、销售、供应、技术等部）；另一类叫专业事业部（如按不同的产品或地区，设立从事生产经营活动的经营事业部）。各专业事业部为一个利润中心，均有自己独立的产品和市场，实行独立核算，自负盈亏。事业部制的优点：（1）有利于发展专业化；（2）有利于最高管理层摆脱日常行政事务，搞好宏观决策与长远规划；（3）有利于加强各事业部领导者的事业心，增强内部供、产、销之间的协调，以及公司或企业的应变能力。其缺点是，在事业部制形式下，机构重叠，人员臃肿，由于各专业事业部单独核算，容易忽视总公司或工厂的总体利益。在实践中，中国规模较大的企业（品种较多且差别较大，或市场销售条件差别也大）多采用这一形式，如图 9 - 6 所示。

（五）矩阵管理制

矩阵管理制，又称规划—目标结构，或规划—矩阵结构。它是继事业部制之后，把企业垂直的职能管理系统与某项产品（或工程项目）目标任务的横向管理系统纵横交叉起来，组成矩阵管理制。其特点是，为了完成某项特定任务，由有关职能部门派人参加，组成联合专门小组，实行条块结合，双重领导、协调活动。其优点是，各部门可充分协调，集思广益，增强适应性。其缺点是，由于其稳定性差，因而容易产生临时观点，部门之间也容易发生矛盾。这种形式更适用于设计、研究制造等创新性质的工作和生产经营复杂多变的企业，如图 9 - 7 所示。

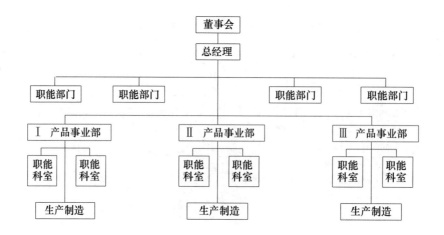

图9-6 事业部制企业管理机构示意图

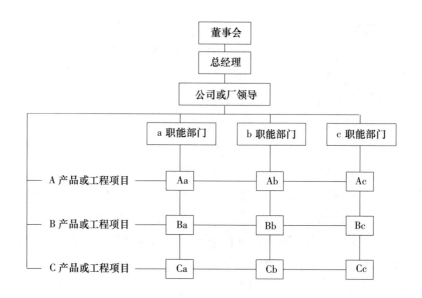

图9-7 矩阵管理制企业管理机构示意图

从图9-7可见，在矩阵管理制中，产品或工程项目的执行人员接受纵横两方面的领导，即在执行产品或工程项目方面，接受产品或工程项目负责人的领导；在执行日常工作方面，接受职能部门负责人的领导。这种矩阵管理制可以把管理中垂直职能管理和横向目标管理、集权和分权更好地结合起来，提高管理效率。这种管理体系在美国、西欧、日本广泛应用。

以上各种组织机构的基本形式，各有长短，没有一种是尽善尽美的。企业究竟采取哪种形式或兼而有之（即混合制），应从实际出发，灵活应用。

四　企业经营管理机构的设置

企业经营管理机构如何设置，国家在法律上没有统一规定。因为企业的规模和经营内容不同，机构设置也不相同。规模比较小的企业，其经营管理机构的设置，一般可参考图 9-8 所示。

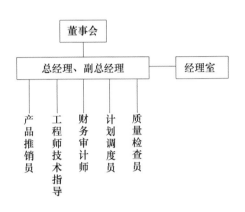

图 9-8　小企业经营管理机构设置示意图

规模比较大的企业，其经营管理机构的设置，如图 9-9 所示。

企业经营管理机构的部门设置和人员定额，是企业中一个比较大的原则问题，应在章程中加以规定。具体的设置方案和部门的负责人选，可由总经理、副总经理协商提出，交董事会认可。

五　外商投资企业经营管理机构设置的特点

机构设置是否恰当，对企业经营效果具有重大影响。外商投资企业经营管理机构的设置有其特殊性：它既不同于改革前的国有企业，也不同于西方公司（企业）。

（一）与国有企业经营管理机构设置的主要区别

1. 经营型的外商投资企业，其产品推销机构比其他职能机构强大，并把它放在最重要的位置上

它兼有产品推销和把握市场信息两种职能，由总经理或第一副总经理直接领导。外商投资企业之所以重视产品推销和市场，主要原因是国家不承担、不负责它的产品销售任务，产品能否有市场，完全由外商投资企业自行负责。因此，外商投资企业的经营轨迹是：企业跟着生产转，生产跟着经营转，经营跟着市场转，市场指导企业，是企业的生命线。而不像过去的生产型国营企业，不设市场部，不考虑市场销售。因为生产型国营企业的运行轨迹是：企业跟着生产转，生产跟着计划转，计划跟着政府

转，政府向企业下达指令性指标，且负责产品的统购包销和亏损补贴。因此，生产型国营企业有了问题找"市长"，而不去找"市场"。两种不同类型企业的运行轨迹画图说明如图 9 – 10 所示。

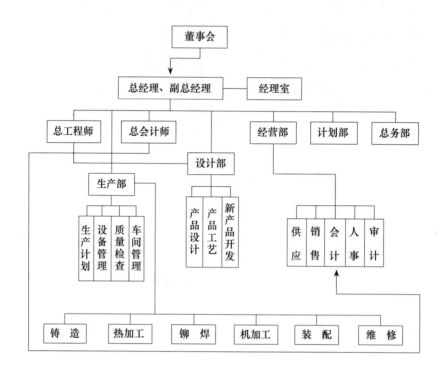

图 9 – 9　大型企业经营管理机构设置示意图

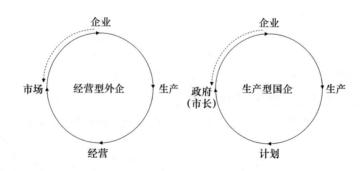

图 9 – 10　不同类型企业的运行轨迹

2. 经营型的外商投资企业，把财务会计审计机构放在十分重要的位置上

其原因是：外商投资企业的财务工作范围更广、要求更高、责任更大。表现为：不但与国有企业一样，要记录各项财务收入，费用开支，核算产品成本，而且还要计

算股东的利润分成（盈利时）、债务责任（负债时）；与国内外客户之间的往来和结算事务增多；总会计师要定期向董事会报告企业的财务状况；财务报告须经审计师审计（必要时须经会计师事务所公证）；财务账簿，股东们要检查，财政部门、税务部门、海关等都要检查。总之，由于所有制性质不同，存在着国家、企业、股东、股东之间等诸多方面的利害关系，因此外商投资企业把财务机构的设置放在更为重要的位置上。

（二）与西方国家公司（企业）经营管理机构设置的主要区别

1. 外商投资企业一般都设有比较大的供应部门

其任务是采购企业生产所需要的原材料、燃料、配套零件和部件。原因是：中国的生产要素市场尚未完全建立起来，市场供求关系基本上还是卖方市场，企业不设置有力的供应机构，不采购和储备物资，就不能保证企业顺利经营。而在西方国家，长期以来是买方市场，用不着花大力气办采购。

2. 外商投资企业一般都设有一个管理生活服务的后勤部门

其原因是：中国的第三产业尚不发达，企业都要自己设立食堂、托儿所、浴室、医务室、俱乐部，甚至设立学校；否则，不仅会使职工生活有后顾之忧，还会影响职工的生产积极性。而在西方国家，第三产业很发达，企业的老板只管生产，不用为职工的生活服务。

第三节　董事会

一　董事会是外商投资企业的最高权力机构

在实践中，中外合资经营企业和具有法人资格的中外合作经营企业，以及外资企业，均组成董事会。之所以说董事会是外商投资企业的最高权力机构，是有其法律根据和财产所有权根据的。

（一）法律根据

《合资法》第6条规定，董事会根据平等互利的原则，按合营企业的章程规定，讨论决定合营企业的一切重大问题，包括七项：（1）企业发展规划；（2）生产经营活动方案；（3）收支预算；（4）利润分配；（5）劳动工资计划；（6）停业；（7）总经理、副总经理、总工程师、总会计师、审计师的任命或聘请及其职权和待遇等。这是外商投资企业组织机构的最大特点，体现了最高职权及其独立自主的管理原则。

（二）财产所有权根据

在国际上，通行的原则是财产所有权和支配权的统一。当代资本主义国家企业的形式分为独资企业、合伙企业和公司制企业。其中，独资企业（独家资本）握有最高权力者是业主本人，财产所有权和支配权相统一，这是显而易见的；合伙企业（两三家业主合伙）经营管理中重大问题的决定，须由合伙者共同作出，其财产所有权和支配权相统一，也是明显的；公司制企业，从公司企业的内部构造和产权组合的方式来分类，历史上主要分为四种类型：股份有限公司、股份无限公司、股份两合公司、有限责任公司。对从社会广泛集资的股份有限公司来说，在实际经营活动中出现了所有权和职业经理经营权的分离，特别是对绝大多数小额股东来说更是这样。尽管如此，并不能否认财产所有权和支配权相统一的原则，因为对整个公司和股东大会来说，仍然体现了所有权和支配权的统一，职业经理如果管不好也是可以被解聘的。这是一条国际公认的普遍适用的原则。它不仅是私有制国家经济立法和经济活动的基本原则，也是中国不同所有制企业之间维持正常经济关系、必须遵循的一个共同的基本原则。否则，便无法保障社会正常的经济生活。

综上所述，外商投资企业的财产为投资各方股东所共有，所以企业最高权力只能属于由股东委派人员组成的董事会；董事会体现了企业财产所有权和财产支配权的统一。

外资企业的最高权力机构可以是董事会、理事会或其他形式的组织机构；但无论采取何种形式的机构，其拥有的企业最高权力却是一样的。

二　董事会的组成

（一）董事会的组成原则

即董事会名额分配原则，法规作出了三项规定：（1）董事名额的分配由投资各方参照出资比例协商确定；（2）各方按商定的董事人数以书面形式自行委派或更换；（3）一方委派的董事，不需要经其他各方同意。

（二）董事会的人数

1. 董事会人数以奇数为宜

由于企业规模大小和股东多少的差异，法规只规定了董事人数的下限，即董事会成员不得少于 3 人，并没有限定上限人数。但一般以 3—7 人为宜，最多不超过 9 人。如果是特大型企业或企业集团，董事会成员可适当增加。人数过多的董事会（或董事局），可以设常务董事会和若干专业工作委员会作为董事会的执行机构（如产品开发、市场调查、财务监督、法律顾问）。为了符合国际惯例，便于董事会表决，尽可能避免董事会人数为偶数。

2. 对偶数组成的董事会，各方需要更多地协商一致，谁也不能凭借控股权谋取私利

协商一致原则，也可以理解为任何一方股东均拥有否决权。在实践中，把偶数组成的董事会变为奇数，可以采取定期轮换的方法，即让一方比另一方多一名董事，如此循环不已。

（三）董事的任期

根据中国国情和其他国家的普遍做法，中国法规规定：合营企业董事的任期为4年，经合营各方继续委派可以连任。这就保证了合营各方委派董事的权力。中外合作经营企业董事或者委员的任期为3年，任期届满，委派方继续委派的，可以连任。

三　董事会的人选

1. 按照国际惯例，有以下五种人不能委派做董事

（1）没有国籍的人；（2）被剥夺了公民资格的人；（3）有刑事犯罪案件，尚在服刑期间的人；（4）精神不正常，不能对事务作出合理判断的人；（5）未成年，不能履行民事活动义务的人。这五种人均不能正常行使民事权利，如一方委派了，也要让其撤换。

2. 外方董事人选

应委派对中方有合作诚意、比较了解中国国情、熟悉业务的人担任。

3. 中方董事人选

应挑选能够代表投资者利益、行使投资者权利、懂业务，并能为企业出谋划策的人担任。就是说，中方董事人选，既要"保险"，又要"才干"，德才二者不可偏废。

4. 董事长的选任

法律对董事长选任的四项规定是：（1）董事长和副董事长由合营各方协商确定或由董事会选举产生；（2）中外合营者一方担任董事长的，由他方担任副董事长；（3）董事长设一人，副董事长可设一人、两人或两人以上；（4）董事长是企业的法定代表人，董事长不能履行职责时，应授权副董事长或其他董事代为履行。

5. 董事长的权力和责任董事长的权力和责任各有三项

（1）三项权力：一是董事开会时主持会议，集中多数人意见作出正确决定，但他本人不享有决定票权和双票权；二是董事开会前负责收集董事的建议，协调董事之间的意见分歧；三是在董事长缺席时，委托副董事长代替董事长主持董事会议，行使董事长职权。（2）三项责任：一是董事会闭会后，董事长作为企业的法定代表人，对企业的经营方针和一切经营活动后果，都负有最高、最大和最终的责任；二是董事长要博采众议，秉公处理问题，使全体股东都折服；三是监督企业进行有成效的经营，发现问题，及时采取对策。

四　董事会的议事规则

所谓议事规则，又称议事程序。议事是否符合程序，涉及董事会决议是否合法。

（一）董事会会议的法定人数

董事会会议应有2/3董事出席方能举行；董事不能出席，可出具委托书委托他人

代表其出席和表决；经1/3以上的董事提议，可以由董事长召开董事会临时会议；有些紧急问题，董事长认为有必要时，也可以书面征求全体董事意见，如全体董事意见一致，可以视作董事会通过的决议，这在法律上也是许可的。董事会会议一般应在企业法定地址所在地举行。

（二）一致通过的议事规则

一致通过的议事规则即由出席董事会会议的董事一致通过方可作出决议。这类事项包括四项：（1）企业章程的修改；（2）企业的中止、解散；（3）企业注册资本的增加、转让、调整股权比例或抵押等；（4）企业与其他经济组织的合作、联合与合并。

（三）特别多数通过的议事规则

特别多数通过的议事规则即对法规未列举的其他事项，可以根据企业章程载明的议事规则自行作出决议。

（四）简单多数通过的议事规则

简单多数通过的议事规则即对法规未列举的其他事项，可以根据企业章程载明的议事规则自行作出决议。

总之，不同的事项适用于不同的议事规则。对重大事项需要适用一致通过或特别多数通过的议事规则。此外，董事会会议作出的任何决议，均应由出席董事会会议的全体董事（或董事授权代表）签字。

第四节 中外合作经营企业的管理方式

中外合作经营企业的管理方式区分为联合管理制、委托管理制和董事会管理制三种形式，因其最高权力机构的形式有特殊性，所以单设一节加以说明。

一 联合管理制

非法人型合作企业（不建立法人经营实体），又称合伙型企业，实行联合管理，依法成立联合管理委员会（简称"联合管委会"）。联合管委会是企业的最高权力机构，按照合作企业合同的规定，决定合作企业的重大问题。中外合作者一方担任联合管委会主任的，另一方担任副主任。联合管委会可以决定任命或聘请总经理，负责合作企业的日常经营管理工作，总经理对联合管委会负责。

二 委托管理制

（一）委托合作一方管理

合作企业成立后，也可改为委托中外合作者一方经营管理。如广州白云汽车出租公司，就是由中方负责经营管理的。

（二）委托第三方管理

合作企业成立后，如果改为委托中外合作者以外的第三方经营管理的（委托方与受托方签订经营管理合同；管理人员和管理制度由受托方决定，管理费用由委托方承担），必须经联合管委会一致同意，连同被委托人的资信证明等文件，一并报审查批准机关批准，并向工商行政管理机关办理变更登记手续。如北京建国饭店、长城饭店的受托方分别是香港半岛酒家和美国希尔顿饭店。目的是为引进科学的管理经验。

三　董事会管理制

法人型合作企业（建立法人经营实体），其管理机构是董事会领导下的总经理负责制，这与合资企业相同，不属于典型合作经营方式。

还要说明的是，合作企业的董事会或者联合管理委员会，每届任期不得超过 3 年（合资企业为 4 年），任期届满，委派方继续委派的，可以连任。召开董事会会议或者联合管委会会议，应当在会议召开 10 天前通知全体董事或者委员。董事会或者联合管委会也可以用通信的方式作决议；其他议事规则与合资企业相同。

四　联合管理方式的典型案例

合作企业运用联合管理方式的典型案例有：

大的合作经营项目，如海洋石油合作勘探开发、山西平朔露天煤矿，由中外合作双方选派大批专家和经营管理人员，组成联合管委会，并各指定一名首席代表。联合管委会下，由双方分别对口设立若干事务部。事务部除有对口协调执行合同的任务以外，还含有外商向中方传授技术和管理经验的目的，这种目的应在合同中写明。

小的合作项目（如合作养殖、合作捕捞），由合作双方的代表，定期或不定期会晤，协商解决合同执行中出现的问题。双方为执行合同义务，需要雇用职工时，由各方自行聘用，自行负担费用开支。

第五节　总经理

领导者对企业成长负责，管理者对企业绩效负责。领导和管理的最重要之处就是如何把人用好，把人的积极性调动起来、发挥出去，提升执行和执行力。执行，就是目标变结果的行动；执行力，就是目标变结果的能力。本节重点说明管理者的主要职责及其如何践行这些职责。

一 总经理的含义

总经理是企业日常经营管理业务工作的最高执行者、直接组织者和指挥者。总经理由董事会任命,并向上级主管部门备案。总经理设一人,副总经理若干人。副总经理协助总经理工作。之所以总经理只设一人,是岗位责任制和一元化管理体制的要求,是指挥社会化生产、参与市场竞争的需要。

二 总经理的人选条件

由于企业的大小不同,管理工作的繁简不同,所以对总经理要求的标准也不尽相同。一般来说,总经理须具备四项条件:(1)懂得中国的政策、法律、法规和规章;(2)懂得企业经营业务,对企业生产和经营是内行或专家;(3)有组织才能,善于同各方人士合作;(4)有一定的国际经贸知识,能够对国际业务中出现的问题作出决断。

总经理人选不分国籍。具备条件的董事也可担任总经理或副总经理。不是董事的总经理、副总经理,要授予列席董事会会议的权利。

三 总经理的职权

(一) 对总经理职权的原则规定

中国相关法规的四项规定是:(1)总经理执行董事会会议的各项决议;(2)组织领导合营企业的日常经营管理工作;(3)在董事会授权范围内,总经理对外代表合营企业,对内任免下属人员;(4)行使董事会授予的其他职权。

(二) 对总经理职权的具体规定

对总经理的具体职权,法规并没有作出明文规定。但从实践来看,总经理职权应是公司章程的重要组成部分。总经理职权可以概括为以下四点:(1)总经理有权任命、撤换他下属的所有人员;(2)总经理在企业里下达的命令必须被执行;(3)总经理对企业日常经营管理工作方面的一切指示,无须向任何人请示;(4)在社会上总经理是企业的总负责人,对外签署的一切业务文件被认为是最有权威和信义的文件,如银行见到总经理的签字才肯支付,合同有总经理签字才能生效。

(三) 对总经理职权的具体运作

对总经理职权的具体运作,国内有关方面根据中国企业对总经理的要求,结合国外企业的经验借鉴,作了如下 12 项归纳:

(1)执行合营各方所订合同、章程及董事会的决议。

(2)提名各职能部门负责人,由董事会任命,如职能部门的主管、副总工程师、副总会计师等高级人员。

(3)制定本公司的经营管理制度,各部门分工职责,对各职能部门布置、指导、监督和检查工作。

（4）向董事会提出季度、年度工作报告。

（5）对供（采购）、销（内外销）中产生的问题，以及流动资金的借贷作出决定。

（6）审查职能部门制定的内外销产品价格，并对超过幅度的升降作出决定。

（7）代表企业接待重要的业务单位联系人员、谈判和签署文件。

（8）主持企业行政会议，对行政会议讨论的事项及作出的决议负责执行。

（9）解决各职能部门向总经理请示的其他问题。

（10）在董事会授权范围内，代表企业与东道国的主管机关接触，代表企业或指派代理人出席涉及企业的审判或仲裁、调解会议。

（11）对职工违反规章制度的处分作出行政方面的最后决定。

（12）其他应由总经理负责的事项。

四　总经理行使职权值得注意的问题

如下六个问题值得注意：

（1）总经理或副总经理不得兼任其他经济组织的总经理或副总经理，不得参与其他经济组织对本企业的商业竞争。

（2）总经理处理重要问题时，应当同副总经理协商。

（3）总经理、副总经理及其他高级管理人员，凡有营私舞弊或严重失职行为的，经董事会决议可以随时解聘。

（4）投资各方对总经理、副总经理的评价相互矛盾时，不允许单方面撤换。如一方坚持撤换，应由董事会调查后，作出决议。不经董事会决议，单方面撤换或委任，均无法律效力。

（5）董事对总经理的日常决策和经营管理，只有监督和建议的权利，没有干预的权利，不能随意制止总经理决策的实行。

（6）总经理对外代表企业处理问题的权限与董事长有所区别：总经理是在经营管理业务上对外代表企业；董事长是企业的法定代表人，在企业法人实体变更时（如股权转让、企业合并、联营、中止、倒闭等），对外代表企业。

五　联署制问题

所谓联署制，就是在重大经营管理问题上，由中外双方总经理、副总经理共同作出决定，在文件上共同签字方能生效。之所以提出这个问题，实质仍然是企业控制权问题。这种做法的好处是防止不公正，缺点是妨碍总经理独立行使职权和及时解决问题。事实上，企业提出这个问题的较多，真正定为制度并实行的很少。因为，事无巨细都要联署，企业就没有活力了。多数情况下，总经理、副总经理在处理重要问题时，也是只求协商，而不必求联署。

第六节　中共党组织与工会

一　党组织

（一）党组织建设的必要性

党章规定，凡是有正式党员 3 人以上的企业，都应建立党的组织。《公司法》规定，在公司中，根据党章的规定，设立中共党的组织，开展党的活动。公司应当为党组织的活动提供必要条件。外商投资企业党组织的建设，是新时期党的建设的一项重要内容。所有中外合资、合作经营企业（原则上也适用于外资企业），都要按照有关法律、法规的规定，建立健全党的组织。家乐福、沃尔玛、诺基亚、现代集团、阿尔卡特朗讯上海贝尔公司……越来越多在华外企设立中共党支部。

党的隶属关系一般应与其行政隶属关系相一致。职工人数较多的企业，在取得外方的理解和支持后，本着精干的原则，可设置必要的少量专职干部。党的专职干部，要由懂政策、懂业务、作风正派、遵守纪律、善于同外方合作共事的人员担任。与此同时，"毫不动摇鼓励支持引导非公有制经济发展"（语出自习近平 2018 年 11 月 1 日）。

总而言之，党组织建设的目的是贯彻落实党和国家的对外开放政策，加强和改进外商投资企业中方职工的思想政治工作，充分调动中方职工的积极性和创造性，搞好企业的经营管理，促进企业健康发展。

（二）党组织的基本任务

外商投资企业党组织的基本任务是：（1）充分发挥非公企业党建工作的"桥梁"和"纽带"作用，贯彻对外开放政策，保证党和国家的方针政策、法律法规得到正确贯彻执行；（2）密切联系生产经营活动，不断提高中方职工的政治思想素质和科学文化素质，建设一支"四有"职工队伍（有理想、有文化、有道德、有纪律）；（3）在中方人员中发挥政治核心作用，促进中外双方人员合作共事，共同办好企业。

（三）党组织的工作方法

党组织的工作方法是：从实际出发，紧紧围绕企业的经济活动，原则性与灵活性相结合；善于在法定范围内工作；特别要注重发挥中方领导干部和党、团员的模范带头作用，把身教同言教结合起来，并注意发挥工会、青年团、妇联等群众组织的作用，支持他们按照各自的章程自主开展工作。

（四）党组织的活动方式

党组织的活动方式要灵活多样、生动活泼、讲求实效；群众性的教育活动应在业余时间进行，必须占用生产时间的，要征得企业领导的同意。总之，党组织的活动要与企业文化建设结合起来，增强吸引力，努力做到党组织的活动为企业所需要、为党员所欢迎、为外商所理解。

二　工会组织

（一）组建工会的必要性

外商投资企业组建工会的必要性表现为四个方面：（1）中国《工会法》和有关法律法规都明确规定，参加和组织工会是外商投资企业职工的神圣权利，应依法坚持职工自愿入会的原则。（2）中华全国总工会提出了设立外商投资企业与组建工会"三同时"的要求，即：在与外商谈判的同时，要提出建立工会并写入企业章程；在筹建企业的同时，筹建工会组织；在企业开业的同时，建立起工会组织。（3）党在外商投资企业中群众工作的重要内容和保持工人阶级团结与统一的需要。（4）发挥职工群众积极性、维护职工合法权益和稳定、协调劳动关系的需要。

（二）工会工作的基本方针

中国工会从国情出发，参照国际有关经验，明确提出外商投资企业工会工作的基本方针是两句话：维护职工合法权益，共谋企业健康发展。这一方针的制定，是从外商投资企业劳动关系的特殊性出发，既考虑到工会维护职工合法权益，又考虑到促进企业发展，是建立稳定、协调劳动关系的需要。

（三）工会组织的主要职责

外商投资企业工会组织的主要职责归纳为六个方面：

1. 维护职工合法权益

从"源头"看，中华全国总工会参与了全部涉及职工权益的法律法规的制定工作，覆盖了维护职工权益的各个方面，从"源头"上维护了职工的合法权益。这些法律法规，不仅为维护职工合法权益提供了依据，同时也确立了外商投资企业工会在企业中的地位和作用，为各级工会独立自主地开展工作提供了保障。

2. 签订集体劳动合同

外商投资企业工会实施劳动法的重点是，积极推进工会代表职工与企业签订集体劳动合同。签订集体劳动合同是中国《劳动法》（1995年5月1日实施）的规定，也符合国际惯例。协商谈判制度是签订集体劳动合同的必要程序。工会以职工合法权益的代表者和维护者的身份，与企业进行协商谈判。通过签订集体劳动合同，维护职工合法权益，建立稳定、协调的劳动关系。无论劳动者个人是否加入工会，都可以享受集体劳动合同对劳动者权益的保障条款；集体劳动合同一旦订立，企业与任何劳动者个人的劳动合同，都只能更有利于劳动者的利益。

3. 指导个人劳动合同

工会还应指导、帮助职工与企业签订个人劳动合同。在个人劳动合同中，劳动条件和劳动报酬等标准，不能低于集体劳动合同的规定。总之，无论是集体劳动合同，还是个人劳动合同，工会均应积极参与，推行劳动合同制度。

4. 调解劳动争议

这是工会的一项重要权力。其方法需要注意四点：（1）参加企业劳动争议调解委员会，并依法承担调解委员会主任职责；（2）参与同级劳动争议仲裁委员会工作，有权参与处理本地区发生的劳动争议；（3）对于向法院提起诉讼的职工，工会应为其提供法律上的帮助（包括法律咨询、代写起诉状、担当诉讼代理人等）；（4）参与处理劳动争议坚持的方针是"三为主"：预防为主、调解为主、基层为主。尽量使劳动争议在基层和萌芽状态就得以及时解决。

5. 参与管理和监督

（1）参与管理的形式和途径：①工会主席参加或列席董事会会议的制度；②工会主席参加总经理办公会、厂务会等行政会议的制度；③工会与企业间的协商谈判制度；④工会代表职工与企业签订集体劳动合同的制度；⑤职工代表大会制度；⑥工会开展合理化建议活动。（2）参与监督的内容：①清理不符合《劳动法》《劳动合同法》规定的企业规章制度，支持职工对企业违反劳动法规行为的举报；②对职工监督检查中发现的问题，依法提出处理意见，督促企业限期解决；③发挥新闻舆论的作用，反映职工呼声，对违反劳动法规的典型事例予以披露；④对严重违反劳动法律法规的重大问题，而有关方面又不认真处理、改正的，工会可依法提起诉讼，通过法律程序解决。

6. 教育职工队伍

努力提高职工队伍素质，工会应当做到：（1）对职工进行法制教育，使职工了解改革开放政策，学法、懂法、守法、运用法律武器维护自身利益和规范自身行为；（2）运用各种形式加强职工培训，不断提高职工的职业道德和技术水平；（3）教育职工遵守厂规厂纪，组织劳动竞赛，把职工的积极性调动起来，发挥出去，为企业的健康发展做出自己的贡献。

实践证明，上述做法不仅得到职工拥护，也得到外商认同，起到了既维护职工合法权益，又共谋企业健康发展的双重作用。

（四）其他需要说明的问题

1. 专职（脱产）工会干部

按照《工会法》的规定，200—500人的工厂工会的脱产干部为1人，501—1000人的工厂为2人，1001—1500人的为3人，1501—2500人的为4人，不足200人的小厂可申请1人脱产。脱产工会人员的工资由工会支付，但享受企业劳保福利待遇。

2. 工会经费

按照《工会法》的规定，企业应按职工工资总额的2%拨交工会做经费，其中，1.5%作为职工文教费，0.5%作为工会开支。

3. 工会会员资格

企业工会的会员只能是本企业的职工，合资方的代表（如董事、总经理、副总经理），不能加入工会；外籍职工，只要不是合资方的代表，并依靠工资生活者，也可加入本企业工会，享有和中国职工同等的权利和责任。

4. 劳动关系三方协调机制

中国将参照国际惯例，在规范和协调劳动关系中，逐步建立劳动行政部门、工会、企业三方协调机制，定期就劳动关系中的重大问题进行协商，共同研究，制定政策，处理问题。这样做，有利于兼顾和处理好三者的利益关系，有利于《劳动法》的正确实施和劳动问题的顺利解决。

除了工会之外，外商投资企业还可设立其他群众团体的基层组织，如：中华全国妇女联合会，中国共产主义青年团等。总之，这些群众团体的存在，对于维护职工的合法权益，配合董事会办好企业，提高经济效益，都将起到积极的作用。

第十章　外商投资企业技术引进

第一节　技术引进概述

一　技术与技术引进

技术，是指人类利用科学知识改造自然的操作方法、技能和手段。它是科学与生产之间的中间环节。随着科学的进步，技术的概念也在不断扩大。不仅有物质生产技术，而且有非物质生产技术（如管理技术、思维技术、表现技术等）；物质生产技术的含义也在扩大，不仅有传统的利用工具等无机手段的技术，而且有生物技术等。

技术引进，是指通过贸易途径，以多种合作方式，从国外获得所需要的技术和技术装备。技术引进的内容，包括购买专利使用权，购买专有技术，进口技术设备，聘请技术专家，收集技术资料，派人出国考察、学习等。引进先进技术，是发展社会生产力的需要，是落后国家赶上并超越先进国家的一条必由之路。在资本主义工业发展史上，后起的资本主义国家赶上或超过先进资本主义国家，无不经过引进先进技术的发展阶段，进而实现跨越式发展。发展中国家要赶上经济发达国家，更需要有计划地引进先进技术。

中国改革开放以来的实践证明，引进海外先进而适宜的技术有四大好处：（1）有利于赢得时间，较快地填补技术空白，实现对国民经济主要部门的技术改造，从而缩短与发达国家的经济技术差距；（2）有利于节省研究试制费用，降低生产成本；（3）有利于在国外科技成就的基础上创新，迅速提高中国科技水平和国内产品质量与档次；（4）有利于培养掌握现代科学技术的人才。例如，在借鉴的基础上，中国研制超级计算机能力达世界领先水平，每秒3000万次"星云"牌计算机（2010年天津生产），日工作量相当于全国人用计算器不停地计算500多年，采用的"龙芯"拥有完全自主知识产权，系统安全性更高。

在社会主义市场经济条件下，中国技术引进的新变化表现在三个方面：（1）技术引进主体，从国家为主体向企业为主体转变，从企业单独引进向研制系统联合引进转变；（2）技术引进目的，从"进口替代"为主向消化创新和参与国际合作转变；（3）引进技术的管理体制，从政府意志主导向法治化、规范化的轨道转变。为适应这些转变，中国各相关主管部门应注意四个方面的建设：深入调查研究，加强技术引进的信息管理；健全技术引进的法规制度；重视技术引进中的知识产权保护，维护中国对外信誉；积极引导，热情服务，充分调动企业引进技术的积极性。

二 技术的分类

技术按其公开的程度划分为三类：普通技术、专利技术和专有技术。

（一）普通技术（公开技术）

普通技术，是指一般的科学技术理论和实际知识，是为社会公众所掌握和了解的（如书刊、报告、学术会议资料等），不在工业产权范围之内，可以公开自由传播。

（二）专利技术（半公开技术）

专利技术，是指根据国家专利法规定，公布于众的新发明技术。该技术经申请，获得专利权后，受专利法保护，在专利有效期内，未经权利人许可，不得利用和仿制，属于工业产权范围之内。按专利法的规定，新发明包括两种概念：一是产权发明——获得专利权后，其他人不得随意制造、使用、销售该产品；二是工艺方法发明——获得专利权后，其他人不得随意使用该工艺方法，也不得制造、销售用该工艺方法制造的产品。否则，就是侵权行为，可以诉诸法律。这是各国专利法的普遍原则。同时，按专利法的要求，新发明应全部公开。而实际上通常是半公开的，核心技术仍然保密。

（三）专有技术（秘密技术）

专有技术，又称技术诀窍或非专利技术。目前国际上对其尚无统一定义。联合国世界知识产权组织在1977年制定的《发展中国家保护发明示范法》中对其定义为："有关使用和运用工业技术的制造方法和知识"；而保护工业产权国际协会的定义则是："为实际应用一项技术而取得的，并能使一个企业在工业、商业、管理和财务等方面运用于经营的知识和经验。"上述定义中的中心词是"知识""方法"和"经验"。

专有技术的一般定义是：在生产和经营活动实践中采用的，不受专利法保护的私密知识、经验和技能。其内容包括：工业专有技术、商业专有技术和管理专有技术。如各种设计资料、图纸、工艺流程、加工工艺、材料配方或经营管理等技术资料，以及技术示范、祖传秘方、现场指导，有时还包括有关管理、商业、财务等方面的秘密内容。

三 技术许可的方式

通常意义上的技术引进，是指有偿的贸易形式的引进。对合资（合作）企业来说，多数是许可交易。许可交易的内容，分为专利技术许可、专有技术许可和商标许可，统称为技术许可。技术许可所采用的方式是许可证合同方式。

所谓许可证合同，又称许可证协议，是指技术输出方（供方或转让方）与技术输入方（受方或受让方）之间，就技术转让所达成的相互权利义务关系的协议。当事人双方签订了协议就是买卖了许可证。许可证合同的有效期，国际上一般不超过 10 年，多数为 5—7 年，技术进步快的行业，许可证合同期限还会更短些。

许可证合同的种类，按照转让方授权的大小和受让方所受限制的程度，可以划分为五类，即普通许可合同、排他性许可合同、独占性许可合同、交叉许可合同、可转让许可合同，分述如下：

（一）普通许可合同（Simple License）

普通许可合同，是指在许可合同规定的范围内，不仅受方和供方都有权使用合同项下的技术，而且供方还可以将该项技术转让给该范围内的任何第三方。这是最普遍的许可方式。中国一般采用这一方式来引进技术。

（二）排他性许可合同（Sole License）

排他性许可合同，是指在许可合同规定的范围内，受方和供方都享有使用合同项下技术的权利，只是排除任何第三方使用该项技术的权利。这在西方国家是颇为盛行的方式，旨在抑制竞争者，因此，该方式带有一定的垄断性。

（三）独占性许可合同（Exclusive License）

独占性许可合同，是指在许可合同规定的范围内，排斥包括供方在内的一切人使用供方许可的技术。又分为部分独占许可合同与全部独占许可合同。这种独占许可，实际上是当事人双方划分国际市场的势力范围。独占性许可合同一般是罕见的。

（四）交叉许可合同（Cross-License）

交叉许可合同，又称交换许可合同、相互许可合同，是指在许可合同规定的范围内，当事人双方互为受方和供方，且价值大体相当。从这种合同的许可权利范围看，一般都是排他性许可授权。

（五）可转让许可合同（Sub-license）

可转让许可合同，又称分售许可合同、可转售许可合同、从属许可合同，是指在许可合同规定的范围内，经供方同意，受方可以将许可证项下的技术使用权，全部或部分地转让给第三方。从这种合同的许可权利范围看，一般都是普通许可授权，而不是排他性许可合同，也不是独占性许可合同。

此外，还有一种强制许可证（Compulsory-License），只能由政府主管部门颁发，不采取协议形式。

综上所述，涉外技术转让许可证合同的种类，现列表归纳说明如表 10 – 1 所示。

表 10 – 1　　　　　　　　　　　涉外技术转让许可证合同种类

许可证合同种类	各方权利（一定时间和地域内）		
	受让方（受方）	转让方（供方）	第三方
普通许可	有使用权	保留使用权或转让权	可获得使用权
排他性许可	有使用权	保留使用权	不可获得使用权
独占性许可	有独占使用权	无使用权	不可获得使用权
交叉许可	有使用权	有使用权	不涉及第三方
可转让许可	有使用权，并允许转让使用权	保留使用权	允许从受方获得使用权

四　技术引进的途径

对外商投资企业而言，尤其是中外合资（合作）经营企业引进新技术，通常有以下三条途径：

（一）外方投资者（股东）自己拥有的技术（专利技术和专有技术），可直接转让，实行技术转让费入股

在合资（合作）经营企业中，大多数是由这种途径引进新技术的。如2002年，外企所签技术引进合同，占同期全国技术引进合同总额的78%。这是因为，一方面外商（股东）愿意这样做，另一方面中方也可避免该项技术的侵权诉讼纠纷。如中国汽车制造行业中第一家中外合资经营企业——北京吉普汽车有限公司，是北京汽车制造厂与美国克莱斯勒汽车公司合资经营，1985年引进了美国四轮驱动车"切诺基"（Cherokee）的产品和制造技术，以CKD（整件商品全部拆开包装）与国产化相结合的方式开始生产，1988年该车国产化率已达到30.02%，年生产4500辆。再如，中国与西欧国家最早合资经营的第一家机械工业企业——中国迅达电梯有限公司，是中国建设机械总公司、瑞士迅达有限公司和香港怡和迅达（远东）有限公司三方合资经营，从瑞士引进了数控三点折弯机等先进技术和先进管理的企业。中国迅达的产品遍布中国29个省、市、自治区，并远销东南亚许多国家和地区。其他还有投资额较大的合资经营企业，如美国奥的斯公司把制造电梯的技术，转让给在天津的合资经营企业；英国皮尔金顿玻璃公司把制造浮法玻璃的生产技术，转让给上海耀华—皮尔金顿公司；德国大众汽车公司把制造"桑塔纳"等型号汽车的专利，转让给上海大众汽车公司，等等。

（二）外方投资者（股东）买来的专利或专有技术，在得到产权方的许可后，可以向合资企业再转让

在实践中，目前只有少数合资企业的外商（股东）采用此种技术转让方式。如上海贝尔电话设备有限公司生产程序控制电话交换机的专利技术，就是外商股东比利时贝尔公司,在得到此项技术的产权方美国贝尔公司的许可后引进来的。引进"再转让"技术(或称"二道技术"),须注意避免此种技术的侵权诉讼纠纷。

(三)以中外合资(合作)经营企业名义买来的专利技术或专有技术

通过这种途径引进技术的成功率不高。因为企业的中外双方对技术都没有工业产权,技术秘密(包括工艺软件)不可能通过购买设备带进来,为掌握该技术的秘密,仍需要双方在"黑暗"中摸索,待到生产出合格产品,仍需要很长的周期。在实践中,此种引进技术的方式,通常为一些加工型的合资(合作)经营企业所采用。如上海联合毛纺公司(中港合资上海第一家合资经营企业),从日本、意大利和德国进口梳毛机设备(其中包括技术转让),从而把该公司的产品质量提高到国际水平,该公司在1984年被评为国家"进口技术的最佳企业"。

综上所述,技术引进的三条途径,第一条最为理想,第二条良好,第三条不够理想。只有股东们真正出于对投资利益的关心,才能把专利和技术秘密引进来,生产出富于竞争力的产品。

第二节 技术引进的前期准备

技术引进的前期准备工作,主要包括:准备好技术引进项目建议书,技术引进项目可行性研究报告,以及与此关系密切的技术引进项目中的国际限制性合同条款。

根据国务院颁发的《技术引进条例》附录和联合国工发组织制定的有关文件,现将技术引进的前期准备工作分述如下(但须说明,这些内容和要求是按照工业建设项目制定的,其他项目可参照这些基本要求作适当调整或简化)。

一 技术引进项目建议书(立项报告)

该建议书是从宏观方面研究技术引进必要性的报告。任何技术引进,只有在项目建议书批准后,才能进行以可行性研究为目的的各项工作(如调查研究、出国考察、非正式询价、初步洽谈等)。此时,不得同技术许可方签订任何有约束力的协议或合同。

技术引进项目建议书的内容,主要包括如下10项:

(1)项目名称、项目的主办单位、法定代表人姓名及住址。

(2)项目的内容和申请理由,包括拟引进技术的名称、内容、国内外技术差距等概况。对引进设备,应概要说明其生产工艺流程和生产条件,主要设备名称,简要规格、数量,以及国内技术差距等概要情况。

(3)技术许可方的国别(地区)、厂商与住址,包括外文全称。

（4）承办企业的基本情况，说明工厂是新建、改建或扩建，工厂地点及其他基本情况。

（5）产品名称、规格、生产能力，以及销售市场（包括国内外销售比例）。

（6）原材料、电力、燃料、交通运输、协作配套等方面，近期、中期和远期的要求与已具备的条件。如为矿山、油田等引进技术，要说明资源落实情况。

（7）技术引进所需资金的估算与来源（均需折算为美元计算，使用非美元外汇时，要注明折算率）。还包括国内费用的估算与来源，如基本建设投资等。

（8）项目的进度安排。

（9）初步的技术、经济分析。

（10）附件。报批项目建议书时，附件必须齐全，包括：①邀请外国厂商来华技术交流计划；②出国考察计划；③可行性研究工作计划，包括负责可行性研究的人员安排。聘请外国专家指导或委托咨询的，要附计划。

技术引进项目建议书，按分级管理的原则，按隶属关系，分别由企业注册所在地的省、自治区、直辖市、经济特区、沿海开放城市、计划单列市的商务厅（委、局）审批或备案。

二 技术引进项目可行性研究报告

技术引进项目可行性研究报告，是在项目建议书的基础上，对多种不同的方案，从宏观和微观两个方面，进行全面的技术和经济分析后提出的报告。其内容主要包括如下八项：

（1）概论。包括技术名称、引进方和许可方概况，以及可行性研究报告的论证概要、结论与建议。

（2）承办企业的基本情况与条件（含厂址选择、环境污染的防治等）。

（3）生产规划。包括产品的名称、规格、性能、用途、市场、销量、售价分析等。

（4）物料供应规划。包括原材料、半成品、配套件、辅助材料、电力、燃料，以及公用设施等的使用、来源、价格等。

（5）生产组织、劳动定员和人员培训计划。

（6）技术实施综合计划。包括询价、谈判、签订合同、工程设计、技术与设备交付、工程施工调试、试生产进度安排、正式投产时间等。

（7）资金概算与来源。包括技术项目总用汇额，外汇资金来源与偿还方式，国内配套资金概算等。

（8）经济分析。包括该项技术实施后，生产成本与销售收益的估算，分年的现金流量；分年的损益计算表和资金平衡表；根据分年现金流量，计算投资回收年限与投资回收率；技术的敏感性分析和盈亏分析；其他技术经济指标分析等。

报批技术引进项目可行性研究报告，还应根据需要随附若干附件，如聘请外国专家计划，出国培训计划，外汇及国内资金使用计划（如分年、分用途用汇计划），物料供应计划及落实情况，技术资料及技术产权方基本情况等等。

在技术引进项目可行性研究报告批准或备案后，即可着手商谈和签署技术引进合同。

三 技术引进中的国际限制性合同条款

中国引进的技术项目主要来自若干发达国家（目前已遍及世界几十个国家和地区），明显趋向多元化。而且，在引进项目的个数和费用上，也将随着中国经济实力的发展而增加。这就要求在技术引进项目中，认真搞好各方面、各阶段、各环节的调研与组织工作，其中，十分重要的一点是了解并运用技术引进项目中的国际限制性合同条款，以期保护技术引进方的利益不受侵害。

（一）《国际技术转让行为守则（草案）》规定禁止列入的限制性合同条款（又称排除性条款）

1978 年，在发展中国家的要求下，联合国工业与发展组织制定了一个指导性的工作文件——《国际技术转让行为守则（草案）》，规定了不得将 20 项限制性的商业条款列入许可证协议之内。兹将 20 项排除性条款分列如下：

（1）不得互惠地反馈改进技术；

（2）要求引进方不得对转让的专利及技术提出异议；

（3）限制引进方进行科研发展；

（4）限制引进方取得竞争性技术的自由；

（5）强烈要求引进方使用输出方指定的人员；

（6）限制引进方用引进技术生产的产品价格；

（7）禁止引进方修改引进技术或进行创新；

（8）要求引进方把专卖权给予输出方或输出代理人；

（9）有附带条件的安排，如要求引进方接受不愿要的额外技术、货物或服务等；

（10）限制出口；

（11）许可证协议对地区、数量、价格、用户或市场等加以限制；

（12）限制引进方进行广告宣传；

（13）要求引进方在继续使用已经期满失效的工业产权时，仍需要承担付款或其他义务；

（14）协议期满后，限制使用引进技术；

（15）限制生产的品种和数量；

（16）强烈要求引进方实行不愿采纳的质量标准与方法；

（17）要求引进方必须使用特定的商标或服务标志；

（18）要求提供合股资本或参与管理；

（19）许可证协议期限过长，或根本不规定期限；

（20）限制传播和扩大使用已引进的技术。

上述技术转让的国际限制性合同条款，至今尚未获得各国一致通过。主要是因为各国经济技术地位不同，法律制度不同，对这些条款的含义和内容理解不尽相同。至于显属不合理的限制性条款，世界各国大多立法加以禁止。

（二）中国《技术引进合同管理条例》规定禁止列入的限制性合同条款（又称排除性条款）

中国国务院于 1985 年 5 月 24 日公布的《中华人民共和国技术引进合同管理条例》第 9 条规定，供方不得强使受方接受不合理的限制性要求；未经审批机关特殊批准，合同不得含有下列九项限制性条款：

（1）要求受方接受同技术引进无关的附带条件，包括购买不需要的技术、技术服务、原材料、设备或产品；

（2）限制受方自由选择从不同来源购买原材料、零部件或设备；

（3）限制受方发展和改进所引进的技术；

（4）限制受方从其他来源获得类似技术或与之竞争的同类技术；

（5）双方交换改进技术的条件不对等；

（6）限制受方利用引进的技术生产产品的数量、品种或销售价格；

（7）不合理地限制受方的销售渠道或出口市场；

（8）禁止受方在合同期满后，继续使用引进的技术；

（9）要求受方为不使用的或失效的专利支付报酬或承担义务。

应当注意的是，外国投资方，凡是以工业产权或专有技术作为股份投资的，应提交该工业产权或专有技术的有关资料，包括专利证书或商标注册证书的复制件、有效状况及其技术特性、实用价值、作价的计算依据、与中国合营者签订的作价协议等有关文件，均作为合营合同的附件，上报企业主管部门和审批或备案机构。

第三节　技术引进费用的支付方式

外商投资企业为引进技术而支付费用的方式有两种：一种是技术转让方以技术转让费向合资（合作）经营企业入股，该方式比较普遍；另一种是向技术转让方现汇支付技术转让费。其一般做法归纳说明如图 10-1 所示。

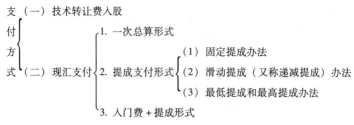

图 10 - 1　技术转让费支付的一般做法

一　技术转让费入股

外商的技术转让费向合资（合作）企业入股，技术股权的大小，可视不同情况灵活掌握。根据平等互利原则和国际惯例，中国政府对批准技术转让合同掌握的原则是：外商投资的技术股权，一般以不超过 20% 为宜；对于重大发明的特殊技术，可以占到 20% 以上；对于特殊的高科技技术，经有关部门核准，也可以占有更高的技术股权，但不得超过 35%。如 1987 年成立的蛇口科学和技术发展公司，美国和香港的一些技术专家，以其技术作为投资，占公司注册资本的 34%。该公司的产品主要是电子计算机的磁盘和磁头，供应国际市场的需求。

通过以外商技术转让费入股的形式而引进的技术，如前所述，是合资（合作）企业外商（股东）自己拥有的技术。一般来说，由于企业利害与外商（股东）直接相关，外商（股东）是能够将他所掌握的技术诀窍传授给合资（合作）企业的。

二　现汇支付技术转让费

通过现汇支付形式引进的技术，如前所述，是合资（合作）企业外商（股东）在征得技术产权方同意后，为企业购买的"再转让技术"（又称"二道技术"）；或是以合资（合作）企业名义购买来的转让技术。

向技术转让方现汇支付技术转让费，一般有三种形式：一次总算、提成支付、入门费 + 提成。

（一）一次总算（Lump Sum）

一次总算，又叫一次买死。这与一般的商品贸易一样，双方一次性地商定一个金额，在签合同时一次算清，然后一次或分几次支付。通常在合同签订后不久就要开始支付，在使用该技术生产出合格样品后，完成最后一次支付。采用分次支付形式的，有的计利息，有的不计利息。这种一次总算的支付形式，一般在简单成交情况下采用，如对安装技术设备、训练人员、维修保养设备等所付费用。

一次总算的好处：（1）这是固定计价法，签约时就规定了总价格，可以早知道自己的偿付负担和能力；（2）支付费用固定不变，不受价格波动的影响；（3）可以避免技术转让方查账。因为固定了偿付金额，就与技术引进后的生产规模和销售额毫无关系。

　　一次总算的不利因素：（1）这种支付形式基本上是在技术产生效果之前就要支付，在资金安排上有可能发生困难；（2）对技术转让方来说，由于已经得到了全部金额，对于企业能否从引进技术中获得预期的效果，很可能不大关心。

　　（二）提成支付（Royalty）

　　这种支付形式，一般在转让比较复杂的技术时采用。引进技术投产后，按照合同产品的销售量或销售额，或净销售利润，或双方商定的其他计算方法，在若干年内，提取一定百分比的提成费，向转让方支付转让费。这种办法，通常叫作变动计价法。

　　实行变动计价法，作为外商（股东），他从股东的立场出发，不会把技术转让费定得过高（因为按照他所占的股权比例，有他应负担的部分）；他从技术占有者的立场出发，则希望转让费增高，特别是将提成支付比例加大和提成支付期限延长。其实，在技术转让费中，外商得益最多的是产品提成部分。但提成支付比例和提成支付期限究竟以多少为好，应当主要根据该项技术的商业价值来确定。一般来说，提成支付比例（即提成率），大体上占当年产品净销售额的1%—2%，一般不应超过5%；提成支付期限，大体上在10年以内。当年产品净销售额＝年净销售价×年销售量。净销售价＝生产成本＋出厂利润。它不包括包装、运输、保险、税务、安装，以及经销商的商业费用等与生产产品无直接关系的一切费用。提成率可以是固定的，也可以是递减的。

　　实行变动计价法，对引进技术的合资（合作）企业来说，好处是：（1）整个合同期内，技术转让方的提成费与企业的利润和风险直接相关，使转让方愿意协助企业尽快掌握技术并尽早投产。（2）有利于改善企业的财务收支。企业收益多，就支付多；收益少，就支付少；没有投产，可以不支付。而且也不需要一次花很多外汇。（3）技术转让方不履行合同，或技术试产失败，可以调整提成支付，甚至停止支付提成费。

　　提成支付的具体办法，主要有以下三种：

　　（1）固定提成（Fixed Royalty）。又分固定提成率和固定提成费两种。固定提成率，是按固定不变的提成率支付提成费。固定提成费，是按单位产品（如每生产一台），或按单位时间（如一年、一季度）支付固定的提成费用。

　　（2）滑动提成（Sliding Royalty）。它是按产品产量或按净销售额的不断增加而逐步降低提成率。因此，又称递减提成。递减的幅度，应依据产品产量或收益来商定。

　　（3）最低提成（Minimum Royalty）和最高提成（Maximum Royalty）。最低提成通常由技术转让方提出，即规定在一定时间内（通常为一年），不管企业是否盈利，都必须支付技术转让方一笔提成费，旨在确保自己的最低收益。最高提成通常是由技术引进方作为对等条件提出，即规定在一定时间内（通常为一年），提成费支付到一定金额时，不管企业产品的产量或销售量再怎样增加，也不再多支付提成费。如果估计引进技术可以较快掌握，并能稳定地保持较大的生产量和销售量，引进方就可以主动提出最高提成费的条款。

（三）入门费（Initial Doun Payment）加提成

这类似于一次总算与提成支付相结合的形式，指的是签约后先给技术转让方付一笔费用，投产后再支付一定年限的提成费。入门费又称定金，即保证技术引进方严格执行合同，同时也作为一笔预付款，购买产品设计图纸、工艺技术文件等技术资料，以及用于转让方的旅费、电信费和技术服务费等直接费用。按照国际惯例，入门费一般都较低，大约相当于许可方转让技术的直接费用。例如日本一公司引进法国一公司少油断路器的制造技术，入门费5万美元，以后按产品的净销售额再提取3%的提成费来支付技术转让费。

第四节　技术引进的经济效益分析

一　经济效益的定性分析

从如下四个方面进行定性分析：

（一）引进先进适宜的技术

技术的先进性，泛指技术、工艺和主要设备，是国内短缺的，或其产品是新开发的，或是对国内同类产品能更新换代的，能增加出口或替代进口的。先进技术的突出特点是：效率高、成本低、用人少、积累多。凡是国家公布的鼓励投资的项目，在技术引进上，就要设法引进最新技术，广泛采用各国之长，加以引进、消化、吸收、再创新，以弥补本国在技术上与国外的差距，甚或达到占据技术优势，由技术进口转为技术出口。

技术的适宜性，是指结合中国国情的社会经济效益好的技术，但并非高不可攀、脱离实际的技术。如果引进的技术水平较低，从近期看，虽能增加就业人数，但从长远看，从宏观经济角度看，由于劳动效率较低，积累水平较低，就很难扩大再生产和增加新的就业机会。因此，从宏观决策来说，中国技术引进不宜搞"差距离竞争"，否则，就可能永远成为"有进无出"的技术引进国，赶上世界水平就只能是一句空话。

（二）引进技术以"软件"为主

从世界各国引进技术的经验看，随着本国技术力量的成长，往往在引进技术"硬件"（Hard Ware）的同时，引进技术"软件"（Soft Ware），并逐步过渡到以引进技术"软件"为主。技术"软件"又称纯技术。

当然，发达国家都愿意出口成套设备，特别愿意搞"交钥匙工程项目"（Turn-key project），一旦工厂建成，把厂门钥匙移交给东道国，超额利润就到手了。中东石油输出国，虽然其技术落后，但由于它非常有钱，都愿意接受这种"交钥匙工程项目"。

多年来，我们已培养出自己的科技队伍，具备了吸收高科技的能力。因此，应当从以进口生产线和关键设备为主，向引进"软件"技术和必要的关键设备为主转变。从进口成套设备向引进技术"软件"、再由本国自己生产、实现国产化的方向转变，这才是本来意义上的技术引进。

目前，中国技术引进从"硬件"为主转变为"软件"为主。

（三）引进技术以改造老厂为主

技术引进的重点，应以改造老厂为主。从世界各国的经验看，一般规律是：建设新厂投资多、周期长、回收慢；改造老厂花钱少、周期短、回收快、积累大。日本大企业松下电器公司，就是由一个小厂通过不断引进新技术、更新旧设备，而迅速发展起来的。因此，改造老厂，促进老企业的现代化，把整个国民经济转移到新的技术基础上来，是发展中国经济、提高经济效益的长远的战略方针。

当然，引进技术以改造老厂为主，并不是一概排斥建新厂和上新项目，只是不要上马过多，以免基建战线过长而长期形不成生产能力，阻碍国民经济发展和经济效益的提高。

（四）引进先进技术与引进现代化管理并重

在国外，先进技术与现代化管理，被喻为推动经济发展的两个"车轮"。二者缺一，先进的技术就不能充分发挥作用，也得不到应有的经济效益。这条经验可以说是放之四海而皆准的普遍真理。

在中国，往往只注意技术"硬件"，而忽视管理"软件"，也就是只要一个"车轮"，不要两个"车轮"。这就出现了先进的技术同落后的管理之间的矛盾。由此造成了这样的后果：同一生产技术，在国外生产效率高，经济效益好；而在中国则生产效率低，经济效益差。

总之，中国既要引进先进的制造技术，又要引进先进的管理方法，学会运用两个"车轮"，以便在掌握先进技术、提高经济效益的基础上，还能创造出一套切实可行、行之有效的科学管理方法。

二　经济效益的定量分析

从如下三类指标进行定量分析：

（一）比较经济效益系数

分析引进技术的经济效益，要看投入产出是否经济合理，通过比较为决策提供经济依据。

$$比较经济效益系数 = \frac{本国研制该项技术的总费用}{引进该项技术的总费用}$$

在上述公式中，引进该项技术的总费用，是技术转让方的报价，一般包括三部分：入门费、提成费和技术服务费。提成费又称佣金，是支付给技术转让方的利用该项技术（或专利）后所获取的利润的分成费用，是技术转让费的主要部分，大体要占总转让费的70%以上。技术服务费是支付给突破该项技术并帮助训练掌握该项技术人员的专家、学者、工程师等人员的费用。本国研制该项技术的总费用是个变数。比较经济效益系数越大，说明引进该项技术的经济合理性就越大。反之，则要谨慎小心。如果系数小于1，就不必引进了。系数的标准究竟以多大为好，国际上尚无惯例，主要应根据本国国情来确定。

（二）市场占有率

市场占有率，是指引进的技术投产后，其产品销售量与整个市场对该产品的需求量之间的百分比。用公式表示就是：

$$市场占有率 = \frac{本厂产品的销售量}{整个市场对该产品的需求量} \times 100\%$$

如果市场占有率大，说明产品畅销，竞争力强，经济效益好。反之，市场占有率小，说明产品销路不佳，竞争力弱，经济效益差。

要正确测算产品的市场占有率，必须做好对市场的调查和预测，尽可能掌握全面准确的数据。如同类产品的生产厂家数、产量、质量、销路、市场销售趋势（包括国际市场）、本厂产品所处的地位等。如果本厂产品销售量一时难以估算，可以用本厂产品价格总量（=单位产品价格×总产量），来测算产品的市场占有率。

分析市场占有率的大小，还应与产品的生命周期相联系。产品生命周期通常分为四个阶段：研制—发展—成熟—衰退。一般来说，引进技术的时机定在发展阶段较好，太早了，价格昂贵，转让方也不肯轻易转让；太迟了，即将过时的产品销路成问题，会影响经济效益。

（三）年均投资利润率

年均投资利润率，是指引进技术后，每年平均所得利润与引进技术总投资之比。用公式表示就是：

$$年均投资利润率 = \frac{年均利润总额}{引进技术总投资} \times 100\%$$

公式中的平均利润总额的计算公式是：

平均利润总额 = 引进期总利润 ÷ 引进期

引进期通常以年来表示。

年均投资利润这一指标，是技术引进后企业经济效益好坏的确切反映，也是衡量企业经营水平高低的实质性指标。年均投资利润率越大，说明企业经营管理水平越高，经济效益越好，企业用所得利润偿还债务的能力越强。反之，年均投资利润率越小，说明企业经营管理水平越低，经济效益越差，企业偿还债务的能力也越弱。

总之，上述三个指标，从不同角度反映了技术引进的经济效益，既有区别，又有联系，分析时应全面权衡，避免片面性。

第十一章　外商投资企业劳动关系

第一节　人事劳动部门的基本职责

本节所说人事劳动部门，既包括政府（人力资源和社会保障部门），也包括企业。外商投资企业劳动关系，其实质是劳、资、政三方关系。

一　掌握宏观管理原则

作为政府的人力社保部门，对企业的管理而言，要充分运用间接管理的方式，基本职责是掌握宏观管理原则。其中，主要是贯彻《劳动法》（1995 年 1 月 1 日实施）、《劳动合同法》（2008 年 1 月 1 日实施），抓好各项制度的落实，包括"三项制度"以及第三项制度中的"三项标准"：

（1）建立劳动合同制度；

（2）建立最低工资保障制度；

（3）建立基本劳动标准制度，包括：工时标准、最低工资标准、女职工和未成年工特殊劳动保护标准，以及禁止雇用童工的规定等。

上述宏观管理原则，将在本章各节中论述。现将女职工和未成年工特殊劳动保护标准在本节分述如下：

第一，国家对女职工的特殊劳动保护，《劳动法》规定了六方面的内容：（1）禁止安排女职工从事矿山井下、国家规定的第四级体力劳动强度（如抡大锤、打风钻）和其他禁忌从事的劳动；（2）不得安排女职工在经期从事高处、低温、冷水作业和国家规定的第三级体力劳动强度（如手推车）的劳动；（3）不得安排女职工在怀孕期间从事国家规定的第三级体力劳动强度的劳动和孕期禁忌从事的劳动；（4）对怀孕 7 个月以上的女职工，不得安排其延长工作时间和夜间劳动；（5）女职工生育享受不少于 90 天的产假；（6）不得安排女职工在哺乳未满一周岁的婴儿期间从事国家规定的第三级体力劳动强度的劳动和哺乳期禁忌从事的其他劳动，不得安排其延长工作时间和夜班劳动。此外，恋爱、婚姻受法律保护，企业（公司）不得规定"本公司职工不得相互恋爱"之规定。

第二，国家对未成年工（指年满 16 周岁、未满 18 周岁的劳动者）的特殊劳动保护规定：（1）不得安排未成年工从事矿山井下、有毒、有害、国家规定的第四级体力劳动强度的劳动和其他禁忌从事的劳动；（2）用人单位应当对未成年工定期进行健康检查。

国家对上述宏观管理原则的管理，通常表现为全国人大《劳动法》执法检查团重点检查的四个方面：（1）劳动合同签订和执行情况；（2）落实和完善最低工资保障制度情况；（3）解决拖欠职工工资情况；（4）企业职工合法权益保障情况。

二　搞好微观管理

作为企业的基本职责就是在政府对企业的宏观管理原则下，搞好微观管理，主要是：

（1）用人自主权：根据生产经营需要，企业自行确定机构设置和人员编制，经上级劳动人事部门备案后，自行聘用或辞退各级经营管理人员，增加或辞退职工。

（2）财权：企业自行确定工资标准、工资形式或奖励、津贴制度等。

（3）教育和培训：旨在提高企业职工队伍素质。人员素质，是指人的内在特性，即人的身心教养所达到的质量水准，包括文化水平、专业水平、技术熟练程度、经营管理才能、遵守纪律和吃苦耐劳的工作作风等。提高企业职工素质的重要意义在于：一是企业成功与否，关键在于人员素质高或低；二是劳动者素质也是一种投资环境，外商不仅重视基础设施、政策优惠等条件，而且对当地劳动者素质倍加关注。

第二节　职工招聘

一　招聘程序

（1）企业董事会自行制订劳动用人计划。

（2）当地人力资源和社会保障部门备案。

（3）企业自行招聘。

二　招聘范围

（1）从中方股东推荐的人员中选聘：中方企业同外商合营时，原企业的职工可由合营企业按照需要择优聘用。

（2）在企业所在地公开招聘。

（3）跨地区公开招聘：原劳动部和人事部于 1988 年 4 月 25 日，在关于进一步落实外商投资企业用人自主权的意见中指出，外商投资企业跨省、自治区、直辖市招聘职工，不再报省级劳动、人事部门批准，有关地区的劳动、人事部门要做好组织、协调和服务工作。

（4）跨国家（地区）招聘。

值得注意的是，为避免增加招聘费用和工资成本，在同等条件下，招聘职工不要舍近求远。

三　招聘自主权

（1）不违心接收职工。企业外部门和政府人事劳动部门，不能强迫企业招收职工和任命官员。

（2）在任期内的中方董事长、董事，有关部门不得擅自调动他们的工作，外商投资企业聘用的中方高级管理人员在其聘用合同期内，未经企业董事会同意，任何部门和单位无权调动他们的工作。

四　招聘禁忌

（1）企业不得擅自招用农民工。对流动人口就业管理，天津市于2016年1月1日实行"三证"制度，即就业者必须持有身份证、居住证、外来人员就业证。

（2）企业不得在禁忌岗位上招用女工和未成年工，严禁招用童工。

（3）企业不得向职工收取货币、实物等作为"入厂押金""风险金"或"担保物"，将劳动关系混同于债权债务关系。当前，一些企业在与职工建立劳动关系时擅自向职工收取货币、实物等作为"入厂押金"或"风险金"，这一做法违反国家关于劳动关系当事人平等、自愿和协商一致建立劳动关系的规定，侵害了职工的合法权益，必须予以制止。

（4）企业不得扣留或者抵押职工的居民身份证、居住证和其他证明个人身份的证件。违者，公安部门、劳动监察部门应责令企业立即退还职工本人。在招工中扣留或抵押证件的做法，是属于限制人身自由和侵犯公民权的行为，必须予以制止。

（5）企业不得招用尚未解除或者终止劳动合同的职工。否则，劳动监察机构应按照有关规定，追究该用人单位和劳动者的责任，责令其赔偿原用人单位的损失。为此，在招用职工时应查验其终止、解除劳动合同的书面证明，以及其他能证明该职工与任何用人单位不存在劳动关系的凭证，方可与其签订劳动合同。

必须指出的是，用人单位有上述（4）、（5）两种情形的，不仅由劳动行政部门责令限期改正，而且根据《劳动合同法》的规定，以每人500元以上2000元以下的标准处以罚款；给劳动者造成损害的，应当承担赔偿责任。

五　招聘外籍员工

根据国家有关规定，现将外商投资企业招聘外籍员工的程序概述如下：

（一）外籍员工就业许可

所谓外国人在中国就业，是指没有取得定居权的外国人，在中国境内依法从事社会劳动并获取劳动报酬的行为。按照规定，引进外国人来中国就业，要以有利于促进中国改革开放、经济发展和维护中国公民的就业权利为出发点，统筹考虑国内劳动力市场供求和就业状况。用人单位聘用外国人从事的岗位，应是有特殊需要，国内暂缺适当人选，且不违反国家有关规定的岗位，严格控制外国一般劳务人员来中国就业。

外籍员工在华就业条件、办理工作许可证的要求，分述如下：

1. 就业条件包括以下五项

（1）年满18周岁，身体健康；（2）具有从事其工作所必需的专业技能和相应的工作经历；（3）无犯罪记录；（4）有确定的聘用单位；（5）持有有效护照或能代替护照的其他国际旅行证件。

2. 办理就业许可证件

包括外国人就业证和外国人居留证件。外籍员工应持职业签证入境（有互免签证协议的，按协议办理），入境后取得《外国人就业证》和外国人居留证件，方可在中国境内就业。许可证书和就业证由人力资源和社会保障部统一制作。

3. 免办就业许可证书和就业证

凡符合下列条件之一的外国人可免办就业许可证书和就业证。条件是：（1）持有外国专家局签发的《外国专家证》的外国人；（2）持有《外国人在中华人民共和国从事海上石油作业工作准证》从事海上石油作业、不需登陆、有特殊技能的外籍劳务人员；（3）经文化部批准持《临时营业演出许可证》进行营业性文艺演出的外国人。

4. 入境后凭职业签证及有关证明直接办理就业证

这样做的条件是按照中国与外国政府间、国际组织间协议、协定，执行中外合作交流项目受聘来中国工作的外国人；或外国企业常驻中国代表机构中的首席代表、代表。

（二）外籍员工就业申请与审批程序

1. 申请许可证书

外商投资企业聘雇外国人，须凭企业合同、章程、批准证书、营业执照和有关文件，直接到劳动行政部门发证机关申领许可证书。这里所说的"有关文件"指的是：（1）拟聘用外国人履历证明；（2）拟聘用意向书；（3）拟聘用外国人原因的报告；（4）拟聘用外国人从事该项工作的资格证明；（5）拟聘用外国人健康状况证明；（6）法律、法规规定的其他文件。

2. 申请职业签证

用人企业申领许可证书后，须由被授权单位向拟聘用的外国人发出通知签证函及许可证书。拟聘用外国人凭人力社保部签发的许可证书、被授权单位的通知签证函及本国有效护照或能代替护照的证件，到中国驻外使、领馆申请职业签证。

3. 办理就业证

用人企业应在被聘用外国人入境后 15 天内，持许可证书、与被聘用外国人签订的劳动合同（合同期限最长不得超过 5 年，可以续订）及其有效护照到原发证机关为外国人办理就业证，并填写《外国人就业登记表》。就业证只在发证机关规定的区域内有效。劳动行政部门对就业证实行年检，就业每满一年，应在期满前 30 天内办理年检手续，否则，就业证自行失效。

4. 办理居留证

已办理就业证的外国人，应在入境后 30 天内，持就业证到公安机关申请办理居留证。居留证件的有效期限可根据就业证的有效期确定。

（三）商务部新规

商务部于 2018 年 6 月公布新规：外国人才来华工作、出入境更为方便。提升外国人才来华工作、出入境便利度，推进外国高端人才服务"一卡通"试点，简化外国人才工作许可程序，中国境内注册企业如果选聘外国人才，可在两个工作日之内获发签证。

六　签订劳动合同

所谓劳动合同，是指劳动者与用人单位确立劳动关系、明确双方权利和义务的协议。建立劳动关系应当书面订立劳动合同。劳动合同依法订立即具有法律的约束力，当事人必须履行劳动合同规定的义务。

需要说明的是，对建立劳动关系而不签订书面劳动合同的用人单位，《劳动合同法》作出了明确限制性规定："用人单位自用工之日起超过一个月不满一年未与劳动者订立书面合同的，应当向劳动者每月支付二倍的工资。"

（一）劳动合同制的重要意义

《劳动法》明确规定，在全国全面推行新型劳动用人制度，即所有企业及有关用人单位和所有职工，在建立劳动关系时，都应当订立劳动合同，使企业真正建立起适应社会主义市场经济条件下的劳动用工机制。

劳动合同制的重要意义表现为：（1）与社会主义市场经济相适应，企业用人找市场，从而促进劳动力市场资源的合理配置与流动；（2）符合国际惯例，把劳动关系的调整纳入法制轨道，减少劳动争议；（3）劳动合同是劳动关系的法律凭证，可有效保护劳动关系双方的合法权益。

（二）劳动合同的分类

劳动合同分为三类，即固定期限劳动合同、无固定期限劳动合同和以完成一定工作任务为期限的劳动合同。

1. 固定期限劳动合同

所谓固定期限劳动合同，是指用人单位与劳动者约定有始有终的劳动合同。劳动合同期限届满，劳动关系即告终止。这里说的固定期限可以是较短期限（如6个月、1年、2年），也可以是较长期限（如5年、6年、8年或更长时间）。只要是用人单位与劳动者协商一致，就可以订立固定期限劳动合同。

2. 无固定期限劳动合同

所谓无固定期限劳动合同，又称不定期劳动合同，是指用人单位与劳动者约定有始无终的劳动合同（无确定终止时间）。这类合同主要适用于需要保守商业秘密的行业，或者需要职工保持长期性工作的岗位。签订无固定期限劳动合同的当事人包括两种情形：一种是用人单位与劳动者双方协商一致而订立；另一种是劳动者凭自身条件单方要求而订立。

注意：《劳动合同法》规定，用工一年不签合同，视为订立无固定期限劳动合同。换言之，用人单位自用工之日起满一年不与劳动者书面订立劳动合同的，视为用人单位与劳动者已订立无固定期限劳动合同；而且满一年仍未与劳动者订立书面劳动合同的，须在一年内未订书面劳动合同期间向劳动者支付双倍工资。

3. 以完成一定工作任务为期限的劳动合同

所谓以完成一定工作任务为期限的劳动合同，是指用人单位与劳动者约定以某项工作的完成为合同期限的劳动合同。这实际上是一种特殊的定期劳动合同，是以工作任务的完成作为劳动合同终止的有效期限。

（三）劳动合同的签订原则

《劳动合同法》规定："订立劳动合同，应当遵循合法、公平、平等自愿、协商一致、诚实信用的原则。"这五项原则，贯穿于全部《劳动合同法》制度和规范之中，是制定、解释、执行《劳动合同法》的出发点和归宿。分述如下：

1. 合法原则

订立劳动合同必须符合法律法规的要求，这是劳动合同有效的前提条件。合法原则，其内涵是指：（1）劳动合同主体必须具备合法资格，用人单位须依法成立，劳动者须具有劳动权利能力（年满16周岁及以上）和劳动行为能力；（2）劳动合同内容必须合法，不得违背法律法规的规定，也不得违背社会基本道德和公序良俗等社会公共利益；（3）劳动合同的订立程序和形式必须合乎法律法规的规定，如劳动合同依法订立，采用书面的形式，自签字或盖章之日起生效等。

2. 公平原则

劳动合同内容的确立必须符合公平的原则，要公正、公允、合情合理，这是关于当事人内容的指导原则，是针对劳动合同订立过程而提出的要求，其实质是寻求当事人之间利害关系的基本平衡，以及权利和义务上的对等表达。

3. 平等自愿原则

平等，是指当事人之间法律地位上的平等，是平等主体之间的关系，平等决定劳动合同的内容，平等受劳动合同的约束，平等受法律保护。一方不得把自己的意志强加给对方。

自愿，是指订立劳动合同完全出于当事人自己的真实意志，独立地完成意思表示。自愿原则体现了民事活动的基本特征。民事活动除法律强制性的规定性外，由当事人自愿约定。

4. 协商一致原则

协商一致，是指当事人之间就劳动合同的内容、条款，通过共商取得完全一致的意思表示。当然，这种完全一致的意思表示不得违背法律法规的规定，否则，该劳动合同不能生效。

用人单位采用格式合同（又称定式合同、标准合同）订立合同时，应当遵循公平原则确定各自的权利和义务，并有提示、说明的告知义务，采用合理方式提请劳动者注意免除或者限制其责任的条款。与此同时，对格式条款有两种以上解释的，应当作出不利于提供格式条款一方的解释。

5. 诚实信用原则

诚实信用是市场经济中的道德准则，也是《劳动合同法》的最高准则或"帝王准则"。诚实讲信用，是指合同当事人在行使权利、履行义务时，应当抱有真诚的善意，讲求信誉，不虚伪、不欺诈、诚实设定、全面履行合同所规定的各项义务。

（四）劳动合同的必备条款

《劳动合同法》规定了劳动合同必须具备的七项条款，分述如下：

1. 劳动合同主体

劳动合同主体包括：用人单位和劳动者。双方主体的相关信息包括：（1）用人单位的名称、住所和法定代表人或者主要负责人；（2）劳动者的姓名、住所和居民身份证或者其他有效身份证件号码。明确劳动合同主体，有利于劳动行政部门对劳动合同主体资格的认定，有利于对用人单位劳动合同的管理和监督，也有利于劳动合同的履行，实现劳动合同的宗旨。

2. 劳动合同期限

劳动合同期限，是指劳动合同的有效时间，包括合同生效之时起，合同终止或解除之时止。劳动合同期限分为三种类型：有固定期限、无固定期限、以完成一定工作任务为期限。若没有劳动合同期限条款，该合同不能成立。

必须指出的是，试用期包含在劳动合同期限内。劳动合同仅约定试用期的，试用期不成立。现将试用期的有关规定归纳说明如表 11-1 所示。

表 11-1 劳动合同试用期的有关规定

劳动合同期限	试用期	说　明
3 个月及以上不满 1 年	不得超过 1 个月	（1）同一用人单位与同一劳动者，只能约定一次试用期 （2）以完成一定工作任务为期限的劳动合同或者劳动合同期限不满 3 个月的，不得约定试用期 （3）用人单位在试用期解除劳动合同的，除提供不符合录用条件的证据之外，还应当向劳动者说明理由 （4）试用期间用人单位应予缴付社保费，否则，事故费由用人单位按社保标准支付
1 年及以上不满 3 年	不得超过 2 个月	
3 年及以上固定期限和无固定期限	不得超过 6 个月	

3. 工作内容和工作地点

工作的内容和地点，是指劳动者应履行的主要义务。包括：劳动者为用人单位提供什么样的劳动，在何地提供，从事何种类型的工作，应达到的数量和质量标准等。

4. 工作时间和休息休假

工作时间，是指劳动者为用人单位提供的劳动时间。国务院明文规定：职工每日工作 8 小时，每周工作 40 小时。

休息休假，是指劳动者在法律规范下应当享受的一种基本权利。《劳动法》明文规定了劳动者的休息休假权利，其中包括劳动者周休息日（周六、周日）、法定休假日（元旦、春节、清明节、"五一"国际劳动节、端午节、中秋节、国庆节等）、探亲休假、年休假等。

5. 劳动报酬

劳动报酬，是指劳动法中所调整的劳动者基于劳动关系而取得的各种收入，主要支付形式是货币工资。此外，还有津贴、奖金、保险及福利等。这是用人单位的主要义务，也是劳动者的主要权利。在劳动合同中应当明确工资的数额、支付方式和津贴、奖金的数额，以及获得的条件等。

6. 社会保险

社会保险，是指国家通过立法建立的，对劳动者的生、老、病、死、伤、残、失业，以及发生其他生活困难时，给予物质帮助的制度。它是社会保障的重要组成部分。对劳动者而言，它既是一种保障，也是其劳动价值的一种体现。

目前，中国规定的社会保险包括"四险"：养老、失业、医疗（含生育险）、工伤。其中，除工伤保险和生育保险完全由用人单位缴纳之外，其余险种也要劳动者承担一定的保险费。因此，用人单位和劳动者之间，还可以就劳动者应承担的社会保险费用进行协商。

必须指出的是，如果用不履行社会保险费义务、损害职工的合法权益所形成的低成本来追逐高利润，是不正确的，也是违法的。从公平竞争的角度看，如果一部分企业不为职工缴纳社会保险费，并以此来降低成本、参与市场竞争，对于那些守法的企业、管理规范的企业，也是不公平的。目前，国家正采取措施，建立健全劳动者社会保险关系跨地区转移接续制度。

7. 劳动保护、劳动条件和职业危害防护

劳动保护，是指保障劳动者在劳动过程中身体健康与生命安全，预防伤亡事故和职业病发生，应当建立劳动保护制度和劳动保护设施。衡量用人单位履行劳动保护义务是否达标的依据有两项：（1）国家规定标准；（2）国家原则性要求。劳动合同中的劳动保护，用人单位只能高于国家规定的标准（就高不就低）。国家原则性要求，是指国家没有规定具体标准时，用人单位须提供不使劳动者生命安全受到威胁、身体健康受到侵害的劳动保护措施。

劳动条件，是指劳动者完成合同规定劳动任务的必要条件。衡量"必要条件"是否达标的依据有两条：（1）劳动安全卫生条件；（2）必备的生产资料条件（劳动手段和劳动对象）。此外，劳动者若需要用人单位提供特殊劳动保护和劳动条件的，应同用人单位进行磋商，并在合同中明确约定。

职业危害防护，是指对职业病的防护。职业病危害因素主要有两种：（1）职业活动中存在各种有害的化学、物理、生物因素；（2）在作业过程中产生的其他有害因素。将职业危害防护作为劳动合同必备条款，有利于劳动者更能明确地保护自身的合法权益，有利于劳动者更能预警未来所从事的职业对自身可能产生的危害，提前采取预防性因应措施。

目前，政府将贯彻实施《劳动合同法》列入议事日程，积极解决实施中的道德问题，查处违法行为，制止规避法律行为。从有的企业补偿10亿元人民币鼓励7000名员工辞职事件（规避无固定期限劳动合同），到接二连三的外企"撤资"（认为新法"僵化"了用工机制，提高了企业成本），有的甚至提出暂停执行或取消《劳动合同法》。不管《劳动合同法》与此是否有必然联系，但其引发的热议和震荡却是存在的。因此，在加大《劳动合同法》实施力度的同时，还将尽快出台相关司法解释，制定配套法规、规章。

需要特别指出的是，劳动合同条款只有两种情形可订立违约金：（1）服务期限；（2）保密义务。此外，均不得订立违约金条款。

（五）劳动合同的协商补充条款

与劳动合同的必备条款不同，协商补充条款不具有必备性，缺少它的合同依然成立。但协商补充条款对于完善合同内容、明确当事人权利和义务、减少合同执行争议、构建和谐稳定劳资关系，均有重要意义。协商补充条款同样不得违背法律法规的规定。在如下三个方面常常产生协商补充条款：

1. 职业培训条款

职业培训，是指对劳动者从事职业活动所需业务知识、专业技术、操作技能进行培育和训练的行为，包括就业前培训和就业后培训。职业培训是国家教育制度中的重要组成部分。《劳动法》对其作了详细的规定，但不同的用人单位根据本单位实际需要，可自行与劳动者协商约定职业培训内容，并写入劳动合同之中。

2. 竞业限制条款

竞业限制条款，又称保守商业秘密条款。商业秘密，是指不为公众所知悉、具有实用性的技术信息和经营信息。其特点是非公开，且能使经营者获得竞争优势。关于"竞业限制"的规范化要求，分述如下：

（1）竞业限制中的提前脱密：原劳动部《关于企业职工流动若干问题的通知》规定，用人单位与掌握商业秘密的职工在劳动合同中约定保守商业秘密有关事项时，可以约定在劳动合同终止前或该职工提出解除劳动合同后的一定时间内（不超过6个月），调整其工作岗位，变更劳动合同中的相关内容，进行提前脱密。

（2）竞业限制的主体：《劳动合同法》规定，竞业限制的人员，限于用人单位的高级管理人员、高级技术人员和其他负有保密义务的人员。

（3）竞业限制的范围、地域：《劳动合同法》规定，竞业限制的范围、地域，由用人单位与劳动者约定，但约定不得违反法律、法规的规定。

（4）竞业限制的期限及经济补偿：《劳动合同法》规定，竞业限制的期限不得超过两年。也就是说，相关人员在解除劳动合同后的两年内，不得到生产同类产品或经营同类业务且有竞争关系的其他用人单位任职，也不得自己生产与原单位有竞争关系的同类产品或经营同类业务，但用人单位应当给予该职工一定数额的经济补偿。《劳动合同法》规定，在竞业限制期限内，按月给予劳动者经济补偿。劳动者违反竞业限制约定的，应当按照约定向用人单位支付违约金。

3. 补充商业保险和福利待遇条款

补充商业保险，是指法定社会保险之外的其他险种。包括覆盖人生大多数风险（病、残、亡）的意外伤害险、第三者责任险、重大疾病保险、寿险等所有商业保险，都可以成为补充商业保险的条款。用人单位运用行为科学管理理念，把本企业职工的积极性调动起来，发挥出去，将商业保险作为福利待遇提供给劳动者，并在形式上成为劳动合同中"福利待遇"条款的重要组成部分。

需要说明的是，商业保险不同于社会保险，现归纳说明如表11-2所示。

表 11 - 2 商业保险与社会保险的原则区别

项目	商业保险	社会保险
1. 含义	商业保险组织承担合同约定事故、给付保险金责任的一种合同行为	国家通过立法提供经济保障的一种制度
2. 保障对象	自愿参加的社会成员	个体公民或劳动者
3. 目的	获得利润	保障社会利益，维护社会稳定
4. 性质	自愿参加，依保险合同实施的合同行为	依法强制实施的政府行为，体现社会的互济性、补偿性
5. 保费支付	被保险人个人负担	个人、企业、政府三方合理负担
6. 保险金给付原则及标准	强调个人公平原则，即权利义务完全对等，多交费多受益，少交费少受益	强调社会公平原则，即权利义务不对等，不强调交费相等，但强调给付相同
7. 保险功能	满足人们生活、消费各层次需要，保险水平较高（人身或财产）	满足社会成员生、老、病、死、伤、残、失业等较低层次的需要，即生存需要（人身）
8. 经办机构	商业保险公司	行政劳动部门
9. 经营体制	由商业保险公司按企业原则经营管理，国家对其征收税费	由国家专门设立，各级社会保险局统一管理，对资金的营运不征税
10. 采取手段	商业行为，自愿参加	社会行为，国家强制执行
11. 实施的法律基础	属经济立法范畴，受《保险法》约束	属劳动立法范畴，受《劳动法》《劳动合同法》等法律约束

（六）集体劳动合同

所谓集体劳动合同，又称集体协议、团体协议，是指企业职工一方与用人单位依法通过集体协商，就劳动者的集体劳动条件等事项达成的书面协议。

集体劳动合同是一种特殊的劳动合同类型，具有五个特征：（1）主体特色。劳资双方均以团体的名义出现；（2）合同内容不对称。其核心内容是劳动者的集体劳动条件；（3）双方义务不对等。主要是规定用人单位的义务，以工会的名义、集体的力量抗衡用人单位，保护劳动者个人利益，促使个人劳动合同更加公平合理，有利于在整体上构建和谐稳定的劳动关系；（4）协商形式特殊。劳资双方协商采用集体谈判的形式；（5）劳动保障行政部门对其监管更为严格，即政府对集体劳动合同一律实行鉴证制度。所谓鉴证，是指对合同进行管理的一项行政监督措施，须由劳动保障行政部门依法证明其真实性、合法权。劳动保障行政部门自收到集体劳动合同文本之日起、15日内未提出异议的，集体劳动合同即行生效。

1. 集体劳动合同的订立原则

（1）合法原则。集体合同主体双方必须遵守法律、法规、规章，以及国家规定的有关程序、内容、形式来签订集体合同；否则，该集体合同无效。

（2）相互尊重、平等协商原则。集体合同主体双方彼此尊重，平等协商达成一致协议，任何一方均不得凭借自己的优势胁迫对方签订集体合同。

（3）诚实信用、公平合作原则。集体合同主体双方在缔约过程中不欺诈、恪守诺言、不偏袒一方、相互提携，这是道德规范在法律、法规层面上的体现。

（4）兼顾双方合法权益原则。集体合同主体双方在缔约过程中，应当关注对方利益，通过互谅互让实现双胜双赢。

2. 集体劳动合同的内容条款

根据《劳动合同法》（2008 年 1 月 1 日起施行）的规定，《集体合同规定》（2004 年 1 月 20 日颁布）所列 15 项合同条款，不再是集体合同中的必备条款，而成为集体合同主体双方在集体协商中可供选择的协商性条款。15 项选择性协商条款为：

（1）劳动报酬；（2）工作时间；（3）休息休假；（4）劳动安全与卫生；（5）补充保险与福利；（6）女职工和未成年人特殊保护；（7）职业技能培训；（8）劳动合同管理；（9）奖惩；（10）裁员；（11）集体合同期限；（12）变更、解除集体合同的程序；（13）履行集体合同发生争议时的协商处理办法；（14）违反集体合同的责任；（15）双方认为应当协商的其他内容。

3. 集体劳动合同的形式规范

签订集体劳动合同形式的规范化要求表现在如下五个方面：

（1）集体协商人数要对等。为签订集体劳动合同进行集体协商时，企业工会或职工代表，与相应的企业代表，每一方代表为 3—10 人，双方代表人数相等，并各自确定一名首席代表；（2）合同签字人为双方首席代表；（3）合同有效期为 1—3 年；（4）在合同有效期内，经双方协商一致，也可对合同进行修订；（5）必须对合同进行鉴证。

此外，对于个人劳动合同，劳动保障行政部门鼓励并提倡用人单位和劳动者进行劳动合同鉴证。但劳动争议仲裁委员会不能以劳动合同未经鉴证为由，而不受理相关的劳动争议案件。

（七）劳动关系与劳务关系

在实践中，须警惕劳动关系劳务化。例如，本应签订劳动合同的，却签成了劳务合同，一字之差，天壤之别。现将二者的原则区别归纳说明如表 11 - 3 所示。

举案例说明：钟点工摔伤后责任由谁负？为家庭提供劳务的钟点工，按照约定为用工方提供清洁服务，用工方则按照约定支付报酬，双方所形成的是一种承揽合同关系，双方具有承揽人与定作人的权利义务。依照最高人民法院《关于审理人身损害赔偿案件适用法律若干问题的解释》第 10 条规定，承揽人在完成工作过程中对第三人造成损害或者造成自身损害的，定作人不承担赔偿责任。但定作人对定作、指示或者选任有过失的，应当承担相应的赔偿责任。因此，"责任由谁负"，关键是看定作人对定作、指示或者选任有无过失来确定责任。此案如果是劳动合同，则劳资关系双方的权利义务就不同了。

表 11 - 3 **劳动关系与劳务关系的原则区别**

比较	劳动关系	劳务关系	说　明
1. 主体	自然人与用人单位（从属，唯一）	自然人之间或单位之间（非从属，多重性）	
2. 客体	劳动合同	劳务合同	
3. 实体法适用	劳动法	经济法	
4. 程序法适用	一裁二审（＝仲裁＋审判）	二审终审（一、二审均在法院）	仲裁简称"裁"，法院审判简称"审"
5. 争议解决时效	争议日起≤1 年	侵权日起≤2 年	
6. 分配原则	按劳分配	等价有偿	
7. 职工社保	强制上保险	无须上保险	

第三节　劳动合同解除

　　所谓劳动合同解除，是指劳动合同订立后，尚未全部履行之前，由劳动合同双方或一方当事人提前消灭劳动关系的法律行为。它又分为约定解除和法定解除两种。劳动合同的解除，只对未履行的部分发生效力，不涉及已经履行的部分。

　　劳动合同解除分为三种类型，即双方协商解除、劳动者单方解除、用人单位单方解除。现归纳说明如表 11 - 4 所示。

表 11 - 4 **劳动合同解除类型和法定条件**

类型 ＼ 法定条件	不必事先告知	必须事先告知	说明
Ⅰ 劳资双方协商解除	—	—	最好有书面协议
Ⅱ 劳动者单方解除（4 种方式）	1. 随时通知用人单位而解除（6 种情形之一） 2. 立即离职而解除（特殊情形）	3. 试用期内预告（提前 3 日） 4. 合同期内预告（提前 30 日）	1. 对辞职者，可免发经济补偿金 2. 尽量不"裸辞"（尚未找到下一份工作就把当前工作辞掉了）
Ⅲ 用人单位单方解除（3 种方式）	1. 过失性解聘（6 种情形之一，随时解聘）	2. 非过失性解除（3 种情形之一，提前 30 日预告） 3. 经济性裁员（4 种情形之一，提前 30 日预告）	1. 属于"必须事先告知"的解除，须向劳动者支付经济补偿金；并为劳动者办理档案、社会保险转移，以及出具解除或者终止劳动合同的证明 2. 无固定期限劳动合同不是终身制（发生用人单位单方解除劳动合同三种方式下"6＋3＋4＝13"种情形之一的即可解除）

一　用人单位与劳动者双方协商解除劳动合同

《劳动合同法》规定："用人单位与劳动者协商一致，可以解除劳动合同。"这是双方当事人意思表示一致的结果，是意志自由原则的体现，且受法律保护。在实践中，多数是用人单位主动向劳动者提出意向，要求解除劳动合同。双方无论谁主动提出，只要结果达到协商一致就可以解除，但最好将协商解除劳动合同的内容形成书面协议，旨在避免事后争议无章可循。

二　劳动者单方解除劳动合同

以劳动者是否需要提前通知用人单位为依据，劳动者单方解除劳动合同分为两种方式：劳动者不必事先告知而解除；劳动者必须事先告知而解除。

（一）劳动者不必事先告知而解除劳动合同

1. 劳动者随时通知用人单位而解除劳动合同（6种情形）

用人单位有下列六种情形之一的，劳动者可以随时通知用人单位而解除劳动合同：

（1）未按照劳动合同约定提供劳动保护或者劳动条件的；

（2）未及时足额支付劳动报酬的；

（3）未依法为劳动者缴纳社会保险费的；

（4）用人单位的规章制度违反法律、法规的规定，损害劳动者权益的；

（5）以欺诈、胁迫的手段或者乘人之危，使劳动者在违背真实意思的情况下订立或者变更劳动合同，致使劳动合同无效或部分无效的；

（6）法律、行政法规规定劳动者可以解除劳动合同的其他情形，这属于兜底条款，为以后出现新情况作出调整而留有法律空间。

2. 劳动者立即离职而解除劳动合同（特殊情形）

《劳动合同法》规定："用人单位以暴力、威胁或者非法限制人身自由的手段，强迫劳动者劳动的，或者用人单位违章指挥、强令冒险作业危及劳动者人身安全的，劳动者可以立即解除劳动合同，不需事先告知用人单位。"

（二）劳动者必须事先告知而解除劳动合同

1. 试用期限内预告（提前3日）

《劳动合同法》规定："劳动者在试用期内提前3日通知用人单位，可以解除劳动合同。"试用期是劳动者与用人单位双向选择期，为防止劳动者突然离职给用人单位带来困难，规定预告期给用人单位一定的准备时间是合乎情理的。

2. 合同期限内预告（提前30日）

《劳动合同法》规定："劳动者提前30日以书面形式通知用人单位，可以解除劳动合同。"在维护劳动者择业权的前提下，为减少劳动者离职给用人单位带来的损失，规定较长时间的预告期是合乎情理的。

（三）劳动者单方解除劳动合同的注意事项

劳动者单方解除劳动合同是劳动者的主动行为，又称劳动者辞职或职工辞职。

职工辞职可通过工会或直接向企业提出辞职申请，企业一般应予同意并办理辞职手续。但应当注意下述问题：

（1）对辞职职工，可免发经济补偿金；

（2）如果企业出资培训过，劳动合同尚未期满，可拒绝辞职，否则辞职职工应赔偿一定的培训费或经济损失；

（3）对违反劳动合同，擅自"跳槽"者，给原用人单位造成损失的，应交纳违约赔偿金，新的用人单位应当承担连带赔偿责任。

（4）劳动争议的解决，可依据《劳动法》的规定，向本单位劳动争议调解委员会申请调解；调解不成，向劳动争议仲裁委员会申请仲裁。也可以自劳动争议发生之日起一年之内直接向劳动争议仲裁委员会申请仲裁。对仲裁裁决不服的，可以自收到仲裁裁决书之日起 15 日内向人民法院提起诉讼。

三 用人单位单方解除劳动合同

以劳动者是否有过错和企业经济情况为依据，用人单位单方解除劳动合同分为三种方式：过失性解聘、非过失性解除、经济性裁员，共 13 种情形。

（一）过失性解聘（6 种情形）

《劳动合同法》规定，劳动者因为过错和失误，符合下列六种情形之一的，用人单位可以随时解除劳动合同：

（1）在试用期间被证明不符合录用条件的；

（2）严重违反用人单位的规章制度的；

（3）严重失职，营私舞弊，给用人单位造成重大损害的；

（4）劳动者同时与其他用人单位建立劳动关系，对完成本单位的工作任务造成严重影响，或者经用人单位提出，拒不改正的；

（5）以欺诈、胁迫的手段或者乘人之危，使用人单位在违背真实意思的情况下订立或者变更劳动合同，致使劳动合同无效或者部分无效的；

（6）被依法追究刑事责任的。

（二）非过失性解除（3 种情形）

《劳动合同法》规定，劳动者属于非过失性原因被解除劳动合同的，用人单位须提前 30 日以书面形式通知劳动者本人，或者额外支付劳动者一个月工资后，可以解除劳动合同。"非过失"是指下列三种情形之一：

（1）劳动者患病或者非因工负伤，在规定的医疗期满后不能从事原工作，也不能从事由用人单位另行安排的工作的；

（2）劳动者不能胜任工作，经过培训或者调整工作岗位，仍不能胜任工作的；

（3）劳动合同订立时所依据的客观情况发生重大变化，致使劳动合同无法履行，经用人单位与劳动者协商，未能就变更劳动合同内容达成协议的。

（三）经济性裁员（4 种情形）

《劳动合同法》规定，用人单位属于经济性原因而裁减人员，须提前 30 日向工会或者全体职工说明情况，听取工会或者职工的意见后，裁减人员方案经向劳动行政部门报告后，可以裁员。

与此同时，《劳动合同法》对经济性裁员作出了限制性规定，主要体现在如下五个方面：

1. 裁员人数的法定标准

用人单位需要裁减人员 20 人以上或者裁减不足 20 人但占企业职工总数 10% 以上；否则，用人单位只能通过双方协商解除劳动合同的类型，与劳动者个别地解除劳动合同。

2. 裁员理由的法定情形

《劳动合同法》对用人单位实行经济性裁员的情形作出了规定，符合下列四种情形之一的，可以裁员：

（1）用人单位濒临破产，正在法定整顿期间；

（2）生产经营发生严重困难的；

（3）企业转产、重大技术革新或者经营方式调整，经变更劳动合同后，仍需裁减人员的；

（4）其他因劳动合同订立时所依据的客观经济情况发生重大变化，致使劳动合同无法履行的。

3. 优先录用被裁减人员的法律规定

《劳动合同法》规定，如果用人单位在 6 个月内重新招用人员，应当通知被裁减的人员，并在同等条件下优先录用被裁减的人员。

4. 裁员中应当优先留用的三类人员

《劳动合同法》规定，裁减人员时，应当优先留用下列三类人员：

（1）与本单位订立较长固定期限劳动合同的；

（2）与本单位订立无固定期限劳动合同的；

（3）家庭无其他就业人员，有需要抚养的老人或者未成年人的。

5. 不得解除劳动合同、不得裁减的六类人员

《劳动合同法》规定，在上述非过失性解除和经济性裁员的人员中，不得解除劳动合同、不得裁减的有下列六类人员：

（1）从事接触职业病危害作业的劳动者，未进行离岗前职业健康检查，或者疑似

职业病病人在诊断或者医学观察期间的；

（2）在本单位患职业病，或者因工负伤并被确认丧失或者部分丧失劳动能力的；

（3）患病或者非因工负伤，在规定的医疗期内；

（4）女职工在孕期、产期、哺乳期的；

（5）在本单位连续工作满 15 年，且距法定退休年龄不足 5 年的；

（6）法律、行政法规规定的其他情形。

（四）用人单位单方解除劳动合同的注意事项

1. 用人单位向劳动者支付经济补偿金

所谓经济补偿，是指对被解除劳动合同职工在该企业所做贡献的一种货币形式的补充报偿行为。

解除劳动合同时（过失性解聘除外），用人单位应当依照国家有关规定给予被解除职工经济补偿。经济补偿金的计算标准是：按企业正常生产情况下劳动者解除合同前 12 个月的月平均工资，用人单位根据劳动者在本单位工作年限，每满一年发给相当于一个月工资的经济补偿金；工作时间 6 个月以上不满一年的，按一年的标准发给一个月工资的经济补偿金；工作时间不满 6 个月的，向劳动者支付半个月工资的经济补偿金。劳动者月工资高于用人单位所在直辖市、设区的市级人民政府公布的本地区上年度职工月平均工资 3 倍的，向其支付经济补偿金的标准按职工月平均工资 3 倍的数额支付，向其支付经济补偿金的年限最高不超过 12 年。具体发放办法归纳说明如表 11 - 5 所示。

表 11 - 5　　　　　　　　　　　　　　经济补偿金发放办法

解除方式	具　体　情　况	发放数额
1. 过失性解聘	--	不予发放
2. 非过失性解除	①对患病或非因工负伤丧失劳动力者 　其中： 　＊对一般病症者增发医疗补助费 　＊对重病者增发不低于医疗补助费的50% 　＊对绝症者增发不低于医疗补助费的100% ②对不能胜任工作者 ③由于客观原因导致合同无法履行者	无上限限制 ＊≥6 个月 ＊≥9 个月 ＊≥12 个月 ≤12 个月 无上限限制
3. 经济性裁员	--	无上限限制

应该注意的是，用人单位解除劳动合同后，未按规定给予劳动者经济补偿的，除须全额发给补偿金外，还须按该经济补偿数额的 50% 以上 100% 以下的标准，向劳动者加付赔偿金。

2. 用人单位为劳动者出具证明、办理档案和社保转移

《劳动合同法》规定，用人单位应当在解除劳动合同的同时，出具解除或者终止劳动合同的证明，并在 15 日内为劳动者办理档案和社会保险转移手续。

3. 劳动者对用人单位的善后义务

有三点义务：（1）结束并移交有关事务，以及移交所保管的物品；（2）按约定保守商业秘密，并履行竞业限制义务；（3）赔偿因违约而给用人单位造成的损失。

第四节　职工工资

一　劳动工时标准

（一）工时标准

《国务院关于职工工作时间的规定》指出：自 1995 年 5 月 1 日起，职工每日工作 8 小时，每周工作 40 小时。事业单位最迟应当自 1996 年 1 月 1 日起施行，企业最迟应当自 1997 年 5 月 1 日起施行。

（二）缩短工时标准的意义

由每周 5 天半工作制改为 5 天工作制，是深化改革和经济社会发展的需要。其意义在于如下四个方面：

（1）缩短工时是世界工时制度的发展潮流。目前，世界上已有不少国家实行了每周 5 天工作制。中国实施 5 天工作制后，将有利于开展国际交流与合作。

（2）缩短工时有利于解决就业问题。据测算，中国实行 40 小时工作周，大约可以提供 2200 万个就业岗位。

（3）缩短工时有利于刺激消费、活跃市场、发展旅游，促进第三产业的发展。

（4）缩短工时可使职工获得更多一些的自由支配时间，有利于提高劳动者素质。

（三）职工全年月平均工时和工资折算

根据《全国年节及纪念日放假办法》（国务院令第 513 号）的规定，全体公民的节日假期由原来的 10 天增设为 11 天。据此，职工全年月平均制度工作天数和工资折算办法分别调整如下：

1. 制度工作时间的计算

年工作日：365 天 – 104 天（休息日）– 11 天（法定节假日）= 250 天

季工作日：250 天 ÷ 4 季 = 62.5 天/季

月工作日：250 天 ÷ 12 月 = 20.83 天/月

工作小时数的计算：以月、季、年的工作日乘以每日的 8 小时。

2. 日工资、小时工资的折算

按照《劳动法》第 51 条的规定，法定节假日用人单位应当依法支付工资，即折算日工资、小时工资时不剔除国家规定的 11 天法定节假日。据此，日工资、小时工资的折算为：

日工资：月工资收入÷月计薪天数

小时工资：月工资收入÷（月计薪天数×8小时）。

月计薪天数＝（365天－104天）÷12月＝21.75天

2000年3月17日原劳动保障部发布的《关于职工全年月平均工作时间和工资折算问题的通知》（劳社部发〔2000〕8号）同时废止。

二 劳动工资标准

所谓劳动工资，是指用人单位依据国家有关规定或劳动合同的约定，以货币形式直接支付给本单位劳动者的劳动报酬，一般包括计时工资、计件工资、奖金、津贴和补贴、延长工作时间的工资报酬，以及特殊情况下支付的工资等。工资是劳动者劳动收入的主要组成部分。

（一）企业最低工资标准

所谓最低工资，是指劳动者在法定工作时间内履行了正常劳动义务的前提下，其所在单位支付的最低劳动报酬。最低工资不包括下列所得：（1）加班费，即延长工作时间的工资报酬；（2）房补、食补，即以货币形式支付的住房和用人单位支付的伙食补贴；（3）特殊津贴，即特殊工作环境和劳动条件下的津贴（如中班、夜班、高温、低温、井下、有毒、有害等）；（4）社保、福利，即国家法律、法规、规章规定的社会保险福利待遇。

按照平均数法计算，国际上最低工资一般相当于平均工资的40%至60%。

《劳动法》明确规定：国家实行最低工资保障制度。原劳动部要求全国各地必须在1995年6月30日之前实施最低工资标准。国家"十二五"（2011—2015年）改善民生行动计划提出，工资改革要"提低、扩中、调高"；提高最低工资标准：最低工资标准年均增长13%以上；北京市要求地方政府设定的最低工资标准为至少要达到地方平均工资的40%。据人社部门公布，部分城市最低月工资标准和实施日期是：上海2420元（2018年4月1日），深圳2200元（2018年8月1日），北京2120元（2018年9月1日），广东2100元（2018年7月1日），天津2050元（2018年7月1日），江苏2020元（2018年8月1日），浙江2010元（2017年12月1日）。实施最低工资标准的意义：（1）保证社会主义市场经济健康发展，维护社会稳定的需要；（2）保护劳动者合法权益，促进劳动者素质提高的需要；（3）加强劳动法制建设，实现工资法制化的需要。

值得注意的是，实行最低工资标准后，应防止外企老板借口国家公布本地区最低工资标准之机，降低本单位职工原来的工资水平。

（二）国家深化分配制度改革的原则和制度

（1）确立生产要素（土地、资本、劳动、技术和管理等）按贡献参与分配的原则，完善按劳分配为主体、多种分配方式并存的分配制度。[①]

（2）坚持效率优先、兼顾公平的原则。既要提倡奉献精神，又要落实分配政策，既要反对平均主义，又要防止收入悬殊。[②]

（3）企业在法律法规规范下，自主决定工资的投入、分配和结构。

（4）工资制度改革的方向是"双同步、双提高"："双同步"是指居民收入增长与经济发展同步，劳动报酬增长与劳动生产率提高同步；"双提高"是指提高居民收入在国民收入中比重，提高劳动报酬在初次分配中的比重。

初次分配，即国民收入初次分配，是指与物质生产有直接联系的成员中进行的分配。社会主义国民收入经过初次分配，形成三种基本的原始收入，即：（1）国家集中的纯收入；（2）企业收入；（3）生产劳动者个人收入。调整初次分配的核心是：政府减税、资方让利、劳动者所得提高，旨在三方利益分配结构趋向合理。

提高劳动报酬在初次分配中比重的意义表现在两个方面：（1）纠正不合理。目前的国民收入分配格局，仍然存在不合理的现象，如居民收入在国民收入分配中的比重偏低，在初次分配中工资所占比重偏低，城乡居民不同社会群体之间收入分配的差距较大。这不仅造成了投资、消费关系的不平衡，而且也影响了社会的和谐稳定。（2）缩小贫富差距，彰显社会公平正义。提高劳动报酬在初次分配中的比重，可以减轻再分配的调节负担，可以让低收入者得到更好的生活保障，对于控制国民收入分配畸形发展具有政策先导作用，从而减轻再分配政策的调节负担。

（三）企业内部工资分配原则

（1）企业应当遵循按劳分配和按生产要素分配相结合、同工同酬的原则。

（2）企业职工平均工资水平，应根据本企业的经济效益、劳动生产率，并参照当地城镇居民消费价格指数和工资指导线等，由董事会确定或通过工资集体协商来确定。

（四）其他需要说明的劳动工资问题

（1）工资的形式为货币，须按月支付。《劳动法》明确规定："工资应以货币形式按月支付给劳动者本人。不得克扣或者无故拖延劳动者的工资。"

（2）外商投资企业职工调往其他单位工作时，改用调入单位的工资、津贴、奖金制度和劳保福利，并重新加以确定。

（3）外商投资企业的职务津贴制度，按照每个职工完成岗位任务的情况，由董事

---

① 源自《中国共产党第十六次全国代表大会上的报告》（2002 年 11 月 8 日）．人民出版社 2002 年版，第 28 页。

② 源自《中国共产党第十六次全国代表大会上的报告》（2002 年 11 月 8 日），人民出版社 2002 年版。

会决定。

（4）外商投资企业外籍职工的待遇，以及雇用、解雇、辞职等问题，应在劳动合同中规定。外籍员工的薪金待遇，其一般做法是：外商投资企业只从国外聘请国内请不到的专家和高级经营管理人才，签订合同，发给高薪。

（5）未在企业担任实职的中方正副董事长、董事，不得从该企业领取任何工资性收入。由中方投资单位按国家有关规定对其进行考核、监督、奖惩。

（6）企业职工工资收入总额、平均工资，高级管理人员、董事的工资收入，报中方投资单位和当地劳动行政部门备案。其中，外方人员的工资收入部分单列。此外，企业须办理并使用《工资总额使用手册》，如实记录企业工资收入发放情况；还要进行劳动工资统计，并向所在地区劳动行政部门、统计部门报送劳动工资统计报表。劳动行政部门负责对企业执行工资收入管理规定的情况进行监督检查。

（7）企业职工的劳动报酬低于当地最低工资标准的，应当支付其差额部分；逾期不支付的，责令用人单位按应付金额50%以上100%以下的标准向劳动者加付赔偿金。

（8）中国加薪不影响吸引外资。2010年由富士康和广州本田加薪开始的中国外企基本工资上涨，不会影响吸引外资。廉价的劳动力，已不是现阶段中国吸引外资的第一位优势。中国吸引外资最重要的优势在于四个方面：（1）中国稳定的政治环境，以及不断完善的法治环境；（2）中国庞大的市场规模和市场潜力，致使外商愿意融入这个迅速增长的巨大市场（注：在华营运的约29万家外企生产的产品中，有63%左右是在中国市场销售的，只有大约37%用于出口）；（3）中国比较完善的产业配套能力；（4）中国劳动力的优势体现在两方面：一方面是人口素质正在普遍提高，受过高等教育的人口数量越来越多；另一方面是中西部拥有庞大的劳动力市场，能够为外商在华投资提供充足的劳动力，并在劳动力价格上具有较强的竞争力。

三　工资集体协商的前提条件、重点内容和参照指标

所谓工资集体协商，是指企业工会或职工代表与相应的企业代表，依法就企业内部工资问题进行协商并签订集体合同的行为，是企业集体劳动合同的重要组成部分。

（一）工资集体协商的前提条件

须同时具备3个前提条件：（1）企业工会或半数以上职工提出开展工资集体协商的要求；（2）企业已正式投产（开业）；（3）企业具备开展工资集体协商所需的基本数据和资料。

（二）工资集体协商的重点内容

包括7个方面的内容：（1）企业职工工资水平的确定和调整；（2）企业内部工资分配制度和工资分配形式；（3）职工奖惩办法；（4）加班、加点工资；（5）职工年休假工资；（6）职工保险福利待遇；（7）其他由企业职工提出要求协商的与工资有关的问题。

（三）工资集体协商的参照指标

政府人力社保部门，每年发布与工资集体协商相关的经济发展指标，如劳动力市场价位、企业人工成本等信息，以及相关政策文件，指导企业依法推进工资集体协商，包括以下 10 项指标（重点是 3、4、7 项）：

1. 地区、行业、企业的人工成本

"人工成本"，是指企业雇用职工个人所花费的所有费用，包括：实得收入（含基本工资、奖金、福利、津贴、加班工资等）、各类保险（含养老、失业、医疗、工伤、生育及子女医疗等）、住房储蓄和培训费等。

2. 地区、行业职工平均工资水平

"平均工资"，又称社会平均货币工资，是指一定时期内平均每人所得的货币工资。它是反映职工工资一般水平的指标。其计算方法是：全年工资总额除以年平均职工人数。

3. 政府发布的工资指导线

"工资指导线"，是指政府发布的指导辖区内企业确定职工工资水平的尺度。它是指导性指标，而非指令性指标。企业可以参照该项指标确定本企业职工工资水平（见表 11 - 6）。

表 11 - 6　　　　　　　　　　中国部分省份发布工资指导线

省份	基准线（%）	上线（%）	下线（%）
北京	9	15	4
上海	9	14	4
天津	9	16	3
河北	8	13	3
山西	7	11	4
山东	8	13	35
福建	8	12	2
陕西	7	11	3
甘肃	8	14	4
宁夏	8	不设上线	零增长
青海	7	13	3
云南	8	13	3
贵州	10	15	4
新疆	8	10.5	3

注：1. 基准线，是指企业工资平均增长幅度；

2. 上线，是指企业工资增长允许达到的最高幅度；

3. 下线，是指企业工资增长应达到的最低幅度。

资料来源：根据各地人力资源和社会保障部（2016 年）资讯整理而得。

4. 地区城镇居民消费价格指数

"消费价格指数"，又称生活费指数，是衡量各个时期居民个人消费的商品和劳务价格变化的指标。它表明通货膨胀的情况，用作工资、津贴调整的依据。因为这一指数的升降，表示居民为保持生活水平不变所需支出生活费用的增减。

5. 企业职工工资总额和职工平均工资

6. 企业实现利税

7. 企业净产值劳动生产率

"劳动生产率"，是指通过产品生产量与劳动消耗量之间的对比，以反映劳动生产效率的指标。单位劳动时间内生产的产品数量增多，亦即生产单位产品所耗费的劳动量减少，都表明劳动生产率提高。

8. 国有资产保值增值率

"保值增值率"，又称"资本保值增值率"，主要反映投资人投入企业的资本完整性和保全性，计算公式是：

$$资本保值增值率 = \frac{期末所有者权益总额}{期初所有者权益总额} \times 100\%。$$

如果资本保值增值率 = 100%，为资本保值；如果 > 100%，为资本增值；如果 < 100%，为资本降值。

9. 企业工资利税率

$$企业工资利税率 = \frac{利润 + 税}{工资总额} \times 100\%$$

10. 企业资本收益率

"资本收益率"，是反映企业盈利能力的指标，其公式为：

$$资本收益率 = \frac{净利润}{实收资本} \times 100\%$$

在资本总额一定的条件下，资本收益率越高，说明资本收益越大，企业经济效果越好。反之则相反。

值得说明的是，中华全国总工会从 2011 年起，用 3 年时间全面推进企业建立工资集体协商制度。例如，天津市人力社保局与市总工会联合发出《关于进一步推动工资集体协商工作的通知》（2010 年 4 月），要求各级人力社保部门、工会组织以及企业，全面落实工资集体协商办法，建立企业职工工资协商机制和正常增长机制，切实提高职工收入水平。如 2010 年，天津市 80% 以上建立工会组织的企业签订工资集体协议，提高劳动报酬在初次分配中的比重；对于未建立工会组织、未开展工资集体协商的企业和经营者（含外商投资、港澳台资、职工在 25 人以上的独立企业等），不仅不得享受本市税费优惠政策，而且不能参加市级以上荣誉称号的评选，并记入用人单位信用档案，作为劳动保障诚信企业评价的依据。

四　职工加班劳动时限及其工资支付办法

（一）加班时限（1-3-36法则）

《劳动法》规定，用人单位由于生产经营需要，经与工会和劳动者协商后可以延长工作时间，一般每日不得超过1小时；因特殊原因需要延长工作时间的，在保障劳动者身体健康的条件下延长工作时间每日不得超过3小时，但是每月不得超过36小时。

（二）加班工资支付办法（1.5-2-3法则）

加班，是劳动者在法定的休息时间内从事劳动的行为，理应获得高于正常工作时间的劳动报酬。按照规定，支付职工加班工资的具体办法分为三种情况，现归纳说明如表11-7所示。

表11-7　　　　　　　　　　　　　职工加班工资支付办法

类　　型	平　　时	休　息　日	法定节假日
计时工资制 （按本人小时工资标准）	≥150%	≥200%	≥300%
计件工资制 （按计件单价标准）	≥150%	≥200%	≥300%
综合计时工资制	对超过法定工作时间部分，应按规定支付工资报酬		

注：1. 实行计时工资制的劳动者的日工资，按其本人月工资标准除以平均每月法定工作天数（实行每周40小时工作制的为21.75天）进行计算。

2. 法定节假日是指元旦、春节、清明节、国际劳动节、端午节、中秋节、国庆节。

3. 经批准实行综合计算工作时间的用人单位，分别以周、月、季、年等为周期综合计算工作时间，但其平均日工作时间和平均周工作时间应与法定标准工作时间基本相同；实行综合计算工时工作制的企业职工，工作日正好是周休息日的，属于正常工作，工作日正好是法定节假日时，要依照《劳动法》的规定，支付不低于工资300%的工资报酬。

《劳动合同法》规定，用人单位须按期支付加班工资，否则，由劳动行政部门责令限期支付；逾期不支付的，责令用人单位按应付金额50%以上100%以下的标准向劳动者加付赔偿金。此外，《刑法（修正案）》自2011年5月1日实施，其中有了新罪名"恶意不支付薪酬罪"，对此公安部门可介入解决。

五　国家对社会保险费征缴的原则规定

中国社会保险法治化：《社会保险法》自2007年开始审议，历经3年四审终获通过，于2011年7月1日起施行。这标志着中国社会保险工作走上法制轨道，从法律的层面上保障了公民在年老、生病、工伤、失业、生育等情况下，依法从国家和社会获得物质帮助的权利，给公民的工作和生活带来长效保障和收益。此外，国务院颁布《社会保险费征缴暂行条例》（1999年1月），对社会保险费征缴作出了原则规定，主要内容如下：

（一）养老保险费的征缴

养老保险费按社会统筹和个人账户相结合的原则征缴①。

（1）企业缴费比例≤工资总额的20%。

（2）个人缴费为本人工资的5%左右，最终达到8%。

（二）失业保险费的征缴

（1）单位缴费比例＝工资总额的2%。

（2）个人缴费比例＝本人工资的1%。

职工失业后按缴费年限可享受12—24个月的失业救济。

（三）医疗保险费的征缴（含生育保险）

（1）单位缴费比例＝职工工资总额6%左右。

（2）个人缴费比例＝本人工资的2%。

（四）工伤保险费的征缴

工伤保险费，用于医疗救治、经济补偿和职业康复。100%由企业缴纳。根据企业安全生产、工伤事故及职业病风险高低等情况，实行"浮动费率"和"差别费率"。

目前，平均缴费率＝企业工资总额的1%左右。

第五节 职工合法权益保障

外商投资企业有相当大的劳动用工自主权。但对企业放权不等于放任不管，更不等于企业可以为所欲为。不受约束的权力必然会出乱子。中国改革开放，大量兴办外商投资企业，绝不以牺牲职工群众的物质利益和精神文明作代价。

众所周知，台湾鸿海集团旗下的富士康科技集团（深圳），2007—2009年三年共有13起员工自杀事件，2010年1月至5月26日共有12起"连环跳"事件震惊社会（年龄介乎18—23岁之间），引发中国媒体关切和质疑。舆论认为经济转轨、社会转型期须增加"关怀成本"，即：除了传统的工资成本外，员工心理需求成本、和谐成本、上下沟通的关怀成本，都应该"计数"，这样才能实现中国政府所说的让劳动者"体面劳

---

① 2006年1月1日起执行的（国发〔2005〕38号）文件规定：个人账户的规模，统一由本人缴费工资的11%调整为8%，全部由个人缴费形成；单位缴费缴纳的20%不再划入个人账户，全部进入统筹账户。

动"。在富士康的"N连跳"事件后，一个相当于中小城市人口的"富士康"建立了工会组织，并于2012年2月20日宣布，自2012年2月1日起，全面调升大陆各厂区基层员工的基本薪资，加薪幅度为16%—25%。这已是"富士康"自2010年"连环跳"事件以来的连续第三次大幅加薪。

1979年1月，当时的国家劳动总局成立了《劳动法》起草小组，之后15年，至1994年7月5日通过《劳动法》，并于1995年1月1日起正式实施。此后，2008年1月1日实施《劳动合同法》。这标志中国劳动法制建设进入了一个新阶段。与此同时，劳动者也有了自己的"护身符"，应该学会依法保护自己。

自《劳动法》《劳动合同法》实施后，国家人力社保部又陆续制定颁布了与其配套的系列规定，以保护劳动者的合法权益。原劳动部发布的《违反〈劳动法〉行政处罚办法》，已经授权县级以上各级政府劳动行政部门依法对本行政区域内的企业和用人单位进行监督检查，对违反《劳动法》的行为进行行政处罚。处罚的办法，明确具体，具有公开性、公正性和可操作性，从而有效地保障了劳动者的合法权益。

现将对企业和用人单位违反《劳动法》的行政处罚办法分述如下：

一　违反劳动工时标准的行为

用人单位每日延长劳动者工作时间超过3小时，或每月延长工作时间超过36小时的，应给予警告，责令改正，并可按每名劳动者每超过工作时间1小时罚款100元以下的标准处罚。

二　侵害职工工资和经济补偿金的行为

克扣或无故拖欠劳动者工资；或拒不支付劳动者延长工作时间的工资报酬；或低于当地最低工资标准支付劳动者工资；或解除劳动合同后，未依照法律、法规规定给予劳动者经济补偿。属于上述侵害行为之一的，应责令用人单位支付劳动者的工资报酬、经济补偿金，并可责令按相当于支付劳动者工资报酬、经济补偿金总和的1—5倍支付劳动者赔偿金。

三　违反劳动保护和安全卫生的行为

用人单位劳动安全设施和劳动卫生条件不符合国家规定的，应责令限期改正。逾期不改的，可处以5万元以下罚款。

用人单位违反规定造成职工急性中毒事故，或伤亡事故的，应责令制定整改措施，并可按每中毒或重伤或死亡一名劳动者罚款1万元以下的标准处罚。

用人单位未向劳动者提供必要的劳动防护用品和劳动保护设施，或未对从事有职业危害作业的劳动者定期检查身体的，应责令改正，并可处以5000元以下罚款。

四 侵害女职工权益的行为

用人单位安排女职工在怀孕期间从事国家规定的第三级以上体力劳动强度和孕期禁忌从事的劳动的，应责令改正，并按每侵害一名女职工罚款 3000 元以下的标准罚款。

违反女职工保护规定，女职工产假低于 90 天的，应责令限期改正。逾期不改的，按每侵害一名女职工罚款 3000 元以下的标准处罚。

五 拒缴社会保险费的行为

用人单位无故不缴纳社会保险费的，应责令限期缴纳。逾期不缴的，除责令其补缴所欠款额外，每日加收所欠款额 2‰ 的滞纳金，滞纳金收入并入社会保险基金。

第十二章 外商投资企业税务

第一节 税务概述

一 税收的意义

税收具有三方面的意义：

（一）取得财政收入

税收是财政之母，而财政是庶政之母，是邦国之本。税收的根本任务就是为国家取得财政收入，以满足实现国家政治、经济职能的资金需要。世界通行的比例，税收在财政收入中的比重占85%—95%。这是国家行使职能的财力基础，直接关系到国家机器的运转。

（二）调节经济，促进经济发展

税收对生产关系的每一个环节（生产、分配、交换、消费）均起调节作用。通过调整税收关系，运用开征、停征税种，调高、调低税率，减税、免税以及加成、加倍征收等手段，优化经济结构、产业结构和产品结构，促进积累和消费的比例协调，促进社会总需求与总供给的基本平衡，促进国民经济健康发展。

（三）保障和监督企业经营管理

企业必须在严格的财务管理、成本核算的基础上，才能依法缴纳税款。因此，税收与企业生产经营、财务管理、成本核算等均有密切联系。

二 税收的特征

税收作为财政收入的主要来源，具有如下四个特征：

（一）无偿性

国家依法征税不需要向纳税人支付任何报酬。税款一经上缴，就归国家所有，不再直接归还纳税人。

（二）强制性

纳税人必须依法纳税，否则，将会受到处罚以至法律制裁。这是国家无偿取得财政收入的可靠保证。

（三）固定性

国家征税都是依法事先明文规定的，任何人与单位不得改变。这是国家及时、稳定取得财政收入的可靠保证。

（四）普遍纳税与公平税负

（1）一切社会组织和公民个人，都必须向国家尽纳税义务。凡是发生税法规定应纳税的行为或事实，都应依法履行纳税义务。

（2）一切社会组织或者公民，无论其收入来源于本国还是外国，只要在国家税收管辖权范围之内，都要尽纳税义务。

三　征税原则

中国政府已与世界很多国家签订了税收协定。中国向外商投资企业征税，坚持如下三项原则：

（一）属人原则和属地原则

在所得税领域，中国行使税收管辖权主要依据这两项原则，也符合国际惯例。属人原则，又称属人主义或居民管辖原则，是指本国居民必须就其全球所得向本国政府缴税，尽无限纳税义务，而不管该居民是否在本国境内，也不管其所得源于国内或境外。属地原则，又称属地主义或地域管辖原则，是指对源于本国境内的全部所得均予以征税，而不管该纳税人是否为本国居民。

就外商投资企业而言，凡是在中国境内所得，收入来自中国，就应该坚持收入来源地的优先课税原则——向中国政府缴税（属地原则）。同时，根据法律地位和公司总部所在地在中国境内的原则，外商投资企业属于中国企业，其国（境）外分支机构，也应向中国政府缴税（属人原则）。这样做，由此导致税收管辖权的冲突、重复课税等问题，通常需要通过签订税收协定或在本国法律中作出相应的制度安排加以解决。

（二）条文对等表达原则

条文对等表达原则，即中国政府与外国签订的协定中，有关纳税的条款对双方或多方都有约束力。凡条文惠及一方时，其他各方均有同等权益。

（三）对中国的税收视同已税抵免原则

对中国的税收视同已税抵免原则，即外商投资企业的外商，把在中国的所得汇回母国时，在中国已实际缴纳的税款，可在母国按所得税税率应缴纳的税额内抵免，以避免国际重复课税。

避免国际重复课税的方法，还有另外两种：一是对国外来源的收入免税；二是将纳税人在收入来源国所缴纳的税款扣除后，再按母国的税率计征。下面把避免国际重复课税的三种方法以及重复课税的情况作一比较，列表归纳如表 12－1 所示。

表 12-1　　　　　　　　　　　避免国际重复课税及重复课税情况比较

单位：元

	免税制	抵免制	扣除制	重复课税
1. 国外所得	100	100	100	100
2. 向收入来源国纳税	30	30	30	30
3. 向母国纳税	—	20	35	50
4. 税后净所得	70	50	35	20

说明：收入来源国的所得税税率为 30%，母国（即纳税人居住国）的所得税税率为 50%，故按抵免制向母国的纳税应为：（100×50%）－30＝20；按扣除制向母国的纳税应为：（100－30）×50%＝35。

从实践来看，实行免税制的国家并不多（现有法国、比利时、荷兰及部分拉丁美洲国家实行此法）；实行扣除制的国家也很少；而实行外国税收抵免制的国家居多数（如美国、英国、加拿大、日本、菲律宾、智利等国实行此法），中国也实行这种方法。外国税收抵免制，反映了收入来源地的优先课税权，也反映出对母国的税收管辖权并未完全排斥。实行外国税收抵免制，使纳税义务人的实际税负，不超过收入来源国和母国两个征税国中按任何一个较高税率国家计征的纳税额，有效避免了双重课税。

四　税收征管新制度

税收征管新制度的基本内容是：纳税申报、税务代理、税务稽查"三位一体"。其基本特点是：纳税人依法纳税的自觉性与税务机关依法征税的强制性有机地结合起来，保证新税制及时、准确和全面地实施。

（一）纳税申报（纳税人）

纳税申报，是指纳税人自行计算核税，自行填写缴款书，自行向银行缴款，自行向税务机关报送申报表。这样做，会促进纳税人纳税意识的提高，是税收征管改革的主要内容。

（二）税务代理（税务师）

税务代理，是指税务代理人（如税务师）代理纳税人完成申报纳税事宜。税务师须实行全国统一的、公开的税务代理资格认证制度。

（三）税务稽查（税务局）

税务稽查，是指在实行纳税申报、税务代理制之后，大多数纳税人不再经常与税务机关接触，税务机关的主要精力将转到税务稽查。稽查的主要内容：（1）稽核（对税务登记户、发票使用等核对）；（2）稽检（对税务案件的查处）；（3）审计（对一定比例纳税户的检查）。稽查的目的是：确保纳税申报的准确性、真实性。在税务稽查时，要强化执法刚性，有效地防止偷税、骗税等违法行为。

总之，改革税收征管制度的目标是：形成以纳税申报为基础、税务稽查为保证、税务代理为辅助的征管新模式。

五　外商投资企业适用税类和税种

中国已经形成了与世界大多数国家基本相同的税收框架，包括主要的税类、税种设置、税率设计和税收征管制度。这是中国涉外税收与国际税收一般标准协调和同步的前提条件。

现将适用于外商投资企业的主要税类、税种列表归纳如表12－2所示。

表12－2　　　　　　　　　　外商投资企业适用税类和税种

税　类	税　种	归　属
收益税	企业所得税	中央、地方
	个人所得税	地方
流转税（商品税）	增值税	中央
	消费税	中央
	关税	中央
财产税	房产税	地方
	车船税	地方
	契税	地方
	土地增值税	中央、地方
行为税	印花税	地方
资源税	资源税	地方

由表12－2可见，适用于外商投资企业的税类和税种，最主要的是收益税和流转税两大税类，它在中国税收总额中占比75％左右；而企业所得税和增值税两大税种，则占比60％左右。因此，本章讲述重点是企业所得税和增值税两大税种。

综上所述，外商投资企业适用税类和税种基本符合国际惯例，表现为：（1）与大多数国家相同的收益税、流转税（又称商品税）、财产税的框架已经形成；（2）目前与众多国家签订了避免双重征税协定，其中一些国家在协定中承认中国的税收优惠，并同意有关企业在本国税收申请时给予抵免；（3）中国税收中的主要内容，对外商在华投资均不存在歧视性待遇问题。

第二节　外商投资企业所得税

自改革开放以来，中国的企业所得税制度建设进入一个新的发展时期。外商投资企业所得税制度的沿革列表归纳如表12 – 3 所示。

表12 – 3　　　　　　　　　　外商投资企业所得税制度沿革

企业所得税类别	适用法律、行政法规	说明
外企所得税	1.《中外合资经营企业所得税法》（1980 年） 2.《外国企业所得税法》（1981 年） 3. 两法合并，统一外企所得税法：《外商投资企业和外国企业所得税法》（1991 年7 月1 日起施行）	·1981 年至1991 年，中外合作经营企业中的外商和外资企业，适用于《外国企业所得税法》 ·1991 年至2007 年，外商投资企业适用于两法合并后的《外商投资企业和外国企业所得税法》 ·自2008 年起，外商投资企业适用于统一内、外企所得税后的《企业所得税法》
内企所得税	1.《国营企业所得税条例（草案）》（1984 年） 2.《国营企业调节税征收办法》（1984 年） 3.《集体企业所得税暂行条例》（1985 年） 4.《私营企业所得税暂行条例》（1988 年） 四法整合，统一内企所得税法：《企业所得税暂行条例》（1994 年1 月1 日起实施）	
统一内、外企所得税（一税一制）	1.《企业所得税法》（2008 年1 月1 日起实施） 2.《企业所得税法实施条例》（2008 年1 月1 日起实施）	

一　企业所得税的税率

税率是应纳税额与计税依据的比率。用公式表示为：税率 $= \dfrac{\text{应纳税额}}{\text{计税依据}} \times 100\%$ 。计税依据又称计税基数（简称税基），是计算纳税的依据，反映了征税对象在数量上的具体化。

确定税率是制定税法的核心问题，反映了征税的深度，是衡量纳税人税负轻重的最重要指标。税率主要有三种形式：比例税率、累进税率和定额税率。其中，比例税率和累进税率适用于从价计征，定额税率适用于从量计征。新税法的税率是依据以下两点制定的：

（一）税率形式采用比例税率

比例税率的优点：简单明了，透明度高，便于投资者进行可行性分析和测算投资的经济效益，还可避免因价格和外汇比价的变动而引起适用税率档次的提高或降低。同时，这也符合国际惯例。目前国际上对公司征税一般都采用比例税率。

（二）基准税率确定为 25%

新税法实施前，内、外企所得税税率均为 33%。同时，对于一些特殊区域的外企实行 24%（在国税 30% 的基础上 8 折）、15%（国税 30% 减半）的优惠税率，对内企微利企业实行 27%、18% 的二档照顾性税率等。税率档次多，使不同类型企业名义税率和实际税负差距较大，不利于企业的公平竞争，也容易发生税收漏洞，增加征管难度。因此，有必要统一内、外企所得税税率。

新税法将企业所得税基准税率确定为 25%，主要原因是：按照党的十六届三中全会提出的税制改革基本原则（即"简税制、宽税基、低税率、严征管"），结合变化中的四种新情况：（1）对内企减轻税负；（2）对外企尽可能少增加税负；（3）对财政减收控制在可以承受的范围内；（4）对国际上尤其是周边国家（或地区）的税率水平有竞争力。全世界 159 个实行企业所得税的国家（或地区）平均税率为 28.6%，大部分发达国家在 25%—35%；中国周边 18 个国家（或地区）的平均税率为 26.7%，最高的是日本为 37.5%，最低是中国香港特别行政区为 16.5%，韩国为 34%，新加坡为 27%。因此，新税法确定为 25% 的税率，在国际上是适中偏低的水平，有利于提升企业竞争力和吸引外商在华投资。

（三）税率细分

按四种情况划定税率：

（1）基准税率为 25%。

（2）照顾性税率为 20%，适用于小型微利企业。为发挥小型微利企业在自主创新、吸纳就业等方面的优势，利用税收政策鼓励其发展，并参照国际通行做法（联合国将中小企业界定为雇员少于 500 人的企业），新税法对符合规定条件的小型微利企业实行 20% 的照顾性税率。

（3）预提税税率为 20%，适用于符合条件的非居民企业，即在中国境内未设立机构、场所，或者虽设立机构、场所但取得的所得与其所设机构、场所没有实际联系的，应当就其来源于中国境内的所得，尽有限纳税义务。这体现了征税原则中的"属地原则"，反映出作为所得来源地税收管辖的优先权。预提所得税并非是一个独立税种，而是涉外企业所得税的重要组成部分。

（4）优惠税率为 15%，适用于国家需要重点扶持的高新技术企业。科学技术是第一生产力。中国高新技术产业近年来取得较快发展，但与世界发达国家相比，差距仍然明显。据统计，中国科技创新能力在世界 49 个主要国家中位居第 28 位，对外技术依存度在 50% 以上，而发达国家低于 30%（美国、日本在 5% 以下）。不仅中国税法对高新技术企业给予税收优惠，世界各国无一例外，均对高新技术企业给予较高的税收优惠。新税法如此规定，有利于深入实施科教兴国战略和人才强国战略，提升自主创新能力，即原始创新能力、集成创新能力和引进消化吸收再创新能力。

二　企业区分为居民企业和非居民企业

新税法将企业区分为居民企业和非居民企业，旨在有效行使税收管辖权。而税收管辖权是国家主权的重要组成部分。按照国际惯例，中国选择了同时实行地域管辖权（属地原则）和居民管辖权（属人原则）的原则，即有权对来源于中国境内的一切所得征税（属地原则），而不论取得这些所得的是本国居民还是外国居民；同时，有权对本国居民的一切所得征税（属人原则），而不论他们的所得来源于境内还是境外，旨在保证最大限度地获得税收利益。

（一）居民企业

所谓居民企业，是指依法在中国境内成立，或者依照外国（或地区）法律成立但实际管理机构在中国境内的企业。居民企业应当就其来源于中国境内、境外的所得缴纳企业所得税，尽无限纳税义务，适用税率为25%。

（二）非居民企业

所谓非居民企业，是指依照外国（或地区）法律成立且实际管理机构不在中国境内，但在中国境内设立机构、场所的，或者在中国境内未设立机构、场所，但有来源于中国境内所得的企业。

应注意的是，对非居民企业纳税义务和适用税率要区别两种不同情形：（1）非居民企业在中国境内设立机构、场所的，应当就其所设机构、场所取得的源于中国境内的所得，以及发生在境外但与其所设机构、场所有实际联系的所得，缴纳企业所得税，尽无限纳税义务，适用税率为25%；（2）非居民企业在中国境内未设立机构、场所，或者虽设立机构、场所但取得的所得与其所设机构、场所没有实际联系的，应当就其来源于中国境内的所得缴纳企业所得税，尽有限纳税义务，适用于预提税税率为20%。

（三）居民企业和非居民企业比较

居民企业和非居民企业比较列表归纳如表12-4所示。

表12-4　　　　　　　　　　　居民企业和非居民企业比较

类别	界定	纳税义务及征税对象	税率
居民企业	符合下述两种情形之一： 1. 依法在中国境内成立 2. 依照外国（或地区）法律成立但实际管理机构在中国境内（如百慕大群岛注册的公司）	应当就其来源于中国境内、境外的所得缴纳企业所得税，尽无限纳税义务 征税对象包括：（1）生产经营所得，是指从事物质生产、交通运输、商品流通、劳务服务，以及经财政、税务部门确认的其他营利事业取得的所得。（2）其他所得，是指股息、利息、租金、转让各类财产、特许权使用费，以及营业外收益等所得	25%

续表

类别	界定	纳税义务及征税对象	税率
非居民企业	1. 依照外国（或地区）法律成立且实际管理机构不在中国境内，但在中国境内设立机构、场所的（如韩国三星电子在华设立中国代表处）	（1）在中国境内设立机构、场所的，应当就其所设机构、场所取得的来源于中国境内的所得，以及发生在境外但与其所设机构、场所有实际联系的所得，缴纳企业所得税，尽无限纳税义务；"实际联系"是指股权联系、债权联系、物权联系 征税对象即上述生产经营所得和其他所得	25%
	2. 在中国境内未设立机构、场所，但有来源于中国境内所得的（如美国3M公司未设立境内机构，但其专利技术转让给境内企业）	（2）在中国境内未设立机构、场所，或者虽设立机构、场所但取得的所得与其所设机构、场所没有实际联系的，应当就其来源于中国境内的所得缴纳企业所得税，尽有限纳税义务。实际管理机构是指对企业的生产经营、人员、账务、财产等，实施实质性全面管理和控制的机构。通常以股东大会和董事会的场所及行使指挥监督权利的场所来综合判断 征税对象即上述"其他所得"	20%

说明：

1. 对"居民企业"的判定标准：大多数国家采用多个标准相结合的办法，中国采用了"两地"标准，即"登记注册地标准"和"实际管理机构地标准"相结合的办法来判定。

2. 对非居民企业在中国境内设立"机构、场所"的解释：是指管理机构、营业机构、办事机构和工厂、农场、开采自然资源的场所、提供劳务的场所、承包建筑、安装、装配、勘探等工程作业的场所，以及营业代理人。以机构、场所所在地为纳税地点，设立两个或者两个以上机构、场所的，经税务机关审核批准，由其主要机构、场所汇总缴纳企业所得税。

3. 对"外国企业"的判断标准：税法所称"外国企业"，是指依照外国（或地区）法律在中国境外设立的公司、企业和其他经济组织。外国企业与税法中的居民企业、非居民企业是不同的概念。外国企业既可能是中国的居民企业，也可能是中国的非居民企业，区分的标准是：实际管理机构是否在中国境内。

三　企业所得税计算之一：企业应纳税所得额的确定

正确确定应纳税所得额，是正确计算应纳税额的前提条件。

应纳税所得额＝收入总额－不征税收入－免税收入－各项扣除
　　　　　　　－允许弥补的以前年度亏损

"应纳税所得额"即计税依据，是计算应纳税额的基数，简称税基。"不征税收入"是指不课税的收入，非营利活动带来的经济流入，属于非应税收入（如财政拨款、行政事业性收费、政府性基金）。"免税收入"是指应当课税的收入，对营利活动带来的经济利益给予优惠照顾，属于应税收入（如对国债利息收入免税）。"不征税收入"和"免税收入"虽然都不纳税，但应当计入企业的收入总额。"各项扣除"是指减去合理的成本、费用、损失和税金等。

企业的"收入总额"，是指企业以货币形式和非货币形式从各种来源取得的收入。货币形式是指现金、存款、应收账款、应收票据、准备持有至到期的债券投资以及债务的豁免等。非货币形式是指固定资产、生物资产、无形资产、股权投资、存货、不准备持有至到期的债券投资、劳务以及有关权益等。非货币形式取得的收入，应当按照公允价值确定收入额，即按照市场价格确定的价值来确定收入额。

《企业所得税法》界定了"收入总额"的范围和具体种类。包括八种具体收入和一个兜底条款（即"其他收入"）。八种具体收入指的是：

（1）销售货物收入。

（2）提供劳务收入。

（3）转让财产收入。

（4）股息、红利等权益性投资收益。

（5）利息收入。

（6）租金收入。

（7）特许权使用费收入。

（8）接受捐赠收入。

其他收入，包括企业资产溢余收入、逾期未退包装物押金收入、确实无法偿付的应付款项、已作坏账损失处理后又收回的应收款项、债务重组收入、补贴收入、违约金收入、汇兑收益等。

四 企业所得税计算之二：企业所得税税前扣除

企业所得税是对企业纯所得征收，而不是对毛所得征收。因此，确定和计算税前扣除项目尤为重要，是准确计算应纳税所得额的核心内容。

过去，内、外企所得税在成本、费用、损失等税前扣除方面规定不尽一致，造成内企税负重于外企，不利于内、外企之间开展公平竞争。新税法对企业税前扣除项目的基本条件、一般原则和主要内容，以及禁止税前扣除项目，进行了统一和规范。

（一）企业税前扣除的基本条件

新税法对企业税前扣除项目列出三项基本条件：（1）实际发生，即真实性（纳税人提供凭据）；（2）与经营活动有关，即相关性（与取得应税收入相关，具备合理的利润预期和现实获取经营利润的机会）；（3）合理性（税前列支是正常和必要的，符合经营常规）。

（二）企业税前扣除的一般原则

税前扣除的一般原则，是指权责发生制、合乎税法、配比、确定性等四项原则。它是税前扣除确认时间要求和税前扣除符合条件要求的法定原则。

1. 权责发生制原则

所谓权责发生制，又称应计基础，是指以收取现金权利或支付现金责任的发生为标志，来确认收入和支出的一种会计原则。也可以简明理解为：基于经营业务的发生和货币的收支相分离，纳税人应在费用发生时，而不是实际支付时确认扣除。世界大多数国家（或地区）在如何确认、何时确认纳税人的应税收入和费用支出方面，普遍采用权责发生制作为确认原则。中国新税法实施条例规定，企业应纳税所得额的计算，以权责发生制为原则。具体表现为，当期已经实现的收入和已经发生的费用，不论款项是否收付，均作为当期的收入和费用；不属于当期的收入和费用，即使款项已在当期收付，也不作为当期的收入和费用。企业在纳税申报时，税收上强调企业费用的确认时间不提前不滞后，旨在防止纳税人利用不同纳税期间享受不同税收政策进行避税。

2. 合乎税法原则

所谓合乎税法，是指允许税前扣除的各项支出，必须符合税法的规定，即使财务会计法规或制度规定可作为费用支出，如果不符合税收法律、行政法规的规定，也不可在税前扣除。

3. 配比原则

所谓配比，是指纳税人发生的费用在费用应配比或应分配的当期申报扣除。纳税人某一纳税年度应申报的可扣除费用，不得提前或滞后申报扣除。

4. 确定性原则

所谓确定性，是指纳税人可扣除的费用无论何时支付，其金额必须是确定的。列支的不确定性，关系到应纳税所得额的准确计算，进而影响税收征管。一般而言，不能允许按估算的支出额在税前扣除。

（三）企业税前扣除的项目

新税法对企业税前扣除项目进行了统一和规范，即企业实际发生的与取得收入有关的合理的支出，包括五项：成本、费用、税金、损失和其他支出，准予在计算应纳税所得额时扣除。分述如下：

1. 成本

是指企业在生产经营活动中发生的销售成本、销货成本、业务支出，以及其他耗费。

2. 费用

是指企业在生产经营活动中发生的销售费用、管理费用、财务费用，已经计入成本的有关费用除外。

3. 税金

是指企业发生的除企业所得税和允许抵扣的增值税以外的各项税金及其附加。

4. 损失

是指企业在生产经营活动中发生的固定资产和存货的盘亏、毁损、报废损失，转让财产损失，呆账损失，坏账损失，自然灾害等不可抗力因素造成的损失，以及其他损失。

5. 其他支出

是指除成本、费用、税金、损失外，企业在生产经营活动中发生的与生产经营活动有关的合理的支出。

（四）企业税前扣除项目的方式

新税法规定，税前扣除项目的方式有三种：据实扣除项目、限额扣除项目、不得扣除项目。

1. 据实扣除项目

包括九项：

（1）工资薪金支出：包括基本工资、奖金、津贴、补贴、年终加薪、加班工资，以及与员工任职或者受雇有关的其他支出。

（2）基本社会保险费和住房公积金支出：包括基本养老保险费、基本医疗保险费、失业保险费、工伤保险费、生育保险费，企业为投资者或者职工支付的补充养老保险费、补充医疗保险费，为特殊工种职工支付的人身安全保险费。

（3）借款费用支出：是指企业在生产经营活动中发生的合理的不需要资本化的借款费用。

（4）汇兑损失支出：是指企业在货币交易中，以及纳税年度终了时，将人民币以外的货币性资产、负债，按照期末即期人民币汇率中间价折算为人民币时产生的汇兑损失。

（5）环境保护、生态恢复专项基金支出：是指企业按照法律、行政法规有关规定提取的该项基金。

（6）财产保险费支出：是指企业参加财产保险，按照规定缴纳的保险费。

（7）租赁费支出：是指企业根据生产经营活动的需要，租入固定资产支付的租赁费。

（8）劳动保护支出：是指企业发生的合理的劳动保护支出。

（9）非居民企业的有关费用支出：是指非居民企业在中国境内设立的机构、场所，就其中国境外总机构发生的与该机构、场所生产经营有关的合理分摊的费用。

2. 限额扣除项目

包括六项：

（1）职工福利费支出：是指企业发生的职工福利费用支出，不超过工资薪金总额14%的部分。

（2）工会经费支出：是指企业拨缴的工会经费，不超过工资薪金总额2%的部分。

（3）职工教育经费支出：是指除国务院财政、税务主管部门另有规定外，企业发生的职工教育经费支出，不超过工资薪金总额2.5%的部分；超过部分，准予在以后纳税年度结转扣除。

（4）业务招待费支出：是指企业发生的与生产经营活动有关的业务招待费支出，按照发生额的60%扣除，但最高不得超过当年销售（营业）收入的5‰。

（5）广告费和业务宣传费支出：是指企业发生的符合条件的广告费和业务宣传费支出，除国务院财政、税务主管部门另有规定外，不超过当年销售（营业）收入15%的部分；超过部分，准予在以后纳税年度结转扣除。

（6）公益性捐赠支出：是指企业发生的公益性捐赠支出，不超过年度利润总额12%的部分。

3. 不得扣除项目

包括十项：

在计算应纳税所得额时，下列支出不得扣除：

（1）向投资者支付的股息、红利等权益性投资收益款项。

（2）企业所得税税款。

（3）税收滞纳金。

（4）罚金、罚款和被没收财物的损失。

（5）企业发生的公益性捐赠以外的捐赠支出。

（6）赞助支出。

（7）未经核定的准备金支出。

（8）与取得收入无关的其他支出。

此外，还有：

（9）企业为投资者或者职工支付的商业保险费，不得扣除。

（10）企业之间支付的管理费、企业内营业机构之间支付的租金和特许权使用费，以及非银行企业内营业机构之间支付的利息，不得扣除。

五 企业所得税计算之三：企业应纳所得税税额

依照新税法的相关规定，企业应纳税额的计算公式为：

应纳税额 = 应纳税所得额 × 适用税率 − 减免税额 − 允许抵免的税额

= （收入总额 − 不征税收入 − 免税收入 − 各项扣除

− 允许弥补的以前年度亏损）× 适用税率 − 减免税额

− 允许抵免的税额

原税法对企业应纳税额的计算，仅规定按应纳税所得额乘以税率（33%），没有将直接"减免税额"和"允许抵免的税额"包括进来，因而并不是企业最终实际应纳税额。企业在实际缴纳所得税时，需要再从应纳税额中减去"减免税额"和"允许抵免的税额"。

而新税法直接把规定减免和抵免的税额，写入了应纳税额的计算公式中，使得应纳税额能够确切反映企业实际应该缴纳的所得税款。

新税法公式中的"减免税额"，是指根据新税法"税收优惠"计算出的减免税额。

新税法公式中的"允许抵免的税额"，主要有两种方式：（1）对企业来自境外的所得，依法征收所得税时，允许企业将其已在境外缴纳的所得税款，从其应向中国缴纳的所得税税额中限额抵免；（2）针对企业购置用于环境保护、节能节水、安全生产等专用设备的投资抵免，又称投资津贴。税法规定对这类设备投资额的10%可从企业当年的应纳所得税额中抵免，当年不足抵免的，可以在以后5个纳税年度结转抵免。

六　企业所得税优惠政策的规定

税收优惠是政府运用政策手段所进行的宏观经济调控。目前，中国的税收优惠主要集中于企业所得税之中，对涉外企业纳税人直接鼓励和引导，将有利于提升利用外资的质量和水平，促进中国开放经济全面、协调、可持续发展。下述企业所得税优惠政策的规定（八个方面）。

（一）农业项目优惠

中国"十一五"规划把发展农业生产力作为建设社会主义新农村的首要任务，推进农业结构战略性调整，转变农业增长方式，提高农业综合生产能力和增值能力，巩固和加强农业基础地位。

新税法将企业从事农、林、牧、渔业项目的所得，可以免征、减征企业所得税的范围具体规定为：

1. 企业从事下列项目的所得，免征企业所得税

（1）蔬菜、谷物、薯类、油料、豆类、棉花、麻类、糖类、水果、坚果的种植；

（2）农作物新品种的选育；

（3）中药材的种植；

（4）林木的培育和种植；

（5）牲畜、家禽的饲养；

（6）林产品的采集；

（7）灌溉、农产品初加工、兽医、农技推广、农机作业和维修等农、林、牧、渔服务业项目；

（8）远洋捕捞。

2. 企业从事下列项目的所得，减半征收企业所得税

（1）花卉、茶以及其他饮料作物和香料作物的种植；

（2）海水养殖、内陆养殖。

（二）公共基础设施项目优惠

公共基础设施项目，是指港口码头、机场、铁路、公路、城市公共交通、电力、

水利等项目。新税法规定，企业从事国家重点扶持的这类项目，其投资经营的所得，自项目取得第一笔生产经营收入所属纳税年度起，实行"免三减三"优惠，即第一年至第三年免征企业所得税，第四年至第六年减半征收企业所得税。

旧外企所得税法规定以"获利年度"为企业减免税优惠的起始日期，往往给企业留下推迟"获利年度"的避税空间，增加了税收征管难度。而新税法将企业"获利年度"修改为"取得第一笔生产经营收入"为"纳税年度"，并从此时起实行税收优惠，这更能鼓励企业尽快取得收入，提高投资效益。

应注意的是，企业承包经营、承包建设和内部自建自用的这类项目，不得享受上述"免三减三"优惠。

（三）环境保护、节能节水项目优惠

此类项目包括：公共污水处理、公共垃圾处理、沼气综合开发利用、节能减排技术改造、海水淡化等。

新税法规定，企业从事符合条件的环境保护、节能节水项目的所得，自项目取得第一笔生产经营收入所属的纳税年度起，实行"免三减三"优惠。

此外，企业综合利用资源取得的收入可以减计，即企业取得的收入，可减按一定比例计入应税收入，也即只对收入的一部分征税，而不是对收入的全额征税。减计收入的具体比例，新税法规定为减按90%计入收入总额。

与此同时，企业购置并实际使用环境保护、节能节水、安全生产等专用设备，其设备投资额的10%可以从企业当年的应纳税额中抵免；当年不足抵免的，可以在以后5个纳税年度结转抵免。

（四）技术转让项目优惠

对技术转让项目所得给予减免税优惠，将有利于促进科技成果转化及产业化，促进国际技术在华转让。

新税法规定，符合条件的技术转让所得免征、减征企业所得税，是指一个纳税年度内，居民企业技术转让所得不超过500万元的部分，免征企业所得税；超过500万元的部分，减半征收企业所得税。

与此同时，新税法确认对高新技术企业所得实行15%的优惠税率，并从过去仅限于国家高新技术产业开发区内，扩大到全国范围。

（五）企业研究开发费用的优惠

据统计，全国规模以上工业企业研究开发费用占销售额的比重仅为0.78%，拥有技术开发机构的企业仅占25%，大部分企业没有研发活动。其后果就是企业的技术创新能力低下，难以形成核心竞争力，严重影响企业的国际竞争能力和盈利能力。

新税法对各类企业的研发费用均实行加计扣除优惠，取消仅有工业企业且研发费比上年增长10%才能享受优惠的条件限制，鼓励企业增加科研投入。加计扣除的具体规定是：企业为开发新技术、新产品、新工艺发生的研究开发费用，未形成无形资产计入当期损益的，在按照规定实行100%扣除的基础上，按照研究开发费用的50%加计扣除；形成无形资产的，按照无形资产成本的150%摊销。

加计扣除是指对纳税人在按照规定优惠实际发生数额的基础上，再加成一定比例作为鼓励，在计算应纳税所得额时给予一并扣除。例如，为鼓励企业技术创新，假定国家对企业实际发生的研发费用实行50%加计扣除优惠政策，那么如果企业当年开发新产品研发费用实际支出为100元，就可按150元（=100+100×50%）加计税前扣除。

值得补充说明的是，加计扣除的范围，新税法规定还包括：安置残疾人员及国家鼓励安置的其他就业人员所支付的工资。其他就业人员是指下岗人员、军队退伍人员等，具体加计扣除办法，将由国务院另行规定。

（六）创业投资企业优惠

所谓创业投资企业，是指依法在中国境内成立的从事创业投资的企业组织。包括在中国境内注册设立的处于创建或重建中的成长型企业。它是通过股权转让获得资本增值收益的一种投资方式。

新税法规定，创业投资企业从事国家需要重点扶持和鼓励的创业投资，可以按投资额的一定比例抵扣应纳税所得额。这里说的抵扣应纳税所得额，是指创业投资企业采取股权投资方式，投资于未上市的中小高新技术企业2年以上的，可以按照其投资额的70%，在股权持有满2年的当年抵扣该创业投资企业的应纳税所得额；当年不足抵扣的，可以在以后纳税年度结转抵扣。

（七）固定资产加速折旧税收优惠

所谓加速折旧，又称递减折旧法（先重后轻），是指允许企业对其固定资产采取缩短折旧年限或者提高折旧率等办法，加快资产折旧速度，增加企业成本，减少企业应纳税所得额的一种税收优惠方式。

新税法规定，企业的固定资产由于技术进步等原因，确需加速折旧的，可以缩短折旧年限或者采取提高折旧率的方法。这类固定资产包括：（1）由于技术进步，产品更新换代较快的固定资产；（2）常年处于强震动、高腐蚀状态的固定资产。采取缩短折旧年限方法的，最低折旧年限不得低于规定折旧年限的60%；采取加速折旧方法的，可以采取双倍余额递减法或者年数总和法。

双倍余额递减法和年数总和法，是最普遍使用的两种加速折旧方法。其特征是：固定资产的早期多折旧，后期少折旧，且递减速度逐年加快，相对反映折旧速度加快，目的是要固定资产成本在预计使用寿命内加快补偿。

现将常用的两种加速折旧方法简要说明如下：其一，双倍余额递减法，是指在不考虑固定资产残值的情况下，根据每期期初固定资产账面余额和双倍的直线法折旧率计算固定资产折旧的一种方法。用公式表示为：折旧费＝固定资产账面余额×双倍直线法折旧率。其二，年数总和法，又称年限法合计，是将固定资产净额，乘以年折旧率（即一个逐年递减的分数），来计算每年的折旧额。用公式表示为：

年折旧费＝固定资产净额×年折旧率

固定资产净额＝固定资产原值－净残值

$$年折旧率＝\frac{固定资产尚可使用年限}{固定资产使用年数总和}×100\%$$

（八）小型微利企业优惠

新税法规定，符合条件的小型微利企业，减按 20% 的税率征收企业所得税。这是指从事国家非限制和禁止行业，并符合下列条件的企业列表归纳如表 12 - 5 所示。

表 12 - 5 小型微利企业标准

单位：人民币元

类别	年度应纳税所得	从业人数	资产总额
工业企业	≤30 万元	≤100 人	≤3000 万元
其他企业	≤30 万元	≤80 人	≤1000 万元

综上所述，现将企业所得税优惠政策的主要规定列表归纳如表 12 - 6 所示。

表 12 - 6 企业所得税优惠政策简要表

方式 产业和项目	直接优惠（减免应纳税）				间接优惠（减少应纳税所得）			
	免税	减免税	低税率	抵扣应纳税	抵扣应税所得	加计扣除	加速折旧	减计收入
（一）农业项目	免税							
a. （1）（2）（3）（4）（5）（6）（7）（8）								
b. （1）（2）		减半						
（二）公共基础设施		免三减三						
（三）环保、节能节水、安全生产		免三减三						
（1）购置并使用专用设备				按设备投资额10%				

续表

产业和项目 / 方式	直接优惠（减免应纳税）				间接优惠（减少应纳税所得）			
	免税	减免税	低税率	抵扣应纳税	抵扣应税所得	加计扣除	加速折旧	减计收入
（2）综合利用资源取得收入								减按90%计收
（四）高新技术企业			15%					
·技术转让								
（1）转让所得≤500万元	免税							
（2）转让所得>500万元		减半						
（五）企业研发费用						50%		
·安置残疾人员工资						50%		
（六）创业投资企业（投资于中小高新技术企业）					按投资额70%			
（七）固定资产加速折旧								
＼（1）缩短折旧年限							均允许	
＼（2）提高折旧率								
（八）小型微利企业			20%					

说明：

1. 上表（一）农业项目免税 a 中的（1）至（8），减半征税 b 中的（1）和（2），详情见本节六、（一）中的文字叙述和规定。

2. 纳税年度，是指"自项目取得第一笔生产经营收入所属纳税年度起"，而非旧税法所指"获利年度"。纳税年度为公历年度，即从每年的 1 月 1 日至 12 月 31 日。

3. "免三减三"，是指从纳税年度起，第一年至第三年免征企业所得税，第四年至第六年减半征收企业所得税。

4. 加计扣除，是指对纳税人在按照规定优惠项目实际发生数额基础上，再加成一个比例作为进一步激励，在计算应纳税所得额时给予一并扣除的一种税收优惠方式。

5. 减计收入，是指允许企业对其经营活动所取得的应税收入，按一定比例减少计算，从而减少其应纳税所得额的一种税收优惠方式。

6. 加速折旧，是指允许企业对其固定资产采取缩短折旧年限、提高折旧率等办法，加快资产折旧速度（折旧费列入经营成本），从而减少应纳税所得额的一种税收优惠方式。

7. 小型微利企业普惠性减税措施。对小微企业年应纳税所得额不超过 100 万元、100 万元到 300 万元的部分，分别减按 25%、50% 计入应纳税所得额，使税负降至 5% 和 10%。调整后优惠政策将覆盖 95% 以上的纳税企业，其中 98% 为民营企业。这一减税措施可追溯至 2019 年 1 月 1 日，实施期限暂定三年。

七　企业所得税征收方法

外商投资企业所得税的征收，一般采用由纳税人自行申报纳税。也就是说，企业缴纳所得税的办法是：按年计征，分季预缴（季度终了后 15 日内申报预缴，并报送预缴申报表），年终汇算清缴（年度终了后 5 个月内，报送年度所得税申报表和会计决算报表；5 个月内汇算清缴），多退少补。用公式表示为：

$$分季预缴所得税额 = 年计划所得利润总额 \times 适用税率 \times \frac{1}{4}$$

$$或 = 上年度所得利润总额 \times 适用税率 \times \frac{1}{4}$$

$$年终汇算清缴应退（补）所得税额 = 年应纳税额 - 全年预缴税额$$

在上述规定的每次预缴所得税的期限内，由外商投资企业在中国境内设立的从事生产、经营的机构、场所，向当地税务机关报送预缴所得税申报表，预缴税款；在年度终了后的规定期限内，向当地税务机关报送年度所得税申报表和会计决算报表，进行年终汇算清缴，多退少补。

八 税法对一般反避免条款的原则规定

避税，是指纳税人利用关联企业交易，通过不合理作价转移利润，以达到逃避纳税义务的行为。一般反避免条款，是指为打击避税行为（如转让定价、资本弱化等）所提供的法律依据。其主要目的在于发挥威慑作用，一般不会经常使用。

转让定价，是指关联企业之间在进行交易时，不按照一般市场价格标准，而是根据逃避有关国家税收目的的需要，来确定或安排有关交易的价格。

资本弱化，是指公司采用贷款方式替代募股方式进行的投资或者融资，以减少应纳税额，从而逃避纳税义务。也就是说，企业通过加大借贷款（债权性筹资：借贷款利息可以税前扣除），而减少股份资本（权益性筹资：为股份资本支付的股息不得税前扣除），从而减少应税所得，降低企业税负。借鉴国际经验，新税法规定，企业从其关联方接受的债权性投资与权益性投资的比例，超过标准而发生的利息支出，不得在税前扣除。

税法规定一般反避税条款的意义：（1）体现公平税负的精神；（2）保障国家财政收入的需要；（3）可以增强税法的威慑作用。

九 税收抵免优惠

对境外所得税税款予以扣除，又称税收抵免优惠，是指总机构设在中国境内的外商投资企业，其来源于中国境外的所得，已在境外实际缴纳的所得税税款，在汇总纳税时，根据境外税务机关填发的同一年度纳税凭证原件，准予从其应纳税额中扣除。其境外所得税税款扣除限额的计算，须注意以下问题：

1. 境外所得的计算

（1）企业设立全资境外机构的境外所得，是指境外收入总额扣除境外实际发生的成本、费用，以及应分摊总部的管理费用后的金额。而境外实际发生的成本、费用，是指中国财务会计制度允许列支的成本、费用。

（2）企业未设立全资境外机构取得的境外投资所得，是指被投资企业已分配给投资方的利润、股息、红利等。

2. 盈亏弥补的计算

企业境外业务之间的盈亏可以互相弥补，但企业境内外之间的盈亏不得相互弥补。

3. 应纳税额的计算

（1）境外应纳税所得额 = 企业境外业务之间盈亏相抵后的金额

（2）境外所得应纳税额 = 境外应纳税所得额 × 法定税率

这里说的法定税率，是指中国税法规定的税率。

（3）应纳税额 = 境内所得应纳税额 + 境外所得应纳税额 − 境外所得税税款扣除限额

4. 境外已缴纳所得税税款的抵扣方法

依照财政部、国家税务总局的规定，纳税人在境外缴纳的所得税，在汇总纳税时，可选择以下一种方法予以抵扣，抵扣方法一经确定，不得任意更改。可供选择的抵扣方法有两种：

（1）分国不分项抵扣。企业能全面提供境外完税凭证的，可采取分国不分项抵扣。

①纳税人在境外已缴纳的所得税税款，应按国别（或地区）进行抵扣。但是，纳税人应提供所在国（或地区）税务机关核发的纳税凭证或纳税证明，以及减免税有关证明，如实申报在境外缴纳的所得税税款，不得瞒报和伪报。

②纳税人在境外已缴纳的所得税税款，应分国（或地区）计算抵扣限额。其计算公式如下：

$$\frac{境外所得税税款}{扣除限额} = \frac{境内、外所得按税法}{计算的应纳税总额} \times \frac{来源于某境外的所得额}{境内外所得总额}$$

在上述公式中，"境内、外所得按税法计算的应纳税总额"一项，应按中国法定税率25%计算。

外商投资企业在境外已缴纳的所得税税款，低于依上述公式计算出的扣除限额的，应从应纳税总额中按实际扣除；超过扣除限额的，其超过部分，当年不能扣除，但可以在不超过5年的期限内，用以后年度税款扣除限额的余额补扣。

（2）定率抵扣。为便于计算和简化征管，经企业申请，税务机关批准，企业也可以不区分免税或非免税项目，统一按境外应纳税所得额折半法定税率的比率抵扣。

总之，上述（1）、（2）两种抵扣方法，由企业任选一种方法予以抵扣。

5. 税收抵免优惠

【计算案例】

某外商在华合资经营企业华达电子总公司，它在 A 国和 B 国分别设有分公司。2008 年，A 国分公司全年应纳税所得额为 100 万元，实际纳税 40 万元，税率为 40%；B 国分公司全年应纳税所得额为 200 万元，实际纳税 50 万元，税率为 25%。该总公司国内全年应纳税所得额为 3000 万元，以前年度没有未弥补亏损，企业所得税法定税率为 25%。试计算华达电子总公司 2008 年在中国应纳所得税额。

［解法之一］

按分国不分项抵扣法计算：

（1）境内、外应纳税所得总额为：

3000 万元 + 100 万元 + 200 万元 = 3300 万元

（2）境内、外应纳税总额为：

3300 万元 × 25% = 825 万元

（3）在 A 国分公司所得税税款扣除限额为：

$$825 \text{ 万元} \times \frac{100}{3300} = 25 \text{ 万元}$$

由于在 A 国实际纳税 40 万元，超过限额 15 万元，则不予扣除。

（4）在 B 国分公司所得税税款扣除限额为：

$$825 \text{ 万元} \times \frac{200}{3300} = 50 \text{ 万元}$$

由于在 B 国实际纳税 50 万元，正达限额，则按实际扣除。

（5）∴ 该总公司 2008 年在中国应纳所得税额为：

825 万元 − 25 万元 − 50 万元 = 750 万元

［解法之二］

按定率抵扣法，即统一按境外应纳税所得额 12.5%（即 25% 折半）的比率抵扣计算：

（1）境内所得应纳税额为：

3000 万元 × 25% = 750 万元

（2）境外所得应纳税额为：

（100 万元 + 200 万元）× 25% = 75 万元

（3）境外所得税税款扣除额为：

（100 万元 + 200 万元）× 12.5% = 37.5 万元

（4）∴ 该总公司 2008 年在中国应纳所得税额为：

750 万元 + 75 万元 − 37.5 万元 = 787.5 万元

第三节　外商投资企业增值税、消费税、关税

一　增值税

中国增值税制度沿革：1979 年引进增值税，在部分城市试行；1983 年在全国试行；1994 年在全国范围内全面推行增值税（属于生产型增值税）；2009 年在全国范围内实行消费型增值税；2016 年 5 月 1 日，征收营业税的行业全部改为征收增值税（营改增）。

所谓增值税，是指以纳税人销售商品（含劳务）的增值额为计税依据而征收的一种流转税，是中国现行流转税制中的核心税种。换言之，增值税是以商品和劳务为课税对象，以增值额为税基的新型商品和劳务税。

增值税按照外购固定资产处理方式的不同，划分为生产型增值税、收入型增值税、消费型增值税。

生产型增值税，是指计算增值税时，不允许扣除任何外购固定资产的价款。这一课税基数大体相当国民生产总值的统计口径，故称生产型增值税。

收入型增值税，是指计算增值税时，只允许扣除当期计入产品价值的折旧费部分。这一课税基数相当于国民收入部分，故称为收入型增值税。

消费型增值税，是指计算增值税时，允许将当期购入的固定资产价款一次全部扣除。这一课税基数相当于纳税人当期全部销售额扣除外购的全部生产资料付款的余额，相当于整个国民经济限于消费资料价值的部分，故称为消费型增值税。

中国实行消费型增值税。

（一）纳税义务人

增值税纳税义务人，是指：（1）在中国境内销售货物；（2）提供劳务（加工、修理修配劳务）；（3）进口货物的单位和个人。

增值税纳税人分为两种：一般纳税人和小规模纳税人。对增值税纳税人进行分类，目的是：既有利于税务机关强化重点税源管理、简化小型企业的计算缴纳程序，也有利于对专用发票正确使用和安全管理。就是说，对一般纳税人实行凭增值税发票扣税的计税方法，而对小规模纳税人则实行简便易行的计税方法和征管办法。

（1）一般纳税人，是指年应税销售额超过小规模纳税人标准的企业和企业性单位。

（2）小规模纳税人，是指生产、经营规模较小，会计核算不健全，或者不能准确提供税务资料而难以正确计税的纳税人。其量化标准是：国务院 2018 年 3 月 28 日常务会议决定，从 2018 年 5 月 1 日起，统一增值税小规模纳税人标准，将工业企业和商业企业小规模纳税人年销售额标准由 50 万元和 80 万元上调至 500 万元，并在一定期限内

允许已登记为一般纳税人的企业转登记为小规模纳税人。还包括营改增应税行为的年应税销售额标准为 500 万元（含）以下的。

此外，对装备制造等先进制造业、研发等现代服务业符合条件的企业和电网企业在一定时期内未抵扣完的进项税额予以一次性退还。内外资企业同等受益。还有，对增值税小规模纳税人，在 50% 幅度内减征资源税、城市维护建设税、印花税、城镇土地使用税、耕地占用税等地方税种及教育费附加、地方教育附加。上述减税政策可追溯至 2019 年 1 月 1 日，实施期限暂定三年。

（二）税率

按四类情况划定税率：

（1）基本税率为 13%（2018 年 5 月降为 16%，2019 年 3 月降为 13%），包括：销售或进口货物、提供加工、修理修配劳务和有形动产租赁服务（含经营性租赁和融资性租赁）等制造业。

（2）低税率为 9%（2018 年 5 月降为 10%，2019 年 3 月降为 9%），包括提供交通运输业服务、邮政服务、基础电信服务、建筑服务、邮政服务、基础电信服务、建筑服务、不动产租赁服务（含经营性租赁和融资性租赁），销售不动产，转让土地使用权等。

（3）低税率为 6%，包括提供现代服务业服务（有形动产和不动产租赁除外），增值电信服务、金融服务、生活服务、销售无形资产（转让土地使用权除外）等。

（4）出口货物税率为 0。增值税税款抵扣原理决定了增值税的零税率与增值税免税是完全不同的。因为应纳税额 = 销售额 × 0% - 进项税额。当进项税额 > 0 时，结果是负数，即可以从政府获得净退税。此外，出口劳务或者境内单位和个人发生的跨境应税行为，税率为零。

免征增值税包括下列项目：（1）农业生产者销售的自产农业产品；（2）避孕药品和用具；（3）古旧图书；（4）直接用于科学研究、科学试验和教学的进口仪器、设备；（5）外国政府、国际组织无偿援助的进口货物和设备；（6）由残疾人组织直接进口的供残疾人专用的物品；（7）销售的自己使用过的物品；（8）中央财政补贴；（9）存款利息；（10）被保险人获得的保险赔付；（11）住宅专项维修基金；（12）计算机软件产品增值税可享受即征即退政策。

应该注意的是，增值税的免税、减税项目由国务院规定。任何地区、部门均不得规定免税、减税项目。

（三）计税方法

1. 价外计征：按不包含增值税税金的商品价格和规定的税率计算征收增值税。

2. 计算公式

应纳税额 = 增值额 × 适用税率

　　　　= 当期销项税额 − 当期进项税额

　　　　= 当期销售额 × 税率 − （1）买价 × 扣除率或 − （2）增值税专用发票注
　　　　明的税额

当期销项税额，亦即销售方随同货物或者劳务的售价一起向购买方收取的增值税
税额。

当期进项税额，亦即销售方购进货物或应税劳务已缴纳的增值税税额，其中：扣除
率是购进该种商品时所适用的增值税税率；当期不足抵扣时，不足部分结转到下期
抵扣。

（四）注意要点

（1）增值税发票扣税法，要求纳税人向税务机关提供增值税专用发票或者海关完
税凭证。根据发票注明的税金进行税款抵扣，且只适用于在中国境内销售货物或提供
应税劳务的一般纳税人。

（2）增值税的纳税人要进行专门税务登记，并使用增值税专用发票，才能据此抵
扣增值税进项税额。

（3）小规模纳税人不得使用增值税专用发票，不得抵扣进项税额。虚开、伪造和
非法出售增值税专用发票进行偷税、骗税活动，构成刑事犯罪，将会依法追究和惩治。

（4）进口货物的计税方法：纳税人进口货物缴纳进口环节增值税的，不得抵扣任
何税额，其计算公式为：

应纳税额 = 组成计税价格 × 税率

组成计税价格 = 进口货物完税价格 + 关税 + 消费税

公式中的进口货物完税价格，是指以海关审定的到岸价格作为完税价格。

从 2018 年 9 月 1 日至 2020 年年底，将符合条件的小微企业和个体工商户贷款利息
收入免征增值税单户授信额度上限，由此前已确定的 500 万元提高至 1000 万元。

对境外机构投资境内债券市场取得的债券利息收入，暂免征收企业所得税和增值
税，政策期限暂定 3 年，完善提高部分产品出口退税率。

二　消费税

所谓消费税（1994 年国家税制改革中新设置的一个税种），是指以应税消费品的
销售额为计税依据而征收的一种流转税，它是增值税的一个辅助税种，具有特殊的财
政、经济和社会意义。

（一）纳税义务人

消费税纳税义务人，是指在中国境内生产、委托加工和进口应税消费品的单位和
个人。其征税对象是在境内生产、委托加工和进口的应税消费品，包括对 14 类消费品

在征收增值税基础上再征收消费税。

（二）税率

按 14 类消费品规定税率（自 2006 年 4 月 1 日起施行）：

（1）烟类，包括：①甲类卷烟（含各类进口卷烟）56%；②乙类卷烟 36%；③雪茄烟 36%；④烟丝 30%。

（2）酒及酒精，包括：①粮食白酒 20%；②黄酒 240 元/吨；③甲类啤酒 250 元/吨；④乙类啤酒 220 元/吨；⑤其他酒 10%；⑥酒精 5%。

（3）化妆品（含成套化妆品）15%。

（4）贵重首饰及珠宝玉石，包括：①金银首饰、铂金首饰和钻石及钻石饰品 5%；②其他贵重首饰和珠宝玉石 10%。

（5）鞭炮、焰火 15%。

（6）成品油，包括：①含铅汽油 1.52 元/升；②无铅汽油 1.52 元/升；③柴油 1.2 元/升；④航空煤油 1.2 元/升；⑤石脑油 1.52 元/升；⑥溶剂油 1.52 元/升；⑦润滑油 1.52 元/升；⑧燃料油 1.20 元/升。

（7）汽车轮胎 3%。

（8）摩托车，包括：①排气量≤250 毫升的 3%；②排气量 >250 毫升的 10%。

（9）小汽车，包括乘用车和中型商用客车。①乘用车：a. 排气量≤1.0 升的 1%；b. 排气量 1.0 升以上至 1.5 升（含 1.5 升）的 3%；c. 排气量 1.5 升以上至 2.0 升（含 2.0 升）的 5%；d. 排气量 2.0 升以上至 2.5 升（含 2.5 升）的 9%；e. 排气量 2.5 升以上至 3.0 升（含 3.0 升）的 12%；f. 排气量 3.0 升以上至 4.0 升（含 4.0 升）的 25%；g. 排气量在 4.0 以上的 40%。②中轻型商用客车 5%。③高档小汽车（零售环节）10%。

（10）高尔夫球及球具 10%。

（11）高档手表 20%。

（12）游艇 10%。

（13）木制一次性筷子 5%。

（14）实木地板 5%。

为促进节能环保，经国务院批准，自 2015 年 2 月 1 日起对铅蓄电池、涂料征收消费税，税率均为 4%。

（三）计税方法

从价定率法：应纳税额 = 销售额 × 比例税率

从量定额法：应纳税额 = 销售数量 × 单位税额

复合计税法：应纳税额 = 销售额 × 比例税率 + 销售数量 × 单位税额

（四）注意组成计税价格的应用

1. 自产自用应税消费品的计税方法

纳税人自产自用的应税消费品依法应当纳税的，按照纳税人生产的同类消费品的销售价格计算纳税；没有同类消费品消费价格的，按照组成计税价格（即组价）计税，其公式为：

组价＝（成本＋利润）÷（1－消费税税率）

2. 委托加工应税消费品的计税方法

委托加工的应税消费品，按照委托方的同类消费品的销售价格计算纳税；没有同类消费品销售价格的，按照组成计税价格计税，其公式为：

组价＝（材料成本＋加工费）÷（1－消费税税率）

3. 进口应税消费品的计税方法

（1）实行从价定率办法计算纳税的，按照组成计税价格计税，其公式为：

组价＝（关税完税价格＋关税）÷（1－消费税比例税率）

（2）实行复合计税办法计算纳税的，按照组成计税价格计税，其公式为：

组价＝（关税完税价格＋关税＋进口数量×消费税定额税率）÷（1－消费税比例税率）

（五）免征或不征消费税项目的规定

（1）出口应税消费品免征消费税；

（2）成品油生产企业生产自用油免征消费税；

（3）利用废弃的动植物油生产纯生物柴油免征消费税；

（4）变压器油、导热类油等绝缘油类产品不征消费税；

（5）农用拖拉机、收割机和手扶拖拉机专用轮胎不征消费税。

（六）跨境电商零售（B2C，企业对消费者）进口税收规定

跨境电商进口商品（财关税〔2016〕18号）自2016年4月8日起，单次交易限值为人民币2000元，个人年度交易限值为人民币2万元。在限值以内进口的跨境电商零售进口商品，关税税率暂设为0%；进口环节增值税、消费税取消免征税额，暂按法定应税额的70%征收。

跨境电商零售进口商品，自海关放行之日起30日内退货的，可申请退税，并相应调整个人年度交易总额。

跨境电商零售进口商品购买人（订购人）的身份信息应进行认证；未进行认证的，购买人（订购人）身份信息应与付款人一致。

三　关税

关税的发展划分为三个阶段：一是使用费时代。因为使用了桥梁、港口等设施，货物和商人受到了保护，向领主缴纳费用作为补偿，这是关税的起源时期。二是国内关税时代。封建领主在各自地盘内征税，既有使用费的意义，也有税收的某些特征。三是国境或关境关税时代。近代国家出现后，不再征收内地关税，演变为以进出国境或关境的货物为征税对象。

所谓关税，是指海关以进出关境的商品流转额为计税依据而征收的一种流转税。它与国家的经济政策关系密切，在外经贸领域具有特殊的作用。关税是单一环节的价外税：关税的完税价格中不包括关税，即在征收关税时，是以实际成交价格为计税依据，关税不包括在内。但海关代为征收增值税、消费税时，其计税依据包括关税在内。

（一）纳税义务人

关税纳税义务人，是指进口货物的收货人、出口货物的发货人、进境物品的所有人。

（二）税率的种类及适用

依据国务院《中华人民共和国进出口关税条例》（自 2004 年 1 月 1 日起施行）规定，进出口货物关税税率及适用列下：

1. 进口关税设置：最惠国税率、协定税率、特惠税率、普通税率、关税配额税率

对进口货物在一定期限内可以实行暂定税率。税率的适用分述如下：

（1）最惠国税率：适用原产于共同适用最惠国待遇条款的 WTO 成员的进口货物；适用原产于与中国签订含有相互给予最惠国待遇条款的双边贸易协定的国家（地区）的进口货物；适用原产于中国境内的进口货物。该税率下进口货物有暂定税率的，应当适用暂定税率。

（2）协定税率：适用原产于与中国签订含有关税优惠条款的区域性贸易协定国家（地区）的进口货物。该税率下进口货物有暂定税率的，应当从低适用税率。

（3）特惠税率：适用原产于与中国签订含有特殊关税优惠条款的贸易协定国家（地区）的进口货物。该税率下进口货物有暂定税率的，应当从低适用税率。

（4）普通税率：适用原产于上述（1）、（2）、（3）所列以外的国家（地区）的进口货物，以及原产地不明的进口货物。适用普通税率的进口货物，不适用暂定税率。

（5）关税配额税率：按照国家规定实行关税配额管理的进口货物，关税配额内的，适用关税配额税率；关税配额外的，其税率的适用按照上述（1）、（2）、（3）、（4）的规定执行。

需要特别说明非常"两类关税"：一是"两反一保"关税；二是报复性关税。

其一，采取"两反一保"进口货物的关税率及适用（反倾销、反补贴、保障措施）：对进口货物采取"两反一保"的，其税率的适用按照中国《反倾销条例》《反补贴条例》《保障措施条例》的有关规定执行。

其二，报复性关税税率的适用：任何国家（地区）对中国在贸易方面采取禁止、

限制、加征关税或者其他影响正常贸易的措施的，中国则对原产于该国家（地区）的进口货物可以征收报复性关税。征收报复性关税的货物、适用国别、税率、期限和征收办法，由国务院关税税则委员会决定并公布。

2. 出口关税设置：出口税率

对出口货物在一定期限内可以实行暂定税率。

总之，对进出口货物税率的具体适用，是依据《海关进出口税则》以《商品名称及编码协调制度》为基础，结合进出口商品的实际情况而确定的。

（三）计税方法

关税的计税依据是完税价格。所谓完税价格，又称计税价格，一般是指以海关计征关税时的货物成交价格为基础而审查确定的价格。其计算公式是：

应纳税额＝进出口货物完税价格×适用税率

其中：

1. 进口货物完税价格＝以海关审定的正常成交价格为基础的到岸价格

＝货价＋保险费＋运费＋包装费＋其他劳务费

这里所说的到岸价格，是指进口货物价格、货物运抵海关境内输入地点起卸前的保险费、运费、包装费和其他劳务费的总和。

2. 出口货物完税价格＝以海关审定的货物售予境外的离岸价格－出口关税

＝离岸价格÷（1＋出口关税税率）

（四）注意要点

中国政府决定，从 2002 年 10 月 1 日起，新批准的外商投资项目下的进口设备，一律先征收进口关税和进口环节增值税，然后每年退还 20%，5 年内予以全部退还，即先征后退。但对鼓励类项目下的进口设备则不予征收，即不征不退。

（五）关税减免

符合税法规定予以减免税的进出口货物，纳税义务人无须提出申请，海关按规定直接予以减免税。海关对法定减免税货物一般不进行后续管理。

1. 下列进出口货物，免征关税

（1）关税税额在人民币 50 元以下的一票货物；（2）无商业价值的广告品和货样；（3）外国政府、国际组织无偿赠送的物资；（4）在海关放行前损失的货物；（5）进出境运输工具装载的途中必需的燃料、物料和饮食用品。

2. 下列进出口货物，暂不缴纳关税（须缴纳相当于应税款的保证金或担保）

（1）在展览会、交易会、会议及类似活动中展示或者使用的货物；（2）文化、体育交流活动中使用的表演、比赛用品；（3）进行新闻报道或者摄制电影、电视节目使用的仪器、设备及用品；（4）开展科研、教学、医疗活动使用的仪器、设备及用品；（5）在第（1）—（4）项所列活动中使用的交通工具及特种车辆；（6）货样；（7）

供安装、调试、检测设备时使用的仪器、工具；（8）盛装货物的容器；（9）其他用于商业目的的货物。

3. 下列情形之一，纳税业务人在1年内，可申请退还关税

（1）已征进口关税的货物，因品质或规格原因，原状退货复运出境的；（2）已征出口关税的货物，因品质或者规格原因，原状退货复运进境，并已重新缴纳因出口而退还的国内环节有关税收的；（3）已征出口关税的货物，因故未装运出口，申报退还的。

（六）特定减免税

又称政策性减免税。特定减免税货物一般有地区、企业和用途的限制，海关需要后续管理，也需要减免税统计。特定减免税包括：

（1）科教用品（如研究开发、科学试验用的分析、测量、检查、计量、观测、发生信号的仪器、仪表及其附件；计算机工作站，中型、大型计算机；各种载体形式的图书、报刊、讲稿、计算机软件等）；（2）残疾人专用品（进口国内不能生产的）；（3）慈善捐赠物资（是指非营利性的慈善救助等社会慈善和福利事业。自2016年4月1日起，对境外自然人、法人或者其他组织等境外捐赠人，无偿向经民政部登记注册且被评为5A级的、以人道救助和发展慈善事业为宗旨的社会团体、中国红十字会总会等七家全国性慈善或福利组织捐赠的，免征进口关税和进口环节增值税）；（4）加工贸易产品（含来料加工和进料加工。经海关批准，加工贸易项下进口料件实行保税监管的，待加工成品出口后，海关根据实际数量予以核销。对按规定进口时先征税款的，待加工成品出口后，根据核定复出口的数量退还已征收税款）；（5）边境贸易进口物资（含边境线20公里以内的边民互市贸易和边境小额贸易两种形式，其中边民通过互市贸易进口的商品，每人每日价值在8000元以下的，免征进口关税和进口环节增值税）；（6）保税区进出口货物（区内进口专为生产加工出口产品所需的料件和机器设备以及转口货物予以保税；从保税区运往境外的货物，一般免征出口关税）；（7）出口加工区进出口货物；（8）进口设备；（9）特定行业或用途的减免税（如海洋和陆上特定地区石油、天然气开采作业）；（10）特定地区的减免税（如台湾地区水果的原产地标准，自2005年8月1日起对原产于台湾地区的15种进口鲜水果实施零关税）。

（七）个人邮寄物品的减免税

自2010年9月1日起，个人邮寄物品，应征进口税额在人民币50元（含50元）以下的，海关予以免征。

第四节　其他税负要览

本节所讲其他税负，是指房产税、车船税、契税、土地增值税、印花税、资源税和附加税。依次要览如下。

一　房产税

房产税是对房产所有权单位和个人征收的一种财产税。

（一）房产税的沿革

新中国成立后，1951 年政务院颁布了《城市房地产税暂行条例》，时称城市房地产税。1973 年简化税制，把这个税种并入了工商税。1984 年对国内企业单位恢复征收房产税。1986 年国务院发布了《房产税暂行条例》，继而各地方省级政府先后制定了施行细则。2009 年废止《城市房地产税暂行条例》，外商投资企业、外国企业和组织以及外籍个人依照《房产税暂行条例》缴纳房产税，至此，在全国范围内实行内外统一的房产税。

（二）房产税的特点

房产税有如下三个特点：一是房产税属于财产税中的个别财产税。个别财产税又叫"单项财产税"，是对纳税人拥有的土地、房屋、资本和其他财产分别课征的税收。房产税的征税对象只是房屋，而非一般财产税（又叫"综合财产税"），不是对各类财产实行综合课征的税收。二是房产税限于一定范围内的经营性房屋征收，即在城市、县城、建制镇和工矿区范围内征收，不涉及农村。三是根据房屋不同的经营方式，规定不同的计税依据。如果房屋用于经营自用和出典，则按房产计税余值征收（税率为 1.2%）；如果房屋用于出租，则按租金收入计税（税率为 12%）。自 2008 年 3 月 1 日起，对个人出租住房，不区分实际用途，均按 4% 的税率征收房产税。

二　车船税

车船税是对车辆、船舶的所有人或者管理人征收的一种财产税。

（一）车船税的沿革

1945 年国民党政府公布了《使用牌照税法》，在全国统一开征车船使用牌照税。新中国成立后，政务院于 1951 年颁布了《车船使用牌照税暂行条例》，在全国部分地区开征。1973 年简化税制、合并税种时，将其并入工商税。1984 年国务院决定恢复对车船征税，改名为车船使用税（删除"牌照"二字）。1986 年国务院发布了《车船使用税暂行条例》，在全国施行，继而各地方省级政府先后制定了施行细则。2006 年国务院颁布了第 482 号令，公布了《车船税暂行条例》，自 2007 年施行。至此，内外资企业和个人的车船实行统一的车船税。2011 年第十一届全国人大常委会通过了《车船税法》，自 2012 年起施行。《车船法》出台，对于统一税制、公平税负、拓宽税基、提高税法的法律级次、增加地方财政收入、加强地方税征管，都有重要的意义。

（二）车船税的特点

车船税有如下三个特点：一是统一了各类企业的车船税制。把车船使用牌照税和车船使用税合并为"车船税"，统一适用于各类纳税人（含外商投资企业、外国企业和外籍人员），解决了内外资企业车船税制长期不统一的问题。二是由行为与财产税变为财产税。税法将纳税人由"拥有并且使用车船的单位和个人"，变为"车辆、船舶的所有人或者管理人"。三是适度提高了税额标准。原来的车船使用牌照税税额 60 年没有调整（1951—2011 年），而车船使用税税额也有 25 年没有调整（1986—2011 年）。税法保持了原车船使用税税额幅度的下限，而将上限提高了 1 倍左右（如载客汽车的上限由原来的 320 元提高到 1440 元，载货汽车的上限由 60 元提高到 120 元，乘用车按发动机汽缸排气量分档征收，年基准税额为 60 元至 5400 元不等，排气量高的适用高税额）。车船税采用定额幅度税额，为各地结合实际情况合理确定税额留有空间。

三 契税

契税是以所有权发生转移的不动产为征税对象，向产权承受人征收的一种财产税。

（一）契税的沿革

契税最早起源于东晋的"古税"，至今 1600 多年。新中国成立后颁布的第一个税收法规就是《契税暂行条例》。基本内容是：凡土地、房屋之买卖、典当、赠与和交换，均应凭产权证明，在当事人订立契约时，由产权承受人缴纳契税；税率为两种：买卖、赠与税率 6%，典当税率 3%；对交换房屋双方价值相等的，免税；不相等的，就其超过价值部分按 6% 缴纳。1954 年财政部对《契税暂行条例》修改。1978 年新宪法公布后，城乡房屋买卖重新活跃起来，财政部于 1981 年和 1990 年分别发出了《关于改进和加强契税征收管理工作的通知》和《关于加强契税工作的通知》，对契税政策进行了补充和调整，全面恢复契税征收。1997 年国务院对《契税暂行条例》修订后，重新颁布了《契税暂行条例》，并从 1997 年 10 月 1 日起施行。

（二）契税的特点

契税有如下两个特点：一是契税属于财产转移税，以转移的不动产（含土地和房屋）为征税对象，具有财产转移课税性质。土地、房屋产权未发生转移的，不征契税。二是契税由财产承受人缴纳。一般税种都确定销售者为纳税人，即卖方纳税。而契税由产权承受人纳税，即买方纳税。对买方征税的目的，在于承认不动产转移生效，承受人纳税以后，便可拥有不动产产权或使用权，受法律保护。契税税率实行幅度比例税率，税率幅度为3%—5%，具体执行税率由各省级政府根据本地区实际情况确定。从2010年10月1日起，对个人购买90平方米及以下且家庭唯一住房的普通住房，减按1%税率征收契税。

四　土地增值税

土地增值税是对有偿转让国有土地使用权、地上建筑物及附着物（简称"转让房地产"）的单位和个人征收的一种财产税。

（一）土地增值税的沿革

对土地课税是一种古老的税收形式，也是各国普遍征收的一种财产税。有些国家和地区称其为房地产税、不动产税、财产税等。新中国成立以来，先后开征过契税、城市房地产税、房产税、城市土地使用税等税种，但这些税种大多属于传统的土地税，调节房地产市场的力度不大。1993年国务院发布了《土地增值税暂行条例》，1994年在全国开征土地增值税，1995年财政部颁布了《土地增值税暂行条例实施细则》，这是中国（除台湾地区外）第一个专门对土地增值额征税的税种。

（二）土地增值税的特点

土地增值税有如下五个特点：一是以转让房地产取得的增值额或收益额为征税对象。增值额或收益额是纳税人转让房地产的收入减除税法规定准予扣除项目金额后的余额。二是征税面比较宽。即凡发生应税行为的单位和个人，不论其经济性质，也不分内外资企业或中外籍人员，无论专营或兼营房地产业务，均有缴纳土地增值税的义务。三是采用扣除法和评估法计算增值额。土地增值税在计算方法上，扣除法是指以纳税人转让房地产取得的收入，减除法定扣除项目金额后的余额作为计税依据；评估法是指对旧房及建筑物的转让，以及对纳税人转让房地产申报不实、成交价格偏低的，采用评估价格法确定增值额，计征土地增值税。四是实行超率累进税率。土地增值税的税率是以转让房地产的增值率高低为依据，按照累进原则设计的，实行分级计税。增值率高的，适用的税率高、多纳税；增值率低的，适用的税率低、少纳税。五是实行按次征收，纳税时间、缴纳方法根据房地产转让情况而定。土地增值税发生在房地产转让环节，实行按次征收，每发生一次转让行为，就根据每次取得的增值额征一次税。其纳税时间、缴纳方法根据房地产转让情况而定。

五　印花税

印花税是对经济交往中书立、领受、使用的应税凭证的单位和个人征收的一种行为税。由于纳税人在应税凭证上粘贴印花税票来完成纳税义务，故名印花税。

（一）印花税的沿革

印花税历史悠久，最早始于1624年的荷兰。旧中国，北洋军阀政府颁布过《印花税法》，于 1913 年首次开征印花税。1927 年国民党政府公布了《印花税条例》。新中国成立后，政务院于 1950 年发布《全国税政实施要则》，规定印花税为全国统一开征的 14 个税种之一。1958 年简化税制时，印花税并入工商统一税，不再单独征收。1988 年国务院公布《印花税暂行条例》，于同年 10 月 1 日起恢复征收印花税。目的是广泛筹集财政资金，维护经济凭证书立、领受人的合法权益。

（二）印花税的特点

印花税有如下四个特点：一是兼有凭证税和行为税性质。一方面是对单位和个人书立、领受的应税凭证征收，具有凭证税性质；另一方面，应税凭证反映的是某种特定的经济行为，因此，对凭证征税，实质上是对经济行为的课税。二是征税范围广泛。印花税的征税对象包括了经济活动和经济交往中的各种应税凭证，凡书立、领受这些凭证的单位和个人都要缴纳印花税，征税范围极其广泛。三是税率低、税负轻。印花税与其他税种比较，税率低得多，税负较轻，具有广集资金、税少成多的财政效应。印花税分为两种税率；（1）定额税率，单位税额为每件 5 元；（2）比例税率分为 4 档，即 1‰、0.5‰、0.3‰、0.05‰。四是由纳税人自行完成纳税义务。纳税人自行计算、购买并粘贴印花税票的方法完成纳税义务。这与其他税种的缴纳方法有较大不同。

六　资源税

资源税是对利用自然资源进行开采和生产作业的单位和个人征收的一种税。目前是指在中国境内开采应税矿产品及盐的单位和个人，就其应税产品销售额或销售数量和自用数量为计税依据而征收的一种税。

（一）资源税的沿革

新中国成立后，1950 年政务院发布的《全国税政实施要则》中，明确将盐税列为一个税种征收。1958 年之前，盐税由盐务部门征收，1958 年改由税务机关征收。1973 年将盐税并入工商税，1984 年又分离出来，成为独立税种，1994 年并入资源税。1984 年国务院发布《资源税条例（草案）》，只对原油、天然气、煤炭三种资源开征资源税。1993 年国务院重新发布《资源税暂行条例》，自 1994 年起施行，征收包括盐资源在内的资源税。2011 年国务院发布《关于修改〈资源税暂行条例〉的决定》，自 2011 年 11 月 1 日起施行新的暂行条例。自 2016 年 7 月 1 日起，资源税改革全面推开，由从量定额计征改为从价计征，授权省级地方政府确定税率，取消地方各种违规收费基金项目为企业减负。2019 年 8 月 26 日，第十三届人大常委会第十二次会议通过了《中华人民共和国资源税法》。该法自 2020 年 9 月 1 日起施行，1993 年 12 月 25 日国务院发布的《中华人民共和国资源税暂行条例》同时废止。应税资源的具体范围，由本法所附《资源税税目税率表》确定，实行从价计征或者从量计征。

（二）资源税的特点

资源税有如下三个特点：一是只对特定资源征税，包括矿产品、盐、水资源三大类。具体操作时，对矿产资源的绝大多数主要矿种，采取列举品目的办法征收。二是具有受益税性质。资源税征收是国家政治权力和所有权的统一。它一方面体现税收强制性、固定性的特征；另一方面又体现对国有财产的有偿占用性、使用性、受益性。三是具有级差收入税的特点。资源税通过对同是国有资源实行高低不同的差别税率，可以直接调节因资源优劣条件不同而产生的级差收入。显然，资源税实际上是一种级差收入税。

七　附加税

附加税包括城市维护建设税和烟叶税。

（一）城市维护建设税

城市维护建设税是对从事工商经营，缴纳增值税、消费税、营业税"三税"的单位和个人征收的一种税。简称城建税。

1. 城市维护建设税的沿革

新中国成立以来，1979年之前，城市维护建设资金由当时的工商税附加、城市公用事业附加、国拨城市维护费三部分组成。1979年试行从上年度工商利润中提取5%用于城市维护和建设。1981年国务院提出：开征城市维护建设税。1985年2月8日国务院正式颁布《城建税暂行条例》，并于1985年1月1日起在全国范围内施行。

2. 城市维护建设税的特点

城建税有如下四个特点：一是税款专款专用，具有受益税性质。城建税税款的缴纳与受益更直接地联系起来，通常称其为受益税。城建税款用来保证城市公共事业和公共设施的维护与建设，是一种具有受益税性质的税种。二是属于一种附加税。城建税没有独立的征税对象或税基，而是以"三税"实际缴纳的税款之和为计税依据，随"三税"起落，本质上属于附加税。三是根据城建规模设计税率。如市区的税率为7%；县城、建制镇的税率为5%；不在市区、县城或建制镇的为1%。四是征收范围较广。即缴纳"三税"中任何一种税种的纳税人都要缴纳城建税。

（二）烟叶税

烟叶税是对中国境内收购烟叶行为而征收的一种税。它以收购金额为征税依据，体现国家对烟草实行"寓禁于征"的政策。烟叶税实行比例税率，税率为20%。

中国对烟草征税始于明朝末年。后来一直保持对烟叶征税。1994年税制改革中，改为统一征收农业特产农业税，其中规定对烟叶在收购环节征收，税率为31%。1999年税率下调至20%。2004年财政部、国家税务总局规定，暂保留对烟叶征税，取消其他农业特产农业税。2006年4月28日国务院令第464号公布施行《烟叶税暂行条例》。

第十三章 外商投资企业利润分配与企业清算

第一节 利润的组成与资金运动

一 利润总额的组成

外商投资企业的利润总额,包括营业利润和营业外收支净额。

营业利润为基本业务收入减去营业成本和营业税金后的毛利,再减去销售费用、管理费用和财务费用(商业企业还应减去进货费用),加上其他业务利润的净额。其他业务利润为其他业务收入减去其他业务支出的净额。

营业外收支净额为营业外收入减去营业外支出的净额。营业外收入包括投资收益、投资作价收益、固定资产盘盈、处理固定资产收益、罚款收入和以前年度收益等;营业外支出包括投资损失、投资作价损失、固定资产盘亏、处理固定资产损失、罚款支出、捐赠支出、非常损失和以前年度损失等。

综上所述,利润总额的组成,用公式表示则是:

利润总额 = 对外投资净收益 + 营业利润 + 营业外收支净额

对外投资净收益 = 对外投资收益 - 对外投资损失

营业利润 = 主营业务收入 - (营业成本 + 营业税金) - (销售费用 + 管理费用 + 财务费用) + 其他业务利润净额

营业外收支净额 = 营业外收入 - 营业外支出

二 利润总额的计算

企业利润一般应当按月计算。不能按月计算利润的,在报经主管财政机关或主管部门同意后,按季或按年计算。

三 资金运动

以中外合资经营企业为例,其资金运动如图 13 - 1 所示。

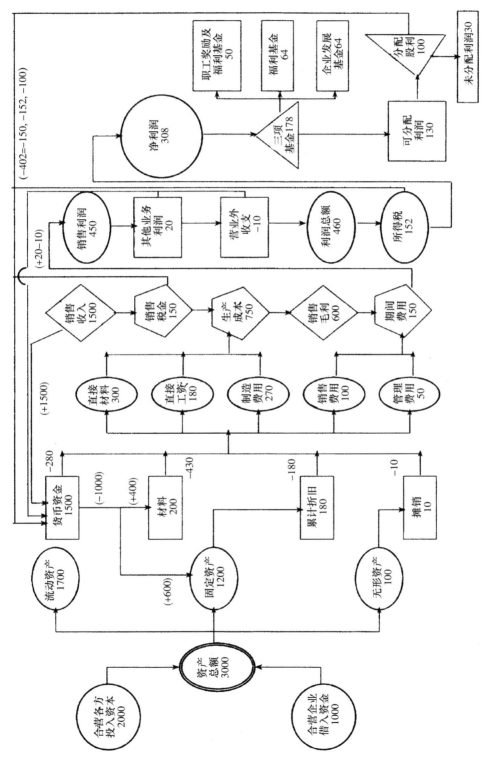

图13-1 中外合资经营企业资金运动图示

第二节　利润分配的原则与方法

一　利润分配原则

原外商投资企业主体法律（即"外资三方"）对利润分配原则的规定如下（三项）：

（1）中外合资经营企业，净利润按合营各方注册资本的比例进行分配。

（2）中外合作经营企业，净利润按合同的约定进行分配。

（3）外资企业，净利润按章程的规定进行分配。

二　利润分配方法

1. 毛利润（又称税前利润）

一般企业的毛利润额，可用下列公式计算：

毛利润额 = 营业总收入 - 企业开支总成本

毛利润是不能分配的。企业不纳税就分配利润，是"逃税"行为；企业少纳税或隐瞒营业收入不纳税，是"偷税""漏税"行为。如果将毛利润拿来硬行分配，是违法行为，必将受到法律追究和处罚。

2. 净利润（即企业可支配利润，又称税后利润）

净利润额，可用下列公式表示：

净利润额 = 毛利润额 - 企业所得税额

净利润归企业支配，但不允许投资者分配。

3. 可分配利润（又称可分红利润）

可分配利润，可用下列公式表示：

可分配利润 = 税后利润 - 三项基金

三项基金指的是：企业储备基金、职工奖励及福利基金、企业发展基金。三项基金数额的多少，一般由企业自主提留。只有在企业提留三项基金后，投资者才可以分配利润。

第三节　先行回收投资

中外合作经营企业在收益分配和回收投资方面，有其特殊性，故特辟一节加以说明。这种特殊性表现为：允许外国合作者在合作期限内先行回收投资。而不像中外合资经营企业那样，必须从分取红利中回收投资或在合同期满后，从剩余资产分配中回收投资。

一　外国合作者先行回收投资的前提条件

前提条件是：中外合作者在合作企业合同中约定合作期限届满时，合作企业的全部固定资产无偿归中国合作者所有。这里所说的"全部固定资产"，是指对合作企业的资产和债权、债务进行清算，并偿还企业的债务以后，剩余资产中的固定资产部分。在合作企业合作期满，而企业清算费用未支付、企业债务未清偿以前，中方不得先行分配合作企业的固定资产。

二　外国合作者先行回收投资的主要方式

主要有下列四种方式：

1. 从大比例分成中回收

在按照投资或者提供合作条件进行分配的基础上，在合作合同一定期限内，约定扩大外国合作者的收益分配比例。这种灵活的分配方式，实质上是资本的内部转移，由中方先舍弃本应分得的部分利润，吸引和换取外方的投资。

2. 从营业收入中回收

即从营业额中拿出一定比例的货币，偿还贷款投资本息或自有资金的投资本金。这种分配方式，实质上是企业缴纳所得税前回收投资，含有税收上的优惠。这种方式多在合作经营饭店、公寓项目中采用，但必须经财政税务机关审查批准。

3. 从固定资产折旧中回收

即把折旧费（含加速折旧）按约定的比例进行分配，偿还投资本金。用提取折旧费的方式回收投资，对外方来说最安全可靠。折旧费列入成本，不管企业赔赚，折旧照提不误，投资都能回收。这种方式多在产品制造业项目中采用。

必须注意，外国合作者提取合作企业固定资产折旧费，而使该合作企业资产减少的，外国合作者必须提供银行或金融机构出具的相应金额的担保函，以保证合作企业的偿债能力。如果合作企业需要加速折旧其固定资产，以使外国合作者先行回收投资的，还应事先经国家税务总局批准。

4. 从产品分成中回收

即把企业的产品按约定比例进行分配，偿还投资本金。这种方式多在矿产品开发项目中采用。

三　签订先行回收投资合同条款应当注意的事项

应当注意的事项主要包括下列四个方面：

（1）合作企业亏损未弥补前，不得先行回收投资。

（2）必须在企业盈利的年度回收投资。

（3）回收数额必须以保持下年度正常经营所需资金为限。

（4）投资回收完毕，合同期满前，双方必须继续承担后来的债务责任。

第四节　利润分配细则

一　利润分配顺序

所谓利润分配顺序，即利润分配秩序。根据《外商投资企业财务管理规定》和《外商投资企业执行新企业财务制度的补充规定》的规定，外商投资企业所得税税后利润（即企业可支配利润）或净利润的分配顺序是：

（1）支付被没收财务损失、各项赔偿金、违约金、滞纳金、罚息、罚款。

（2）弥补企业以前年度亏损。

（3）提取三项基金（储备基金、职工奖励及福利基金和企业发展基金）。

（4）向投资者分配利润。企业以前年度未分配的利润，可以并入本年度向投资者分配。

二　利润分配注意要点

1. 三项基金的主要用途

（1）储备基金，主要用于垫补企业的亏损。

（2）职工奖励及福利基金，用于职工非经常性奖励，补贴购建和修缮职工住房等集体福利。

（3）企业发展基金，主要用于扩大生产经营，经原审批机构批准，也可转做投资者增资。

2. 三项基金的提取比例

三项基金提取比例，由企业自行确定。从实践来看，其提取比例约占税后利润（即净利润）的30%，现列表归纳如表13-1所示。

3. 企业分配利润的币种及汇兑损失处理

（1）分配利润的币种：外商投资企业以现金分配利润时，除合同、章程中另有规定者外，原则上按企业经营所得的货币进行分配。

（2）汇兑损失处理：投资者分得的人民币利润如需调剂成外币，其汇兑损失企业不予负担。

表 13 – 1 三项基金提取比例

三项基金	国家规定	企业惯例
企业储备基金	外资企业提取比例≥税后利润 10%，当提取金额达到注册资本的 50% 时，可不再提取；合资（合作）企业自行确定	≥税后利润 10%
职工奖励及福利基金	由外商投资企业自行确定	≈税后利润 6%
企业发展基金	外资企业可以不提取；合资（合作）企业自行确定	≈税后利润 14%

4. 企业预分利润处理

外商投资企业一般不得预分利润，但对效益较好，无到期债务，按规定预缴所得税后仍有较多利润的，经主管财政机关批准，可预分一部分利润。

三　利润分配图示

以某中外合资经营企业为例，其利润分配如图 13 – 2 所示。

四　对企业违反财务制度的处罚

财政机关持检查证件或开具的检查公函，有权对外商投资企业执行国家有关企业财务制度的情况进行检查。但负责对企业提供的资料保密。对违反企业财务制度规定的，除限期纠正外，给予书面警告，或者予以通报。此外，视不同情况，给予经济处罚。国家有关部门作出的经济处罚规定如下：

（1）外商投资企业未按规定期限缴纳土地（海域）使用费的，除限期缴纳外，从滞纳之日起，按日加收滞纳金额 2‰的滞纳金。

（2）企业有下列行为之一的，除限期纠正外，给予 5000 元人民币的罚款：①未按规定提交批准证书、营业执照、合同、章程等文件以及变动注册资本文件复制件的；②未按规定办理验资手续的；③未按规定报送企业财务报表和财务情况说明书的；④违反成本费用开支范围，随意摊提成本费用，弄虚作假的；⑤未按规定缴纳土地（海域）使用费的；⑥未经主管财政机关批准，擅自预分利润的；⑦投资者违约未按国家规定纠正并承担违约责任而分配利润的；⑧其他违反企业财务制度规定的行为，情节比较严重的。

外商投资企业对处罚决定不服的，可以在接到处罚通知之日起 15 日内，向上一级财政机关或中央企业主管部门申请复议；对复议决定不服的，可以在接到复议通知之日起 15 日内，直接向人民法院起诉。当事人逾期不申请复议或者不向人民法院起诉，又不履行处分决定的，作出处分决定的机关可以申请人民法院强制执行。

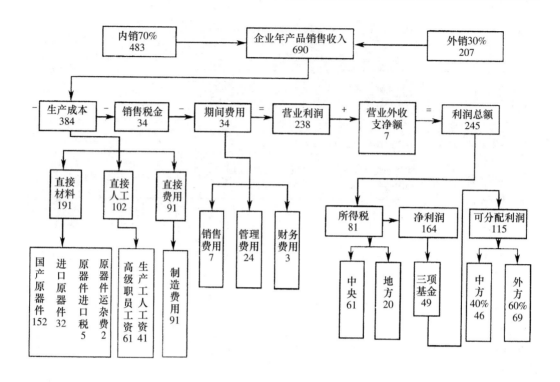

图 13 - 2 某中外合资经营企业利润分配示意图

第五节 企业清算

当外商投资企业因为各种原因而解散、终止经营时，就需要进行企业清算。为了保障外商投资企业清算工作的顺利进行，中国曾于 1996 年 7 月发布了《外商投资企业清算办法》（以下简称《办法》）。随着中国法律制度的逐步完善，特别是《公司法》的修订和新《破产法》的出台，对内外资企业的管理趋于一致，国务院于 2008 年 1 月废止了《办法》。目前，外商投资企业的清算工作应按照《公司法》《破产法》和外商投资法律法规的相关规定办理。

一 企业清算的含义和分类

（一）企业清算的含义

所谓企业清算，是指公司解散后，为最终了结现存的财产和其他法律关系，依照法定程序，对公司的财产和债权、债务关系进行清理、处分和分配，以了结其债权、债务关系，从而消灭公司法人资格的法律行为。公司除因合并或分立而解散外，其余原因引起的解散，均须经过清算程序。

（二）企业清算的分类

1. 按照解散事由，分为自动解散清算和被迫提前解散清算两类

（1）自动解散清算。是指根据合同、章程规定，合营、合作、经营期限届满，而又未提出延长申请，宣布终止所进行的清算。

（2）被迫提前解散清算。是指合营、合作、经营期限未满，由于某种原因不得不提出终止申请所进行的清算。

2. 按照清算过程不同，分为普通清算、特别清算和破产清算三类

（1）普通清算。是指公司依法自行组成的清算组，按法定程序进行的清算。

（2）特别清算。是指公司在普通清算过程中，出现了显著的障碍或发现其债务有超过其实有资产的可能时，依法由法院和债权人进行直接干预和监督的清算。

（3）破产清算。是指公司因不能清偿到期债务被宣告破产后，由法院组织清算组对公司财产进行清理、估价、处理和分配，并最终消灭公司法人资格的清算。

二　外商投资企业的清算事由

当外商投资企业发生如下情况时，需要进行解散和清算：

（1）合营企业合营期限届满，合作企业合作期限届满，外资企业经营期限届满。

（2）企业或是经营不善或是严重亏损或是因自然灾害、战争等不可抗力遭受严重损失，造成无法继续经营或外商投资者撤资。

（3）合营企业未达到其经营目的，同时又无发展前途。

（4）合营一方或者中外合作者一方或数方不履行合营或合作企业合同、章程规定的义务，致使企业无法继续经营。

（5）外资企业破产。

（6）企业合同、章程中规定的其他解散原因已经出现。

（7）企业违反中国法律、行政法规，被责令关闭或被依法撤销。

（8）公司经营管理发生严重困难，继续存续会使股东利益受到重大损失，通过其他途径不能解决的，持有公司全部股东表决权10%以上的股东，请求人民法院解散公司。

三　企业清算的程序和要求

企业清算应成立清算组，确定清算财产，制定清算方案，清理债权债务，处理剩余财产，编制清算报表，提出清算报告，办理停业登记。分述如下：

（一）清算前期工作

中外合资经营企业合营期限届满、中外合作经营企业合作期限届满、外资企业经营期限届满，均不再延长期限，即可进入解散程序。

企业各方约定提前解散的须向审批机关报送提前解散申请书、企业权力机构（董事会、股东会或股东大会）关于提前解散企业的决议以及企业的批准证书和营业执照。

企业某单方提出解散申请的，应当向审批机关报送提前解散申请书，并提供有管辖权的人民法院或仲裁机构作出的生效判决或裁决，判决或裁决中应明确判定或裁定存在因某方违约致使企业无法存续的情形。

审批机关收到解散申请书和相关材料后，于 10 个工作日内作出批准企业解散的批件，并在全国外商投资企业审批管理系统中增加批准企业解散的信息。企业应在批准解散之日起 15 日内成立清算组，依法开始清算。

（二）成立清算组

中国《公司法》规定，有限责任公司的清算组由股东组成，股份有限公司的清算组由董事或者股东大会确定的人员组成。根据具体情况，外商投资企业的清算组可以聘请中国的注册会计师、律师等参加。逾期不成立清算组进行清算的，债权人可以申请人民法院指定有关人员组成清算组进行清算。人民法院应当受理该申请，并及时组织清算组进行清算。

清算组在清算期间行使下列职权：

（1）清理公司财产，分别编制资产负债表和财产清单；

（2）通知、公告债权人；

（3）处理与清算有关的公司未了结的业务；

（4）清缴所欠税款以及清算过程中产生的税款；

（5）清理债权、债务；

（6）处理公司清偿债务后的剩余财产；

（7）代表公司参与民事诉讼活动。

（三）确定清算财产

清算企业的财产，包括宣布清算时企业的全部财产，以及清算期间取得的资产。除国家另有规定外，以下三部分不属于清算财产：

（1）企业结余的职工奖励和福利基金、中方职工住房周转金，以及用这两项基金购建的各项财产、设施；

（2）企业结余的中方职工保险福利费；

（3）企业结余的工会经费，以及用工会经费购建的财产。

（四）制定清算方案

清算组成立后，首先要对企业财产及债权、债务进行清查，编制财产目录及债权债务清单，提出财产作价原则和计算依据。编制企业自年初至决定清算日止的资产负债表和其他会计报表。清算费用应从企业现存财产中优先支付。清算方案主要内容包括：

（1）确定清算期限。清算期限不宜太长。

（2）确定清算方式，即剩余财产分配方式。

（3）确定财产作价方法。

对清算财产评估作价，应当按照以下规定办理：

①企业合同、章程有规定的，按照企业合同、章程的规定办理。

②企业合同、章程没有规定的，由中外投资者协商决定，并报企业审批机关批准。

③企业合同、章程没有规定，中外投资者协商不能达成一致意见的，由清算委员会依照国家有关规定及参照资产评估机构的意见确定并报企业审批机关批准。

④法院判决或者仲裁裁决终止企业合同，并规定清算财产评估作价办法的，依照判决或者裁决的规定办理。

（4）对清算工作中发生的清算费用和清算损益的处理。

（5）债权债务的清查及其清理的办法。

（6）企业财产的分配方法。

（7）企业终止后职工安置等遗留问题的处理方案。

（8）清算结束办理停业登记、会计档案及其有关文件保管等具体事宜的处理方案。

（五）清理债权债务

1. 收回债权

如债务人无理拒付或拖欠，清算组可向法院起诉。

2. 清理债务

清算组应当自成立之日起 10 日内通知债权人，并于 60 日内在报纸上公告。债权人应当自接到通知书之日起 30 日内，未接到通知书的自公告之日起 45 日内，向清算组申报其债权。债权人申报债权，应当说明债权的有关事项，并提供证明材料。清算组应当对债权进行登记。在申报债权期间，清算组不得对债权人进行清偿。

（六）处置剩余财产

清算组在清理公司财产、编制资产负债表和财产清单后，应当制定清算方案，并报股东会、股东大会或者人民法院确认。公司财产再依次支付：（1）清算费用、职工的工资、社会保险费用和法定补偿金；（2）缴纳所欠税款；（3）清偿公司债务后的剩余财产，有限责任公司按照股东的出资比例分配，股份有限公司按照股东持有的股份比例分配。清算期间，公司存续，但不得开展与清算无关的经营活动。公司财产在未依照前款规定清偿前，不得分配给股东。

清算组在清理公司财产、编制资产负债表和财产清单后，发现公司财产不足清偿债务的，应当依法向人民法院申请宣告破产。公司经人民法院裁定宣告破产后，清算组应当将清算事务移交给人民法院。

（七）编制清算报表、提出清算报告、办理停业

清算组应在清算期内缴清企业各项税款。清算结束后，清算组应制作清算报告，经企业权力机构确认后，报送审批机关，同时向审批机关缴销批准证书。审批机关收到清算报告和批准证书后，在全国外商投资企业审批管理系统中完成企业终止相关信息的录入和操作，并由系统自动生成回执，企业凭回执向税务、海关、外汇等部门办理注销手续，并向公司登记机关申请注销登记。

（八）破产清算的说明

外商投资企业如果是企业法人，同样包括在新《破产法》的适用范围之内。外商投资公司被依法宣告破产的，依照《破产法》实施破产清算。

1. 破产财产的清偿

破产财产在优先清偿破产费用和共益债务后，依照下列顺序清偿：

（1）破产人所欠职工的工资和医疗、伤残补助、抚恤费用，所欠的应当划入职工个人账户的基本养老保险、基本医疗保险费用，以及法律、行政法规规定应当支付给职工的补偿金。

（2）破产人欠缴的除前项规定以外的社会保险费用和破产人所欠税款。

（3）普通破产债权。

破产财产不足以清偿同一顺序的清偿要求的，按照比例分配。破产企业的董事、监事和高级管理人员的工资按照该企业职工的平均工资计算。

2. 破产程序的终结

破产人无财产可供分配的，管理人应当请求人民法院裁定终结破产程序。管理人在最后分配完结后，应当及时向人民法院提交破产财产分配报告，并提请人民法院裁定终结破产程序。

破产人的保证人和其他连带债务人，在破产程序终结后，对债权人依照破产清算程序未受清偿的债权，依法继续承担清偿责任。

第十四章 对外劳务合作企业

第一节 对外劳务合作概述

一 对外劳务合作的含义

对外劳务合作，又称国际劳务合作（International Service Cooperation），是指一国的企业通过某种形式向另一国企业提供劳动服务，以获取盈利的一种经济合作方式。其内容主要包括两部分：一是国境内部分，如"三来一补"；二是国境外部分，如对外承包工程建设；派人到国外企业去工作或到外国业主或承包商的项目中服务，包括向一些国家的生产部门和管理部门派遣工程师、设计师、经济师、会计师、机械师、农艺师、园艺师、医师、厨师等专家和海员、熟练工人、技术工人，以及多种单项劳务人员等。

二 发展对外劳务合作的意义

发展对外劳务合作，其意义和作用是明显的。在改革开放 40 多年的时间里，中国对外劳务合作从无到有，从小到大，为中国"走出去"战略的实施做出了重要贡献，并且取得了良好的经济效益和社会效益。主要表现在以下四个方面：

（一）增加外汇收入和财政收入

中国是发展中国家，市场经济正在逐步发展。通过对外劳务合作，获取报酬，可以增加中国的外汇收入，从而改善中国的国际收支状况。据国内专家测算，目前中国外派劳务每年汇回和带回的外汇收入约 20 亿美元，社会效益日益明显。目前，许多国家和地区都把劳务出口（包括技术劳务和普通劳务）作为平衡国民经济的手段。2016年，中国对外承包工程业务完成营业额 10589.2 亿元人民币（折合 1594.2 亿美元，同比增长 3.5%），新签合同额 16207.9 亿元人民币（折合 2440.1 亿美元，同比增长 16.2%）。

（二）拓宽就业渠道，增加就业机会

中国劳动力资源丰富，就业问题一直是困扰中国经济发展的一个关键问题，开展对外劳务合作是缓和就业压力的途径之一。中国自从实行对外开放政策以来，对外劳

务合作迅速发展，增加了大量就业机会，减轻了中国劳动力过剩、失业人员过多的压力。据商务部统计，2016 年，中国对外劳务合作派出各类劳务人员 49.4 万人；其中承包工程项下派出 23 万人，劳务合作项下派出 26.4 万人。12 月当月，派出各类劳务人员 6 万人，较上年增加 0.2 万人，年末在外各类劳务人员 96.9 万人。

（三）带动本国商品出口

广泛开展对外劳务合作，特别是承包全套工程，不仅为外方提供勘探、设计和施工人员，而且还提供厂房设备和建筑材料。据统计，一项对外承包工程，材料和设备费用一般占工程造价的 50% 左右，由于承包商可以按照自己的意愿进口所需物资，这就促进了承包商所属国家和地区的产品以及原材料的出口。如中国在伊朗德黑兰的地铁工程，就带动了中国的机车、铁轨、车厢、信号和技术、材料乃至劳务人员的全方位出口。据测算，对外承包工程合同额每增加 1 亿美元，即可拉动中国 GDP 增加 26 亿美元。

（四）学习国外的先进技术和管理经验

通过开展对外劳务合作，实现了资源的国际化配置，促进企业"走出去"融入世界经济，并培养了一大批国际型管理人才。参加对外承包工程和劳务合作，可以使中国员工在与外国工程技术人员合作过程中，广泛接触国外先进技术和管理经验，开阔视野，增长知识，锻炼才干，形成一支经验丰富、技术过硬、富于竞争力的对外合作大军。同时，还可以"洋为中用"，在国内建设中推广外国的先进技术和管理经验。

另外，从更广阔的角度来看，开展对外劳务合作还带动了地区经济和相关服务行业，如国内航空、通信、金融、保险、邮电等行业的发展。

三　中国对外劳务合作的发展及特点

（一）中国对外劳务合作的发展历程

中国的对外劳务合作事业开始于 20 世纪 70 年代末，是改革开放带来的新生事物，经过 40 多年的不断努力，迅速发展为中国对外经济贸易的重要组成部分。40 多年来，中国对外劳务合作的发展大体经历了四个阶段。

1. 起步阶段（1978—1982 年）

在起步阶段，中国共批准了 29 家企业从事对外工程承包和劳务合作业务，中国的对外承包劳务队伍第一次走向国际舞台，主要市场集中在西亚、北非。经过创业之初的艰难开拓，中国的对外经济合作有了初步发展，4 年中共与 45 个国家和地区签订了承包劳务合同 755 项，总金额 11.96 亿美元。

2. 逐步发展阶段（1983—1989 年）

在逐步发展阶段，中国的对外合作业务在国际承包劳务市场萎缩、条件苛刻的困难背景下，经过奋力开拓，得到了持续发展。在此期间，中国的对外劳务合作队伍不断壮大，1990 年年底达到 113 家，初步形成了一支活跃在国际承包劳务市场上的骨干队伍；业务量不断增加，8 年间共签订承包劳务合同 138.64 亿美元，在国际承包劳务市场上占有了一席之地；市场逐步扩大；为 20 世纪 90 年代对外经济合作的发展奠定了坚实的基础。

3. 快速发展阶段（1990—2003 年）

在快速发展阶段，中国对外经济合作迎来了健康、稳定、快速发展的新时期。经营对外经济合作业务的企业，由流通领域的窗口型公司为主逐步转向生产领域的实体公司为主，企业的经营水平不断提高，在外承揽的业务规模不断扩大，档次不断提升，市场多元化战略初见成效，有对外承包工程和劳务合作经营权的公司增加到 1000 余家。在这期间，中国共签订承包劳务合同 311334 份，总金额 1538.81 亿美元。

4. 优化调整阶段（2004—2010 年）

2004 年 7 月，商务部、国家工商总局颁布了《对外劳务合作经营资格管理办法》（以下简称《办法》），将对外劳务合作与对外承包工程分开管理，取消了对企业所有制形式的限制，并允许经批准的外商投资职业介绍机构或中外合资人才中介机构申请经营资格。《办法》的实施优化了经营主体结构，加强了管理，为对外劳务合作的长足发展奠定了基础。"十一五"时期，随着中国开放型经济水平不断提高和"走出去"战略加快推进，对外投资合作取得跨越式发展。规模和速度快速增长，业务遍布全球近 200 个国家（地区），对外直接投资和对外承包工程营业额年均增长均超过 30%，"十一五"期末在外劳务比初期增加近 30 万人。质量和水平显著提升，由单个项目建设向区域化、集群式模式发展，企业国际竞争力和全球化经营程度不断提高。方式和领域日益拓宽，跨国并购规模快速增长，境外经贸合作区建设取得进展，对外投资合作产业多元化发展。政府部门管理制度不断完善，立法进程加快，便利化程度提高，财税、金融、外汇等政策支持力度加大，规划引导、信息服务、人才培养、安全保障等工作取得显著进展。对外投资合作在促进国内经济增长和社会发展、推动产业结构调整、实现中外互利共赢等方面发挥的积极作用进一步显现。

5. 提质增效发展新阶段（2011 年至今）

中国"十二五"期间（2011—2015 年）及以后，对外承包工程和对外劳务合作均呈现出提质增效快速发展势头。对外承包工程 2015 年合同额和营业额分别达到 1800 亿美元和 1200 亿美元左右，"十二五"期间年均增长率各为 6%。对外劳务合作 2015 年派出劳务 55 万人，"十二五"期末在外劳务超过 100 万人。中国对外劳务合作已经逐步发展成为中国对外经济合作的重要内容。同时，对外劳务合作种类不断增加，层次不断提高，所涉及的行业从初始阶段的以建筑、纺织等劳动密集型行业为主，逐步发展到计算机软件开发、飞机维修、工程设计咨询、工程管理等高技术领域。

（二）中国对外劳务合作的特点

改革开放后，中国对外经济合作事业发展迅速，成绩显著。其发展有如下五个特点：

1. 业务发展迅速，在外规模保持小幅增长

2015 年，中国对外劳务合作派出各类劳务人员 53 万人，较去年同期减少 3.2 万人，同比下降 5.7%，这是"十二五"以来中国对外劳务合作外派人员首次出现同比增幅下降；其中承包工程项下 25.3 万人，较去年同期减少 1.6 万人，同比下降 5.9%；劳务合作项下派出 27.7 万人，较去年同期减少 1.6 万人，同比下降 5.5%；新签劳务人员合同工资总额 58.2 亿美元，劳务人员实际收入总额 60.8 亿美元。2015 年 12 月末在外各类劳务人员达到 102.7 万人，同比增加 2.1 万人。截至 2015 年 12 月底，中国对外劳务合作业务累计派出各类人员 802 万人（如表 14-1 所示）。

表 14-1　　　　　　　"十二五"期间中国对外劳务合作派遣规模对比

单位：万人

年度	派出人数	工程项下	劳务项下	期末在外
2011	45.2	24.3	20.9	81.2
2012	51.2	23.3	27.9	85
2013	52.7	27.1	25.6	85.3
2014	56.2	26.9	29.3	100.6
2015	53	25.3	27.7	102.7

在业务总量规模快速增长的同时，中国对外工程承包的单项规模也急剧增大，项目大型化趋势越来越显著。

2015 年中国对外承包工程业务仍保持了良好的发展势头，完成营业额 1540.7 亿美元，同比增长 8.2%；新签合同额 2100.7 亿美元，同比增长 9.5%。这是我国对外承包工程业务，从 1979 年当年新签合同额 3400 万美元，到 2015 年首次突破 2000 亿美元大关；新签 20 亿美元以上的项目有 4 个，10 亿美元以上的项目 28 个，较上年增加 3 个（如图 14-1 所示）。整体来看，大型项目数量在持续增加，主要集中在铁路、公路、电站、通信工程等领域，成为年度业务的重要支撑。

2. 新市场开拓进展显著，"一带一路"建设成为发展热点

2015 年外派劳务人员和月末累计在外人员位居前列的国家和地区主要是中国澳门、阿尔及利亚、日本、中国香港、新加坡、沙特阿拉伯、安哥拉、巴拿马、哈萨克斯坦、马来西亚、俄罗斯等（如表 14-2 所示）。

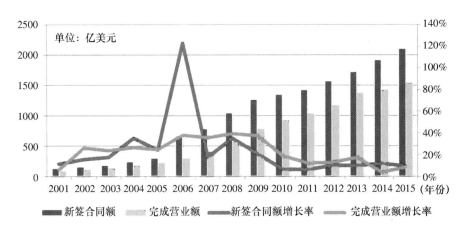

图 14 - 1　2001—2015 年中国对外承包工业业务走势图

表 14 - 2　　　　　　　　　　　　2015 年中国对外劳务人员统计概况

单位：人

地区	承包工程项下		劳务合作项下	
	全年派出	期末在外	全年派出	期末在外
亚洲	133373	168038	215426	487077
非洲	97555	194848	25754	68848
欧洲	6989	13943	9978	20970
拉丁美洲	13253	26226	20287	29867
大洋洲	1497	3931	2844	8008
北美洲	403	1579	1398	2161

2015 年中国对外承包工程新签合同额排名前 10 位的市场出现了较大变化。"一带一路"建设倡议作为新时期开放型经济的顶层设计，为中国对外承包工程业务的发展提供了新动力，沿线国家承包工程业务成为发展热点。2015 年中国企业在"一带一路"相关的 60 个国家新签承包工程项目合同 3987 份，新签合同额 926.4 亿美元，占同期中国对外承包工程新签合同总额的 44.1%，同比增长 7.4%；完成营业额 692.6 亿美元，占同期总额的 45%，同比增长 7.6%。

3. 行业转型升级取得新突破，投资业务领域不断扩大

2015 年 12 月末，中国在外各类劳务人员仍主要分布在建筑业、制造业和交通运输业三大主要行业，合计人数 76.7 万人，所占比重为 74.7%；其中建筑业 48.8 万人，制造业 16.2 万人，交通运输业 11.7 万人。与 2014 年相比，除制造业、农林牧渔业人员同比减少外，其他行业人员同比均有所增加（如表 14 - 3 所示）。

表 14 – 3　　　　　　　　　2015 年 12 月末中国在外各类劳务人员行业构成情况

行业类别	在外各类劳务人员（万人）	比重（%）	较上年同期增减（人）
农林牧渔业	5.9	5.7	-2936
其中：渔船船员	2.4	2.3	-3885
农业种植	1.8	1.8	1160
制造业	16.2	15.8	-1949
其中：纺织服装	2.3	2.2	-336
电子	1.7	1.7	412
机械加工	2.0	1.9	850
建筑业	48.8	47.5	9714
交通运输业	11.7	11.4	933
其中：海员	11.2	10.9	-370
计算机服务和软件业	0.4	0.4	156
住宿和餐饮业	4.8	4.7	4945
科教文卫体业	0.7	0.7	1462
其他行业	14.2	13.8	10669
合计	102.7	100.0	21068

从"一带一路"沿线国家领域看中国对外工程承包的分布，业务领域主要为电力工程（253.5 亿美元，27.4%）、交通运输建设（150.1 亿美元，16.2%），房屋建筑（145.4 亿美元，15.7%），石油化工（120.6 亿美元，13.0%），工业建设及制造加工（78.2 亿美元，8.5%），合计占 80%。优势领域业务发展明显加快。从新签合同额看，2015 年交通运输建设（合同额 546.8 亿美元，占 26.0%）、电力工程建设（合同额 456.7 亿美元，占 21.7%）和房屋建筑（合同额 368.5 亿美元，占 17.5%）三个行业合计占比达 65.2%，创下 5 年来新高。通信工程建设行业新签合同额同比增长 45.5%，为 5 年来的最大增幅。从完成营业额来看，交通运输建设、房屋建筑、电力工程、通信工程等主要业务领域依然保持了稳定的增长，其中通信工程领域同比增长高达 60.5%。对外投资和承包工程涉及的专业领域已经扩展到包括矿产资源开发、房地产开发、工业制造加工、农业开发项目、垃圾及污水处理、纺织行业、装备制造行业等各个领域。房屋建筑类企业积极实施海外房地产开发，也尝试投资建材的本地化生产项目。冶金建设类企业通过入股矿山、包销矿石、生产经营等手段，延伸业务链条，

分享投资和经营的收益。

4. 技术实力增强，国际竞争力提高

2015 年中国企业在境外签约一系列大型电力工程项目，新签合同额达到 456.8 亿美元，同比增长高达 76.7%。中国电力建设企业凭借较强技术实力、融资能力等，在上述市场具有较大的竞争优势。火电站（燃煤、燃油、燃气电站）建设方面，中国企业 2015 年在东南亚、南亚、南部非洲地区火电站项目新签合同额同比增长 133%。中国水电建设企业在国际上也极具竞争力，水电站建设业务 2015 年同比增长 47%，其中安哥拉卡古路卡巴萨水电站项目金额达到 45.3 亿美元，是 2015 年签约金额最大的水电项目，也是非洲迄今为止最大的水电站项目。根据世界水电大会发布的数据，中国企业在水电建设领域的世界份额已经占到了 50% 以上。

新能源发电业务取得较快发展。2015 年，中国企业在境外签约风力发电项目 13 个，合计金额 7.7 亿美元，主要分布在泰国和巴基斯坦等市场；签约太阳能发电站 20 个项目，合计 13.7 亿美元，同比均实现增长，但业务占比仍然较小。核电领域对外合作也取得重大成果，中国核电"走出去"步伐加快，中国企业参与投资建设了罗马尼亚和英国核电项目，并积极参与南非核电项目。

5. 积极推动开展"建营一体化"项目

近年来，中国工程企业海外承包方式正在由 EPC 向 PPP、BOT、BOO 等方式转变，涉及对外投资的项目不断创历史新高。据统计（如表 14-4 所示），2015 年中国企业新签和在建（包括运营）的特许经营类项目 30 个（包括 BOT、BOO、PPP 等），涉及合同金额超过 100 亿美元。会员企业目前正在跟踪推动及实施的建营一体化项目有 18 个，项目金额 201.8 亿元人民币左右，以电力、轨道交通项目为主。中国港湾工程有限责任公司 2015 年中标哥伦比亚马道斯政府 PPP 公路项目，总合同金额约 8.7 亿美元，项目周期 25 年，是中国企业在美洲地区中标的第一个 PPP 基础设施项目。

表 14-4　　　　　　　　　2016 年度全国对外承包工程企业 10 强

名次	国际排名	公司名称	海外营业收入（百万美元）
1	3	中国交通建设股份有限公司	19264.60
2	11	中国电力建设股份有限公司	11354.60
3	14	中国建设股份有限公司	8727.80
4	20	中国中铁股份有限公司	6037.20
5	23	中国机械工业集团有限公司	5303.50

续表

名次	国际排名	公司名称	海外营业收入 （百万美元）
6	45	中国葛洲坝集团股份有限公司	2929.40
7	49	中国冶金科工有限公司	2677.00
8	55	中国铁建股份有限公司	2400.00
9	58	中信建设有限责任公司	2105.10
10	60	中国土木工程集团公司	2051.40

（三）中国对外劳务合作企业发展面临的挑战

1. 国内外经济发展放缓，全球贸易保护主义加强

从国内来看，中国经济进入新常态，经济增速放缓，对外贸易下滑，内需市场有待开发，经济结构仍在深度调整期，企业普遍面临转型升级、创新发展的压力。提升创新能力和综合实力，利用海外市场和资源、实现全球化运营对于企业的长远发展至关重要。而随着行业准入门槛的降低，未来"走出去"的承包工程与投资企业将明显增多。市场主体的增加和业务差异化的不足，不可避免将使中国企业间业已存在的恶性竞争更为激烈。加强行业自律、创新业务模式、探索差异化经营将成为行业长远健康发展的必然选择。

从国际来看，全球经济和安全形势带来的外部风险和不稳定因素不容忽视。今后五年，国际金融危机的深层次影响仍将长期存在，上一轮科技和产业革命所提供的动能已接近尾声，传统经济体制和发展潜能趋于消退。国际经济复苏缓慢，新兴经济体增长回落，石油价格低位徘徊，全球贸易增长乏力，保护主义抬头，货币波动加大，融资成本增加，中国企业面临更大的市场和经营风险。

2. 地区安全局势日趋复杂

与此同时，全球地缘政治关系复杂多变，美国持续推进亚太再平衡战略，伊斯兰极端恐怖势力蔓延，大国参与地区事务博弈频频，传统和非传统安全威胁交织。随着中国企业业务规模和市场范围持续扩大，企业面临的海外安全风险呈上升趋势。据商务部不完全统计，过去10年间，中国会员企业海外项目遭遇的劫持、袭击事件多达19起，涉及中方员工120多人，造成严重的人员伤亡和财产损失。

3. 市场要求不断提升，外派劳务面临内外部发展瓶颈

从市场来看，企业发展面临新的更高要求。随着国际产业结构升级、新技术革命及低碳理念的发展，国际基础设施投资合作的内涵更加丰富，包括合理规划区域开发、协助进行融资和项目运营管理、促进东道国就业和产业升级、改善项目周边生态等诸

多新需求已成为外方选择合作伙伴的重要因素，这对国际承包商跨国经营与整合规划能力提出了更高的要求。此外，与欧美日韩承包商"同场竞技"的竞争压力、中高端市场准入和技术壁垒、与东道国社会文化的差异与隔阂，都对企业在海外的生存和发展构成严峻挑战。外派人员仍以建筑、水产、农业类低端劳务为主，60%集中在亚洲地区；汇率波动和国内工资上涨导致劳务人员的实际收入缩水；传统劳务接收国经济增长乏力且不断收紧或调整外籍劳工政策，招工难、管理难、风险大等问题影响对外劳务合作业务的发展。

（四）中国对外劳务合作企业的发展对策

商务部提出"十三五"期间，对外劳务输出具有重要的战略意义。对外劳务合作不仅是适应经济发展新常态，缓解就业压力，增加群众收入的民生工程，更是贯彻国家"一带一路"发展战略，实现以人员"走出去"为前提的"大规模走出去"的重要落脚点。然而，在看到行业发展外部环境总体良好的同时，我们也应认识到，对外劳务和工程承包的市场竞争日趋多元，盈利空间日益收窄，市场开拓难度加大，这些都是未来几年可能面临的问题。中国要充分适应发展新常态，实现从"规模扩张型"向"质量效益型"的转变，因此应注意：

1. 顺应全球劳动力需求变化趋势，推动业务稳定增长

当前，国际劳务市场正在形成以技能型、知识型等中高端劳务为重点的多层次、多行业的劳动力需求结构。我国对外劳务合作事业正面临着由低端劳动密集型人力输出向技能型、知识性中高端劳务输出转型的战略发展期。因此，坚持以质取胜理念，转变发展思路，挖潜创新，多措并举，着力拓展中高端劳务，谋求新的发展，将是对外劳务合作行业发展的主要努力方向。逐步扩大我国在全球劳动力市场的份额，是目前我国对外劳务合作行业面临的一项战略性任务。

企业要紧紧抓住当前有利的发展机遇期，顺应"一带一路"、国际产能合作等发展新形势，充分运用在海外市场经验、信息、人脉等方面的资源优势，继续巩固亚、非和拉美传统市场，大力拓展欧美发达国家市场，促进业务的平稳较快增长。抓住发达国家市场持续增长需求和多双边协定可能带来的进出境便利，积极探索高技能劳务合作业务。

2. 继续完善安防体系，妥善应对境外安全风险

企业应建立健全应对各类社会治安事件与恐怖袭击、军事冲突、政局动荡、传染性疾病等外源性风险的预警和处置机制，制订安全管理体系和应急预案。加强常态化的安全监控和管理，做好海外员工日常安全知识培训和应急演练，密切同驻外使领馆和驻在国政府有关部门的联系，有效应对各类安全风险。

3. 积极提升社会责任绩效，树立企业良好形象

企业应着眼项目所在地政府、业主和民众的现实需求，积极履行社会责任，开展

属地化经营，践行绿色建筑理念，优化项目设计，注重节约资源，避免环境污染，建设可持续的基础设施项目，树立中国企业良好的对外形象，实现与利益相关方的和谐共赢。

<h2 style="text-align:center">第二节 对外劳务合作的经营活动
——招标、投标和国际工程承包</h2>

一 招标

（一）招标的含义

招标，是指业主对拟定发包的工程项目，邀请国内外企业提出报价，由业主从中择优达成交易，并签订合同的行为。招标人，又称发包人或业主，可以是个人、公司、企业或政府机构。投标者投标后经一定时期，由招标人召集全部投标人，现场开标，其中条件最优越、价格最合理者为中标人。之后，由中标人与招标者签订经济合同，确立法定关系。

在国际劳务市场上，不仅是工程项目，就连设备、材料和各种物品的大宗采购，以及设计和规划的服务项目，也大都采用招标形式，来确立项目承受人。因此，进入国际市场，必须懂得投标。一般来说，国际市场上招标者很多，投标者也不少，而中标的机会并不多，中标率为20%左右。

（二）招标的方式

当一项工程采用国际招标时，主要有以下四种方式：一是公开招标；二是邀请招标；三是谈判招标；四是两段招标。其中，前两种称为竞争性招标（Competitive Bidding），第三种又称为非竞争性招标（Non-competitive Bidding）。

1. 公开招标

公开招标，是指招标人以招标公告的方式邀请不特定的法人或者其他组织投标，选择条件对业主最有利的投标人中标。世界银行对借款国执行土地工程和采购业务，就使用这种方式，将招标公告刊登在世界银行发行的《发展论坛》上，或刊登在借款国国内知名度较高的报纸上，面向世行所有成员国招标。采用这一方法，可以充分体现价格的自由竞争，但也会招徕大量的投标书，其中难免有一些施工力量和经营状况欠佳的公司参加进来，增加招标人的麻烦。

2. 邀请招标

邀请招标，又称选择性招标，是指招标人以邀请书的方式邀请特定的法人或者其他组织投标，实质是一种有限竞争投标。业主通过咨询公司、资格审查或其他途径了解承包商的情况，有选择地邀请数家有实力、讲信誉、经验丰富的承包商参加投标，经评标后，选择合适者中标承包。

这种方式一般不刊登招标信息，而是由招标人将有关招标材料直接交给被邀请的承包商。其明显的好处在于，可排除公开投标所带来的不利因素。但也会给一些新生的、条件优越的承包人获得投标机会造成困难。解决这一问题的办法，可以汇编投标承包人名单，特别是对于可邀请为特定工程的投标承包人名单，根据其业绩、能力、声誉等方面的广泛了解，随时给予补充调整。同时，为了避免鱼龙混杂，可增加预审环节，即将投标资格的预审事项以广告形式公布于众，以便投标者提出各自的资料（施工经验、设备情况、技术力量、财务状况等）。工程师在研究他们所提供的资料后，把具有承担能力的承包人，推荐给业主，再实行邀请投标。目前，世界开发和建设银行以及许多国家政府，大都采用这一方法。

3. 谈判招标

谈判招标，又称议标，是指发包人根据项目的具体要求和自己掌握的情况，直接选择一家承包商谈判，若达不成协议，招标人可另找一家继续谈判，直到最后达成协议。这种方式主要适用于军事或其他保密工程、专业技术性较强的工程、紧急工程等。

4. 两段招标

两段招标，是公开招标和邀请招标的综合方式，是指先采用公开招标方式，再邀请其中几家报价低并有资格的公司进行第二阶段报价，最后选择其中最有利的条件成交，签订承包合同。

值得指出的是，业主无论采用哪种招标方式，都应给承包人以必要的时间，即承包人在编制投标书时，需要进行广泛的调查研究，以避免由于对工程缺乏了解而中标，导致财务危机。

（三）招标书

招标书的内容，一般包括：投标须知、工程说明书、工程量表、图纸。

1. 投标须知

投标须知的内容包括：投标人须知，主要投标数据，合同格式与条件等。

（1）投标人须知的主要内容：

①必须出具投标保证书，保证投标后不中途退标。一般规定，投标保证书的金额，即投标保证金，约占投标总价的5%—10%。保证期限到定标时为止（一般为3—6个月），届时如果中标，可将其转换为履约保证金，不中标则予以退还。如果在投标后中途退标，则没收投标保证金。

②投标书的内容不得泄露，以防止投资商之间竞相抬高或压低投标价格。

③业主申明：有权选择任何价格的投标书，旨在选择价格适宜而资信等条件较为可靠的承包商。

④对支付货币的要求，一般采用中标者国家的货币或美元计价和支付。所在国货

币与外国货币的兑换率，一般以投标截止前 30 天、当地国家中央银行使用的兑换率为准，并适用于合同执行的全过程。

（2）主要投标数据所含内容：

①出具履约保证书，缴纳履约保证金。中标者在签订合同以前，须首先缴纳履约保证金，用于确保合同履行（有效期截至完工时为止）。保证金额，一般为合同总价的10%。如果承包人中途违约，其保证金则作为赔偿损失而被业主没收。

②承认业主"不接受最低标价"的申明，旨在避免对业主选择权的争议。

③承担对第三方的保险金，用于在合同执行过程中，因施工而造成现场周围任何人员（包括过路行人）的财产与人身所造成的损害赔偿的保险费。具体保险费率，由当地保险公司报价并决定。

④其他数据，包括：一是完工期，在招标书中明确规定，以月为单位计算。如果逾期不完工，则要处以罚款，最高罚款率为合同总价的15%—20%。二是维修期，一般规定的维修期限，中小工程为半年，大工程为一年。三是保留金，是指在维修期满以前扣留承包人的一部分承包额，用于确保承包人负责维修所承包的项目，直到维修期满，才予以清算。保留金额一般占合同总价的5%—10%。

（3）合同格式与条件所含内容，通常是指国际上通用的土建工程合同条件，主要是：

①定义与解释，是指合同条款中所提到的专用名词及其解释；

②工程师的职责和权利；

③转让与分包；

④合同文本；

⑤承包人的一般义务；

⑥对劳务、材料与质量的要求；

⑦开工时间与延期的规定；

⑧维修；

⑨工程变更或增减；

⑩施工机械、临时工程与材料；

⑪工程的量方；

⑫指定分包人；

⑬证书与付款；

⑭对于承包人违约的处理；

⑮特殊风险；

⑯合同中止；

⑰争议解决；

⑱对于业主违约的处理；

⑲工程造价的变更。

2. 工程说明书

工程说明书最主要的部分是：

（1）总纲；

（2）工程范围；

（3）地质条件；

（4）场地清理；

（5）承包面积；

（6）工地工程师办公室与设备；

（7）材料送样及试验报告；

（8）技术规范。

3. 工程量表

标书的工程量表，是投标工作的核心部分，据此可计算出标价。它与工程说明书是相对应的、一致的。大部分标书中都附有工程量表，但有的也不附，而只有工程细目表。

投标确定单价的计算方法，各国不尽相同。国际上大部分工程项目的划分和计算方法，是采用《建筑工程量计算原则》（国际通用），或以英国《建筑工程量标准计算方法》为蓝本，结合所在国的国情，进行补充或调整。工程项目十分复杂，细目少则几百项，多则上千项，据此一一确定单价，然后依次算出项目合计价、分部造价、投标总价。

4. 图纸

标书中的图纸，一般只适用于招标阶段，因此比较原则，而且在中小型工程中，用文字说明较多，较少采用详图。也有的规定承包者可自行设计施工图。

二　投标

（一）投标的含义

投标，又称递价，是指具有合法资格和能力的主体，自愿按招标者的要求条件编好投标文件，并递交给招标者的行为。

（二）投标的程序

1. 研究招标书

根据招标启事，取得招标书，然后详细阅读和研究招标书的全部内容，并对现场进行勘察或参加业主组织的现场参观与介绍会。通过这些活动，弄清投标须知、工程说明书、工程量表、图纸，开标时间、完标时间、投标保证书、履约保证金、工期、罚款、维修期、保留金等问题。

2. 计算或核对工程量

凡招标工程无工程量的，应计算工程量；有工程量的，应核对工程量。因为工程量直接影响造价，核对中发现有错的，应提出声明，不能按错误的工程量计价。

3. 分析单价

对大型投标工程，不能套用常用的单价，应作专题研究。一方面，要根据初步制定的施工方案，对工资、材料价格、施工机械、管理费、利润、临时设施等，提出原则性意见，供领导研究决定。另一方面，根据工程量表中的项目，逐个进行分析，必要时还要进行询价，从而分别制定出材料、设备等的单价，然后逐个确定各工程项目的单价。

4. 开办费概算

又称准备工作费用估算。其估算内容因国别或因工程而异，一般包括：

（1）施工用水费；

（2）施工用电费；

（3）施工机具费；

（4）脚手架费；

（5）临时设施费；

（6）工程师现场办公室、现场材料实验室及设备费；

（7）工人现场福利费与安全费；

（8）职工交通费；

（9）日常文具、纸张、复印设备及专职人员的工资等费用。

5. 价格汇总

价格汇总后，须对全部工程造价再进行一次全面的自校、验证，确定计算有无错误。这样，从总体造价上就可以权衡利弊，以供领导审定。

6. 物色代理人

在定标期间，物色代理人是十分必要的。因为，有的外国业主明确规定，凡是参加投标的公司，必须要有所在国家的代理人；同时，也是为适应竞争激烈的投标市场，从开标后到定标前，需由代理人加强与业主或顾问工程师之间的联系，为争取得标进行活动。因此，应当通过多种途径，认真选择在当地有信誉的、社会关系广泛的和有活动能力的代理人。选定代理人后，应签订代理协议，一旦中标，要支付一定的代理费（即佣金）作为报酬（约占投标总价2%—5%）。如果没有代理人活动，即使投标人的条件再好，有时也不一定得标。

7. 投标、开标、定标

（1）投标。投标人对工程投标价格签署、加盖公章和密封后，与投标保证书一起，在指定的时间、地点送达业主或招标委员会。

（2）开标。开标有两种方式：秘密开标和公开开标。公开开标，即按收到标书的先后顺序，公开唱出投标商的报价，并申明：各投标商少安毋躁，大家都有中标希望。然后由业主所指定的技术委员会进行初评，提出评价。这个时期一般称作定标期，时间约3—6个月。至于秘密开标，则是完全由业主所指定的技术委员会进行保密性评价和筛选。

（3）定标。业主定标，要经过多方面的调查研究，必要时还要分别召开答辩会（又称评标），让投标者之间展开竞争，以收渔翁之利。经过评标，业主确定承包商，即为定标（又称决标）。只有在业主书面通知承包人实施工程后，才算是选定的承包人。在未通知承包人之前，业主有权变更执行招标项目，而承包人不得要求索赔。定标后由业主与承包人办理合同签订手续（又称承包契约），确定各自的权利和义务。投标书和附函协商所确定的问题，即为合同的内容。通知投标人中标的日期，即为合同签署日期。

附件1　对外工程投标程序示意图

熟悉招标文件内容·勘察现场

核对（计算）工程量

研究标价原则与价格情报

确定施工成本、利润等基数

计算分部分项单价·办理分包工程报价

分部价格加总·开办费匡算

标价汇总与分析

向决策者汇报标价情况

调整标价

审定、翻译及复制标价·办理保函、信件及签署

汇集、密封投标文件（标书、图纸、保函等）

投标（递价）

开标

代理人协议·议标

定标（决标）

签订合同

附件2 投标信格式（供参考）

致（发标单位或招标委员会）：

地址：

诸位先生：

1. 经阅读合同条款、通知书、规范、图纸、计量方法、工程量表及单价表后，并根据上述文件规定的工程施工及维修要求，本签名人兹投价_____美元或可能根据上述文件确定的其他款额。

2. 本投标书如能采纳，我们愿在接到业主的通知后两周内开工，并根据合同及投标文件的规定完成及交付全部工程。

3. 本投标书如能采纳，我们将交纳在_____处开设的银行担保书，其金额相当于上述报价的10%，作为根据合同条款规定的履约保证金。

4. 我们同意从开标日起_____天内保留此标。在截止期前任何时期，本投标书均应对我们具有约束力。

5. 在正式合同签订及执行以前，本投标书连同由你们发出的书面采纳通知，将作为我们双方之间的约束合同的组成部分。

6. 我们理解你们并不限于接受最低标和你们可以接受任何投标书。

（投标公司名称）

日期：_____年_____月_____日

地址：_____

姓名：_____

职务：_____

签字或盖章：_____

三 国际工程承包

（一）国际工程承包的含义

国际工程承包（International Project contract），简称国际承包，是业主，又称发包人（Promoter）和承包商（Contractor）之间的一种涉外工程合作方式。

国际承包区分为总包和分包两种。总包，即总承包或独立承包，又称综合承包，是由一个承包人将一个项目全部承包下来，工、料、工期、数量、质量等统包到底，并能在知识和经验方面对工程项目实施的全过程负责。分包，又称专业承包，是总承包人获得项目后，将其中的一部分转包给第三者，通称二包。两个或两个以上承包人，集团承包一个项目，每个承包人承包的部分也称二包。二包有多种形式，主要有包工包料、包工不包料、包可行性研究、包单项工程、包设计等。二包通过签订分包合同向总包人负责，一般不与业主发生直接关系。但总包人有义务使用业主指令的分包人，或者在选择分包人时，征得业主同意。在有些情况下，二包也可以直接与业主签订合同。

二包的作用在于：一是作为总包的伙伴（有时是不可缺少的伙伴）可以弥补总包本身某些条件不成熟的缺陷，使总包能更广泛地去招揽承包业务；二是可以为总包人垫付一些资金，减轻其资金负担；三是为总包人承担某些高难技术产品或工程，以解决专业分包的高难要求。因为，专业承包人拥有适合某工程的技术熟练人员和专业设备。四是总包与分包，可以发挥各自的长处和优势，从而减少承包业务的风险。

（二）国际工程承包商登记注册程序

国际承包商招揽承包业务，只有首先在该国的工商行政管理部门登记注册，获得合法地位后，才能承包业务。

在申请注册时，应递交申请注册的文件，一般包括下列几种：

（1）公司章程；

（2）公司营业证书；

（3）公司在世界各地办事处（或分公司）清单；

（4）申请注册办事处（或分公司）的地址；

（5）申请注册分公司经理和副经理委托书；

（6）申请注册分公司与所在国有关单位签订的承包工程合同。

中国对外承包公司申请在国外注册前，应先办理以下单位签署的文件：公司的国内主管部门批准书、公证处认证、外交部认证、有关国家驻华使馆认证。上述文件至少一式二份，一份送交，一份存底。

申请注册登记，申请人应按有关国家规定，缴纳一定数额的注册费。

此外，承包公司在注册时，应尽量争取享有招揽各种承包业务的权利，以便在国际承包市场上有较大的活动余地。

（三）国际工程承包合同

1. 国际工程承包合同的类型

国际工程承包合同属于经济合同的范围，是业主和承包商签订的共同遵守的法律文件，是国际工程承包业中最重要的合同。

（1）国际工程承包合同，按承包内容区分，有两种类型：

①统包合同，又称"交钥匙"合同或总体合同，是国际上采用得比较普遍的一种类型。此种合同的特点是，承包人一包到底，承担所有环节的建设，直至工程完全合格，才移交给业主使用。这种做法，多年来已在煤气、化工、石油工业等工程的设计和施工中得到应用，近来又扩展到核动力发电站的设计与施工。

②保产合同，这是"交钥匙"合同的进一步发展。此种合同的特点是，承包人在

工程项目移交给业主后，在1—2年内继续负责技术指导，保证生产正常运转和生产出合格产品。

（2）国际工程承包合同，按合同的计价方式区分，有三种类型：

①单价合同，又称单价表合同，即单价不变合同。此种合同的特点是，在合同执行的全过程中，使用同一单价，而不管实际完成的工程量是多还是少。其一般格式是，把施工的各个工程项目（包括已经开工的）综合在一起，列成通览总表，总表中不列工程量，但承包人可按总表的要求，填上他对各个工程项目的报价。由于实际工程量与图纸设计上的差异，承包人可以填上与业主商定的工程量增减百分比比重，旨在减少承包人在单价方面承担的风险。在工程承包合同中，采用此种合同的比较普遍。

②总价合同，又称一次总算合同或固定总价合同，即工程总价不变合同。此种合同的特点是，在合同执行的全过程中，不管工程量、材料、设备、工资等如何变化，工程总价始终保持不变。也就是说，承包商同意按合同规定的价格承担全部工程的实施，业主亦同意按照合同规定的总价付给承包商款项。这样，双方都承担一定的不可预测的风险。

③成本加酬金合同。此种合同的合同总价，是根据实际成本再加上双方同意的一笔酬金利润和附加费用来确定的。其特点是，它可以有多种形态。但无论何种形态，都要编制工程项目支出综合一览表，包括薪金、工资、保险、材料、工具、成套设备、消耗品等一切项目的支出。这些项目的实际支出总款，即为可接受的工程成本。酬金是指承包人的经营管理费，包括人力与物力的消耗费。

可接受的工程成本与酬金的总和，即为业主支付的全部费用。这种合同，承包商不担风险，但大多数业主不愿采用。

成本加酬金合同，通常有四种形态：

第一，成本加百分比酬金合同。酬金金额按可接受的工程成本的一定百分比计算。

第二，成本加固定酬金合同。酬金金额按双方协议的估算成本计算，酬金金额固定不变。

第三，成本加机动酬金合同。酬金以可接受的工程成本为基础，参照某些机动率而进行调整。合同规定，承包人如能保证质量而又降低成本，可在一定幅度内提高其工程费用，从而增加机动酬金。此种合同，多适用于发展性的事业、试验、原型工作（指用特定方法生产出的第一件物品），在降低成本方面有较大的潜力，通过降低成本增加酬金，来鼓励承包人。

第四，成本加奖金合同。奖金多寡由业主单方面确定，并依据风险大小与事业复杂程度进行调整。

2. 国际工程承包合同的内容

不论上述何种类型的合同，其内容一般包括三部分：一是合同序文；二是合同条款；三是合同结尾。

（1）合同序文。即合同的开端，主要包括：

①合同双方名称，一般称业主为甲方，承包人为乙方；

②合同双方法定地址；

③合同宗旨；

④申明由当事人承受各自的权利和义务。

（2）合同条款。即合同的核心部分，一般由乙方所聘请的法律顾问拟定，关键名词要有定义，主要包括：

①技术条款，如技术规范、图纸等；

②财务条款，如标明价格的工程量表、单价及价目表、管理费用、工程款支付方式（预付款、中间结算、最终结算）等；

③法律条款，如投标书、接受的标函、协议书、双方权利和义务、争议解决、违约处理等。

当今国际招标的建筑工程项目，通常采用国际咨询工程师联合会和国际欧洲建筑工程联合会制定的合同范本。但有些条款应结合工程实际情况和地点，作出必要的改变。

（3）合同结尾。主要包括：

①合同签订日期。

②合同签订地点。

③合同的语言和法律，应当说明的是：其一，用以拟定合同文件的一种或几种语言，这种语言在合同中规定为"标准语言"，具有同等法律效力；其二，适用于合同，并用以对合同进行解释的法律为某国或某地的法律，这种法律在合同中规定为"标准法律"。

④合同生效日期。

⑤合同的监督执行者。通常规定，由工程监理负责监督合同条文的履行。工程监理可以是个人，也可以是公司、商社或团体，一般由业主直接聘用或通过招标来确定，然后书面通知承包人。工程监理，通常由工程师或建筑师担任，因而又称监理工程师。有些项目，业主本人可以兼任监理工程师。

⑥甲乙双方委任的缔约者，必须在合同末尾签字，并在合同文本的每一页底边签字（可以只签姓）。未经签字的合同文本，是没有法律效力的。

（四）国务院《对外承包工程管理条例》新规定

国务院公布的《对外承包工程管理条例》（以下简称《条例》），于2008年9月1日起施行。现对《条例》主要内容简述如下：

1.《条例》出台的必要性

对外承包工程是实施"走出去"战略的主要形式之一。中国对外承包工程的总体水平仍然比较低，在快速发展过程中存在一些亟待解决的问题。主要是：（1）一些对外承包工程的单位在资金、技术、管理能力，以及商业信誉等方面的条件难以适应开展对外承包工程的需要，守法意识和严格履约的意识薄弱。（2）对外承包工程的质量和安全生产管理，以及安全保障有待进一步加强。（3）侵害外派人员合法权益的现象时有发生。这些问题不仅直接影响中国对外承包工程的健康发展，也关系到中国的国际声誉，以及与工程项目所在国家的政治、经贸关系。

2. 《条例》在对外承包工程促进机制方面的规定

《条例》从三个方面规定了对外承包工程的促进机制：（1）规定国务院有关部门制定和完善促进对外承包工程的政策措施，建立健全对外承包工程服务体系和风险保障机制。（2）规定国务院商务主管部门应当会同国务院有关部门建立对外承包工程信息收集、通报制度，向对外承包工程的单位无偿提供信息服务。（3）规定有关对外承包工程的协会、商会在促进对外承包工程方面的职责，依法制定行业规范，发挥协调和自律作用，维护公平竞争和成员利益。

3. 《条例》规定对外承包工程资格制度

对外承包工程中存在的主要问题，在很大程度上与对外承包工程单位自身的条件和素质有关。《条例》确立了对外承包工程资格制度，并从法人资格、资金、管理人员和专业技术人员、安全防范能力、工程质量和安全生产保障能力，以及商业信誉等方面作了规定，特别是明确规定工程建设类单位，应当依法取得特级或者一级（甲级）资质证书，体现了适度从严的原则。

4. 《条例》对工程质量和安全生产方面的规定

开展对外承包工程，必须确保工程质量和安全生产，树立中国的良好形象。为此，《条例》作了三个方面的规定：（1）对外承包工程单位应当加强管理，建立健全并严格执行工程质量和安全生产管理的规章制度。（2）对外承包工程单位应当与分包单位订立专门的工程质量和安全生产管理协议，或者在分包合同中约定各自的工程质量和安全生产管理责任，并对分包单位的工程质量和安全生产统一协调、管理；禁止对外承包工程的单位将工程项目分包给不具备国家规定的相应资质的境内单位，或者将工程项目的建筑施工部分分包给未依法取得安全生产许可证的境内建筑施工企业。（3）明确禁止分包单位将工程项目转包或者再分包，规定对外承包工程的单位应当在分包合同中明确约定分包单位不得将工程项目转包或者再分包，并负责监督。

5. 《条例》对安全保障方面的规定

保护外派人员的人身和财产安全，是一件必须做好的大事。《条例》明确规定了对外承包工程的单位在安全保障方面的主体责任，包括：（1）有专门的安全管理机构和人员负责保护外派人员的人身和财产安全，制定保护方案并落实所需经费。（2）根据工程项目属地安全状况，对外派人员进行安全防范教育和应急知识培训，增强自我保护能力。（3）与境外工程项目发包人订立合同后，及时向中国驻该工程项目所在国使馆（领馆）报告，并接受使馆（领馆）在突发事件防范、外派人员保护等方面的指导。（4）制定突发事件应急预案，及时、妥善处理在境外发生的突发事件，并立即向使馆（领馆）报告。

6.《条例》对外派人员合法权益保护方面的规定

《条例》主要规定了以下制度和措施：（1）规定从事对外承包工程外派人员中介服务的机构，应当取得国务院商务主管部门的许可，并按主管部门的规定从事对外承包工程外派人员中介服务。（2）规定对外承包工程的单位应当依法与其招用的外派人员订立劳动合同，按照合同约定向外派人员提供工程条件和支付报酬，并为外派人员购买境外人身意外伤害保险。（3）规定对外承包工程的单位应当按照国务院商务主管部门和财政部门的规定，及时存缴备用金，用于支付单位拒绝承担或者无力承担的外派人员的报酬、因发生突发事件外派人员回国或者接受其他紧急救助所需费用，以及依法对外派人员的损失进行赔偿所需费用。

7.《条例》对保障各项制度措施落实方面的规定

《条例》对未取得对外承包工程资格擅自从事对外承包工程、未建立且/或未严格执行工程质量和安全生产管理的规章制度、将工程项目分包给不具备国家规定的相应资质的单位或者将工程项目的建筑施工部分分包给未依法取得安全生产许可证的境内建筑施工企业、分包单位将工程项目转包或者再分包，以及以不正当的低价承揽工程项目、串通投标或者进行商业贿赂等违法行为，都规定了明确、严格的法律责任。

第三节　对外劳务合作的管理

一　对外劳务合作的原则与基本方针

（一）四项原则

中国发展对外经济技术交流，开拓对外劳务合作，应当遵循下列四项原则：平等互利、讲求实效、形式多样、共同发展。

1. 平等互利

所谓平等互利，就是政治上讲平等，经济上讲互利。要尊重对方主权，不干涉内政，不附加任何政治条件；经济上不要求特权，双方都必须有利可图。只有平等互利的合作，才能天长日久，道路越走越宽广。否则，只限于单方面的援助，就难以持久和普遍。

2. 讲求实效

所谓讲求实效，就是从双方的实际条件出发，不徒具虚名，不空走过场，发挥各自的优势，扬长避短，趋利避害，力求投资少、工期短、收效快、经济效益和社会效益双丰收。我国派出的专家、技术人员与当地同类人员享受同等的物质待遇。

3. 形式多样

所谓形式多样，就是双方合作的方式不拘一格，根据经济状况和技术条件的差异，因国而异，因地制宜，采取多种多样的合作形式，工程承包和劳务合作的所有形式，都可以尝试和采纳。

4. 共同发展

所谓共同发展，就是中国对外开展劳务合作，特别是同发展中国家的经济技术合作，目的在于通过互相学习，互相帮助，增强双方自力更生的能力和促进本民族经济的发展与壮大。

上述四项原则，完全符合合作双方国家的根本利益，得到了各国领导人的赞赏和欢迎。当前，中国正遵循这些原则，积极开拓国际劳务合作领域，发展对外劳务合作事业。

（二）基本方针

中国进行国际经济技术交流，开展对外劳务合作，基本方针是：守约、保质、薄利、重义。

1. 守约

所谓守约，就是要信守契约（即合同）。广义地说，还包括遵守所在国的法律、法令和尊重当地人民群众的风俗习惯。合同是当事人双方（或数方）的法律行为，它规定了各自的权利和义务，具有法律约束力。合同一经生效，双方就要严肃认真地履行，谁都不能违约。当一方不履行或不完全履行合同义务时，对方有权请求履行，或请求赔偿推迟履行所造成的损失。

2. 保质

所谓保质，就是确保工作质量，对中方派出的人员和供应的材料、设备要把好质量关，对承包的工程项目要一丝不苟，达到设计要求。发生了质量问题，要检查原因，分清责任，凡应由中方负责的，应主动补救和妥善处理。

3. 薄利

所谓薄利，就是价格要随行就市，并有一定利益可得。要把价格的确定，建立在科学的经济分析和经济核算的基础上，既不能不计成本，也不能漫天要价，薄利才能多营。中国的社会主义企业，当然要讲求经济效益，但应区别情况，灵活掌握市场价格。有时为了开拓局面，某些工程项目即使无利可图，只要能保本也可以干。待站稳脚跟后，再求合理利润。

4. 重义

所谓重义，就是要重视同友好国家政府和人民的友谊，关心对方的需要，照顾对方的困难，处事合情合理，不能见利忘义，不能做有损于发展中国家的事。这是中国社会主义对外经济关系的显著标志，也是我们"不忘老朋友，广交新朋友"的传家宝。

二　发展对外劳务合作的主要管理措施

（一）管理体制

中国对外劳务合作的管理体制是，其业务由对外经济贸易部归口管理，下设国外经济合作司，负责对国际经济合作公司进行业务指导和管理。这些公司根据业务需要，可以独立地对外开展活动，享有对外经营权，不受限制。公司可以在国外设立办事机构，选派投标班子、经营班子和承包劳务人员。但同时应当执行统一的要求，不断向外经贸部通报对外签约和项目执行情况，报送统计报表和调研资料，按时进行合同备案，重要问题及时请示汇报等，以取得领导部门的管理与指导。现归纳说明如图14－2所示。

所谓投标班子，又称投标报价班子，负责招揽对外承包工程业务，是集多种人才于一体的智囊团，包括业务、技术、管理、法律、商务、财会、审计、外语等各种人才。

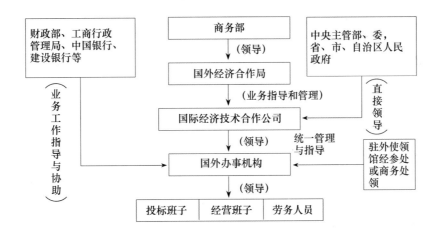

图14－2　对外劳务合作管理体制示意图

所谓经营班子，就是公司在国外中标后，由组织施工的经营管理人员所组成的班子，负责中方施工人员的思想政治工作和全部业务工作，加强与业主联系，确保合同实施与兑现，按期、保质、保量完成施工项目。

中国的国际经济技术合作公司，按照有关部门批准的组建条例，都制定有各自的营业章程或条例，实行自主经营，独立核算，自负盈亏，经工商行政管理部门注册，具有法人地位。其职责是，通过多种形式和多种渠道，开展国际工程承包，提供劳务人员，兴办生产性和非生产性的合资或合作经营企业。这类公司的最高权力机构是公司董事会，并实行董事会领导下的总经理负责制，在董事长授权下，总经理主持公司日常全面工作。从实践看，近几年，随着国际合作项目的增多，合作规模的扩大，公司已积累了一定的经验，投标本领在增长，组织施工能力也在增强。

（二）选派人员

发展对外劳务合作，选好人员是关键的因素。当劳务合同签署后，就要选派劳务人员出国，履行合同所规定的义务。人员选派的总的原则，应该是以劳务合同所要求的条件为准绳。具体有下列几点：

1. 统一标准

对出国劳务人员，要有明确统一的标准，不能一个地区、一个部门、一个公司一个样。凡有下列情况的人，一律不宜选派：一是组织性纪律性差的人，这样的人到国外如若不听指挥，不能令行禁止，将有损公司的信誉；二是作风不正派的人，这样的人到国外如若胡作非为，将有损社会主义国家公民的人格和国格；三是不能坚持全勤的老、弱、病、残者，有的招工合同中就明确规定，每月缺勤三天就要除名。

2. 专业对口

选派人员，政治条件和身体条件固然重要，但专业条件也不能忽视。只有业务上过硬，才能胜任雇主所分配的工作。对于选派的高级劳务人员，如工程师、技师和经营管理人员，要求最好能掌握外语，具备独立交往的能力。对有些技术条件要求更高的劳务，雇主还要求有一定的学历和资历（如项目经理，必须是大学毕业或具有同等学力的人担任）。有的雇主，对招聘来的劳务人员，一般要经过不同形式的考核，并经三个月的试用期才正式录用。

3. 合同规定

为了确保承包工程按期竣工，尤其是劳动密集的土建工程，需要大量工程技术人员（包括工程师、技师、技术人员、各类工种的熟练工人、经营管理人员以及有关服务职员），中方承包公司在与外方业主签订承包工程合同时，应对工程技术人员的派遣作出详细规定，起码不少于以下几个方面：

（1）业主保证承包人所选派的工程技术人员按期入境，并获得合法的劳动与居留权利；

（2）承包人选派的工程技术人员，应遵守当地的法律、法令，尊重当地的风俗习惯；

（3）承包人选派的工程技术人员，应按照技术规范实施工程，并通过各种方式加强与所在国人民的友好交往和技术交往；

（4）工程实施完毕后，应及时颁发竣工证书（监理工程师在接到承包人请求后，一般在21天内颁发此证，同时给业主一份，作为凭证），如无其他续接工程，承包人选派的工程技术人员按规定可撤销劳动证，到移民局办理离境手续，在限定期限内遣返回国。

4. 配备好领导班子，骨干与一般相结合

关键是要配好公司与出国项目组两级班子。根据对干部"德才兼备、以德为先"的要求，把德才兼备、年富力强的中青年干部提到领导岗位上来。只要领导班子得力，事情就好办得多。

5. 加强培训

这是人才成长的重要环节。国际劳务市场是一个大学校，从中可学到许多新鲜的东西，单凭现有人员及其原有的知识结构，已不能适应客观现实的要求。因此，加强人才培训，已成为当务之急。培训时应当注意：

（1）培训的目的要具体明确，即以提高业务、技术为重点。对参加培训的人员应提出要求，并考核成绩。

（2）培训的内容要讲究实用，缺什么补什么，急用先学，强化训练，在短期内见效。

（3）培训的方式要灵活多样，如①专门人员要脱产学习（如企业管理、承包、投标、合营企业、翻译、计算机应用等）；②其他人员亦可采用专题讲座、短期外向型人员培训班、派赴高校进修或旁听等形式进行培训；等等。

三 中国对外劳务合作的政策和规章制度

（一）设立对外劳务合作企业的规定

中国公司从事对外承包工程和劳务合作，是在政府的统一指导下进行的。只有经过政府批准，具备对外承包工程和劳务合作经营权的企业才能直接对外开展业务。未经批准的单位一律不得对外签订承包和劳务合同。这样做是为了确保每一个进入国际市场的中国公司，都具有与其经营范围相适应的能力，维护中国公司在国际市场上的信誉。而且能加强对外劳务合作管理，规范对外劳务合作市场经营秩序，维护外派劳务人员合法权益，提高对外劳务合作质量和管理水平，促进对外劳务合作健康发展。

1. 申请对外劳务合作经营资格的企业条件

根据 2004 年 7 月商务部和国家工商行政管理总局通过的《对外劳务合作经营资格管理办法》（以下简称《办法》）以及 2012 年 5 月 16 日国务院第 203 次常务会议通过的《对外劳务合作管理条例》（以下简称《条例》），该《条例》自 2012 年 8 月 1 日起施行。《条例》和《办法》中规定从事对外劳务合作，应当按照省、自治区、直辖市人民政府的规定，经省级或者设区的市级人民政府商务主管部门批准，取得对外劳务合作经营资格。

申请对外劳务合作经营资格的企业须符合以下条件：

（1）依法登记注册的企业法人，注册 3 年以上，实缴注册资本金不低于 600 万元人民币，中西部地区企业不低于 300 万元人民币。

（2）具有相当经营能力，资产负债率不超过 50%，无不良行为记录。

（3）拥有固定的经营场所，办公面积不低于 300 平方米。

（4）具备健全的管理制度，通过 ISO 9000 质量管理体系认证。

（5）具有足额交纳对外劳务合作备用金的能力。

（6）有 3 名以上熟悉对外劳务合作业务的管理人员；具有大专以上学历或中级以上职称的对外劳务合作专业人员不少于 5 人，专职培训管理人员和财务人员均不少于 2 人，法律人员不少于 1 人。

（7）具有相应市场开拓能力和现场管理能力。

（8）具有一定工作基础，近 3 年向具有对外劳务合作经营资格的企业提供外派劳务人员不少于 300 人。

（9）法定代表人没有故意犯罪记录。

2. 设立对外劳务合作企业的申报程序

国家对申报对外劳务业务经营权的程序规定是：

（1）企业申请对外劳务合作经营资格，应向注册地省、自治区、直辖市或计划单列市商务主管部门（以下简称地方商务主管部门）提出书面申请。

（2）地方商务主管部门在收到企业的全部申请材料后，应在 10 个工作日内完成初审，并将初审意见连同企业全部申请材料一并报商务部。

（3）商务部在收到地方商务主管部门的初审意见和企业的全部申请材料后，在 15 个工作日内，作出是否许可对外劳务合作经营资格的批复，抄送相关部门；不予许可的，应说明理由。

（4）企业自取得对外劳务合作经营资格许可之日起 30 日内，办理交纳对外劳务合作备用金手续，到地方商务主管部门领取《资格证书》。

（5）企业在领取《资格证书》30 日内，向原企业登记主管机关办理变更登记。

（二）对外承包工程企业资格管理法律规定

凡出口型的成套设备生产企业、船舶拆修制造企业、工程材料生产企业（水、电、交通等）、建筑企业、境外资源开发企业和外贸企业，只要符合条件，均可向商务部门申报对外经济合作经营资格，即外经权。

1. 大型实体企业资格条件

凡具有国务院有关主管部门核定的一级工程资质的专业实体型企业，均可申请本行业的对外承包工程经营权及与承包工程有关的劳务合作经营权，不再考核其对外业绩；凡具有施工总承包一级资质的实体型企业，均可申请全方位（无行业限制）的对外承包劳务经营权。

2. 设计院资格条件

凡具有国务院有关主管部门核定的甲级设计资质的设计院，均可申请对外设计、咨询、勘测和监理经营权；具有一级工程资质、企业法人性质的甲级设计院可申请本行业的对外承包工程经营权；具有施工总承包一级资质、企业法人性质的甲级设计院可申请全方位的对外承包工程经营权。

（三）给予对外劳务合作企业的优惠政策

政府给予有对外经营权的公司以较大程度的经营自主权，并在财政、税收、金融、保险、信贷等方面给予优惠和支持。这样的政策，既能使进入国际承包劳务市场的中国公司符合国家宏观管理的要求，又能调动企业的积极性，适应在国外开展业务的需要。

2012年8月，财政部、商务部发布《关于做好对外劳务合作服务平台支持资金管理工作的通知》，继续安排专项资金以促进对外劳务合作规范发展的精神，强化政府公共服务，引导劳务人员通过正规渠道出境务工，保护劳务人员合法权益。专项资金支持的对外经济技术合作业务范围包括：境外投资，境外农、林和渔业合作，对外承包工程，对外劳务合作，境外高新技术研发平台，对外设计咨询等。对劳务服务平台在建设和运营过程中实际发生的场所和办公设备购置费用、系统开发及运营维护费用、宣传推介费用、培训费用进行不超过150万元的资助。

中央财政曾先后设立国外经济合作专项资金、对外工程承包保函风险专项资金等，向对外工程承包企业提供流动资金贷款和保函风险担保。在中国进出口银行以卖方信贷和买方信贷方式，对能够带动国产设备出口的工程承包项目提供优惠贷款。中国出口信用保险公司通过长期贸易保险方式为对外工程承包提供政治风险保险和信贷担保。国家对在境外开展对外工程承包业务的企业所得实施减半征收的鼓励政策。

（四）加强对外劳务合作管理的规定

为规范对外劳务合作，保障劳务人员合法权益，加强对外劳务合作管理，清理整顿本地区外派劳务市场秩序，商务部在2012年8月《对外劳务合作管理条例》的基础上，继续给出《关于加强对外劳务合作管理的通知》：

（1）认真贯彻落实《条例》，加强对外劳务合作政策宣传，要求对外劳务合作企业依法经营，引导劳务人员通过正规渠道出境务工，维护劳务人员合法权益。

（2）加强制度建设，地方人民政府尽快制订本地区对外劳务合作经营资格管理办法，对新申请经营资格的企业按照《条例》严格审查，不符合条件的，一律不予批准。

（3）严格执行备用金管理规定。根据《对外劳务合作风险处置备用金管理办法（试行）》（商务部、财政部2014年第2号令），要求未足额缴存300万元人民币备用金的对外劳务合作企业在2014年9月17日前补足，否则吊销对外劳务合作经营资格证书，并在政府网站上重新公布本地区对外劳务合作企业名单。

（4）规范对外劳务合作企业经营行为，全面检查本地区对外劳务合作企业依法经营情况，对违规企业按照《条例》进行严肃查处。

（5）加强外派劳务市场秩序监管，会同有关部门清理整顿外派劳务市场秩序，对未依法取得对外劳务合作经营资格从事对外劳务合作的，提请工商行政管理部门查处取缔；构成犯罪的，依法追究刑事责任。

（6）做好对外劳务合作领域不良信用记录的发布工作，收集对外劳务合作企业的行政处罚信息和非法中介的查处取缔信息，并及时公开发布不良信用记录。

第十五章　中国海外企业

第一节　海外企业概述

所谓海外企业，即海外投资企业，是指在中国境内登记注册的公司、企业或其他经济组织等市场主体，在境外设立的各类企业或通过购股、参股等方式收购的外国企业的统称。中国是发展中的社会主义国家，随着经济的不断发展，需要积极参与国际经济合作和竞争，运用国际分工、国际交换和中国经济的比较优势，结合"一带一路"战略，大力发展海外企业，充分利用国内外两种资源、两个市场，是中国适应世界经济全球化和区域化发展的必然要求，也是新时代中国经济发展的战略选择。

2017年中国累计对外投资1200.8亿美元，非理性对外投资得到切实有效控制（如无序并购）。对外承包工程合同完成营业额1685.9亿美元，同比增长5.8%。对外劳务合作派出人员52.2万人，同比增加2.8万人。

2017年中企对"一带一路"沿线的59个国家新增投资合计143.6亿美元，同比增长3.5%；完成并购项目341起，交易额达962亿美元；其签署782个合同额在5000万美元以上的对外承包工程项目，拉动货物出口153.9亿美元，同比增长15.7%，在99个境外经贸合作区新增投资57.9亿美元。

一　发展海外企业的意义

发展海外企业的意义，可以概括为如下10个方面：

（一）有利于利用国外资金

发展海外企业，是中国更深层次引进和利用外资的重要途径。当一个国家经济发展到一定程度，除了引进外资，还必须输出资本，直接去国外投资，形成资金双向流动的利用外资机制。

对外投资所需的资金，并不完全依靠自有资金，而是要在很大程度上利用外部资金。据调查，许多发达国家的海外企业投资所需资金，50%以上都依赖于国外融通资金，而发展中国家（除石油输出国外）海外投资的资金，几乎全部利用外部资金。所以，中国在海外投资可以直接在国际金融市场上融资或在东道国筹资，扩大利用外资规模。与国内利用外资比较，只是利用外资的地点和场所不同而已。这种方式吸收外资的特点是，输出国握有主动权、主导权，并可以减轻单方面引进外资带来的对外依赖性。亚洲"四小龙"及其他一些发展中国家（或地区）的经济成长，都体现了利用外商直接投资和本国（地区）直接对外投资同时并举这一过程。

从中国开办海外企业的实践来看，许多大型投资项目所需资金大多是在国际金融市场上筹措，用国内资金投资的很少。例如，中信公司就是通过国际融资，于1986年购买了澳大利亚波特兰炼铝厂10%的股份，1987—1988年盈利即达数千万美元。再如，海尔集团从1995年起，就着手在海外投资建厂。经过洽谈和协商，终于在1996年2月6日，在印尼雅加达建立了海尔在海外的第一家以生产电冰箱为主的合资生产企业——海尔莎保罗（印度尼西亚）有限公司（PT. Haier Sapporo Indonesia），它标志着海尔集团的国际化迈出了重要的一步。之后，1997年6月，菲律宾海尔LKG电器有限公司成立；1997年8月，马来西亚海尔工业（亚细亚）有限公司成立；1997年11月，南斯拉夫海尔空调生产厂成立；1999年2月，海尔中东有限公司成立。而海尔集团企业国际化的真正重心则是在美国。1999年4月30日，海尔在美国南卡州建立了美国海尔工业园，园区占地700亩，年产能力50万台。2000年正式投产生产家电产品，并通过高质量和个性化设计逐渐打开市场。这意味着第一个"三位一体本土化"的海外海尔的成立，即设计中心在洛杉矶、营销中心在纽约、生产中心在南卡州。2002年3月5日，海尔买下纽约中城格林尼治银行大厦作为北美的总部。对海尔来说这是一个质的飞跃。2016年，海尔全球营业额实现2016亿元，同比增长6.8%，利润同比增长12.8%，利润增速是收入增速的1.8倍。

（二）有利于合理配置资源和更好地利用国外资源

实施"走出去"战略的一个重要动因，就是要获得绝对和相对的经济利益，通过利用本国和他国的不同资源和要素优势，在国际上实现资源和要素的合理流动与重新组合配置。世界上任何一个国家都不可能拥有经济发展所需要的全部资源，都会遇到资源约束的问题。中国虽然资源总量丰富，但人均占有量却相对较低，资源供求矛盾日益突出。就拿矿产资源来说，在我国已探明的45种矿产中，到2010年可以满足需求的有21种，到2020年则仅为6种，而丰富的世界矿产资源与中国资源互补性很强。为了弥补中国资源的不足，更好地利用国内、国外两种资源，中国应鼓励在国外兴办资源开发型企业，通过开发当地自然资源，将开采的原材料、物资运回国内，这样不仅可以缓和国内资源不足，减少外汇支出，而且就地开发，其成本也比直接购买要便宜得多。例如，中国冶金进出口总公司在澳大利亚合资兴办的恰那铁矿总投资2.8亿元，中方投资占40%。据估计，若在国内开发相同规模的铁矿，需8倍于在澳的投资。该矿已于1988年施工建设，1990年投产，当年即超额完成生产300万吨矿石的计划，所产铁矿石已全部运回中国。预计，在30年的合作期内，将运回高品位铁石砂2亿吨，为中国钢铁业的发展提供稳定的高质量的铁矿资源。

（三）有利于引进先进技术设备，加速企业技术改造

在国外兴办企业，能加强与东道国的技术合作，开发利用东道国智力资源，吸收其先进技术和管理经验，弥补本国技术力量的不足，促进企业技术改造和产品升级换代。

例如，首钢购买了美国麦斯塔工程设计公司70%的股份后，从该公司获得了先进的轧钢和炼铸技术，增强了中国冶金设备的设计和制造能力，提高了首钢在国际上的竞争力。再如，海尔中央研究院是海尔集团的核心技术机构，是海尔集团通过技术合作建成的综合性科研基地。截至2015年，海尔累计获得著名设计大奖65项，在海外30多个国家和地区拥有发明专利528件，主导国家标准48项、国际标准28项。

（四）有利于调整经济结构和优化产业结构

经过40多年的快速增长，中国的经济进入了一个新的结构调整期。中国部分产业的技术、设备、生产能力过剩，国内有限的市场已不能满足其发展的需要。例如，国内家电、纺织、重化工和轻工等行业的生产能力过剩、产品积压、技术设备闲置等造成了极大的浪费，急需寻找新的市场。

近些年来，世界范围内的经济结构调整规模空前，速度加快，进一步深化了经济全球化。要想在更广阔的空间里促进经济结构调整和产业结构优化配置，拓展新的经济发展空间和新的经济增长点，增强中国经济发展，就需要实施"走出去"战略，到海外去建立企业。通过对外投资，变商品输出为资本输出，在国外投资建厂，建立销售网络和售后服务网点，带动国产设备、原材料以及半成品出口，可以有效地拓展国际市场。

（五）有利于突破国外以反倾销等形式出现的贸易保护主义

随着关税壁垒和非关税壁垒的逐步减少，尤其是配额、许可证等限制进口措施的禁止使用，反倾销、反补贴和保障措施等三种手段，逐渐成为世界各国普遍采用的限制进口的措施。

需要说明的是，上述三种手段是WTO允许成员方采取的唯一有效的维护公平贸易、保护国内产业利益的法律手段。反倾销、反补贴调整和规范的对象是不公平竞争行为，而保障措施则是针对过度竞争行为。反倾销、反补贴的环境前提是正常贸易过程中发生的，分别针对倾销价格行为和具有专向性的补贴行为（如对"国产化率"的补贴），而保障措施则是针对公平贸易条件下的过量进口行为。总之，三种手段的本来宗旨：不是限制进口，更不是不让进口，而是维护公平贸易秩序、促进贸易健康发展、维护国内产业的合法权益。不幸的是，不少国家却以这种合法手段掩盖其非法目的，将三种手段变成谋取一国私利和促退国际贸易健康发展的工具。

而在这三种手段中，反倾销又是使用最多的一种手段，而且有日益扩大的趋势。

反倾销措施的实施，主要是用来抵消由于倾销所造成的损害。但当前许多发达国家提出的所谓反倾销，却多数滥用了反倾销规则。近年来，欧美等发达国家与中国的贸易逆差不断上升，中国的很多产品由于劳动力和原材料成本的优势，在竞争中往往处于明显的有利地位。因此，从1979年8月欧盟的前身（欧共体）对中国出口的糖精钠提起首例反倾销案以来，全球针对中国出口产品的反倾销愈演愈烈。WTO成立以来的1995—2010年间，中国更成为全球遭受反倾销最多的国家。从遭受反倾销的案件数量看，根据WTO统计数据①，1995—2010年，全球遭受反倾销调查的102个国家（地区）以及遭受反倾销措施的93个国家（地区）中，中国均名列首位，对付反倾销调查的方法，除了有关企业联合起来应诉或借助世界贸易组织的争端解决机制求得解决以外，还有一个更为有效的方法，就是变国内生产国外销售为国外生产国外销售，也就是设立海外企业，实施"走出去"战略。

（六）有利于促进中国出口，为国家积累外汇

中国在发展中国家开办的生产性合营企业，一般由中方提供设备、物资作为投资，扩大了成套设备和物资的出口。在经营过程中，设备更新以及所需的零部件和原辅材料也可以由国内供应，增加出口创汇。有些海外企业，中方以技术入股，从而带动了专利、专有技术、商标权和软件技术的出口。

另外，在海外办企业，还可以避开一些国家的进口限制和高额关税，降低出口成本。例如，上海针织有限公司在《洛美协议》成员国毛里求斯投资设厂，产品不受高额关税和进口配额的影响，全部销往欧洲共同体国家，投产一年即收回全部投资，为国家积累了大量外汇。

（七）有利于发展中国的跨国公司

要增强中国经济的国际竞争力，就需要建立自己的跨国公司。因此，坚持实施"走出去"战略，加快发展海外企业来培育发展自己的跨国公司是提升中国企业国际竞争力的有效途径。目前中国的跨国经营主体大体上分为四种类型：一是专业外贸公司；二是具有一定实力的生产性企业；三是从事海外投资的金融性企业；四是从事国际工程承包的建筑安装企业。

截至2015年年底，中国2.02万家境内投资者在国（境）外设立3.08万家对外直接投资企业，分布在全球188个国家（地区）；中国对外直接投资累计净额（存量）达10978.6亿美元，位居全球第8位，境外企业资产总额达4.37万亿美元。

（八）有利于推动中国金融业走向国际化

金融业国际化是中国金融体制改革的目标之一，也是中国参与国际经济循环的重要一环。中国目前金融业基本上是内向型的，尽管引进和创办了中外（合）资银行，

---

① 根据WTO网站（http://www.wto.org）2011年9月1日的数据资料整理计算而得。

但总的说来金融业的外向化、国际化程度比较弱。发展海外企业，扩大海外企业，可以推动金融业的国际化。因为，海外企业必须依赖金融力量的支持，外国的金融机构因限于风俗、习惯、国情等影响，不一定能为中国的海外企业提供满意的服务。这就推动和要求中国金融业在企业进行海外投资时，辅之以各种形式的资金融通和服务，使中国金融业逐步走向国际化。

例如，在首钢的海外融资战略中，要求首钢华夏银行在国内业务建立健全的基础上，随着首钢海外事业的拓展，逐步向海外延伸，为首钢的海外工程项目和投资企业进行担保、贷款、咨询等金融服务，这必然会加速华夏银行的国际化经营。可见，海外企业的发展促进了金融国际化，而金融业的国际化反过来又推动海外投资企业向更广阔的领域拓展。

（九）有利于培养中国海外经营管理人才

十几年来，中国派往海外企业的大量工作人员，涉及经营管理、生产技术、贸易、法律和财会等专业。通过参与生产和经营管理，直接在国际市场上学习和实践，他们积累了丰富的业务知识和国际意识，为进一步拓展国际经济合作准备了条件。

（十）有利于密切同各国的交往

在国际事务中，中国不仅要在政治上与世界上绝大多数的国家和地区保持密切而又广泛的联系，同时也要在互惠互利、共同发展的基础上，广泛进行各种有益的交往，尤其是经济技术交流。

中国在海外开办合营（独资）企业，对于东道国来说，也能获得综合的经济效益和社会效益：除合营一方分享利润外，还能够扩大劳动就业、增加税收和外汇收入，促进东道国经济技术的发展。这种互惠互利的经济技术交流，能够扩大中国的影响、密切同东道国的关系，对于增强同各国人民的友好交往，特别是在发展中国家举办合营企业，对于发展南南合作有重要意义。

另外，海外企业在境外的经营活动，也可以促进与各国的文化技术交流。例如，中国与日本合资开办的京和股份有限公司，在日本开办北京风味餐馆，提供厨师，发行中餐菜谱等，为中日文化技术交流做出了贡献。

二　发展海外企业的有利条件

在国外开办企业，不仅要拥有与在东道国经营的其他国家海外企业相抗衡的能力，而且要拥有相对于东道国当地企业的优势。企业在海外经营，会遇到许多困难和不利条件，如人地生疏、不了解当地商业惯例、语言障碍、运输和管理费用增加等。目前，中国在发展海外企业领域尚不具备发达国家大企业的实力，但从某种意义上说，中国也具有某些相对的竞争优势。

（一）技术上的相对优势

中国企业的技术水平在总体上落后于发达国家，但相对于发展中国家企业，在一些传统工艺和适用技术上仍具有优势。目前，中国在世界经济技术发展层次中，居于发达国家和发展中国家之间。一方面，中国从高技术国家大力引进资金和技术，经过消化吸收加以改进和完善；另一方面，再通过海外投资转移，并应用到低技术国家。广大发展中国家资金和技术短缺，但资源丰富，劳动力便宜，因而更需要资本节约型生产技术，中国正可以利用在劳动密集行业的传统，扩大在发展中国家的投资，加速海外企业的发展。

（二）规模上的优势

中国海外企业以中小项目居多。这一方面反映中国在规模经济上的劣势，另一方面也反映了中国企业在适应小规模市场方面的优势。发展中国家大多经济落后，市场狭小，发达国家在那儿设立海外企业难以发挥其规模优势，而中国却可以利用自身的灵活性，变不利条件为有利条件，扩大在发展中国家的海外企业发展。

（三）专有技术及其产品优势

中国的一些技术和产品不仅在发展中国家，而且在发达国家也具有优势。例如，某些应用中国传统秘诀研制的产品，像"章光101生发灵"已在美国开设生产和销售企业；又如运用中国传统独特的烹饪技术在海外企业经营的餐馆业，已取得了较好的效益；另外，我国在计算机中文处理方面的技术，使中国的计算机开发企业在国外，尤其在华人社区具有独到的优势。

（四）与海外华人密切联系的优势

海外华人人口众多、分布较广。他们与中国有着深厚的渊源关系。我们可以利用这些关系在其所在国，尤其是华人社区开办海外企业。事实上，目前中国的海外企业相当一部分是利用这种渠道或者直接与海外华人合资兴办的，尤其是广东、福建两省的海外企业，有近2/3集中在港澳及海外华人聚居区。

（五）"走出去"政策拉动优势

习近平主席在2013年出访中亚和东南亚期间提出共建"丝绸之路经济带"和"21世纪海上丝绸之路"两大倡议，之后正式写入中共十八届三中全会《全面深化改革若干重大问题的决定》当中。2015年3月，《推动共建丝绸之路经济带和21世纪海上丝绸之路的愿景与行动》（简称"一带一路"愿景与行动）正式在博鳌亚洲论坛发布。在这一倡议下，2015年，中国企业共对"一带一路"相关的49个国家进行了直接投资，投资额合计148.2亿美元，同比增长18.2%，高于整体14.7%的增长率。投资主要流向了新加坡、哈萨克斯坦、老挝、印尼、俄罗斯和泰国等。

2016年，"一带一路"进入务实合作环节，预计沿线国家的铁路、公路、港口、航空等基础设施建设将成为中国企业海外投资的热点。同时，基础设施的完善将带动中国企业对其他相关行业的海外投资，包括钢铁、建材等制造业，以及旅游、商贸物流、农业等领域。

2015 年 11 月，《中共中央关于制定国民经济和社会发展第十三个五年规划的建议》（以下简称《建议》）发布。《建议》中指出"十三五"时期要"支持企业扩大对外投资，推动装备、技术、标准、服务走出去，深度融入全球产业链、价值链、物流链，建设一批大宗商品境外生产基地，培育一批跨国企业"。与此同时，"十三五"时期将"完善境外投资管理，健全对外投资促进政策和服务体系"。2016 年是"十三五"规划的开局之年，中国对外投资的发展势将进入崭新阶段。

以上只是中国海外企业现今阶段所具有的某些有利条件。随着经济技术水平的提高和中国海外企业的发展，一些传统的有利条件将会逐渐消失，其他方面的竞争优势又将会出现。

三　海外企业发展的实践与特点

早在新中国成立初期，中国就有在海外投资建厂的活动。从 20 世纪 50 年代到 1978 年，中国在海外举办了一些海洋运输、金融、贸易等合营或独资企业，特别是国内一些外贸专业公司，以公司代表处的名义在海外投资设点，其职能主要是了解市场和客户，沟通信息，为总公司对外贸易成交创造条件及提供方便。

改革开放以来，中国十分重视发展对外经济关系。中央明确指出，中国的社会主义现代化建设要利用两种资源——国内资源和国外资源，开拓两个市场——国内市场和国外市场，学会两套本领——组织国内建设的本领和发展对外经济关系的本领。作为对外经济合作的一种重要形式，中国的海外企业逐渐发展起来。原外贸公司代表处逐步转为具有法人地位、经营进出口贸易业务的当地企业，经营方式逐渐多样化，经营范围不断扩大。同时，中国对外经济合作组织和大型工业企业也逐渐走向国际市场，以独资、合资和合作经营的形式，举办非贸易性企业。

在改革开放以来的 40 多年间，特别是中共十八大以来，中国的海外企业有了较快的发展，投资领域不断拓展，通过发展规模经营，整体实力和经营管理水平有了较大提高，促进了中国对外经济贸易的发展和市场多元化战略的实施。

中国海外企业投资的领域，已从改革开放初期的建筑、工程承包、餐饮、旅游、交通运输及一般咨询服务，扩大到资源开发、加工装配、制造业及高科技领域，涉及轻工、化工、纺织、冶金、机械、电子等产业。特别是海外渔业、林业、矿产和石油勘探等资源开发项目的实施，对于弥补国内资源的短缺，促进国民经济发展发挥了积极作用。

以 2015—2016 年情况为例，说明中国企业对外直接投资呈现以下特点①：

首先，对外直接投资存量也首次超过万亿美元并实现了中国对外直接投资连续 13 年增长。

2015 年中国境内非金融类投资者共对全球 155 个国家（或地区）的 6532 家境外企业进行了直接投资，累计实现对外直接投资 1180.2 亿美元，同比增长 14.7%。其中股权和债务工具投资 1012.2 亿美元，同比增长 17.6%，占 85.8%；收益再投资为 168 亿美元，与上年持平，占 14.2%。这与以下因素息息相关：就国内来看，一方面，国内的经济增速放缓，需求较为疲软，内地企业"走出去"的意愿较为强烈；另一方面，政府对中国企业对外投资的政策鼓励以及采取放宽的备案制管理模式为国内企业的海外投资提供了支持和便利。此外，欧美发达国家的经济缓慢复苏，潜在的消费市场巨大，吸引国内企业纷纷前往，以抢先占领市场或获得技术支持；中国的"一带一路"倡议得到诸多沿线国家的认同和响应，与中国企业不断加强投资合作，这也为中国对外直接投资提供新的增长点。

其次，北美洲、亚洲、欧洲成为三大投资目的地。

2015 年，中国企业海外投资的区域性较为明显。北美洲、欧洲与亚洲一并成为中国企业海外投资的主要目的地，三者吸纳了同期中国海外兼并收购总投资额的 85.5%、总项目数的 83.5%。而中国企业对大洋洲、拉丁美洲、非洲的投资较少，三者仅占同期中国海外兼并收购总投资额的 14.4%、总项目数的 16.5%。

北美洲在该年度吸引了大量内地企业前往投资，成为中国海外投资的第一大目的地。内地企业对北美洲的投资发生 160 起共 271.01 亿美元，主要集中在开曼群岛、美国和百慕大，加拿大和墨西哥也有涉及。在北美的投资额大部分流向了开曼群岛的交通运输工具租赁、酒店管理、移动软件开发、投资管理、芯片和半导体制造等业务，美国的金融、电子产品制造、高新技术研究、信息产业等，百慕大的集装箱租赁、房地产、金融、影视、产品制造等，加拿大的油气和矿产开采、娱乐业，以及墨西哥的电子设备制造等。百慕大和开曼群岛作为"避税天堂"和发达的离岸金融中心，成功吸引众多内地企业前往兼并收购和注册新公司。美国作为全球第一大经济体，不仅在技术、研发和创新等方面领先全球，而且拥有发达的金融市场、完善的知识产权保护体系、较高的劳动力素质、完善的基础设施。中国企业在亚洲的投资额仅次于北美洲，发生 183 起合计 247.21 亿美元，成为中国海外投资的第二大目的地。

内地企业在亚洲的投资涉及中国香港、中国台湾、马来西亚、新加坡、以色列、印度、韩国、哈萨克斯坦等 18 个国家（或地区），其中，对中国香港、中国台湾、马来西亚、新加坡、以色列、印度、韩国 7 个国家（或地区）的投资总额占亚洲总投资

① 根据《2015 年中国对外直接投资年度报告》（中国社会科学院世界经济与政治研究所）相关资料整理。

额的 92%，项目数的 84%。其中，香港的金融、信息产业、租赁、房地产；台湾的产品组装和包装、芯片制造、生物制药；马来西亚的电力生产、产品批发；以及新加坡的金融、移动软件开发、企业管理等业务，均成为该年度的重要投资对象。

中国企业海外投资的第三大目的地是欧洲，发生 83 起共计 163.62 亿美元。在欧洲的投资分布在瑞士、荷兰、俄罗斯、英国、法国、比利时、意大利、德国等 18 个国家。其中，瑞士的航空运输、体育业和医药；荷兰的保险业、产品制造和信息产业；俄罗斯的油气和铜矿开采、金融业；英国的食品制造、金融和机械设备制造；以及法国的酒店管理，均成为内地企业重要的投资对象。2015 年，欧盟经济缓慢复苏，再加上荷兰、英、法、德等主要欧盟成员国在管理经验、知名品牌、高新技术等方面的优势，成功吸引内地企业前往投资。

再次，兼并收购是中国对外直接投资的重要形式（如表 15-1 所示）。

第一，根据 BVD-ZEPHYR "全球并购交易分析库" 与 IIS "国际投资研究系列"，2015 年中国完成交割的海外并购共计 403.07 亿美元。另外，该年中国还有 393.76 亿美元的海外兼并收购意向（已宣布，尚未完成）。

第二，中国企业在海外兼并收购的行业布局呈多元化态势，"服务业" 走出去势头强劲。2015 年共涉及 17 类行业领域，包括金融业、制造业、租赁和商务服务业、信息技术业、采矿业、电燃水生产和供应业、住宿和餐饮业、房地产业，交通运输业、文体娱乐业、批发和零售业、科学研究和技术服务业、卫生和社会工作、教育、水利环境业、建筑业、农林牧渔业。其中，中国企业在海外的兼并收购约有 70% 集中在金融业、制造业、租赁和商务服务业、信息技术业、采矿业五大行业领域。一些中国企业在进行跨境兼并收购时采取多元化投资战略，以扩大业务范围，开展多元化经营，如万达集团斥巨资收购瑞士的盈方体育传媒公司、美国的世界耐力控股公司，进军体育娱乐；剑光资产管理公司涉足荷兰企业的功率放大器制造。

中国企业对海外服务业的投资额占全年对外直接投资总额的 70%，项目总数的 58%，涉及金融业、信息技术业、租赁和商务服务业、信息技术业、住宿和餐饮业、房地产业、交通运输业、文体娱乐业、批发和零售业、科学研究和技术服务业、卫生和社会工作、教育、水利环境业 13 个服务行业领域。其中，对海外服务业的兼并收购集中于金融业、租赁和商务服务业和信息技术业，三者占全年兼并收购总额的 46.7%。中国企业对海外租赁和商务服务业的兼并收购主要投向交通运输工具和设备租赁、广告、产品包装、品牌推广、企业管理咨询等业务，分布于中国香港、澳大利亚、中国台湾、新加坡等国家（或地区）。中国企业对信息技术业的跨境兼并收购则青睐信息技术发达的美国、印度、新加坡等国家的移动 APP 软件开发、游戏开发、电信、云计算和网络服务等领域。

特别是，金融业成为 2015 年中国海外兼并收购的第一大行业。该年度，中国企业对海外金融业的兼并收购增长强劲，共投资 67 起共计 180.95 亿美元，占同期中国企业海外兼并收购额的 22.7%，项目数的 13.1%，成为该年中国海外兼并收购的第一大行业。内地企业在金融业的海外直接投资遍布六个大洲，其中，39% 投向了北美洲（主要是美国和百慕大），32.9% 分布在亚洲（主要是香港、韩国和新加坡），25.5% 流向欧洲（主要是荷兰、英国和俄罗斯），另外，拉丁美洲、非洲和大洋洲也有所涉及。对金融业的跨境兼并收购以民营企业为主，如安邦集团、万达集团、复星国际、青岛海尔等，中国石化、工商银行、深圳能源集团、广发证券等国有企业也有参与，主要涉及保险业、银行业、资产管理和控股公司。

最后，海外兼并收购项目的主力军是具有雄厚资金优势的国有企业。

2015 年的前十大海外兼并收购项目的主力军是具有雄厚资金优势的国有企业，行业布局呈多元化，涉及交通运输业、租赁和商务服务业、信息技术业、电燃水生产和供应业、金融业、房地产业、制造业 7 类行业，交易额均在 17 亿美元以上。

表 15 - 1　　　2016 年第三季度中国新宣布（未完成）前十大跨境兼并收购项目

排名	中国企业	目标企业	目标国家（地区）	投资额（亿美元）	目标行业	企业性质
1	中国化工	阿达玛农业	以色列	22.26	化学原料、化学品	央企
2	乐视	唯兹	美国	18.22	通信、计算机、电子	民营
3	中欧体育	AC 米兰	意大利	6.58	体育	民营
4	IDG 资本	朗德万斯	德国	3.56	设备制造	民营
5	酒泉钢铁	牙买加氧化铝公司	牙买加	2.4	有色金属加工	地方国企
6	辽宁德尔	卡酷思	德国	1.78	设备制造	民营
7	东方集团	东方集团（香港）	香港	1.58	批发零售	民营
8	泰富重装	沃尔塔钢铁厂	印度	1.18	黑色金属加工	民营
9	IDG 资本	奥林匹克里昂俱乐部	法国	0.89	体育	民营
10	河南腾瑞	中国煤炭（新加坡）	新加坡	0.8	商务服务	民营

第二节　海外企业设立

一　设立海外企业的基本条件和要求

申请举办海外企业的单位，必须是经各级政府主管部门批准、在国家工商行政管理部门登记注册的具有法人资格的公司、企业或其他经济组织（不包括外商独资企业）。目前，中国支持和鼓励有比较优势的各种所有制企业赴境外投资开办企业，主要有境外加工贸易、贸易与生产性企业、境外并购、资源开发等类型。

（一）基本条件

开办海外企业必须具备以下基本条件：

（1）能够筹集到资金，有对外投资能力；

（2）有一定的技术水平和业务专长；

（3）能配备国际经营管理人员；

（4）熟悉和了解投资所在国（或地区）的投资政策、投资环境、法律规定、市场商情、资源状况、劳动制度、外汇管理等情况。

（二）基本要求

具备以上基本条件的法人开办海外企业，必须符合下列基本要求之一，方能批准：

（1）能为国家提供长期稳定、质量符合要求、价格有竞争力、国内较长时期需要进口的原材料或产品；

（2）能引进先进技术和管理经验；

（3）能为国家增加外汇收入；

（4）能扩大设备、材料和其他产品的出口；

（5）能扩大对外承包工程与劳务合作业务；

（6）能为所在国或国际市场提供所需产品并且中方确有收益。

二　海外企业的战略选择

（一）目标选择

1. 中国在发达国家建立海外企业的目标

（1）避开贸易保护主义，确保与拓展市场；

（2）充实售前与售后服务；

（3）获取先进技术和国际市场信息；

（4）积累经营管理经验，培养人才。

2. 中国在发展中国家设立海外企业的目标

（1）开发和渗透市场；

（2）利用当地的原材料和自然资源；

（3）发展所在国民族工业，以增强其自力更生能力；

（4）在港澳地区主要为保持其经济的繁荣与稳定。

（二）项目选择

选择投资项目时，中方应考虑以下七个方面：（1）项目能利用当地资源或引进先进技术；（2）符合项目所在地经济发展的优先领域，可享受优惠待遇；（3）现阶段以投资少、见效快、易管理的中小项目为主；（4）可以发挥中国的技术经济优势；（5）可以机械设备、原材料、产品或技术、工业产权、劳务等出资，减少现汇出资；（6）控制高、精、尖技术和实验室技术输出；（7）禁止开办冲击中国外贸出口市场以及损害当地华侨利益的项目。

（三）区位选择

开办海外企业，要选择愿意同中国进行合作并鼓励外来投资的国家和地区。一般需要考虑如下因素并加以综合比较：政治形势比较稳定，有法律保障，具备必需的基础设施，赋税比较宽惠，所得利润及其他合法权益可以自由汇出，并有足够的市场容量等。目前，中国海外企业的区位战略重点，应放在发展中国家和地区，因为中国的产品结构和技术层次比较适合发展中国家和地区，设备、技术在这些国家和地区易被接受和吸收，同时，这些国家和地区为发展本国经济，纷纷制定优惠政策，欢迎各国投资，其市场潜力也较大。当然，在发展中国家和地区投资也有许多不利之处，如基础设施不发达、劳动力素质低等。这就要求我们确定投资区域时慎重考虑，全面分析，选择最佳区域。

（四）合营对象选择

举办海外合营企业是与外国合营者共同投资、共同经营管理、共享利润和共担风险。因此，合营对象的选择是关系企业成败的决定性因素。要慎重地选择合作伙伴，做好合作对象的资信调查。一般来说，要选择那些信誉高、资信好、有合作诚意并在当地有一定经济实力、经营能力和销售渠道的经济实体及企业作为合营对象。合营对象的资信包括以下三方面：

1. 合法资格

必须证明是某国某地依法成立的法人组织、团体，并有确实的名称和法定地址。

2. 履约能力

必须证明其经济状况具有履约的能力。经济状况包括资产负债情况、收支情况、主要活动经历及范围等。

3. 商业信誉

它除了与经济活动有关外，主要是指其经营历史、经营作风、经营渠道以及享有的声誉。以上资信情况，可以通过我国驻外机构或与该公司有业务往来的机构、银行进行调查，也可以要求对方提供具体情况，再加以核实。实践证明，在选择合营对象时，最好多联系几个合营者，通过分析比较以及它们之间的竞争，最后确定一个合适的合营对象。

（五）投资方式和出资比例的选择

1. 投资方式的选择

中国开办海外企业，有以下几种方式：

（1）独资企业

独资企业即依据所在国的法律，独立投资建立和独立经营的企业。这种方式可以保持绝对的经营控制权，使自己的技术绝对保密，可以获得全部的利益，但需要的资金较多，且风险较大。中国在国外开办的独资经营企业为数不多，一般采取有限责任公司的形式。

（2）合资经营企业

合资经营企业是按所在国的公司法或有关法律成立的作为经济实体的公司形式。一般都在所在国登记注册，成为独立的法人实体。公司的资本由合营各方按商定比例投入或认股，或部分由公司向银行贷款等方式筹集。一切资产和产品属公司所有，债务也全部由公司承担，公司按所在国规定纳税后，利润由股东按股份分红。

（3）合作经营企业

合作经营企业是按所在国的合同法或有关法律法规组织的并非独立法人实体的合作形式，一般不在所在国单独登记注册，而由合营各方分别以法人身份在所在国登记注册。合作经营是合作各方按所签订的协议确定其权利和义务的一种经济合作关系。所需资金由合营各方分别筹措，资产归各方所有，债务也由各方自行负担，合作经营企业本身不单独纳税，而由合营各方自行纳税。合营各方按协议规定分享利益或直接分得产品，其产品由各方自行销售或各自委托代理商销售。合作经营企业虽不是独立的法人实体，但可以合营体的名义对外进行经济活动。

目前中国在国外开办的合营企业，除了极少数资源开发项目采取合作经营外，绝大多数项目都采取合资经营。合资经营的优点是：可以利用当地的资本、销售渠道和技术，有助于获得政府批准，及获得当地货币贷款和税收优惠，并能分散经营和研究开发中的风险。缺点是在经营管理中易产生意见分歧，要与合营伙伴分享技术、经验和利润。在合资经营企业中，主要采取有限责任公司的形式。这种形式的特点是：责任有限，风险较小；股东稳定，关系密切；机构精干，易于决策；公司的设立、经营、解散、结业也都比较容易。

2. 出资比例的选择

合营各方在合营企业中所占投资比例大小，不仅涉及投资者对合营企业所负责任和所得利润的多少，还涉及在合营企业中的领导权和控制权等问题。国际上多数国家规定外国投资者的投资比例不得超过49%，有的国家规定某些行业外国投资者的投资比例不得超过40%，也有的国家规定外国合营者的投资不得少于30%。国际上合营企业的投资比例大体上有五种形式：外国所有权占少数（51%对49%）；外国所有权占多数（49%对51%）；50%对50%的所有权；49%对49%的所有权，而由独立的第三方相对掌握控制性股份；100%的所有权归一方（即独资企业）。中国对海外企业投资比例的方针是：

（1）尊重所在国的法律规定。

（2）根据不同的合营项目区别对待。

（3）与外方合营者协商一致。

至于对合营企业的领导权和控制权问题，可以在合营企业合同和章程中，按照平等互利、协商一致的原则，加以明确规定。在确定我方在合营企业中的投资比例时，必须弄清所在国法律规定，同时对合营项目认真进行可行性研究分析，以便确定一个双方都能接受的而且经济上可行的投资比例。另外，要根据具体情况采取灵活多样的形式。例如，加拿大投资与税收法规定，来加注册的外国公司，如与加方合资的份额各占总投资的50％，则按加拿大企业对待，税率标准为20％—25％；如外国投资份额超过50％，则视为外国公司，税率高达50％。根据加拿大这一法律规定，中国许多企业采取了合资方式，且合资比例基本控制在50％或低于50％。即便是以中方投资为主的企业，也以某种方法表明应享受加拿大公司的待遇，以免被课高税。

三　申请程序

（一）项目建议书（立项报告）

申请设立海外企业，首先要编制、呈报项目建议书，向国家立项。项目建议书是中方投资者向审批机关上报的文件，主要从宏观上论述项目设立的必要性和可能性，是立项的依据。其内容包括：对拟建项目的目的、投资方式、生产条件与规模、中方投资金额及投入方式、资金来源、市场前景和经济效益等方面作出的初步测算和建议。具体地说，项目建议书的主要内容和要求如下：

（1）中方单位名称、生产经营情况、主管单位名称、合作对象名称、注册国家和法定地址、法定代表人姓名、职务等。

（2）拟建项目的背景，投资的必要性和可能性。

（3）产品的销售地区（是否返销到国内）及市场分析。

（4）项目投资总额估算，中方投入资金额及投入方式（以技术设备和工业产权投入的，应说明技术和设备作价的外汇金额）。

（5）资金来源、构成以及借贷资金的条件。

（6）拟采用的生产技术和主要设备。

（7）其他建设和生产条件。

（8）经济效益的初步分析。

（9）主要附件，包括：

①合营对象的资信情况；

②中方驻在国（或地区）使领馆对拟建项目的审查意见；

③国内有关部门对投入资金的意向函件；

④产品销售市场情况的初步调研和预测报告。

（二）可行性研究报告

项目建议书经审批机关批准后，则进行可行性研究，编写可行性研究报告。可行性研究报告是合作各方对拟建项目的经济、技术、财务以及生产设施、管理机构、合作条件等方面达成一致意见的文件。可行性研究报告要由合作各方共同编制（投标购股或其他竞争性投标项目可由中方投资者单独编制），或者委托国内外有权威的工程咨询机构编制或咨询，并为有关各方所确认。

可行性研究报告是在项目建议书的基础上编制的。它是合作各方投资决策的依据，即决定投资或取消该项目的依据，是下阶段工程设计的基础，是合作各方草签和正式签订合同文件的依据。编制可行性研究报告时，要对项目的各有关要素进行认真的全面的调查研究和综合论证，具体论述项目在经济上、财务上的合理性和营利性，技术上的先进性、适用性和可靠性。报告内容必须实事求是，对各种不同的方案进行比较论证，提供的数据资料要准确可靠，符合投资所在国（地区）的有关法律、法规，对项目的建设和企业的生产经营要进行风险性分析并留有余地。

可行性研究报告的主要内容和要求如下：

（1）基本情况。包括：

①拟办企业名称、法定地址，合作各方名称、注册国家（地区）、法定地址和法定代表人姓名、职务、国籍。

②拟建项目总投资、注册资本、合营各方出资比例、中方股本额及自有资金额、出资方式、资金来源构成。

③合作期限、合作各方利润分配和亏损应承担的责任。

④项目可行性研究的概况、结论、问题和建议。

（2）产品方案及市场需求情况。包括销售预测、销售方向、产品竞争能力（如产品返销国内，要有国内市场情况分析）、产品方案、建设规模和发展方向等。

（3）资源、原材料、能源、交通等配套情况。

（4）建厂条件及厂址选择方案。

（5）技术设备和工艺过程的选择及其依据。包括：技术来源、生产方法、主要工艺技术和设备选型方案的比较，引进技术、设备的来源等。

（6）生产组织结构及经营管理方式。

（7）建设方式、建设进度及其依据。

（8）投资估算及资金筹措。包括资金总额（含固定资产投资、流动资金和建设期利息）、资金来源与筹措方式及贷款的偿还能力、方式及担保方等。

（9）项目经济分析与投资环境评价。包括财务分析、国民经济分析、不确定性分析及政治、法律环境评估。主要采用动态法、敏感性分析法进行项目效益和收支情况的分析。

（10）主要附件，包括：

①合作各方资产负债表、损益表。

②外汇管理部门对投资外汇风险审查和外汇资金来源审查的意见。

③投资所在国（地区）有关投资的主要法律、法规等。

④国内有关部门对资金安排的意见（动用国拨资金的，须附财政部门的批准文件）。

⑤有关金融机构对境外贷款的承诺文件。

⑥产品返销国内的，要有国内有关部门对返销产品的安排意见。

⑦有关部门在以专有技术（含设备）投资的项目中，对专有技术出口的审查意见。

⑧项目建议书的审批文件。

（三）合同与章程

项目建议书和可行性研究报告经企业主管部门审查同意并转报审批机关核准或备案后，即可在此基础上商签合资、合作经营合同和企业章程（中方独资企业只签订企业章程）。所签订的合同和章程如与批准的可行性研究报告的原则不相符合，应报经原审批机关同意；合同、章程（草案）需预先送审批机关审核，同意后方可与外方合营者正式签署。正式签署的合同和章程，经申报核准或备案后即具有法律效力。

1. 海外合营企业合同

所谓海外合营企业合同，是合营各方为设立海外合营企业就相互权利、义务关系达成一致意见而订立的文件。它是合营企业设立和经营的基础，是合营各方合作共事的保证，也是调解、仲裁或诉讼的基本依据。

（1）签订合营企业合同时应注意的问题：

①要有长期观点。即合同的内容要经得起长时间的各种情况变化的考验。

②要有全面观点，要周密考虑，妥善制定好合同的各项条款。

③对土地使用权的取得，设备、原材料、燃料、动力供应，产品销售，各种许可的取得，劳动力来源，工厂、基础设施的建设等要逐一落实。

④既要充分体现平等互利的原则，又要符合所在国的有关法律和政策。

⑤合同草案力争由中方提出，以争取主动。

⑥合同中对中外合资者各自的权利和义务要作出明确的规定，内容要完备，要求要具体，责任要明确。

⑦签订合同前，不仅要对合资对象的资信进行审查，而且要对签约人的法定代表资格进行审查。

⑧制定合同时要有律师和会计师参与，逐一审核、核对合同。

⑨合同文字要清楚明确，凡属法律用语和会计用语，都要符合国际惯例和通用习

惯，以免产生难以解释和难以执行的麻烦。

⑩合同的正式签订必须经过有关领导机关批准后才能进行。

（2）海外合营企业合同的主要内容：

①合营各方的名称、注册国家、法定地址和法定代表人的姓名、职务、国籍。

②合营企业名称、法定地址、经营范围和规模。

③合营企业的投资总额，注册资本，合营各方的出资额，出资比例，出资方式，出资的缴付期限以及出资额欠缴、转让的规定。

④合营各方利润分配和亏损分担的比例。

⑤合营企业董事会的组成、董事名额的分配以及总经理、副总经理及其他高级管理人员的职责、权限和聘用办法。

⑥采用的主要生产设备、技术及其来源。

⑦原材料购买和产品销售方式和比例。

⑧外汇资金收支的安排。

⑨财务、会计、审计的处理原则。

⑩有关劳动管理、工资和福利、劳动保险等事项的规定。

⑪合营企业期限、解散及清算程序。

⑫违约责任。

⑬解决合营各方之间争议的方式和程序。

⑭合同文本采用的文字和合同生效的条件。

2. 海外合营企业章程

所谓海外合营企业章程，是指企业的组织机构、经营管理和业务活动的根本准则。章程必须反映合作各方的根本利益和要求，它以合同为基础，其格式要符合对方国家的规定。章程是在当地注册的必备文件，一经注册，即受到法律保护。

海外合营企业的章程包括以下内容：

（1）合营企业名称、法定地址。

（2）合营企业的宗旨、经营范围和合营期限。

（3）合营各方的名称、注册国家、法定地址、法定代表的姓名、职务和国籍。

（4）合营企业的投资总额、注册资本，合营各方的出资额、出资比例、出资额转让的规定，以及利润分配和亏损负担的比例。

（5）董事会的组成、职权和议事规则，董事的任期、董事长、副董事长的职责。

（6）管理机构的设置、办事规则，总经理、副总经理及其他高级管理人员的职责和任免办法。

（7）财务、会计、审计制度的原则。

（8）解散与清算。

（9）章程修改的程序。

（四）申领批准证书和办理营业执照

申请举办海外投资企业，其可行性研究报告、合同和章程经核准或备案后，由承办单位提出申请，逐级上报申领批准证书。非贸易性海外投资企业的批准证书，申请商务部颁发；贸易性海外投资企业的批准证书，申请省级经贸委（厅）颁发。中方合营者将中国政府核准合同和章程生效的日期通报外方合营者，由外方合营者负责办理在当地注册登记的一切手续。有的国家规定，合营企业的合同和章程，还需经所在国政府部门审查批准后才能办理注册登记手续。一旦获得注册登记，合营企业即告成立。

（五）中国有关部门需办理的手续

海外企业获得批准后，中国有关部门，如中国银行、海关总署、外交部等，将根据正式核准的文件和海外企业的合同，办理投资的汇出，外汇支付，设备物资的进出口，人员的派出等手续。

四 备案或核准程序

商务部于 2014 年 9 月出台了新的《境外投资管理办法》（商务部令 2014 年第 3 号），实行"备案为主、核准为辅"的管理模式，并引入了负面清单的管理理念，除在敏感国家和地区、敏感行业的投资实行核准管理外，其余均实行备案。

2015 年，中国进一步简化了对外直接投资外汇管理政策。涉及三个方面内容：一是取消直接投资项下外汇登记核准，境内投资主体可直接到银行办理境外直接投资项下相关外汇登记；二是取消境外再投资外汇备案，境内投资主体设立或控制的境外企业在境外再投资设立或控制新的境外企业时，无须办理外汇备案手续；三是取消直接投资外汇年检，改为实行境外直接投资存量权益登记，同时放宽登记时间，允许企业通过多种渠道报送相关数据。这些措施简化或取消后，银行将可以直接审核办理境外直接投资项下外汇登记。国家外汇管理局及其分支机构仅通过银行对直接投资外汇登记实施间接监管。企业"走出去"流程进一步简化。

项目的备案或核准一般分两步进行：第一步，审批项目建议书；第二步，根据项目的进展情况，审批可行性研究报告和合营合同、企业章程等。对投资额较小、业务比较简单的非生产性项目，也可两步合并为一次审批。凡属商务部审批的项目，由主办单位向其上级主管部门或省、自治区、直辖市和计划单列市人民政府提出申请，并呈报项目建议书、可行性研究报告、合营合同和公司章程等文件，经审核同意后转报商务部审批，经批准后颁发批准证书。需先由国家发改委审批的项目，其项目建议书和可行性研究报告，要按项目的隶属关系，分别由省、自治区、直辖市、计划单列市的相关部门或国务院主管部门提出初审意见，报送国家发改委，由国家发改委同有关部门审批，再由商务部审批协议和合同。

凡属省、自治区、直辖市和计划单列市人民政府或国务院有关部门审批的项目，由主办单位直接报批。经批准的项目，由审批机关将申报和批准的文件送交商务部备案，并由商务部颁发批准证书。

企业境外投资备案或核准流程图归纳说明如图15-1所示。

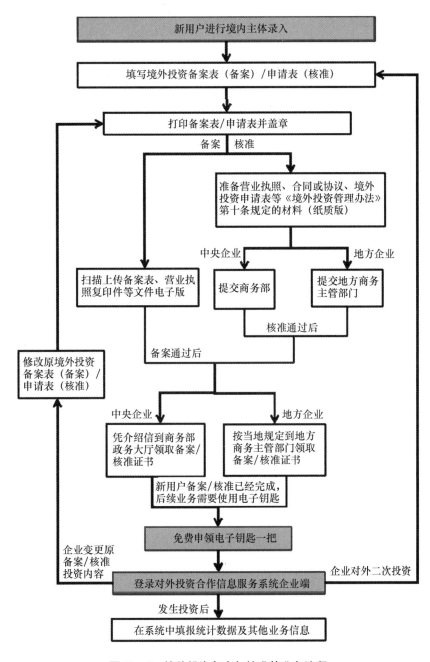

图15-1 境外投资备案与核准等业务流程

第三节 海外企业的宏观管理

一 海外企业的指导原则、总体思路和战略重点

（一）指导原则

中国发展海外企业，应当遵循下列四项原则：平等互利、讲究实效、形式多样、共同发展。平等互利是合作各方能够持久合作的关键。中国在国外开办的企业，要尊重所在国主权，不干涉他国内政，不附带任何政治条件，除了双方政府协议规定的和企业所在国有关鼓励外国投资法规中所赋予的权益之外，不要求其他任何特权。中方派往海外企业的人员要遵守所在国的有关法规，尊重当地的风俗习惯。在海外企业内部，合作各方依法具有平等、协商、参与企业决策和管理的权利，按投资比例或协议规定共享利益，共担风险。

（二）总体思路

中国对外直接投资应以全面提升对外投资国际竞争力为总目标，发展思路围绕三条主线，依次如下：

一是对外直接投资要服务于国内经济转型升级、创新发展和消费升级需求。要抓住机遇，加快实现海外优质企业并购，吸纳更多技术、管理、人才等高端要素，促进我国产业向资本、技术密集型产业发展。发挥我国产业优势，拓展海外发展空间，缓解我国过剩产能压力，促进优势产能输出，推动我国产业升级和经济结构优化。提升资源整合和控制能力，保障国内能源、粮食、稀缺资源等战略物资的供应。

二是形成对外直接投资的全球化战略布局。第一，围绕"一带一路"和国际产能合作等倡议和战略，充分发挥我国的产业优势和资本优势，深化与沿线国家经贸合作，增强利益绑定，营造良好外部发展环境，布局我国主导的区域生产体系和全球产业链。第二，加强在重点地区投资发展布局，加强对世界主要发达国家和地区高端要素和消费市场的资源配置，加强与对我国具有比较优势的发展中国家和地区的产业转移和产能合作，与国内产业形成更完善的产业梯队。

三是全面提升中国企业的国际竞争力。加强投资便利化服务和保障，形成促进境外投资的制度环境，为企业提供便利的审批管理、金融、风险保障等支持和服务；加强对"走出去"的指导、规范和监管，充分发挥行业协会在行业"走出去"的指导、抱团和自律的作用，鼓励企业与东道国建立互利共赢机制，建立良好的中国企业"走出去"行为规范，树立中国品牌的良好声誉和影响力；加快培育会计、法律、咨询等中介行业发展，加强管理、语言、技术等各类国际化人才培养，提供充分的人力资源等。

（三）战略重点

1. 抓住机遇，加强对海外优质企业的并购

国际金融危机以来，全球经济复苏缓慢，欧美等发达国家的不少优质企业受世界经济深度调整的影响正处于经营困难中，全球尤其是发展中国家发起的跨国并购增长迅速，有资本实力的跨国公司加快收购价值被低估的优质企业。中国企业具备产业和资本优势，应抓住全球经济周期调整的机遇，加快并购海外优质资产，获取先进技术、知名品牌、消费市场和高端人才，提升跨国并购的整合能力。政府应加强对海外并购的审批、金融、信息服务等领域的支持，放开以国内上市公司股份为对价的海外并购支付方式，丰富上市公司海外并购支付手段，加快为企业海外并购松绑和提供便利；加强对等开放，提升国际协调能力，维护海外并购的合法权益。

2. 实现重点产业和重点区域的全球化战略布局

在全球重要地区、"一带一路"沿线国家和节点城市完成初步布局。建立全球重点地区国际产能合作框架，能显著提升我国在区域生产体系和国际产业分工体系中的地位和影响力。通过对外投资汇聚我国未来发展所急需的高端制造业、服务业等领域的技术、人才等资源，提升品牌竞争力和影响力。加强优势产业对外投资，在"一带一路"沿线国家主动进行制造业、基础设施和资源能源产业布局，推动我国钢铁、有色、建材、化工、轻纺、汽车、机械等富余产能向这些地区有计划地释放。提升我国对重要能源资源供应的保障。改善战略通道安全、保障海外资产人员安全，进一步扩大我国经济发展空间。在世界基础设施建设新一轮高潮中，推动基础设施对外投资的快速发展。

3. 加快打造一大批世界先进水平的跨国公司

跨国公司是跨境投资的主导力量，体现了一个国家对外投资的实力和水平。改革开放40多年来，中国的跨国公司已经取得了较快的发展，但与国际成熟的跨国公司相比仍有很大差距。应加快提升跨国公司创新要素投入，提升在全球价值链的位置，提升中国企业在技术、标准、行业规范、商业模式等领域的影响力，打造一大批处于世界先进水平的跨国公司和国际品牌。发挥全球领军企业的带头作用，带动产业链共同"走出去"。

4. 建立适应全球化高效运作的对外投资管理服务体系

中国已经初步建立起境外投资管理制度，未来应加强顶层设计，建立适应全球化高效运作的对外投资管理服务体系。包括：一要加快对外直接投资管理体制改革，减少不必要的行政审批和市场干预措施，强化企业的主体地位，明确大型国有跨国公司国际化发展的政策导向；二要加强对外投资支撑体系建设，搭建知识和信息分享平台，加快构建金融服务体系，完善风险预警和风险防控体系；三要加强对境外投资的指导和监管，加强对境外投资企业的社会责任、文化建设等领域的指导和规范，建立和完善境外投资的信用和行为监控制度的服务体系建设，加强国际化人才培育，加快发展对外投资的行业协会和中介服务体系，完善境外投资平台建设；四要大力推进高水平的自贸区网络建设和国际投资协定谈判，推动现有投资协定的升级，促进和保护企业对外投资。

二 海外投资宏观管理新办法

（一）企业境外投资管理趋势

投资便利化是境外投资管理趋势。投资便利化中国方案获世贸组织成员积极响应，从而推动全球投资更加便利。跨境投资是经济增长的重要动力，中国倡导加强"一带一路"国际合作，积极鼓励中国企业对外投资，也将进一步扩大中国开放大门。中国于2017年4月在世贸组织发起成立"投资便利化之友"，率先提出投资便利化议题，旨在积极响应世界诉求，提升全球投资便利化水平。

目前已有包括中国、阿根廷、巴西等16个世贸组织成员加入"投资便利化之友"。2017年12月10日中国主办的投资便利化部长早餐会在布宜诺斯艾利斯举行，与会部长通过《关于投资便利化联合部长声明》。声明强调：一是投资与贸易和发展密切相关，应推动在全球层面加强国际合作；二是支持开展深入讨论以建立投资便利化多边框架；三是主张与相关政府间组织合作，评估发展中成员和最不发达成员需求，并给予相应技术援助和能力建设支持；四是认可成员监管权以满足其政策目标和发展需要；五是呼吁进行投资便利化议题部长级专题讨论，呼吁全体世贸组织成员积极参加，争取通过《关于投资便利化的部长决定》。

（二）企业境外投资管理新办法要览

国家发改委于2017年11月3日公布了《企业境外投资管理办法》（简称"新办法"），公开征求公众意见。征询意见的截止日期为2017年12月3日。

1. 新办法的沿革

从2017年11月起，国家相关监管部门加大对企业境外投资真实性和合规性的审查力度，着力防范境外投资风险。但同时，市场也有舆论认为，这在一定程度上对企业境外投资的确定性造成了负面影响。

2017年8月，国务院办公厅转发国家发改委、商务部、人民银行、外交部《关于进一步引导和规范境外投资方向的指导意见》，将境外投资分为鼓励、限制、禁止类，要求实施分类指导，完善管理机制，提高服务水平，强化安全保障。在此背景下，国家发改委公布此新办法，拟以部门规章形式明确境外投资监管制度的整体思路和方向，从而为中国企业境外投资提供公开、透明、清晰的制度安排，促进境外投资健康有序发展。

新办法共六章六十六条，从多方面对国家发改委于2014年4月发布、2014年12

月修订的《境外投资项目核准和备案管理办法》（"9号令"）进行了重大修订。从"新办法"名称上的变化可以看出，国家发改委对境外投资的监管不限于事前的"核准"与"备案"，而是将进一步覆盖事中、事后的监管。

2."新办法"的重点和亮点

与2014年老办法9号令相比较，2017年新办法的重点和亮点如下：

第一，取消"小路条"制度。

老办法9号令第10条规定："中方投资额3亿美元及以上的境外收购或竞标项目，投资主体在对外开展实质性工作之前，应向国家发改委报送项目信息报告。"这就是备受市场关注的"小路条"制度。"小路条"制度设计的初衷是防范中国企业之间的恶性竞争，但在实操过程中，这一制度影响了中国企业的交易确定性和时间表，从而在境外竞标项目中处于不利地位且需要支付额外的中国时间成本。此次新办法取消了"小路条"制度。这既是简政放权的制度性改革，也是新办法的亮点之一。

第二，扩大适用范围，全面覆盖各类境外投资。

具体表现为如下12个方面：

（1）将境内企业通过其控制的境外企业开展的境外投资纳入监管范围。新办法第二条规定，境内企业通过其控制的境外企业开展的境外投资，无论境内企业是否提供融资或担保，均适用新办法。但同时，新办法明确，适用新办法的境外企业仅限于境内企业控制的境外企业；如果开展境外投资的境外企业不受境内企业控制，则不适用新办法。

（2）将境内自然人通过其控制的境外企业开展的境外投资纳入监管。新办法第63条规定，境内自然人通过其控制的境外企业或香港、澳门、台湾地区企业对境外开展投资的，参照本办法执行。境内自然人直接对境外开展投资不适用本办法。境内自然人自然对香港、澳门、台湾地区开展投资不适用本办法。

据此，境内自然人直接开展境外投资不适用新办法，但境内自然人通过其控制的境外企业进行境外投资的，则适用新办法。

（3）对外投资活动进行列举。这有助于判断投资主体的境外活动是否属于境外投资的范畴。新办法规定，投资活动主要包括但不限于下列情形：①获得境外土地所有权、使用权等权益；②获得境外自然资源勘探、开发特许权等权益；③获得境外基础设施所有权、经营管理权等权益；④获得境外企业或资产所有权、经营管理权等权益；⑤新建或改建境外固定资产；⑥新建境外企业或向既有境外企业增加投资，新设或参股境外股权投资基金，通过协议、信托等方式控制境外企业或资产。

（4）明确金融企业境外投资亦受监管。老办法9号令尽管并没有排除对金融企业的适用，但在实操中，市场一直对①金融企业境外投资金融企业、②金融企业境外投资非金融企业、③非金融企业境外投资金融企业这三种情形是否适用9号令存在疑问。

新办法第2条规定："本办法所称企业，包括各种类型的金融企业和非金融企业。"鉴于此，国家发改委明确了上述三种情形均适用新办法。

（5）重新定义敏感类项目。新办法所称"敏感类项目"，既包括涉及敏感国家和地区的项目，也包括涉及敏感行业的项目。

新办法对敏感国家和地区的定义进行了调整：将9号令中"受国际制裁的国家"调整为"根据中国缔结或参加的国际条约、协定等，需要限制企业对其投资的国家和地区"。此外，新增"其他敏感国家和地区"，其范围将根据国家宏观政策进行调整。

新办法也对敏感行业的定义进行了调整。根据新办法第13条的规定，"本办法所称敏感行业包括：①武器装备的研制生产维修；②跨境水资源开发利用；③新闻传媒；④根据中国宏观调控政策，需要限制企业境外投资的行业。敏感行业目录由国家发改委发布"。与9号令相比，敏感行业的变化，突出监管将着力于维护国家利益和国家安全，并将根据中国宏观政策进行调整。

（6）新办法规定了核准、备案机关的告知义务。根据其第15条的规定："投资主体可以向核准、备案机关咨询拟开展的项目是否属于核准、备案范围，核准、备案机关应当及时予以告知。"通过引入咨询程序，使投资主体获得事先咨询的渠道，从而提前明确具体境外投资项目的监管流程。

（7）核准备案从生效条件变更为实施条件。新办法第32条将核准或备案，从9号令的生效条件变更为项目实施条件。该条规定："属于核准、备案管理范围的项目，投资主体应当在项目实施前取得项目核准文件或备案通知书。"该条同时明确了"实施"的定义："前款所称项目实施前，是指投资主体或其控制的境外企业为项目投入资产、权益或提供融资、担保之前。"

（8）进一步提高程序和时限的便利性和确定性。①取消省级发改委转报程序。新办法规定，由国家发改委核准或备案的地方企业的境外投资项目，地方企业可以直接向国家发改委进行申请，简化了地方企业的申请程序，并使地方企业获得相关核准和备案的时间更可预计。②确定审核时限。新办法对核准和备案机关的受理环节、告知环节都进行了细化处理，流程更为明确便利，可预见性大幅提高，并对发改委部门的工作效率进行了进一步约束。

（9）明确变更申请的情形和程序。新办法第34条规定，需要进行变更申请的情形包括："①投资主体增加或减少，或投资主体在项目中的投资比例发生重大变化，或投资主体的实际控制人变更；②投资地点发生重大变化；③主要内容和规模发生重大变化；④中方投资额变化幅度超过原核准、备案金额的20%，或中方投资额变化1亿美元及以上；⑤需要对项目核准文件或备案通知书有关内容进行重大调整的其他情形。"

与此同时，新办法细化了需要进行变更的情形，并对变更程序的时限作了限制。

虽然"重大"仍有待解释，但整体而言，相较于9号令，新办法从变更申请的情形和时限上，都进行了进一步明确，有利于增强投资主体对相关情形的预见力，增强了制度的可操作性。

（10）延长核准文件、备案通知书有效期。9号令规定，建设类项目核准文件和备案通知书有效期二年，其他项目核准文件和备案通知书有效期一年。新办法将核准文件和备案通知书的有效期统一定为二年，有利于企业更从容地把握投资节奏。

（11）加强事中和事后监管。新办法第43条、第44条、第45条，分别新增了重大不利情况报告、项目完成情况报告、重大事项问询和报告等制度。

国家发改委的监管将不再限于事前监管，在事中和事后环节均增加了相应的报告和监管机制。值得强调的是，就新办法的具体规定而言，企业仅需告知有关信息，而非履行核准、备案程序。这样的监管给中国企业境外投资遇到的问题提供了一个报告和解决的途径，也进一步加强了对中国企业境外投资全流程的信息收集，为继续深化改革和优化管理提供了更好的信息支持。

（12）建立"黑名单"实施联合惩戒。新办法第49条规定了信用记录和联合惩戒制度，国家发改委"建立境外投资违法违规行为记录，公布并更新企业违反本办法规定的行为及相应的处罚措施，将有关信息纳入全国信用信息共享平台、国家企业信用信息公示系统、'信用中国'网站等进行公示，会同有关部门和单位实施联合惩戒"。

信用记录、网络公示及联合惩戒的结合，将加强对违反境外投资违法违规行为的威慑和惩处。

新办法还提出建立在线平台和加强境外投资指导和服务，并在诸多细节方面对现行制度进行了完善。

综上所述，新办法对境外投资管理制度的优化，表明了监管部门"简政放权、放管结合、优化服务"的改革方向，也提高了境外投资监管制度的透明度和确定性。期待新办法正式出台。

第四节　海外企业的微观管理

海外企业的经营目标，是在不损害国内利益的前提下，根据所在国家或地区的法律规定，按照国际惯例进行生产和经营管理，实行自主经营，独立核算，自负盈亏，为国内提供需要的资源、技术并力争多创外汇。由于海外企业面临的经营环境较国内复杂得多，其经营管理与国内企业有很大的差别。

一 计划管理

（一）计划管理的内涵

计划管理，是海外企业管理的基本职能和首要职能，主要包括：确定目标以及为实现目标而制定行动方案。概括地说，计划就是对市场需求和社会需要进行预测，并据此确定经营目标和方针政策，设计、选择经营方案的过程，其目的是为了充分利用资源，实现海外企业的经营目标。

（二）计划的步骤

海外企业计划工作可以分为如下六个步骤：

（1）对海外企业的经营活动和使命加以明确的界定。

（2）规定海外企业目标。海外企业的目标应是一个完整的目标体系，它涉及利润、竞争实力、生产、财务、市场营销、社会责任、与东道国及合作伙伴关系、环境保护等各方面内容。

（3）论证目标。

（4）分析企业的外部环境和内部资源，对企业目标进行修订。

（5）制订战略计划。管理者以海外企业目标、外部和内部环境的分析为基础，制定企业战略，以最大限度地发挥企业优势，实现企业目标。

（6）制订战术计划。即制定战略计划的具体实施方案。

（三）计划管理应注意的问题

海外合营或独资企业在进行计划管理时，要在不影响我国国内利益的基础上，发挥自主权，制定切实可行的目标和战略、战术计划。对于独资企业或我方占有多数股权的合资经营企业，要遵循国内投资主体的总体战略和统筹规划，制订企业目标和计划；对于合作经营企业或我方占有少数股权的合资经营企业，也要依据合同规定，积极参与企业的计划工作，尽量维护中方利益，并保证海外企业的长期顺利发展。

二 组织管理

（一）组织管理的内涵

所谓组织管理，是指对从事各项活动的人们的协作体系或系统的管理。组织作为一种重要的管理职能，就是按计划要求和权责关系原则，将企业人员编排组合成一个分工协作的工作系统或管理机构体系，以实现人员、工作、物质条件和外部环境的优化组合，圆满达到企业的既定目标。

（二）组织管理的原则

建立和完善合理的组织，必须遵循以下原则：

1. 目标一致性原则

组织管理是一个追求目标的有机体，组织的目标能否顺利实现，是评价其组织结构是否合理的最终尺度。因此，组织内部各要素及其关系的配置，都要以有利于组织总体目标的顺利实现为客观依据。

2. 有效性原则

有效性原则是指组织结构和每项组织活动，都能够有效地实现企业的目标。为此，一方面要求组织结构能及时调整，以适应外部环境的变化及企业战略和目标的变化，并能在变化中有效地完成任务，实现目标；另一方面要求组织结构内部各层次、各单位都能有效地执行其职能，即组织结构内的每个人的活动都是有效的。

3. 责权相对称的原则

职责和权力既涉及组织的权力结构，又关系到组织的角色结构。合理的组织结构必须使组织中的每一个职能结构及其每个工作岗位，既要明确其职责范围和期望行为，又要赋予其完成该职责和实现该期望行为的权力，使责权对称，协调统一。

4. 纵向管理和横向管理相协调的原则

纵向管理就是进行合理分工，建立合理的垂直组织结构，划清职责范围。横向管理则是在分工的基础上，加强协作，相互配合。只有二者相协调，形成一个有机整体，才能实现组织的目标。

（三）海外企业的组织机构

海外企业组织机构的形式，与企业规模的大小、生产技术特点、市场需求变化等因素相适应。合资经营企业实行董事会领导下的总经理负责制。董事会作为企业的最高权力机构，凡是企业决策性、全局性、长期性和战略性的重大问题，都属于董事会职责范围。董事会人数的多少，应根据企业的规模、投资方的多寡和企业的业务量来决定。由于表决制的需要，董事人数大多是奇数。合营一方担任董事长，则由他方担任副董事长。总经理是企业经营管理的最高执行者，处于企业日常管理的中心位置。总经理可由一方委任或双方轮流担任或聘请非合资方的人员担任。合营一方担任总经理，则由他方任第一副总经理。由于正副董事长和正副总经理分别由中外各方担任，各自代表不同的利益，在企业经营管理中会产生分歧，这就要求合作各方从企业的整体利益出发，不能偏袒某一股东方的利益。合作经营企业通常没有统一的组织管理机构，管理方式也较灵活。合作双方可以成立联合管理委员会，各自委派代表，定期讨论管理问题；也可以成立对等代表机构，履行项目合同中的权利和义务；还可以由合作经营企业委托其中的一方或第三方进行管理。

规模较大的海外合资企业，可以采取如图 15-1 所示的组织机构形式。

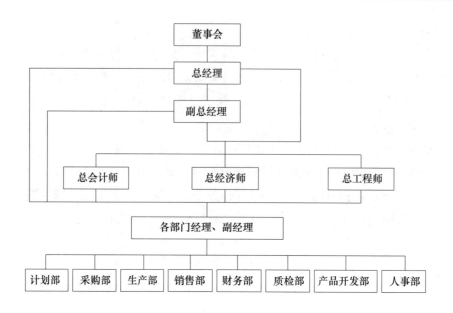

图 15 - 1 海外合资经营企业组织机构示意图（规模大）

规模较小的海外合资企业可采取如图 15 - 2 所示的形式。

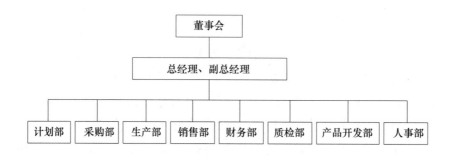

图 15 - 2 海外合资经营企业组织机构示意图（规模小）

在发达国家和地区设立的海外企业，其采购部门一般不很发达，因为它们所面临的原料市场是买方市场，企业需要的原材料可以很方便地由卖方推销部门提供；而设立在不发达国家和地区的海外企业，则需设有庞大的采购部门。海外企业一般较重视营销部门，因为作为生产经营型企业，其经营方针是以销定产，企业经营状况的好坏，取决于其销售收入和成本。企业的其他职能部门，要根据销售部门接受的订单相应安排自己的作业计划。海外企业实行自主经营、独立核算、自负盈亏，所以较重视财务部门。

三　生产管理

（一）　生产管理的内涵和任务

1. 生产管理的内涵

生产管理是企业对生产活动进行的计划、组织和控制。它是企业管理的重要组成部分，有狭义和广义之分。

（1）狭义的生产管理，是指以生产过程为对象的管理，即对生产技术、设备、原材料投入、工艺加工直至产品或劳务完工的具体活动过程所进行的管理，主要包括：生产过程组织、生产技术准备工作、生产作业计划的编制和生产控制等。

（2）广义的生产管理，是指对企业的全部生产活动进行综合性、系统性的管理。其内容包括：生产过程组织，劳动组织和劳动定额管理，生产技术准备，生产计划和生产作业计划的编制，生产控制，物资管理，设备和工具管理，能源管理，安全生产，环境保护，质量管理等，它是以企业的生产系统为对象的管理。企业的生产系统包括输入、转换（生产制造）、输出和反馈四个环节。生产系统的输入，是指把生产诸要素和信息投入生产过程，这是生产系统运行的第一个环节。生产系统的转换，是指生产制造过程。生产系统的输出，是指转换的必然结果，包括产品和信息两方面内容。生产系统的反馈，是指将输出的信息如产量、质量、进度、消耗、成本等回送到输入端或生产制造过程，以发现问题、采取措施。

2. 生产管理的任务

生产管理的任务是：按照规定的产品品种、质量、产品计划成本和产品交货期限完成生产任务，满足企业之外的市场需要，并提高企业的生产效率。

（二）　生产系统的设计和运行

一个生产系统本质上就是以创造价值为目的的一系列相互联系的职能活动。设计一个生产系统必须考虑以下四个方面的问题：

1. 工厂选址

工厂选址影响生产成本和分销成本，二者是此消彼长、互相矛盾的，所以要使二者之和最小。通常选择交通便利、资源丰富、人员稠密的地区，还要根据市场的需求、竞争对手厂址的影响、员工的爱好和当地政府规定的优惠条件等加以修订。

2. 工厂布置

设计人员要力求使建筑面积发挥最大效用，同时还要为每个部门的发展留有余地。

3. 原材料处置

对原材料处置进行周密计划会大大节约生产成本。可采取的措施有尽量缩短运输距离、避免空载或实现双向运输、尽量缩短机器间距离等。

4. 与人相关的因素

如工作环境的墙壁颜色，标志、标语所用的文字以及是否有专门的餐厅等等。

生产系统投入运行后，管理人员的活动包括两类：生产性活动和支持性活动。生产性活动的职责就是安排好生产力、原材料和机器设备，按质按量按预算费用生产产品，及时发现阻碍正常生产的问题并加以改进。每个生产系统又都需要保证其生产正常运转的支持性活动，其中包括质量控制、存货控制、采购和维修等。

（三）生产的标准化和专业化

中国一些实力雄厚的公司或企业在设立海外企业时，一般根据生产专业化分工安排国外投资，以充分利用各地资源，达到成本最小。同时，为了加强管理，增强竞争能力，一些大公司都愿意在全世界范围内把生产过程和生产程序加以标准化，这样可以简化人员、降低成本，便于质量控制和生产维修，且有利于计划工作。这些大公司的海外企业在设计生产系统时，应考虑国内投资主体的生产专业化策略和生产标准化策略，当然，也要兼顾企业的总体利益和合作伙伴及东道国的利益。

四　市场营销管理

海外企业的市场营销活动是整个经济活动的核心。所谓市场营销，是指企业一切与市场有关的活动，包括产品、价格、销售渠道和促销四个因素的组合。海外企业面临的市场复杂多样，实行适当的市场营销策略是加强其经营管理的重要方面。

（一）海外企业产品的销售方向

海外企业产品的销售方向，一般包括四个方面：

（1）在东道国销售；

（2）在国内总公司统一调拨下销往其他海外企业；

（3）销往其他国外市场；

（4）返销本国。

海外企业的市场可能是以上的一种或者几种，其各自所占比例取决于双方的投资目的、力量对比以及协商的结果。

（二）双方投资目的及对营销活动的控制

中方开办海外合营企业，除了资源开发性项目，主要为开拓当地市场和国际市场，换取外汇。而东道国吸引外资建立合资企业是为了充分利用本国资源，引进技术和资金，出口创汇，并打入国际市场。双方的目的有共同之处，但也有很大差别。所以制定海外企业的市场营销策略时，要正确处理合作各方利益的关系，力求使各方利益统一起来，保证海外企业的长久顺利发展。对营销活动的控制，是指海外合营企业中哪一方控制物资采购权和产品销售权。一般分为四种情况：

（1）外方单独控制供销两头。这类企业生产项目的引进、原辅材料的供应和产品的销售渠道均被外方垄断，整个企业基本上是外方控制。

（2）供、销分别由中外双方控制。这是根据中方和外方各自的优势，分别掌握营销权利。

（3）中外双方均部分控制供、销权利。即中外双方在物资采购和产品销售上，都部分具有控制能力。

（4）中方全部控制供销权利，这种情况对我方最为有利。

对营销活动的控制情况取决于双方在资金、技术、销售渠道等方面的力量对比情况。我们要在平等互利的基础上，争取较多的营销控制权，以获取较多利益。

（三）海外企业的市场营销组合策略

海外企业通常采取市场营销组合策略。市场营销组合策略是指各种市场营销手段和方法的有机配合，综合应用，有效地引导消费者的欲望，影响消费者行为，以最少的费用获得最大的销售效果。它包括产品策略、价格策略、销售渠道策略和促销策略。海外企业应根据不同的销售方向，在对各个市场进行调查分析的基础上，制定切实可行的营销组合策略。

1. 产品策略

产品策略是市场营销组合策略的核心内容。主要包括产品生命周期策略、产品组合策略和产品开发策略等。

（1）产品生命周期策略

产品生命周期，是指产品在完成试制后，从投放市场开始到被淘汰、停止生产为止的全部时间，一般包括四个时期：投入期、成长期、成熟期与衰退期。海外企业在生产与经营中，要调查了解产品在不同国家和地区所处的生命周期的不同阶段，抓准时机打入不同的市场，及时淘汰老产品、推出新产品，利用产品在各个市场所处的不同阶段，将在甲市场处于下降阶段的产品转向尚处于上升阶段的乙市场，以延长产品的生命周期。

（2）产品组合策略

国际市场上，由于政治、经济、文化等方面的差异，消费者相同的需要未必能用相同的产品来满足。为适应需求的多样化，海外企业应选择多品种生产。产品组合策略就是企业如何确定不同产品之间的合理结构即组合问题。具有相同功能但型号规格不同的一组类似产品称为产品系列。产品组合，包括：产品系列的宽度、同系列产品的深度以及各种产品之间的关联性。产品系列的宽度，是指企业产品系列的个数；同系列产品的深度，是指同一系列内的产品品种数；各个产品系列之间的关联程度即为产品间的关联性。海外企业应根据市场需求情况和自身的条件，选择适当的产品组合，以获取较大利润。

（3）产品开发策略

国际市场上竞争激烈，不断推出新产品是海外企业生存的必由途径。开发新产品具有以下作用：一是满足消费者的多样化需求；二是避免因现有产品衰退而导致经济效益降低；三是充分利用海外企业现有的人力、物力、财力；四是增强在国际市场上的竞争实力。海外企业开发新产品，首先要研究国际市场的需求，进行产品设想和构思，然后经过筛选和成本、利润的分析即开始研制开发，经过市场测试和试销后正式上市。海外企业制定产品开发策略时，要注意以下问题：

①树立产品的整体观念，即消费者购买的商品不仅仅是个实物产品，而是一个整体产品，除了产品实体外，还包括质量、品牌、款式、特色、附件、售后服务及使用说明等。

②提高产品质量，以优质取胜。

③大力发展名牌拳头产品。

④遵循国内投资主体的研究开发策略，服从整体规划。

2. 定价策略

价格的高低不仅关系到产品销售收入的多少，也影响需求量的变化。海外企业制定定价策略时，要确定定价目标，分析影响定价的有关因素，包括市场供求状况、国别政策、成本条件、金融市场动态、运费、保险费以及竞争因素等，采取不同的定价方法，制定灵活的定价策略。海外企业的定价目标有：获得一定的投资报酬率，保持价格稳定，保持或增加市场占有率，应付或避免竞争以及获得最高利润等。在定价政策方面，有三种不同的方法：

（1）竞争导向定价

一般适用于大宗商品市场的定价，如小麦、咖啡的定价问题。这些商品的价格是大量买主和卖主通过多次交易达成的，公司实际上没有定价政策，仅是价格的接受者。

（2）成本导向定价

定价时，将单位总成本加上一定比例的利润作为价格，需求因素对价格的影响不大。

（3）需求导向定价

需求导向定价要求对需求的大小进行估计，需求大时定高价，需求小时定低价，不管成本是否相同。海外企业在制定价格策略时，在遵守当地法律法规的基础上，可采取一些符合国际惯例的或国际通用的技术性措施，减少纳税，提高企业经济效益。例如，转移定价，减少所得税和关税，逃避外汇管制和击败竞争对手。但要注意各国对转移价格的管制，例如美国在1954年的国内税收法的第482节和财政部1968年颁布的国际定价管理办法中，对公司内部的转移价格实行了管制。

3. 分销策略

分销策略就是选择一定的销售渠道来分配和销售产品。不同产品在不同市场上，从生产者到消费者，可以通过不同类型和不同数量的中间环节或销售渠道。渠道的长短取决于产品的性质、种类，各市场的销售习惯以及购买者的需求状况。海外企业销售渠道的选择还受合营各方对营销活动的控制程度的影响，一般可以由中方或外方负责经销，也可由海外企业自身或外国经销商销售。制定合理的分销策略，要考虑如下因素的影响：

（1）产品的种类和特性

对于有保鲜要求和装运、储存有特殊要求的商品，时令性商品以及技术性强的工业品，宜选择短渠道。而对于标准化的商品和大宗的商品，渠道则不可能太短。

（2）目标市场的条件

它包括各地惯用的渠道结构、市场的销售习惯、销售量和潜在销售量及当地的法律或行政规定等。例如，凡顾客数量多、购买频率高的市场，在选择渠道体制时要考虑到商品销售面铺得广，便利顾客购买，因而需要较长的渠道；凡顾客数量少、地理上较集中、购买数量大的市场，应采用较短的渠道。海外企业选择销售渠道时要尊重当地的习惯，运用当地现有的或传统的渠道模式，并考虑到各国各地区对销售渠道的特殊法令或行政规定。

（3）海外企业自身的条件

它包括企业的规模、经营成本、企业经营目标和营销人员素质等因素。如果企业在策略上需要控制销售渠道和市场，就要加强销售力量、选择较短的渠道，当然，这也取决于企业的声誉、财力和经营管理能力等。采用间接渠道不需要在销售渠道上多投资，如果采用直接渠道则需一定的投资和费用。各种可供选择的渠道对业务人员的要求有很大不同。如果缺乏合格的人才，在选择销售渠道时要受到一定的限制。

4. 促销策略

促销是通过传递商品或劳务的信息，帮助顾客认识商品或劳务的存在、性能和特征，引起顾客的注意，提高顾客的兴趣，激发顾客的购买欲望，促进商品的销售和劳务的转移。促销方式很多，有广告、人员销售、展销、赠送礼品、分期付款和售后服务等等。海外企业的促销不仅要考虑商品的性质、所处的市场条件，以及主观上希望通过促销达到的目的要求，而且要意识到客观上受不同市场上的社会、文化、风俗习惯、法律乃至伦理道德规范等方面因素的制约和影响，因而要采取适应于具体市场的不同促销方式和内容。切不可不经市场调查，就在不同的国家推行自以为有效的促销手段。

五 财务管理

（一）财务管理的定义和任务

财务管理是企业提高其获利能力的关键因素之一，它是利用价值形式对企业生产资料的取得和占用、物力和人力的消耗、生产经营成果的实现和分配进行管理，即利用价值形式，通过资金运动，对企业的生产经营活动进行综合性管理。财务管理包括：资金筹措、资金结构和资金调度、设备投资、目标利润和目标成本、财务计划、预算结算和财务收支平衡、利润分配等方面。海外企业财务管理的主要任务是：

（1）组织资金供应，落实资金来源及筹措方式，保证生产经营的需要，减少融资成本。

（2）制订和执行财务计划，这是企业计划管理原则的要求，是组织企业财务活动的需要。

（3）搞好成本费用管理，降低产品成本。

（4）严格计算销售收入和利润，维护各方利益。

（二）海外企业的融资策略

1. 融资目标

海外企业融资活动的宏观目标是促进企业的长期发展。其微观目标有两个：一是有效融资成本最低化，即要使企业为一项融资活动所最终付出的全部代价最小；二是通过积极有效的风险管理，将各种风险控制在可接受的水平，就是要尽量避免并积极利用各种风险，从而使各种风险所带来的不利影响不超过所期望的程度。

2. 融资原则

海外企业的融资活动应掌握如下原则：

（1）资金来源的多样化和分散化。这是企业降低有效融资成本和保证资金可得性的前提。实行多样化原则可减少企业对特定金融市场的依赖，扩大资金的来源途径，增加各种信息渠道，并提高企业在金融界的知名度。

（2）企业当前的融资活动不应减少企业未来的融资可选择范围，即企业对未来的融资选择应具有尽可能充分的灵活性。灵活性原则要求企业对自身的融资活动进行长远整体规划。

（3）注意融资时机的选择和不同期债务的比例结构，通过优化选择，降低有效融资成本。

（4）资金需要量以满足企业投资项目的最低限度为准。

3. 海外企业的资金来源

海外企业有如下的资金来源：

（1）中外双方总公司向海外企业提供的资金。其形式有：①从双方总公司获得贷款，贷款可以是货币形态，也可以采用实物形态；②由总公司购买海外企业的有价证券，以保证其所有权和控制权。

（2）来自东道国的资金。包括从东道国的银行或金融机构取得贷款以及在东道国资本市场上发行债券和股票等。

（3）来自中方的资金。包括从中方银行和金融机构取得贷款以及在中国资本市场上发行债券和股票等。由于我们举办海外企业的目的之一是更好地利用外资，所以，这部分资金来源不应占较大比重。

（4）国际资金来源，包括：

①向第三国银行借款或在第三国资本市场发行股票和债券。向第三国银行借款往往仅限于海外企业向第三国购买商品时获取出口信贷；向第三国资本市场融资要采取出售外国债券的方法，但这种方法需承担外汇风险。

②从国际资本市场借款。主要是发行多种形式的债券。

③从国际金融机构获取贷款。尤其对于在发展中国家设立的海外企业，国际金融公司贷款是另一个重要的资金来源。国际金融公司的宗旨，是向会员国尤其是经济落后国家或地区重点建设项目投资的私人公司，提供无须政府担保的贷款和投资，以促进国际和私人资本流向发展中国家。

（三）海外企业营运资本的管理

1. 营运资本的概念

营运资本是流动资金减去流动负债的差额。流动资金是指在一个生产周期中发生作用，价值一次性全部转移，并在产品销售后一次性全部得到补偿的资金。就其要素内容而言，是垫支于生产过程的劳动对象、劳动工资和其他费用的价值量；就其资金形态而言，是处于生产过程中不同周转阶段的现金、银行存款、材料、自制半成品和成品等。流动负债包括应付票据、应付账款、应付费用、预收顾客货款和应付未付股息等。影响营运资本量的因素有：资本的增加量，负债的增加量，长期资产的出售，净利润的增加量和非现金费用的增加量。对营运资本的管理就是使其保持适当的额度，既保证海外企业的安全性和流动性，又要保持其获利性和效率。

2. 海外企业的现金管理

对现金的管理是营运资本管理的一个重要方面。这里的现金，不仅包括通常意义上的现金，还包括活期银行存款、定期存单及可兑换的市场证券。海外企业现金持有量的大小，除了取决于企业经营规模、经营状况及经营成果外，还取决于企业对利率风险及外汇风险的态度、企业和银行的信贷关系及融资能力等。海外企业现金持有量过少，会影响企业经营中的清偿力；持有量过多，会减少利息收入，增加融资成本，所以要确定最佳的现金持有量。企业持有现金有三个动机：一是交易动机，即持有现金应付日常支付的需要；二是谨慎动机，即持有现金以防止预算中的现金流动发生偏差；三是投机动机，即持有现金以便及时抓住有利可图的盈利机会。根据米勒—欧的现金控制公式，企业现金的最佳持有量（下限）为：

$$Z = 3\sqrt{\frac{3B\lambda^2}{4I}}$$

其中，I 表示市场利率，B 表示每次变换生息资产（如债券、商业票据等）的成本，λ 表示根据统计计算出的每天现金流量的差异数。最佳现金持有量的上限为下限 Z 的三倍。

（四）海外企业财务管理应注意的问题

1. 汇率的损益

海外企业在筹资、还款、采购和销售时，都会涉及外汇问题。为避免外汇风险，应尽量做到以下几点：

（1）加强对国际金融市场的调查研究，及时了解汇率变化动向。

（2）遇重大问题时向有关咨询公司咨询。

（3）正确选择交易货币。例如在出口贸易中尽量使用硬货币，而在进口贸易和借外债时，尽量使用软货币。

2. 重视利用海外金融市场和商业惯例筹集资金

要加强对市场经济运作的理解和应用能力，特别注意利用银行和金融机构，学会用钱和还钱的本领。例如采用投资款做抵押款，在当地使用和倒换不同期限的货币、借新债还旧债等方法，努力改善海外企业的资金使用情况。

3. 可采取符合国际惯例的一些技术性措施，以减少纳税，提高企业的经济效益

例如，在一些国家的我方合资企业，经营资本逐步扩大后，最好再注册一个新公司，将部分资本转入新公司或进行再投资，可暂享减免税收的优惠政策。海外企业的一部分收入可以支付货款等形式记入新公司账户，以避免因累进税所造成的实际收入的减少。还可以利用贸易方式，将部分收入汇回国内总公司，或者转移到税率较低的国家。当然，所有这些措施都要以遵守东道国法律和国际惯例为前提。

六 人事管理

（一）人事管理的定义和内容

人事管理，是指企业有关劳动和人事方面的领导、计划、组织、控制、协调等一系列管理工作的总称，包括劳动力管理、劳动报酬和劳动福利管理、劳动保护管理、劳动计划和统计管理等。要提高海外企业的经营效益，关键之一是要依靠员工，发展员工的才能，调动他们的积极性。这就要求管理者把各种力量有效地组织起来，以保证海外经营中各项工作的顺利展开。人事管理的内容包括三方面：一是提高员工技术素质和工作能力；二是解决员工工作态度和调动员工积极性；三是合理有效地利用员工的能力。海外企业的员工可能来自不同的国家，他们的文化背景、风俗习惯等各不相同。这就增加了人事管理的难度。

（二）人事管理的原则

海外企业的人事管理应遵循以下原则：

1. 德才兼备、任人唯贤的原则

要任命合格的人员做管理工作，在坚持对海外企业控制权的基础上，也可以聘用一些有能力的外籍人员作为管理人员。

2. 人事合理配备的原则

要做好职务分析，撇开当前各职务占有人的个性和特点，根据企业的目标和功能而制定一套能力要求和标准。它向每一位员工规定了组织层次中各级职务应具备的要求。

3. 激励开发原则

针对不同背景的员工，要采取不同的激励手段，调动他们的积极性。

（三）人事管理应注意的问题

在海外企业的人事管理中，要注意以下几点：

1. 遵循人事管理的国际惯例

要使海外企业的人事管理既适合东道国的国情又兼顾我国传统的人事管理方法，要按国际惯例行事。人事管理的国际惯例，就是世界各国（地区）普遍采用的企业人事管理的方法，这些方法逐步成为习惯而被沿用下来。具体内容包括：企业体制、雇用与解雇、工作时间与假期、工资与福利、奖励与处罚、工会及纠纷仲裁等。

2. 用新的观念和方法处理劳资关系

中国在海外投资设厂，是为了国内投资需要和创汇需要，中方为资方，企业的工人是劳方，中方应处处从资方利益来考虑、处理问题。因此，不能把国内的一些办法搬到国外。例如，工会问题，明明当地国法律允许小型企业不设立工会，我们却照搬国内的惯例设立了工会，结果给自己造成了一个制约因素，在对工人以及工资管理方面，增加了困难。又如医疗保险、人寿保险、养老金等工人福利问题，都按最好的标准选择，结果过分增加了劳务成本，影响了企业的效益。

3. 采取灵活性原则

对待不同国家的员工分别采取不同的管理方法。

4. 做好协调工作

要协调合作各方管理人员的关系，既要坚持原则，又要善于和外方合作共事。在思想上，正确看待外方合作者，相互依赖、真诚相处；在工作上，充分尊重外方人员职权，支持其放手工作；在处理矛盾时，坚持以合同、章程为依据，维护自身利益。

（四）海外工作人员的选派

海外企业在人地生疏、竞争激烈的国际环境中生产和经营，直接受到国际政治、经济变化的影响。这就要求中方的外派人员具备较高的政治素质和业务素质，以及健康的体魄和较好的外事工作知识，否则就会力不从心，难以胜任。

海外经营管理人员，一般应具备以下素质：

1. 一般性要求

主要指一般性的礼仪、语言修养，身体素质等方面的要求，包括以下具体内容：

（1）国际知识。不仅要对国际政治和世界经济有所研究，还要对外国文化、历史、生活习惯等有所了解。

（2）语言能力。原则上应精通东道国语言，至少英语要十分熟练。否则，在工作中不仅会因聘请翻译而增加企业支出，而且在时间和效率方面也不符合节约的原则。

（3）身体素质。海外企业工作十分辛苦，海外生活习惯与国内有一定差别，只有具有优良的体质，才能保质保量完成海外繁重的任务。

（4）良好的修养和广博的知识。海外经营人员作为中方公司或企业的代表，必须有良好的修养和广博的知识，在与外方打交道时才能博得好感，且容易与当地人有较深的往来。

（5）适应性。要尽快习惯当地的生活并熟悉周围的环境，以便高效率地从事海外企业的经营管理工作。

2. 业务知识要求

主要包括：

（1）有关海外经营的基本知识，包括贸易、金融、保险、市场营销等内容。

（2）对本企业产品、技术等方面的了解。

（3）决策能力。

海外企业的驻外人员中，国内企业主管部门只任命总经理，其他人员由国内推荐，总经理有权解聘不称职雇员。为保证工作的连续性，中方常驻人员一般工作期以四年为宜，不宜少于两年。

七　海外企业争议的解决

海外企业的争议，主要指海外合营企业的合营各方因彼此间责任和权利问题引起的争议，及由此而导致索赔、理赔、仲裁以及诉讼等情况的发生。国际上解决合营企业的争议，通常采用下列方法和程序：

（一）协商

在平等互利的原则下，合营各方互相作出一定的让步，达成和解，使问题得到解决，从而消除争议。这是最好的解决办法。

（二）调解

如果合营各方通过协商无法解决，较为有效的办法即是进行调解。通常的调解做法是组成一个调解小组或调解委员会，成员应是双方推举的经济贸易或法律方面的专家。调解小组或委员会的任务是寻求友好解决争议的方案。调解组织听取双方代表的"证词"后，在一定的期限内（一般不超过3个月）作出裁定。裁定必须由调解组织全体一致同意，以使其具有约束力。

（三）仲裁

经一定时间的协商和调解，争议仍不能解决，可以提交仲裁。仲裁是国际上解决争议较为普遍采用的方法。仲裁是按仲裁程序进行，对双方争议作出裁决。裁决是终局的，对双方都有约束力。

（四）诉讼

当争议涉及重大问题且产生了极为严重的后果，合同中又没有签订仲裁条款时，双方当事人的任何一方都可以向有管辖权的法院起诉，申请判决。解决由合营企业合同而产生的一切争议所用的适宜法律可以有以下几种：所在国（东道国）的法律，中国的法律，为双方接受的第三国的法律，国际法的某些规定。

附录一：外商直接投资统计表

（一）中国历年吸收外商直接投资情况　　　　（单位：亿美元、个）

年份	实际利用外资金额	项目数
2012	1132.94	23925
2013	1187.21	22773
2014	1197.05	23778
2015	1262.67	26575
2016	1260.01	27900
2017	1310.35	35652
2018	1349.66	60533
2019	1381.35	40888

数据来源：《2020 年中国统计年鉴》

（二）外商直接投资形式分类发展情况　　　　（单位：亿美元、个）

年份	中外合资企业		中外合作企业		外资企业		合作开发		外商投资股份制	
	项目数	实际利用外资金额	项目数	实际利用外资金额	项目数	实际利用外资金额	项目数	实际利用外资金额	项目数	实际利用外资金额
2012	4355	217.06	166	23.08	23080	861.32	—	—	52	15.70
2013	4476	237.72	142	19.44	19440	895.89	—	—	30	22.81
2014	4824	210.02	104	16.33	16330	947.37	—	—	41	21.89
2015	5989	258.85	110	18.45	18450	952.85	—	—	78	32.51
2016	6662	302.04	126	8.3	21024	861.26	—	—	86	88.42
2017	8364	297.41	124	8.05	27007	913.44	2	11.80	125	64.75

续表

年份	中外合资企业		中外合作企业		外资企业		合作开发		外商投资股份制	
	项目数	实际利用外资金额	项目数	实际利用外资金额	项目数	实际利用外资金额	项目数	实际利用外资金额	项目数	实际利用外资金额
2018	10170	311.93	107	7.72	50106	893.97	1	11.93	129	82.99
2019	10077	317.79	70	3.34	30533	936.10	1	16.90	117	80.84

数据来源：《2020 年中国统计年鉴》、中国投资指南网 http：//www. fdi. gov. cn/CorpSvc/Temp/T3/Product. aspx？idInfo = 10000499&idCorp = 1800000121&iproject = 33&record = 7448

（三）外商投资企业在中国的地域分布　　　　　　　　（单位：亿美元）

年份	实际利用外资金额		
	东部	中部	西部
2011	966.04	78.36	115.71
2012	925.10	92.90	99.20
2013	968.55	101.02	106.10
2014	979.20	108.60	107.80
2015	1066.35	105.02	100.47
2016	1092.86	70.97	96.19
2017	1145.9	83.1	81.3
2018	1153.7	98.0	97.9

数据来源：《2020 年中国统计年鉴》

（四）外商在华直接投资前 5 位省、自治区、直辖市分布

年份	第一	第二	第三	第四	第五
2011	江苏	广东	上海	浙江	山东
2012	江苏	广东	上海	浙江	山东
2013	江苏	广东	上海	浙江	北京
2014	江苏	广东	上海	浙江	北京
2015	江苏	上海	广东	北京	浙江
2016	江苏	广东	上海	北京	浙江

年份	第一	第二	第三	第四	第五
2017	广东	江苏	上海	北京	浙江
2018	广东	江苏	上海	北京	浙江
2019	广东	江苏	上海	北京	山东

数据来源：《2020 年中国统计年鉴》

（五）2019 年对华投资前 10 位的国家/地区情况　（单位：亿美元、%）

国家地区	实际使用外资金额	比重
中国香港	960. 1	71. 15
新加坡	53. 4	3. 96
中国台湾省	50. 3	3. 73
韩国	46. 7	3. 46
英国	38. 9	2. 88
日本	38. 1	2. 82
德国	36. 8	2. 73
美国	34. 5	2. 56
荷兰	12. 9	0. 96
中国澳门	12. 9	0. 96

数据来源：中国投资指南网 http：//www. fdi. gov. cn/CorpSvc/Temp/T3/Product. aspx？ idInfo = 10000499&idCorp = 1800000121&iproject = 33&record = 7447、

（六）2019 年外商直接投资行业结构　（单位：亿美元、个、%）

行业	项目数	比重	合同外资金额	比重
总计	40888	100. 00	13813462	100
农、林、牧、渔业	495	1. 21	56183	0. 41
采矿业	31	0. 08	219044	1. 59
制造业	5396	13. 20	3537022	25. 61
电力、燃气及水的生产和供应业	295	0. 72	352398	2. 55
建筑业	557	1. 36	121551	0. 88
交通运输、仓储和邮政业	591	1. 45	453316	3. 28

续表

行业	项目数	比重	合同外资金额	比重
信息传输、计算机服务和软件业	4295	10.50	1468232	10.63
批发和零售业	13837	33.84	904982	6.55
住宿和餐饮业	835	2.04	97180	0.70
金融业	865	2.12	713206	5.16
房地产业	1050	2.57	2347188	16.99
租赁和商务服务业	5777	14.13	2207283	15.98
科学研究、技术服务和地质勘查业	5183	12.68	1116831	8.09
水利、环境和公共设施管理业	143	0.35	52242	0.38
居民服务和其他服务业	361	0.88	54218	0.39
教育	258	0.63	22248	0.16
卫生、社会保障和社会福利业	111	0.27	27186	0.20
文化、体育和娱乐业	804	1.97	62986	0.46
其他外商投资	4	0.01	166	0.00

数据来源：《2020年中国统计年鉴》、中华人民共和国商务部网站 http：//www.mofcom.gov.cn/article/tongjizil-iao/v/201702/20170202509836.shtml

（七）外商投资企业自营进出口情况（货物）　　（单位：亿元、%）

年份	外商投资企业出口额	全国出口额	占全国出口额的比重	外商投资企业进出口额	全国进出口额	占全国进出口额的比重
2012	10226.20	20487.14	49.92	18941.2	38671.24	48.98007
2013	10437.24	22090.04	47.25	19183.15	41589.94	46.1245
2014	10746.20	23422.93	45.88	19835.58	43015.28	46.11287
2015	10046.14	22734.68	44.19	18334.8	39530.33	46.3816
2016	20974.44	49168	43.71	36849.25	36849.25	45.78
2017	66192.86	153309.4	43.18	124493.88	298799.2	41.66
2018	68395.78	164127.8	41.67	129884.37	305008.1	42.58
2019	66596.24	172373.6	38.63	125722.84	315627.3	39.83

数据来源：《2020年中国统计年鉴》、中华人民共和国商务部网站 http：//www.mofcom.gov.cn/article/tongjizil-iao/v/201702/20170202509836.shtml

中国投资指南网　http：//www.fdi.gov.cn/CorpSvc/Temp/T3/Product.aspx？idInfo＝10000499&idCorp＝1800000121&iproject＝33&record＝7449

（八）涉外税收占全国工商税收的比重　（单位：亿元人民币、%）

年份	涉外税收金额	全国工商税收金额（亿元人民币）	涉外税收所占比重
2011	19638.1	87179.3	22.53
2012	21768.8	97830.4	22.25
2013	22574.9	107900.1	20.92
2014	24920.6	116331.9	21.42
2015	24817.2	124892.0	19.87
2016	25659.2	140504.0	18.26
2017	29185.1	155739.3	18.74
2018	30397.5	169958.8	17.89

数据来源：《2020年中国统计年鉴》、《2019中国外资统计》

（九）全国工业增加值及规模以上外商投资企业工业增加值增幅表

（单位：亿元、%）

年份	全国工业增加值	增幅	规模以上外商投资企业工业增加值增幅
1992	10116	20.8	48.8
1993	14140	21.1	46.2
1994	18359	18.0	28.0
1995	24718	14.0	19.0
1996	28580	12.7	13.1
1997	31752	11.1	13.4
1998	33541	8.9	12.7
1999	35357	8.5	12.9
2000	39570	9.9	14.6
2001	42607	8.9	11.9
2002	45935	10.2	13.3
2003	53612	12.6	20.0
2004	62815	11.5	18.8
2005	76190	11.4	16.6
2006	90351	12.5	16.9

续表

年份	全国工业增加值	增幅	规模以上外商投资企业工业增加值增幅
2007	107367	13.5	17.5
2008	129112	9.5	9.9
2009	134625	8.3	6.2
2010	160030	12.1	14.5
2011	188572	10.7	10.4
2012	199860	7.9	6.3
2013	210689	7.6	8.3
2014	227991	7.0	6.3
2015	228974	5.9	3.7
2016	247860	6	4.5
2017	279997	6.4	6.9
2018	305160	6.1	4.8

数据来源：《2019 中国外资统计》

（十）外商投资企业年末注册登记从业职工情况　（单位：个、人）

年份	外商投资企业年末登记企业家数	外商投资企业从业人员	全国从业人员
2007		1583	75321
2008		1622	75564
2009		1699	75828
2010		1823	76105
2011	—	2146	76420
2012	—	2215	76704
2013	—	2963	76977
2014	—	2955	77253
2015	26575	2790	77451
2016	27900	2666	77603
2017	35652	2581	77640
2018	60533	2365	77586
2019	40888	2360	77471

数据来源：《2020 年中国统计年鉴》

（十一）外商直接投资、国内生产总值、储蓄存款和固定资产投资的情况

（单位：亿美元）

年份	实际利用外商直接投资金额	国内生产总值	固定资产投资
2011	1160.11	489300.6	311485.13
2012	1117.16	540367.4	374694.74
2013	1175.86	595244.4	446294.09
2014	1195.62	643974.0	512020.65
2015	1262.67	689052.1	561999.83
2016	1260.01	743585.5	606465.7
2017	1310.35	827121.7	641238.4
2018	1349.66	919281.1	645675.0
2019	1381.35	990865.1	560874.3

数据来源：《2020 年中国统计年鉴》

附录二：中华人民共和国合伙企业法
（修订版 2007 年 6 月 1 日施行）

具体内容详见：http：//www.chinanews.com/other/news/2006/08 − 28/780384.shtml

附录三：中华人民共和国公司法
（修正版 2018 年 10 月 26 日实施）

具体内容详见：http：//www. cfachina. org/ZCFG/FL/201907/t20190726_ 2639219. html

附录四：中华人民共和国外商投资法
（2019年3月15日通过，2020年1月1日实施）

目　录

第一章　总　　则

第一条　为了进一步扩大对外开放，积极促进外商投资，保护外商投资合法权益，规范外商投资管理，推动形成全面开放新格局，促进社会主义市场经济健康发展，根据宪法，制定本法。

第二条　在中华人民共和国境内（以下简称中国境内）的外商投资，适用本法。

本法所称外商投资，是指外国的自然人、企业或者其他组织（以下称外国投资者）直接或者间接在中国境内进行的投资活动，包括下列情形：

（一）外国投资者单独或者与其他投资者共同在中国境内设立外商投资企业；

（二）外国投资者取得中国境内企业的股份、股权、财产份额或者其他类似权益；

（三）外国投资者单独或者与其他投资者共同在中国境内投资新建项目；

（四）法律、行政法规或者国务院规定的其他方式的投资。

本法所称外商投资企业，是指全部或者部分由外国投资者投资，依照中国法律在中国境内经登记注册设立的企业。

第三条　国家坚持对外开放的基本国策，鼓励外国投资者依法在中国境内投资。

国家实行高水平投资自由化便利化政策，建立和完善外商投资促进机制，营造稳定、透明、可预期和公平竞争的市场环境。

第四条　国家对外商投资实行准入前国民待遇加负面清单管理制度。

前款所称准入前国民待遇，是指在投资准入阶段给予外国投资者及其投资不低于本国投资者及其投资的待遇；所称负面清单，是指国家规定在特定领域对外商投资实施的准入特别管理措施。国家对负面清单之外的外商投资，给予国民待遇。

负面清单由国务院发布或者批准发布。

中华人民共和国缔结或者参加的国际条约、协定对外国投资者准入待遇有更优惠规定的，可以按照相关规定执行。

第五条　国家依法保护外国投资者在中国境内的投资、收益和其他合法权益。

第六条　在中国境内进行投资活动的外国投资者、外商投资企业，应当遵守中国法律法规，不得危害中国国家安全、损害社会公共利益。

第七条　国务院商务主管部门、投资主管部门按照职责分工，开展外商投资促进、保护和管理工作；国务院其他有关部门在各自职责范围内，负责外商投资促进、保护和管理的相关工作。

县级以上地方人民政府有关部门依照法律法规和本级人民政府确定的职责分工，开展外商投资促进、保护和管理工作。

第八条　外商投资企业职工依法建立工会组织，开展工会活动，维护职工的合法权益。外商投资企业应当为本企业工会提供必要的活动条件。

第二章　投资促进

第九条　外商投资企业依法平等适用国家支持企业发展的各项政策。

第十条　制定与外商投资有关的法律、法规、规章，应当采取适当方式征求外商投资企业的意见和建议。

与外商投资有关的规范性文件、裁判文书等，应当依法及时公布。

第十一条　国家建立健全外商投资服务体系，为外国投资者和外商投资企业提供法律法规、政策措施、投资项目信息等方面的咨询和服务。

第十二条　国家与其他国家和地区、国际组织建立多边、双边投资促进合作机制，加强投资领域的国际交流与合作。

第十三条　国家根据需要，设立特殊经济区域，或者在部分地区实行外商投资试验性政策措施，促进外商投资，扩大对外开放。

第十四条　国家根据国民经济和社会发展需要，鼓励和引导外国投资者在特定行业、领域、地区投资。外国投资者、外商投资企业可以依照法律、行政法规或者国务院的规定享受优惠待遇。

第十五条　国家保障外商投资企业依法平等参与标准制定工作，强化标准制定的信息公开和社会监督。

国家制定的强制性标准平等适用于外商投资企业。

第十六条　国家保障外商投资企业依法通过公平竞争参与政府采购活动。政府采购依法对外商投资企业在中国境内生产的产品、提供的服务平等对待。

第十七条　外商投资企业可以依法通过公开发行股票、公司债券等证券和其他方式进行融资。

第十八条　县级以上地方人民政府可以根据法律、行政法规、地方性法规的规定，在法定权限内制定外商投资促进和便利化政策措施。

第十九条　各级人民政府及其有关部门应当按照便利、高效、透明的原则，简化办事程序，提高办事效率，优化政务服务，进一步提高外商投资服务水平。

有关主管部门应当编制和公布外商投资指引，为外国投资者和外商投资企业提供服务和便利。

第三章　投资保护

第二十条　国家对外国投资者的投资不实行征收。

在特殊情况下，国家为了公共利益的需要，可以依照法律规定对外国投资者的投资实行征收或者征用。征收、征用应当依照法定程序进行，并及时给予公平、合理的补偿。

第二十一条　外国投资者在中国境内的出资、利润、资本收益、资产处置所得、知识产权许可使用费、依法获得的补偿或者赔偿、清算所得等，可以依法以人民币或者外汇自由汇入、汇出。

第二十二条　国家保护外国投资者和外商投资企业的知识产权，保护知识产权权利人和相关权利人的合法权益；对知识产权侵权行为，严格依法追究法律责任。

国家鼓励在外商投资过程中基于自愿原则和商业规则开展技术合作。技术合作的条件由投资各方遵循公平原则平等协商确定。行政机关及其工作人员不得利用行政手段强制转让技术。

第二十三条　行政机关及其工作人员对于履行职责过程中知悉的外国投资者、外商投资企业的商业秘密，应当依法予以保密，不得泄露或者非法向他人提供。

第二十四条　各级人民政府及其有关部门制定涉及外商投资的规范性文件，应当符合法律法规的规定；没有法律、行政法规依据的，不得减损外商投资企业的合法权益或者增加其义务，不得设置市场准入和退出条件，不得干预外商投资企业的正常生产经营活动。

第二十五条 地方各级人民政府及其有关部门应当履行向外国投资者、外商投资企业依法作出的政策承诺以及依法订立的各类合同。

因国家利益、社会公共利益需要改变政策承诺、合同约定的，应当依照法定权限和程序进行，并依法对外国投资者、外商投资企业因此受到的损失予以补偿。

第二十六条 国家建立外商投资企业投诉工作机制，及时处理外商投资企业或者其投资者反映的问题，协调完善相关政策措施。

外商投资企业或者其投资者认为行政机关及其工作人员的行政行为侵犯其合法权益的，可以通过外商投资企业投诉工作机制申请协调解决。

外商投资企业或者其投资者认为行政机关及其工作人员的行政行为侵犯其合法权益的，除依照前款规定通过外商投资企业投诉工作机制申请协调解决外，还可以依法申请行政复议、提起行政诉讼。

第二十七条 外商投资企业可以依法成立和自愿参加商会、协会。商会、协会依照法律法规和章程的规定开展相关活动，维护会员的合法权益。

第四章 投资管理

第二十八条 外商投资准入负面清单规定禁止投资的领域，外国投资者不得投资。

外商投资准入负面清单规定限制投资的领域，外国投资者进行投资应当符合负面清单规定的条件。

外商投资准入负面清单以外的领域，按照内外资一致的原则实施管理。

第二十九条 外商投资需要办理投资项目核准、备案的，按照国家有关规定执行。

第三十条 外国投资者在依法需要取得许可的行业、领域进行投资的，应当依法办理相关许可手续。

有关主管部门应当按照与内资一致的条件和程序，审核外国投资者的许可申请，法律、行政法规另有规定的除外。

第三十一条 外商投资企业的组织形式、组织机构及其活动准则，适用《中华人民共和国公司法》、《中华人民共和国合伙企业法》等法律的规定。

第三十二条 外商投资企业开展生产经营活动，应当遵守法律、行政法规有关劳动保护、社会保险的规定，依照法律、行政法规和国家有关规定办理税收、会计、外汇等事宜，并接受相关主管部门依法实施的监督检查。

第三十三条 外国投资者并购中国境内企业或者以其他方式参与经营者集中的，应当依照《中华人民共和国反垄断法》的规定接受经营者集中审查。

第三十四条　国家建立外商投资信息报告制度。外国投资者或者外商投资企业应当通过企业登记系统以及企业信用信息公示系统向商务主管部门报送投资信息。

外商投资信息报告的内容和范围按照确有必要的原则确定；通过部门信息共享能够获得的投资信息，不得再行要求报送。

第三十五条　国家建立外商投资安全审查制度，对影响或者可能影响国家安全的外商投资进行安全审查。

依法作出的安全审查决定为最终决定。

第五章　法律责任

第三十六条　外国投资者投资外商投资准入负面清单规定禁止投资的领域的，由有关主管部门责令停止投资活动，限期处分股份、资产或者采取其他必要措施，恢复到实施投资前的状态；有违法所得的，没收违法所得。

外国投资者的投资活动违反外商投资准入负面清单规定的限制性准入特别管理措施的，由有关主管部门责令限期改正，采取必要措施满足准入特别管理措施的要求；逾期不改正的，依照前款规定处理。

外国投资者的投资活动违反外商投资准入负面清单规定的，除依照前两款规定处理外，还应当依法承担相应的法律责任。

第三十七条　外国投资者、外商投资企业违反本法规定，未按照外商投资信息报告制度的要求报送投资信息的，由商务主管部门责令限期改正；逾期不改正的，处十万元以上五十万元以下的罚款。

第三十八条　对外国投资者、外商投资企业违反法律、法规的行为，由有关部门依法查处，并按照国家有关规定纳入信用信息系统。

第三十九条　行政机关工作人员在外商投资促进、保护和管理工作中滥用职权、玩忽职守、徇私舞弊的，或者泄露、非法向他人提供履行职责过程中知悉的商业秘密的，依法给予处分；构成犯罪的，依法追究刑事责任。

第六章　附　则

第四十条　任何国家或者地区在投资方面对中华人民共和国采取歧视性的禁止、限制或者其他类似措施的，中华人民共和国可以根据实际情况对该国家或者该地区采取相应的措施。

第四十一条 对外国投资者在中国境内投资银行业、证券业、保险业等金融行业，或者在证券市场、外汇市场等金融市场进行投资的管理，国家另有规定的，依照其规定。

第四十二条 本法自 2020 年 1 月 1 日起施行。《中华人民共和国中外合资经营企业法》、《中华人民共和国外资企业法》、《中华人民共和国中外合作经营企业法》同时废止。

本法施行前依照《中华人民共和国中外合资经营企业法》、《中华人民共和国外资企业法》、《中华人民共和国中外合作经营企业法》设立的外商投资企业，在本法施行后五年内可以继续保留原企业组织形式等。具体实施办法由国务院规定。

附录五：外商投资准入特别管理措施（负面清单）（2020年版）

说明

一、《外商投资准入特别管理措施（负面清单）》（以下简称《外商投资准入负面清单》）统一列出股权要求、高管要求等外商投资准入方面的特别管理措施。《外商投资准入负面清单》之外的领域，按照内外资一致原则实施管理。

二、《外商投资准入负面清单》对部分领域列出了取消或放宽准入限制的过渡期，过渡期满后将按时取消或放宽其准入限制。

三、境外投资者不得作为个体工商户、个人独资企业投资人、农民专业合作社成员，从事投资经营活动。

四、有关主管部门在依法履行职责过程中，对境外投资者拟投资《外商投资准入负面清单》内领域，但不符合《外商投资准入负面清单》规定的，不予办理许可、企业登记注册等相关事项；涉及固定资产投资项目核准的，不予办理相关核准事项。投资有股权要求的领域，不得设立外商投资合伙企业。

五、经国务院有关主管部门审核并报国务院批准，特定外商投资可以不适用《外商投资准入负面清单》中相关领域的规定。

六、境内公司、企业或自然人以其在境外合法设立或控制的公司并购与其有关联关系的境内公司，按照外商投资、境外投资、外汇管理等有关规定办理。

七、《外商投资准入负面清单》中未列出的文化、金融等领域与行政审批、资质条件、国家安全等相关措施，按照现行规定执行。

八、《内地与香港关于建立更紧密经贸关系的安排》及其后续协议、《内地与澳门关于建立更紧密经贸关系的安排》及其后续协议、《海峡两岸经济合作框架协议》及其后续协议、我国缔结或者参加的国际条约、协定对境外投资者准入待遇有更优惠规定的，可以按照相关规定执行。在自由贸易试验区等特殊经济区域对符合条件的投资者实施更优惠开放措施的，按照相关规定执行。

九、《外商投资准入负面清单》由国家发展改革委、商务部会同有关部门负责解释。

外商投资准入特别管理措施（负面清单）（2020 年版）

序号	特别管理措施
一、农、林、牧、渔业	
1	小麦新品种选育和种子生产的中方股比不低于34%、玉米新品种选育和种子生产须由中方控股。
2	禁止投资中国稀有和特有的珍贵优良品种的研发、养殖、种植以及相关繁殖材料的生产（包括种植业、畜牧业、水产业的优良基因）。
3	禁止投资农作物、种畜禽、水产苗种转基因品种选育及其转基因种子（苗）生产。
4	禁止投资中国管辖海域及内陆水域水产品捕捞。
二、采矿业	
5	禁止投资稀土、放射性矿产、钨勘查、开采及选矿。
三、制造业	
6	出版物印刷须由中方控股。
7	禁止投资中药饮片的蒸、炒、炙、煅等炮制技术的应用及中成药保密处方产品的生产。
8	除专用车、新能源汽车、商用车外，汽车整车制造的中方股比不低于50%，同一家外商可在国内建立两家及两家以下生产同类整车产品的合资企业。（2022 年取消乘用车制造外资股比限制以及同一家外商可在国内建立两家及两家以下生产同类整车产品的合资企业的限制）
9	卫星电视广播地面接收设施及关键件生产。
四、电力、热力、燃气及水生产和供应业	
10	核电站的建设、经营须由中方控股。
五、批发和零售业	
11	禁止投资烟叶、卷烟、复烤烟叶及其他烟草制品的批发、零售。
六、交通运输、仓储和邮政业	
12	国内水上运输公司须由中方控股。
13	公共航空运输公司须由中方控股，且一家外商及其关联企业投资比例不得超过25%，法定代表人须由中国籍公民担任。通用航空公司的法定代表人须由中国籍公民担任，其中农、林、渔业通用航空公司限于合资，其他通用航空公司限于中方控股。
14	民用机场的建设、经营须由中方相对控股。外方不得参与建设、运营机场塔台。
15	禁止投资邮政公司、信件的国内快递业务。
七、信息传输、软件和信息技术服务业	
16	电信公司：限于中国入世承诺开放的电信业务，增值电信业务的外资股比不超过50%（电子商务、国内多方通信、存储转发类、呼叫中心除外），基础电信业务须由中方控股。
17	禁止投资互联网新闻信息服务、网络出版服务、网络视听节目服务、互联网文化经营（音乐除外）、互联网公众发布信息服务（上述服务中，中国入世承诺中已开放的内容除外）。
八、租赁和商务服务业	
18	禁止投资中国法律事务（提供有关中国法律环境影响的信息除外），不得成为国内律师事务所合伙人。
19	市场调查限于合资，其中广播电视收听、收视调查须由中方控股。

序号	特别管理措施
20	禁止投资社会调查。
九、科学研究和技术服务业	
21	禁止投资人体干细胞、基因诊断与治疗技术开发和应用。
22	禁止投资人文社会科学研究机构。
23	禁止投资大地测量、海洋测绘、测绘航空摄影、地面移动测量、行政区域界线测绘，地形图、世界政区地图、全国政区地图、省级及以下政区地图、全国性教学地图、地方性教学地图、真三维地图和导航电子地图编制，区域性的地质填图、矿产地质、地球物理、地球化学、水文地质、环境地质、地质灾害、遥感地质等调查（矿业权人在其矿业权范围内开展工作不受此特别管理措施限制）。
十、教育	
24	学前、普通高中和高等教育机构限于中外合作办学，须由中方主导（校长或者主要行政负责人应当具有中国国籍，理事会、董事会或者联合管理委员会的中方组成人员不得少于1/2）。
25	禁止投资义务教育机构、宗教教育机构。
十一、卫生和社会工作	
26	医疗机构限于合资。
十二、文化、体育和娱乐业	
27	禁止投资新闻机构（包括但不限于通讯社）。
28	禁止投资图书、报纸、期刊、音像制品和电子出版物的编辑、出版、制作业务。
29	禁止投资各级广播电台（站）、电视台（站）、广播电视频道（率）、广播电视传输覆盖网（发射台、转播台、广播电视卫星、卫星上行站、卫星收转站、微波站、监测台及有线广播电视传输覆盖网等），禁止从事广播电视视频点播业务和卫星电视广播地面接收设施安装服务。
30	禁止投资广播电视节目制作经营（含引进业务）公司。
31	禁止投资电影制作公司、发行公司、院线公司以及电影引进业务。
32	禁止投资文物拍卖的拍卖公司、文物商店和国有文物博物馆。
33	禁止投资文艺表演团体。

附录六：自由贸易试验区外商投资准入特别管理措施（负面清单）（2020 年版）

说明

一、《自由贸易试验区外商投资准入特别管理措施（负面清单）》（以下简称《自贸试验区负面清单》）统一列出股权要求、高管要求等外商投资准入方面的特别管理措施，适用于自由贸易试验区。《自贸试验区负面清单》之外的领域，按照内外资一致原则实施管理。

二、《自贸试验区负面清单》对部分领域列出了取消或放宽准入限制的过渡期，过渡期满后将按时取消或放宽其准入限制。

三、境外投资者不得作为个体工商户、个人独资企业投资人、农民专业合作社成员，从事投资经营活动。

四、有关主管部门在依法履行职责过程中，对境外投资者拟投资《自贸试验区负面清单》内领域，但不符合《自贸试验区负面清单》规定的，不予办理许可、企业登记注册等相关事项；涉及固定资产投资项目核准的，不予办理相关核准事项。投资有股权要求的领域，不得设立外商投资合伙企业。

五、经国务院有关主管部门审核并报国务院批准，特定外商投资可以不适用《自贸试验区负面清单》中相关领域的规定。

六、境内公司、企业或自然人以其在境外合法设立或控制的公司并购与其有关联关系的境内公司，按照外商投资、境外投资、外汇管理等有关规定办理。

七、《自贸试验区负面清单》中未列出的文化、金融等领域与行政审批、资质条件、国家安全等相关措施，按照现行规定执行。

八、《内地与香港关于建立更紧密经贸关系的安排》及其后续协议、《内地与澳门关于建立更紧密经贸关系的安排》及其后续协议、《海峡两岸经济合作框架协议》及其后续协议、我国缔结或者参加的国际条约、协定对境外投资者准入待遇有更优惠规定的，可以按照相关规定执行。

九、《自贸试验区负面清单》由国家发展改革委、商务部会同有关部门负责解释。

自由贸易试验区外商投资准入特别管理措施

（负面清单）（2020 年版）

序号	特别管理措施
一、农、林、牧、渔业	
1	小麦、玉米新品种选育和种子生产的中方股比不低于 34%。
2	禁止投资中国稀有和特有的珍贵优良品种的研发、养殖、种植以及相关繁殖材料的生产（包括种植业、畜牧业、水产业的优良基因）。
3	禁止投资农作物、种畜禽、水产苗种转基因品种选育及其转基因种子（苗）生产。
二、采矿业	
4	禁止投资稀土、放射性矿产、钨勘查、开采及选矿。（未经允许，禁止进入稀土矿区或取得矿山地质资料、矿石样品及生产工艺技术。）
三、制造业	
5	除专用车、新能源汽车、商用车外，汽车整车制造的中方股比不低于 50%，同一家外商可在国内建立两家及两家以下生产同类整车产品的合资企业。（2022 年取消乘用车制造外资股比限制以及同一家外商可在国内建立两家及两家以下生产同类整车产品的合资企业的限制。）
6	卫星电视广播地面接收设施及关键件生产。
四、电力、热力、燃气及水生产和供应业	
7	核电站的建设、经营须由中方控股。
五、批发和零售业	
8	禁止投资烟叶、卷烟、复烤烟叶及其他烟草制品的批发、零售。
六、交通运输、仓储和邮政业	
9	国内水上运输公司须由中方控股。（且不得经营或租用中国籍船舶或者舱位等方式变相经营国内水路运输业务及其辅助业务；水路运输经营者不得使用外国籍船舶经营国内水路运输业务，但经中国政府批准，在国内没有能够满足所申请运输要求的中国籍船舶，并且船舶停靠的港口或者水域为对外开放的港口或者水域的情况下，水路运输经营者可以在中国政府规定的期限或者航次内，临时使用外国籍船舶经营中国港口之间的海上运输和拖航。）
10	公共航空运输公司须由中方控股，且一家外商及其关联企业投资比例不得超过 25%，法定代表人须由中国籍公民担任。通用航空公司的法定代表人须由中国籍公民担任，其中农、林、渔业通用航空公司限于合资，其他通用航空公司限于中方控股。（只有中国公共航空运输企业才能经营国内航空服务，并作为中国指定承运人提供定期和不定期国际航空服务。）
11	民用机场的建设、经营须由中方相对控股。外方不得参与建设、运营机场塔台。
12	禁止投资邮政公司（和经营邮政服务）、信件的国内快递业务。
七、信息传输、软件和信息技术服务业	
13	电信公司：限于中国入世承诺开放的电信业务，增值电信业务的外资股比不超过 50%（电子商务、国内多方通信、存储转发类、呼叫中心除外），基础电信业务须由中方控股（且经营者须为依法设立的专门从事基础电信业务的公司）。上海自贸试验区原有区域〔28.8 平方公里〕试点政策推广至所有自贸试验区执行。
14	禁止投资互联网新闻信息服务、网络出版服务、网络视听节目服务、互联网文化经营（音乐除外）、互联网公众发布信息服务（上述服务中，中国入世承诺中已开放的内容除外）。
八、租赁和商务服务业	

序号	特别管理措施
15	禁止投资中国法律事务（提供有关中国法律环境影响的信息除外），不得成为国内律师事务所合伙人。（外国律师事务所只能以代表机构的方式进入中国，且不得聘用中国执业律师，聘用的辅助人员不得为当事人提供法律服务；如在华设立代表机构、派驻代表，须经中国司法行政部门许可。）
16	市场调查限于合资，其中广播电视收听、收视调查须由中方控股。
17	禁止投资社会调查。
九、科学研究和技术服务业	
18	禁止投资人体干细胞、基因诊断与治疗技术开发和应用。
19	禁止投资人文社会科学研究机构。
20	禁止投资大地测量、海洋测绘、测绘航空摄影、地面移动测量、行政区域界线测绘，地形图、世界政区地图、全国政区地图、省级及以下政区地图、全国性教学地图、地方性教学地图、真三维地图和导航电子地图编制，区域性的地质填图、矿产地质、地球物理、地球化学、水文地质、环境地质、地质灾害、遥感地质等调查（矿业权人在其矿业权范围内开展工作不受此特别管理措施限制）。
十、教育	
21	学前、普通高中和高等教育机构限于中外合作办学，须由中方主导（校长或者主要行政负责人应当具有中国国籍（且在中国境内定居），理事会、董事会或者联合管理委员会的中方组成人员不得少于1/2）。[外国教育机构、其他组织或者个人不得单独设立以中国公民为主要招生对象的学校及其他教育机构（不包括非学制类职业培训机构、学制类职业教育机构），但是外国教育机构可以同中国教育机构合作举办以中国公民为主要招生对象的教育机构。]
22	禁止投资义务教育机构、宗教教育机构。
十一、卫生和社会工作	
23	医疗机构限于合资。
24	禁止投资新闻机构（包括但不限于通讯社）。（外国新闻机构在中国境内设立常驻新闻机构、向中国派遣常驻记者，须经中国政府批准。外国通讯社在中国境内提供新闻的服务业务须由中国政府审批。中外新闻机构业务合作，须中方主导，且须经中国政府批准。）
25	禁止投资图书、报纸、期刊、音像制品和电子出版物的编辑、出版、制作业务。（但经中国政府批准，在确保合作中方的经营主导权和内容终审权并遵守中国政府批复的其他条件下，中外出版单位可进行新闻出版中外合作出版项目。未经中国政府批准，禁止在中国境内提供金融信息服务。）
26	禁止投资各级广播电台（站）、电视台（站）、广播电视频道（率）、广播电视传输覆盖网（发射台、转播台、广播电视卫星、卫星上行站、卫星收转站、微波站、监测台及有线广播电视传输覆盖网等），禁止从事广播电视视频点播业务和卫星电视广播地面接收设施安装服务。（对境外卫星频道落地实行审批制度。）
27	禁止投资广播电视节目制作经营（含引进业务）公司。[引进境外影视剧和以卫星传送方式引进其他境外电视节目由广电总局指定的单位申报。对中外合作制作电视剧（含电视动画片）实行许可制度。]
28	禁止投资电影制作公司、发行公司、院线公司以及电影引进业务。（但经批准，允许中外企业合作摄制电影。）
29	禁止投资文物拍卖的拍卖公司、文物商店和国有文物博物馆。（禁止不可移动文物及国家禁止出境的文物转让、抵押、出租给外国人。禁止设立与经营非物质文化遗产调查机构；境外组织或个人在中国境内进行非物质文化遗产调查和考古调查、勘探、发掘，应采取与中国合作的形式并经专门审批许可。）
30	文艺表演团体须由中方控股。

附录七：中国（上海）自由贸易试验区临港新片区总体方案（2019年7月27日）

日前，国务院印发《中国（上海）自由贸易试验区临港新片区总体方案》（以下简称《方案》）。

《方案》指出，要以习近平新时代中国特色社会主义思想为指导，坚持新发展理念，坚持高质量发展，推动经济发展质量变革、效率变革、动力变革，对标国际上公认的竞争力最强的自由贸易园区，选择国家战略需要、国际市场需求大、对开放度要求高但其他地区尚不具备实施条件的重点领域，实施具有较强国际市场竞争力的开放政策和制度，加大开放型经济的风险压力测试，实现新片区与境外投资经营便利、货物自由进出、资金流动便利、运输高度开放、人员自由执业、信息快捷联通，打造更具国际市场影响力和竞争力的特殊经济功能区，主动服务和融入国家重大战略，更好服务对外开放总体战略布局。

《方案》提出，到2025年，新片区将建立比较成熟的投资贸易自由化便利化制度体系，打造一批更高开放度的功能型平台，区域创造力和竞争力显著增强，经济实力和经济总量大幅跃升；到2035年，建成具有较强国际市场影响力和竞争力的特殊经济功能区，形成更加成熟定型的制度成果，打造全球高端资源要素配置的核心功能，成为我国深度融入经济全球化的重要载体。

《方案》明确，新片区参照经济特区管理。要建立以投资贸易自由化为核心的制度体系。在适用自由贸易试验区各项开放创新措施的基础上，支持新片区以投资自由、贸易自由、资金自由、运输自由、人员从业自由等为重点，推进投资贸易自由化便利化。要建立全面风险管理制度。以风险防控为底线，以分类监管、协同监管、智能监管为基础，全面提升风险防范水平和安全监管水平。要建设具有国际市场竞争力的开放型产业体系。发挥开放型制度体系优势，推动统筹国际业务、跨境金融服务、前沿科技研发、跨境服务贸易等功能集聚，强化开放型经济集聚功能。加快存量企业转型升级，整体提升区域产业能级。

《方案》指出，国家有关部门和上海市要按照总体方案的要求，扎实推进各项改革试点任务落地见效；要加强党的领导，赋予新片区更大的自主发展、自主改革和自主创新管理权限；要定期总结评估制度经验，制定推广清单，带动长三角新一轮改革开放；要高标准高质量建设新片区，加快形成成熟定型的制度体系和管理体制，更好地激发市场主体参与国际市场的活力。

（原标题《国务院印发〈中国（上海）自由贸易试验区临港新片区总体方案〉》。编辑陆斯超）

附：国务院关于印发《中国（上海）自由贸易试验区临港新片区总体方案》的通知（国发〔2019〕15号）

各省、自治区、直辖市人民政府，国务院各部委、各直属机构：

现将《中国（上海）自由贸易试验区临港新片区总体方案》印发给你们，请认真贯彻执行。

国务院

2019年7月27日

（此件公开发布）

中国（上海）自由贸易试验区临港新片区总体方案

设立中国（上海）自由贸易试验区临港新片区（以下简称新片区），是以习近平同志为核心的党中央总揽全局、科学决策作出的进一步扩大开放重大战略部署，是新时代彰显我国坚持全方位开放鲜明态度、主动引领经济全球化健康发展的重要举措。为深入贯彻习近平总书记在首届中国国际进口博览会期间的重要讲话精神，在更深层次、更宽领域，以更大力度推进全方位高水平开放，制定本方案。

一、总体要求

（一）指导思想。以习近平新时代中国特色社会主义思想为指导，全面贯彻党的十九大和十九届二中、三中全会精神，坚持新发展理念，坚持高质量发展，推动经济发展质量变革、效率变革、动力变革，对标国际上公认的竞争力最强的自由贸易园区，选择国家战略需要、国际市场需求大、对开放度要求高但其他地区尚不具备实施条件的重点领域，实施具有较强国际市场竞争力的开放政策和制度，加大开放型经济的风险压力测试，实现新片区与境外投资经营便利、货物自由进出、资金流动便利、运输高度开放、人员自由执业、信息快捷联通，打造更具国际市场影响力和竞争力的特殊经济功能区，主动服务和融入国家重大战略，更好服务对外开放总体战略布局。

（二）发展目标。到2025年，建立比较成熟的投资贸易自由化便利化制度体系，打造一批更高开放度的功能型平台，集聚一批世界一流企业，区域创造力和竞争力显著增强，经济实力和经济总量大幅跃升。到2035年，建成具有较强国际市场影响力和竞争力的特殊经济功能区，形成更加成熟定型的制度成果，打造全球高端资源要素配置的核心功能，成为我国深度融入经济全球化的重要载体。

（三）规划范围。在上海大治河以南、金汇港以东以及小洋山岛、浦东国际机场南侧区域设置新片区。按照"整体规划、分步实施"原则，先行启动南汇新城、临港装备产业区、小洋山岛、浦东机场南侧等区域，面积为 119.5 平方公里。

新片区的开发利用须遵守土地、无居民海岛利用和生态环境、城乡规划等法律法规，并符合节约集约利用资源的有关要求；支持按照国家相关法规和程序，办理合理必需用海。

二、建立以投资贸易自由化为核心的制度体系

在适用自由贸易试验区各项开放创新措施的基础上，支持新片区以投资自由、贸易自由、资金自由、运输自由、人员从业自由等为重点，推进投资贸易自由化便利化。

（四）实施公平竞争的投资经营便利。借鉴国际上自由贸易园区的通行做法，实施外商投资安全审查制度，在电信、保险、证券、科研和技术服务、教育、卫生等重点领域加大对外开放力度，放宽注册资本、投资方式等限制，促进各类市场主体公平竞争。探索试行商事主体登记确认制，尊重市场主体民事权利，对申请人提交的文件实行形式审查。深入实施"证照分离"改革。支持新片区加强国际商事纠纷审判组织建设。允许境外知名仲裁及争议解决机构经上海市人民政府司法行政部门登记并报国务院司法行政部门备案，在新片区内设立业务机构，就国际商事、海事、投资等领域发生的民商事争议开展仲裁业务，依法支持和保障中外当事人在仲裁前和仲裁中的财产保全、证据保全、行为保全等临时措施的申请和执行。

（五）实施高标准的贸易自由化。在新片区内设立物理围网区域，建立洋山特殊综合保税区，作为对标国际公认、竞争力最强自由贸易园区的重要载体，在全面实施综合保税区政策的基础上，取消不必要的贸易监管、许可和程序要求，实施更高水平的贸易自由化便利化政策和制度。对境外抵离物理围网区域的货物，探索实施以安全监管为主、体现更高水平贸易自由化便利化的监管模式，提高口岸监管服务效率，增强国际中转集拼枢纽功能。支持新片区发展具有国际竞争力的重点产业，根据企业的业务特点，积极探索相适应的海关监管制度。相关监管政策制度由海关总署牵头另行制定。推进服务贸易自由化，加快文化服务、技术产品、信息通信、医疗健康等资本技术密集型服务贸易发展，创新跨境电商服务模式，鼓励跨境电商企业在新片区内建立国际配送平台。根据油气体制改革进程和产业需要，研究赋予新片区内符合条件的企业原油进口资质。

（六）实施资金便利收付的跨境金融管理制度。在风险可控的前提下，按照法律法规规定，借鉴国际通行的金融监管规则，进一步简化优质企业跨境人民币业务办理流程，推动跨境金融服务便利化。研究开展自由贸易账户本外币一体化功能试点，探索

新片区内资本自由流入流出和自由兑换。支持新片区内企业参照国际通行规则依法合规开展跨境金融活动，支持金融机构在依法合规、风险可控、商业可持续的前提下为新片区内企业和非居民提供跨境发债、跨境投资并购和跨境资金集中运营等跨境金融服务。新片区内企业从境外募集的资金、符合条件的金融机构从境外募集的资金及其提供跨境服务取得的收入，可自主用于新片区内及境外的经营投资活动。支持符合条件的金融机构开展跨境证券投资、跨境保险资产管理等业务。按照国家统筹规划、服务实体、风险可控、分步推进的原则，稳步推进资本项目可兑换。先行先试金融业对外开放措施，积极落实放宽金融机构外资持股比例、拓宽外资金融机构业务经营范围等措施，支持符合条件的境外投资者依法设立各类金融机构，保障中外资金融机构依法平等经营。经国家金融管理部门授权，运用科技手段提升金融服务水平和监管能力，建立统一高效的金融管理体制机制，切实防范金融风险。

（七）实施高度开放的国际运输管理。提升拓展全球枢纽港功能，在沿海捎带、国际船舶登记、国际航权开放等方面加强探索，提高对国际航线、货物资源的集聚和配置能力。逐步放开船舶法定检验。在确保有效监管、风险可控前提下，对境内制造船舶在"中国洋山港"登记从事国际运输的，视同出口，给予出口退税。进一步完善启运港退税相关政策，优化监管流程，扩大中资方便旗船沿海捎带政策实施效果，研究在对等原则下允许外籍国际航行船舶开展以洋山港为国际中转港的外贸集装箱沿海捎带业务。推动浦东国际机场与"一带一路"沿线国家和地区扩大包括第五航权在内的航权安排，吸引相关国家和地区航空公司开辟经停航线。支持浦东国际机场探索航空中转集拼业务。以洋山深水港、浦东国际机场与芦潮港铁路集装箱中心站为载体，推动海运、空运、铁路运输信息共享，提高多式联运的运行效率。

（八）实施自由便利的人员管理。放宽现代服务业高端人才从业限制，在人员出入境、外籍人才永久居留等方面实施更加开放便利的政策措施。建立外国人在新片区内工作许可制度和人才签证制度。允许具有境外职业资格的金融、建筑、规划、设计等领域符合条件的专业人才经备案后，在新片区内提供服务，其在境外的从业经历可视同国内从业经历。除涉及国家主权、安全外，允许境外人士在新片区内申请参加我国相关职业资格考试。探索在法医毒物司法鉴定、环境损害司法鉴定等技术含量高的领域开展和加强技术合作。为到新片区内从事商务、交流、访问等经贸活动的外国人提供更加便利的签证和停居留政策措施。制定和完善海外人才引进政策和管理办法，给予科研创新领军人才及团队等海外高层次人才办理工作许可、永久或长期居留手续"绿色通道"。探索实施外籍人员配额管理制度，为新片区内注册企业急需的外国人才提供更加便利的服务。

（九）实施国际互联网数据跨境安全有序流动。建设完备的国际通信设施，加快5G、IPv6、云计算、物联网、车联网等新一代信息基础设施建设，提升新片区内宽带接入能力、网络服务质量和应用水平，构建安全便利的国际互联网数据专用通道。支持新片区聚焦集成电路、人工智能、生物医药、总部经济等关键领域，试点开展数据跨境流动的安全评估，建立数据保护能力认证、数据流通备份审查、跨境数据流通和交易风险评估等数据安全管理机制。开展国际合作规则试点，加大对专利、版权、企业商业秘密等权利及数据的保护力度，主动参与引领全球数字经济交流合作。

（十）实施具有国际竞争力的税收制度和政策。对境外进入物理围网区域内的货物、物理围网区域内企业之间的货物交易和服务实行特殊的税收政策。扩大新片区服务出口增值税政策适用范围，研究适应境外投资和离岸业务发展的新片区税收政策。对新片区内符合条件的从事集成电路、人工智能、生物医药、民用航空等关键领域核心环节生产研发的企业，自设立之日起 5 年内减按 15% 的税率征收企业所得税。研究实施境外人才个人所得税税负差额补贴政策。在不导致税基侵蚀和利润转移的前提下，探索试点自由贸易账户的税收政策安排。

三、建立全面风险管理制度

以风险防控为底线，以分类监管、协同监管、智能监管为基础，全面提升风险防范水平和安全监管水平。

（十一）强化重点领域监管。建立涵盖新片区管理机构、行业主管部门、区内企业和相关运营主体的一体化信息管理服务平台。聚焦投资、贸易、金融、网络、生态环境、文化安全、人员进出、反恐反分裂、公共道德等重点领域，进一步完善外商投资安全审查、反垄断审查、行业管理、用户认证、行为审计等管理措施，在风险研判和防控中加强信息技术应用，建立联防联控机制，实施严格监管、精准监管、有效监管。建立检疫、原产地、知识产权、国际公约、跨境资金等特殊领域的风险精准监测机制，实现全流程的风险实时监测和动态预警管理。

（十二）加强信用分级管理。完善信用评价基本规则和标准，实施经营者适当性管理，按照"守法便利"原则，把信用等级作为企业享受优惠政策和制度便利的重要依据。建立主动披露制度，实施失信名单披露、市场禁入和退出制度。完善商事登记撤销制度，对以欺骗、贿赂等不正当手段取得登记的，登记机关可以依法撤销登记。

（十三）强化边界安全。高标准建设智能化监管基础设施，实现监管信息互联互认共享。守住"一线"国门安全、"二线"经济社会安全。加强进境安全管理，对新片区进境货物实行"两段准入"监管模式。对禁限管制（核生化导爆、毒品等）、重大疫情、高风险商品安全等重大紧急或放行后难以管控的风险，以及法律、行政法规有明确要求的，依法实施"准许入境"监管。对非高风险商品检验、风险可控的检疫等其他风险可依法实施"合格入市"监管。

四、建设具有国际市场竞争力的开放型产业体系

发挥开放型制度体系优势，推动统筹国际业务、跨境金融服务、前沿科技研发、

跨境服务贸易等功能集聚，强化开放型经济集聚功能。加快存量企业转型升级，整体提升区域产业能级。

（十四）建立以关键核心技术为突破口的前沿产业集群。建设集成电路综合性产业基地，优化进口料件全程保税监管模式，支持跨国公司设立离岸研发和制造中心，推动核心芯片、特色工艺、关键装备和基础材料等重点领域发展。建设人工智能创新及应用示范区，加快应用场景开放力度，推动智能汽车、智能制造、智能机器人等新产业新业态发展。建设民用航空产业集聚区，以大型客机和民用航空发动机为核心，加速集聚基础研究、技术开发、产品研制、试验验证等配套产业，推动总装交付、生产配套、运营维护、文旅服务等航空全产业链发展。建设面向"一带一路"沿线国家和地区的维修和绿色再制造中心，建立绿色认证和评级体系，支持在综合保税区开展数控机床、工程设备等产品入境维修和再制造，提升高端智能再制造产业国际竞争力。

（十五）发展新型国际贸易。建设亚太供应链管理中心，完善新型国际贸易与国际市场投融资服务的系统性制度支撑体系，吸引总部型机构集聚。发展跨境数字贸易，支持建立跨境电商海外仓。建设国际医疗服务集聚区，支持与境外机构合作开发跨境医疗保险产品、开展国际医疗保险结算试点。允许符合条件的外商独资企业开展面向全球的文化艺术品展示、拍卖、交易。

（十六）建设高能级全球航运枢纽。支持浦东国际机场建设世界级航空枢纽，建设具有物流、分拣和监管集成功能的航空货站，打造区域性航空总部基地和航空快件国际枢纽中心。推进全面实施国际旅客及其行李通程联运。建设国际航运补给服务体系，提升船舶和航空用品供应、维修、备件、燃料油等综合服务能力。支持内外资企业和机构开展航运融资、航运保险、航运结算、航材租赁、船舶交易和航运仲裁等服务，探索发展航运指数衍生品业务，提升高端航运服务功能。

（十七）拓展跨境金融服务功能。大力提升人民币跨境金融服务能力，拓展人民币跨境金融服务深度和广度。支持开展人民币跨境贸易融资和再融资业务。鼓励跨国公司设立全球或区域资金管理中心。加快发展飞机、船舶等融资租赁业务，鼓励发展环境污染责任保险等绿色金融业务。

（十八）促进产城融合发展。进一步拓宽国际优质资本和经验进入教育、医疗、文化、体育、园区建设、城市管理等公共服务领域的渠道，加强新片区各类基础设施建设管理，提升高品质国际化的城市服务功能。

（十九）加强与长三角协同创新发展。支持境内外投资者在新片区设立联合创新专项资金，就重大科研项目开展合作，允许相关资金在长三角地区自由使用。支持境内投资者在境外发起的私募基金参与新片区创新型科技企业融资，凡符合条件的可在长三角地区投资。支持新片区优势产业向长三角地区拓展形成产业集群。

五、加快推进实施

新片区参照经济特区管理。国家有关部门和上海市要按照总体方案的要求，加强法治建设和风险防控，切实维护国家安全和社会安全，扎实推进各项改革试点任务落地见效。

（二十）加强党的领导。增强"四个意识"，坚定"四个自信"，做到"两个维护"，培育践行社会主义核心价值观，把党的建设始终贯穿于新片区规划建设的全过程，把党的政治优势、组织优势转化为新片区全面深化改革和扩大开放的坚强保障。

（二十一）加大赋权力度。赋予新片区更大的自主发展、自主改革和自主创新管理权限，在风险可控的前提下授权新片区管理机构自主开展贴近市场的创新业务。新片区的各项改革开放举措，凡涉及调整现行法律或行政法规的，按法定程序经全国人大或国务院统一授权后实施。

（二十二）带动长三角新一轮改革开放。定期总结评估新片区在投资管理、贸易监管、金融开放、人才流动、运输管理、风险管控等方面的制度经验，制定推广清单，明确推广范围和监管要求，按程序报批后有序推广实施。加强新片区与海关特殊监管区域、经济技术开发区联动，放大辐射带动效应。

（二十三）抓紧组织实施。国家有关部门进一步向上海市和中央在沪单位放权，按照总体方案，支持、指导制定相关实施细则。

上海市要切实履行主体责任，高标准高质量建设新片区，加快形成成熟定型的制度体系和管理体制，更好地激发市场主体参与国际市场的活力。重大事项及时向党中央、国务院请示报告。

附录八：鼓励外商投资产业目录
（2019 年版）

具体内容详见：http：//www. gov. cn/xinwen/2019 － 06/30/5404701/ files/9d2dde75fa054d249dfa16267af42277. pdf

附录九：中华人民共和国外商投资法实施条例
（2019 年 12 月 12 日通过，2020 年 1 月 1 日实施）

具体内容详见:http：//www.gov.cn/zhengce/content/2019 - 12/31/content_ 5465449.htm

附录十：司法部、商务部、发展改革委负责人就《中华人民共和国外商投资法实施条例》有关问题答记者问

（2019 年 12 月 31 日）

具体内容详见：http://www.mofcom.gov.cn/article/ae/ai/201912/20191202927044.shtml

附录十一：国务院关于印发北京、湖南、安徽自由贸易试验区总体方案及浙江自由贸易试验区扩展区域方案的通知（2020 年 8 月 30 日成文）

中国政府网：http：//www．gov．cn/zhengce/content/2020 － 09/21/content ＿5544926．htm

后　记

　　南开、南滨相继执教整合 50 年，以德修身、自树树人，传授不止、笔耕不辍，且传授与笔耕互为因果（传授＋教材建设），让自己教书育人事业志得意满，也让同行不感失望。

　　本书第六版修订分工是：杨灿英、杨越（第一至第十三章）、孙蕊（第十四、十五章及外商直接投资统计表和本教材课件）。全书由杨灿英总编纂和定稿。

　　还要说明的是，本书在此之前版本的初稿作者有：王志红、李华（第六章），李菁（第十一章第四节），杨绍纯（第十三章第一节），郭勇峰（第十三章第五节），杨越、刘毅、刘琳（第十四章），梁晓黎、刘平平（第十五章），王文治（第十四、十五章及附录一），津莹、海华（第六版附录二—附录十一）。此外，国家计委经济所原副所长、研究员、中国驻德国大使馆原经济参赞、国务院振兴东北等老工业基地办公室相关产业组司长武士国博士和山东财政职工大学常务副校长、山东财经大学／交通银行山东分行培训学院院长、山东省经济学会常务副会长兼秘书长韩庆华教授、博士生导师，都对本书修订提出过宝贵意见，并承蒙南开大学出版社王乃合先生、周敏编辑等出版社相关先生及时协助出版，鉴此，一并铭心致谢！

　　我到古稀之年更喜欢这两句话，写在"后记"末尾作为铭记："立德立言，无问西东。"

杨灿英

2020 年 8 月 17 日于（沪）浦东盛世年华改定

2021 年 1 月 12 日于（沪）浦东盛世年华确认